Demontage der Erinnerung

Prof. em. Dr. Peter Seibert war Professor für Literatur- und Mediengeschichte an den Universitäten Siegen und Kassel. Er hat u. a. zum jüdischen literarischen Salon in Berlin geforscht und beim Metropol Verlag den Band „Anne Frank. Mediengeschichten" mitherausgegeben.

Peter Seibert

Demontage der Erinnerung

Der Umgang mit dem jüdischen Kulturerbe nach 1945

M | METROPOL

In Erinnerung an Thea Altaras

Umschlagabbildungen:
Vorderseite: Beim Abbruch 2016 verloren gegangene Tür in Flehingen
Foto: U. Coulmann, Museumsprojekt in der alten Synagoge Flehingen beim Museumsverein Flehingen-Sickingen

Rückseite: Hofsynagoge Detmold
Foto: Frank Budde, Detmold

ISBN: 978-3-86331-712-6

Ansbacher Str. 70, 10777 Berlin
www.metropol-verlag.de

Druck: AALEXX Druck Produktion, Großburgwedel

Inhalt

Vorbemerkung 7

1 Geschundene Mauern 21
2 Fortgesetzte Ausgrenzungen aus dem deutschen Kulturerbe 43
3 Schuld und Schuldabwehr – die frühen Nachkriegsjahre 55
4 Abräumarbeiten in der Nachkriegszeit 79
5 Stein um Stein: Zerstörungen von 1960 bis 1988 und darüber hinaus 99
6 Synagogenrecycling 121
7 Deutsch-demokratische Verantwortungslosigkeit 167
8 Westberliner Trümmerbeseitigung 189
9 Eine Stadt löscht die Zeugnisse ihrer jüdischen Geschichte – eine Fotoserie 201
10 „Dunkelblum" – Störungen der Totenruhe 217
11 Gedenktafeln 241
12 Exkurse zu Kassel und Bonn 273
13 Sanierung der Vergangenheit 295
14 Neue Baustellen – neue Paradigmen? 329
15 Musealisierungen 341
16 Offener Schluss 367

Dank 378
Auswahlbibliografie 380
Personenregister 386
Ortsregister 391

Synagoge Wetzlar. Lager einer Brauerei, dann Abriss
Stadtarchiv Wetzlar

Vorbemerkung

Vor 1700 Jahren fand erstmals ein Jude auf deutschem Gebiet, im römischen Köln, urkundliche Erwähnung. Das war im Jahr 2021 Grund genug, sich in zahlreichen Feierlichkeiten und Veranstaltungen der deutsch-jüdischen Geschichte zu erinnern.[1] Zugleich war in diesem Gedenkjahr erstmals der Titel eines „Weltkulturerbes" in Deutschland an ein Ensemble jüdischer Stätten, der SchUM-Städte Speyer, Worms, Mainz, verliehen und dieses Erbe unter den besonderen Schutz der UNESCO gestellt worden. Dies lenkte noch einmal zusätzlich die Aufmerksamkeit auf die jüdische Geschichte in Deutschland und auf deren Glanzpunkte.

Auch wenn 2021 häufig über das kulturelle jüdische Erbe gesprochen wurde, war der gewaltsame, mörderische Versuch des Abbruchs der jüdischen Geschichte durch den Nationalsozialismus dabei immer mitzudenken. Mit dem systematisch betriebenen Völkermord an den Juden ging der Wille einher, deren kulturelles Erbe der endgültigen Vernichtung preiszugeben. Es sollte so radikal ausgelöscht werden, als habe es eine gemeinsame Geschichte von Juden und Nichtjuden in Deutschland nie gegeben. Juden sollten nur mehr als Fremde begriffen werden, die keine Spuren einer eigenen Kultur, schon gar nicht einer gemeinsamen deutschen Kultur hinterlassen hatten. Die Zerstörungen und der Abriss von Synagogen mit dem Novemberpogrom 1938 als vorläufiger Höhepunkt der antisemitischen Ausschreitungen dienten genau diesem Ziel.

1 Als zentrales Ziel wurde(n) von den Verantwortlichen des Bildungsprogramms zum „Festjahr" die „Gemeinsame Geschichte(n)", festgehalten: „Neue Zugänge und Inhalte sollen bisherige ergänzen, um zu zeigen, dass jüdisches Leben seit Jahrhunderten bis heute konstitutiver Bestandteil deutscher Geschichte und Gesellschaft ist." https://2021Jlid.de/bildung. – Alle Weblinks in diesem Band wurden zuletzt im Juni 2023 abgerufen und geprüft.

Dass im Nationalsozialismus das Projekt der Tilgung des jüdischen Erbes, wie dieses sich in der Architektur überall in Deutschland manifestierte, nicht vollständig zu Ende gebracht wurde, hat verschiedene Gründe. An vielen Orten in Deutschland verblieb am Ende der Naziherrschaft eine Hinterlassenschaft baulicher, häufig ehemals sakral genutzter jüdischer Bauten in mehr oder weniger gutem Zustand, der sich auch die Nachkriegsgesellschaft stellen musste. In diesem Deutschland lebten noch lange die Täter, die 1938 die Synagogen in Brand gesteckt, geplündert und die jüdischen Häuser verwüstet hatten, ebenso wie die, im besten Fall passiven, Zeitzeugen der Pogrome. Die Nutznießer dieser Pogrome kamen weiterhin auf ihre Kosten, während in Restitutionsverfahren versucht wurde, wenigstens den materiellen Schaden auszugleichen.

In einer Situation, in der nach und nach das ganze Ausmaß des Genozids bekannt wurde, in der die Auslöschung des deutschen Landjudentums offenkundig wurde, hätte man von der Nachkriegsgesellschaft einen „sensiblen" Umgang mit den baulichen Relikten der jüdischen Kultur erwarten müssen, einen gesellschaftlichen Respekt vor den kulturellen Zeugnissen derer, die sie geschaffen hatten. Dies war nicht der Fall. Im Gegenteil: Die deutsche Nachkriegsgesellschaft versagte, bis auf wenige Ausnahmen, diesen Respekt, vielleicht auch, weil jede ausgebrannte, aber stehen gebliebene Synagoge ein Tatort war, jede umgenutzte auf die Verbrechen verwies. So war es opportuner, die Indizien vor Ort zu verwischen, die Spur der Steine in den vielen Zivilgemeinden auszulöschen und die Nachgeschichte der Synagogen bis zur Unkenntlichkeit zu überschreiben. Dabei behilflich waren ideologische Großkonstruktionen wie der Topos vom christlichen Abendland, der nach 1945 eine erstaunliche Hochkonjunktur hatte (und erst viel später in anbiedernder Weise durch die Rede vom christlich-jüdischen Abendland ergänzt wurde).

Es stellt sich die Frage nach dem Selbstverständnis einer Gesellschaft, die die Reste jüdischer Baukultur, die das Bild von Städten und Dörfern geprägt hatte, abträgt oder verstümmelt, bis sie nicht mehr zu identifizieren sind. Welches Selbstverständnis ist es, wenn die Gesellschaft durch Zerstörung und Verschwindenlassen festlegt, was vergessen werden kann und soll?

„Trotzig", schreibt Helmut Dubiel, habe man nach 1945 die „Integrität einer deutschen Kulturnation" behauptet.[2] Integrität einer deutschen Kulturnation?

2 Helmut Dubiel, Niemand ist frei von der Geschichte. Die nationalsozialistische Herrschaft in den Debatten des Deutschen Bundestages, München 1999, S. 74.

Schon in den Feierlichkeiten im Goethejahr in Weimar und Frankfurt 1949, in den Debatten um den Wiederaufbau des im Krieg zerstörten Frankfurter Geburtshauses von Goethe, spielte die Vorstellung von der „unzerstörbaren" deutschen Kulturnation eine Rolle. Darauf, dass auch für Theodor Heuss als oberstem Repräsentanten des westdeutschen Staates „das Legitimationsfundament [Deutschlands] in der Idee der deutschen ‚Kulturnation'" bestand, verweist Dubiel.[3] Am Tag seiner Wiederwahl am 17. Juli 1954 erläuterte Heuss, was er unter der „deutschen Kulturnation" verstand (wobei er gleichzeitig den Begriff für eine Revision der Nachkriegsverhältnisse in Dienst nahm): „Es gibt weder eine westdeutsche noch eine mittel- und ostdeutsche Kultur. Die Farbigkeiten der Herkünfte waren nie Trennung, sondern immer Bereicherung." Anschließend nennt er die Repräsentanten seiner „deutschen Kulturnation": „Es gibt nur – in der fruchtbaren Weltwertung – dies eine: Bach, Leibniz, Kant, Herder, Kleist, Eichendorff: das ist doch Deutschland, Gesamtdeutschland, ein unverlierbares Stück, niemals von fremdem Entscheid, der Hitlers Kriege gegen die deutsche Geschichte wie gegen die Zukunft in machtpolitischen Interessenssphären zu beenden glaubte, in seiner Geschichtswürde, an der auch die anderen teilhaben, auszulöschen."[4] Ein ziemlich verquaster Text von deutscher „Geschichtswürde", der nur in einem klar ist: Er vergisst symptomatischerweise, nachdem das Ende des Holocaust nicht einmal zehn Jahre vorüber war, auch nur einen jüdischen Künstler, einen Philosophen, einen Wissenschaftler anzuführen, der diese Kulturnation mitrepräsentiert. War vor 1945 eine „rassische" Homogenisierung angestrebt, wird diese nun kulturell codiert.

Zweifellos wird die fortgesetzte „Kohärenz" der deutschen Kulturnation weiterhin getragen von dem – häufig festgestellten – nach wie vor existenten Antisemitismus der Nachkriegsjahre, der an vielen Ecken und Enden der Gesellschaft immer noch hervorscheint, und von den zaghaften juristischen Verfahren an deutschen Gerichten bis hin zu den akademischen und künstlerischen Sektoren der Nachkriegsgesellschaft. So kann sich, um ein Beispiel für eine weiterbetriebene ethnisch-kulturelle Homogenisierung anzuführen, Werner von Schulenburg 1951 in einem Brief an den Präsidenten der Deutschen Akademie für Sprache und Dichtung beschweren, dass bereits wieder zu viele Juden die deutsche Literaturlandschaft bevölkerten: „Ich beobachte ein

3 Ebenda, S. 53.

4 Zit. nach ebenda, S. 54.

Vordrängen der jüdischen Autoren, vor allem der Ausländer, speziell in unserem Theater. Wir deutschen Bühnenautoren werden, bis auf einige Emigranten, überhaupt nicht gespielt, gespielt werden dagegen sehr viele Juden, die eine sehr lebhafte Unterstützung in der deutschen Presse finden." Und Schulenburg fährt in seiner Klage, dass die deutsche bzw. arische Kulturnation bedroht sei, fort: „Das gleiche gilt für Uebersetzungen. Fast kaum ein deutsches Buch wird in eine fremde Sprache übersetzt, während wir deutschen Autoren unter der Woge von Uebersetzungen, zum großen Teil Werken von Nichtariern, leiden." Zudem fordert Schulenburg von der Akademie eine Untersuchung, „wieviel nichtarische Autoren aufgenommen wurden und wieviel arische Autoren deutscher Herkunft im Ausland".[5]

Was also geschieht in einer solchen ideologischen Gemengelage mit den materiellen Zeugen des vernichteten Judentums? In einer historischen Situation, in der noch jeder Stein als Zeuge der Auslöschung einer jahrhundertealten deutsch-jüdischen Kultur hätte geachtet werden müssen? Wie soll man es bezeichnen, dass durch den – um es vorsichtig zu formulieren – respektlosen Umgang mit den jüdischen Baudenkmälern nicht nur Geschichtsvergessenheit, sondern Geschichtsrevision erzeugt wurde? Dass man diese Baudenkmäler, gleich in welchem Zustand, die vordem das Gesicht von Dörfern und Städten mitbestimmten, so entfernte, dass das Aussehen der Ortschaften verändert wurde? Jeder Abriss einer Synagoge im Nachkriegsdeutschland bestätigte die Konstruktion der Fremdheit und „legitimierte" posthum die Vertreibung und Vernichtung der Juden. Im Grunde erscheint in solchen Fällen die Nachkriegsgesellschaft als Vollstreckerin eines Projekts, das unter der Naziherrschaft nicht zu Ende gebracht werden konnte, eines Projekts, das offenkundig nicht im Widerspruch zu dieser Gesellschaft stand, sondern auf deren Konsens traf.

Auf die Nachgeschichten der jüdischen materiellen Zeugnisse, vor allem der Sakralbauten, sollen hier die Fragen zielen und damit auf den Zustand und die Identität der beiden Nachfolgestaaten des Deutschen Reiches. Aus einer Beschreibung dieser Geschichten als Teil der deutschen Nachkriegsgeschichte sind sicherlich kaum neue Erkenntnisse über die sich formierenden beiden deutschen Staaten zu gewinnen, aber ergänzende Einblicke, die sowohl auf lokalen Alltagsentscheidungen basieren als auch staatliches

5 Helmut Böttiger, Doppelleben. Literarische Szenen aus Nachkriegsdeutschland. Begleitbuch zur Ausstellung, Göttingen 2009, S. 133.

Agieren reflektieren. Die Nachgeschichten insgesamt sind im einzelnen Verlauf unterschiedlich, sie reichen von der „nachträglichen“ Auslöschung stehen gebliebener Sakralbauten über deren Überbauung und Umnutzung bis zu ihrer Rekonstruktion. Diese Geschichte ist abhängig von den verschiedenen Phasen der Aufarbeitung der Verbrechen des Nationalsozialismus und der Erinnerungspolitik.

Wenn nach der Achtung und dem Verbleib des jüdischen Kulturerbes nach 1945 gefragt wird, ist dieses Erbe nie als ein von einer gemeinsamen deutschen Kultur abgespaltenes zu verstehen, sondern – trotz der unfassbaren Verbrechen an den jüdischen Bürgern – als integraler Bestandteil dieser Kultur.[6] Die Missachtung und Vernichtung dieses Bestandteils amputierte die gemeinsame Kultur. Diese Verstümmelung und Eliminierung war in einem historisch bis dahin nicht gekannten Maße destruktiv, es waren aber gleichzeitig autodestruktive Akte. Noch in der Kölner „Jahrtausend“-Ausstellung zum Rheinland 1925 war die jüdische Kultur (repräsentiert u. a. durch den Nachbau eines Synagogeninnenraums) selbstverständliche Komponente der deutschen und rheinischen kulturellen Identität, wie es auch der damalige Oberbürgermeister Konrad Adenauer in seiner Eröffnungsrede sah[7] – einer Gemeinsamkeit, die nach 1933, als der Antisemitismus zur Staatsräson wurde, mit brutaler Gewalt auseinandergebrochen wurde. Allein am Werk des frühen jüdischen Architekten Abraham Levy, der christliche und jüdische Sakralbauten entwarf, ließe sich demonstrieren, dass eine solche Segregation auf eine Verfälschung von Kultur- und Architekturgeschichte hinauslaufen müsste.

6 Auf die umfangreiche Debatte um „Jüdische Identitätskonstruktionen“ soll hier nicht weiter eingegangen werden. Gerade bei den jüdischen Kultusbauten, vor allem im Synagogenbau, sind mehrfache Identifikationsebenen anzuerkennen und nicht nur eine einseitige Integration in eine nationale Kultur. Wenn Katrin Pieper, die neueren Forschungen zu jüdischen Identitätskategorien zitierend, festhält: „Jüdische Identität stellt sich […] als Differenz dar, die sich kontinuierlich zwischen Ähnlichkeit und Anderssein bezüglich nationaler Kategorien bewegt“, gilt dies auch für den Synagogenbau. Vgl. Katrin Pieper, Zeitgeschichte von und in jüdischen Museen. Kontexte – Funktionen – Möglichkeiten, in: Zeithistorische Forschungen/Studies in Contemporary History (2007) 1–2, S. 211–222, hier S. 215, Anm. 9, https://zeithistorische-forschungen.de/1-2-2007/4639. Für unsere Fragestellungen ist die These entscheidend, die das „Festjahr“ 2021 getragen hat: Jüdisches Leben ist konstitutiver Bestandteil deutscher Geschichte.

7 Siehe Tobias Arand, Die jüdische Abteilung der Kölner „Jahrtausend-Ausstellung der Rheinlande“, in: Monika Grübel/Georg Mölich (Hrsg.), Jüdisches Leben im Rheinland. Vom Mittelalter bis zur Gegenwart, Köln/Weimar/Wien 2005, S. 194–213.

Dass es nach 1945 für Juden in Deutschland viele Gründe gab, das eigene Erbe nicht mehr anzutreten, die Synagogen nicht mehr wiederherzustellen und für den Kultus zu nutzen, liegt auf der Hand. Wer sollte es noch tun, nachdem fast alle Gemeinden ausgelöscht waren, das Landjudentum völlig liquidiert worden war? Obwohl bereits im Sommer 1946 Tausende Flüchtlinge wegen der neu angefachten Pogrome in Polen nach Deutschland strömten, war auch von ihnen nicht zu erwarten, dass sie dieses Erbe antreten würden. Ihren Aufenthalt in Deutschland sahen sie nur als transitorisch bis zur Weiterwanderung in die USA oder nach Palästina an. Wo sich wieder Gemeinden bildeten, betrachteten sie sich häufig nur als „Liquidationsgemeinden", deren Zukunft nicht mehr in Deutschland lag. An dieser Situation jüdischer Restgemeinden in Deutschland lag es auch, dass die Restitutionsverfahren nur auf materielle Entschädigung hinausliefen. Verschiedene Organisationen betrieben diese Restitutionen, so die JTC (Jewish Trust Corporation) und die JCR (Jewish Cultural Reconstruction), als deren Funktionärin Hannah Arendt tätig wurde. „Von ‚Rückgabe'", schreibt Harald Jähner in *Wolfszeit* zu den Aufgaben der JCR, „konnte dabei in vielen Fällen nicht die Rede sein, da die ehemaligen Eigentümer ermordet waren oder nicht mehr ausfindig gemacht werden konnten".[8] Nicht die Restitutionsgeschichte soll aber interessieren, sondern die Schamlosigkeit der „Tätergesellschaft" im Umgang mit dem Erbe ihrer jüdischen Opfer. Während man den toten Soldaten der Wehrmacht längst ein „ehrendes Andenken" in Stein meißelte, zerfiel oder wurde abgerissen, was an Steinen an die ausgelöschten jüdischen Gemeinden erinnerte.

Wenn man sich mit der Nachgeschichte der jüdischen Baudenkmäler beschäftigt, ist eine historische Differenzierung, ja, eine Phaseneinteilung angebracht. Die Nachkriegsjahre, die Jähner als *Wolfszeit* bezeichnet, erscheinen als eine Phase, in der jüdische Baudenkmäler, sofern sie noch vorhanden waren, vor allem als zu beseitigender „Schandfleck" wahrgenommen wurden, während man in den Achtzigerjahren ein verstärktes Interesse an diesen baulichen Relikten entwickelte. Der 50. Jahrestag des Pogroms von 1938 markiert eine Zäsur in der Erinnerungs- und Gedenkpolitik, die auch Synagogen oder selbst die authentischen Orte, an denen diese einstmals standen, vom (toten) „Speichergedächtnis", um Kategorien von Jan und Aleida Assmann zu gebrauchen, in ein (lebendes) Funktionsgedächtnis überführte. „Die zerstörten

8 Harald Jähner, Wolfszeit. Deutschland und die Deutschen 1945–1955, 11. Aufl., Berlin 2020, S. 445, Anm. 11.

Synagogen", schreibt Marc Grellert, „sind ein gutes Beispiel für den Übergang vom Speichergedächtnis ins Funktionsgedächtnis. Hier gab es gerade bei den ländlichen Synagogen viele kleine, nicht oder nur zum Teil zerstörte Bauwerke, die jahrzehntelang ein Dasein als Werkstätten, Lager und Viehställe fristeten und dann irgendwann ‚entdeckt' und einer würdevollen Nutzung zugeführt wurden."[9]

Grellert hebt hier mit Recht auf die baulichen Spuren des deutschen Landjudentums ab. So zahlreich ländliche jüdische Gemeinden waren, so sehr in vielen Teilen Juden die Alltagskultur und auch die agrarische Wirtschaft auf dem Land mitprägten: Die Geschichte des Landjudentums ist endgültig beendet, seine Existenz ausgelöscht worden. Umso dringender hätte das Bewahren dessen erscheinen müssen, was an materialen Zeugnissen des Landjudentums die Naziherrschaft überstanden hat. Ohne dieses Erbe zu sichern, kann man die Ausbreitung und Bedeutung der jüdischen Kultur in der Fläche Deutschlands kaum mehr ermessen.

Zwei Regionen des Landjudentums werden in der vorliegenden Untersuchung zunächst häufiger herangezogen, wenn es um die Spuren und die nachträgliche Tilgung dieser Spuren geht, nämlich Gebiete, die geografisch in Deutschland auseinanderliegen, von der Sozialstruktur und der Dichte der jüdischen Gemeinden aber durchaus vergleichbar erscheinen: Nordhessen mit Kassel als Zentrum, wo der Gewaltexzess von 1938 zuerst „ausbrach", und das Mosel/Saar-Gebiet um Trier mit einem in manchen Orten starken jüdischen Bevölkerungsanteil. Zum baulichen Kulturerbe beider Regionen liegen zudem umfangreichere Dokumentationen vor. Für Hessen kann man zurückgreifen auf die akribische und verdienstvolle Arbeit von Thea Altaras *Synagogen in Hessen – Was geschah seit 1945?*, eine Dokumentation und Analyse aus allen 221 hessischen Orten, deren Synagogenbauten die Pogromnacht 1938 und den Zweiten Weltkrieg überstanden.[10] Für den Mosel/Saar-Raum haben Robert Reichard und Thomas Heidenblut die Dokumentation *Synagogen im Landkreis Trier-Saarburg*[11] vorgelegt, für ganz Rheinland-Pfalz und das Saarland wurde die vom (Mainzer) Landesamt für Denkmalpflege herausgegebene Publikation

9 Marc Grellert, Immaterielle Zeugnisse. Synagogen in Deutschland. Potentiale digitaler Technologien für das Erinnern zerstörter Architektur, Bielefeld 2007, S. 27.

10 Königstein i. T. 1988. Vgl. auch die zweite, erweiterte Auflage (posthum): Thea Altaras, Synagogen und jüdische Rituelle Tauchbäder in Hessen – Was geschah seit 1945? Aus dem Nachlass hrsg. von Gabriele Klempert und Hans-Curt Köster, Königstein i. T. 2007.

11 Trier 2000.

„*… und dies ist die Pforte des Himmels*" von Stefan Fischbach und Ingrid Westerhoff herangezogen.[12] Das Rheinland, das sowohl ein Landjudentum wie ein städtisches Judentum (mit repräsentativen Synagogen wie in Köln) hervorbrachte, bildet einen weiteren Schwerpunkt für die Untersuchung der Nachgeschichten der Synagogen. Dabei ist im Hinblick auf diese Nachgeschichten zu beachten, dass die alte preußische Rheinprovinz nach 1945 in verschiedenen Besatzungszonen, dann Bundesländern mit je eigener Politik gegenüber jüdischen Gemeinden aufging. Für Nordrhein-Westfalen steht für alle Regierungsbezirke das umfangreiche, akribische Standardwerk von Elfi Pracht *Jüdisches Kulturerbe in Nordrhein-Westfalen* zur Verfügung.[13]

Schon an diesen Publikationen wird die Bedeutung von Regionalforschung, was das jüdische Erbe betrifft, ersichtlich. Regionalforschung hat spätestens seit den Achtzigerjahren Wesentliches zu unserer Kenntnis dieses Erbes und seiner Geschichte beigetragen. Einzelne Städte haben Forschungen in Auftrag gegeben, um Licht in das Dunkel um die Vorgänge in ihrer Stadt zu bringen. Erwähnt sei nur die Stadt Freiburg im Breisgau, die den ungeklärten Erwerb der dortigen großen Synagoge vorbildlich hat aufarbeiten lassen und die die Forschungserträge ins Internet gestellt und damit einer breiteren Öffentlichkeit zugänglich gemacht hat.[14]

Das Internet erweist sich inzwischen überhaupt als der Ort, an dem zahlreiche Hinweise und Forschungsbeiträge zum jüdischen Kulturerbe gesammelt und publiziert werden. Unverzichtbar geworden und an eine breitere Öffentlichkeit gerichtet sind einschlägige Websites, die fortgeschrieben werden und damit notwendige Aktualisierungen des Bestandes bieten. Dazu gehört die Website „Aus der Geschichte der jüdischen Gemeinden im deutschen Sprachraum" (https://www.jüdische-gemeinden.de = ergänzte Online-Präsentation von Klaus-Dieter Alicke: Lexikon der jüdischen Gemeinden im deutschen

12 Mainz 2005. Für die Südpfalz konnte benutzt werden: Otmar Weber, Die Synagogen in der Pfalz von 1800 bis heute. Unter besonderer Berücksichtigung der Synagogen in der Südpfalz. Hrsg. von der Gesellschaft für Christlich-Jüdische Zusammenarbeit Pfalz in Landau, Landau 2005.

13 Teil I Regierungsbezirk Köln, Köln 1997; Teil II Regierungsbezirk Düsseldorf, Köln 2000; Teil III Regierungsbezirk Detmold, Köln 1998; Teil IV Regierungsbezirk Münster, Köln 2002; Teil V Regierungsbezirk Arnsberg, Köln 2005.

14 Julia Wolrab, Wissenschaftliche Dokumentation der Recherche über die Geschichte der Alten Synagoge Freiburg aus eigentumsrechtlicher Perspektive. Vorgelegt am 21. Mai 2019, überarbeitete Fassung 8. Oktober 2019, aktualisiert Oktober 2020, https://www.freiburg.de/pb/1461811.html.

Sprachraum, Gütersloh 2008) oder die Website von „Alemannia Judaica – Arbeitsgemeinschaft für die Erforschung der Juden im süddeutschen und angrenzenden Raum" (https://www.alemannia-judaica.de), um an dieser Stelle nur diese beiden zu nennen.

Eine besondere Entwicklung von digitaler Nachgeschichte verzeichnen jene Synagogen, die in ein Projekt der Technischen Universität Darmstadt Eingang gefunden haben: Am Fachgebiet *CAD (Rechnergestütztes Konstruieren)*, Fachbereich Architektur, wurden wichtige Synagogen virtuell rekonstruiert. In der Bonner Kunst- und Ausstellungshalle sind die virtuellen Rekonstruktionen von Synagogen aus Köln, Hannover, Plauen, Kaiserslautern, München, Nürnberg, Berlin, Dortmund, Leipzig, Dresden und Frankfurt vorgestellt worden. Sowohl der Katalog[15] als auch die Arbeit *Immaterielle Zeugnisse* von Marc Grellert, dem Leiter des Projekts, enthalten fruchtbare Erkenntnisse zur Geschichte der (städtischen) Synagogen in Deutschland – auch wenn dieses Projekt einen anderen Weg der Forschung einschlägt als ein Ansatz, der gerade die Materialität der Spuren eines jüdischen Kulturerbes in den Vordergrund stellt. Im November 2021 ist diese virtuelle Synagogenausstellung im Luftschutzbunker, den die Nazis in Frankfurt am Main auf das Grundstück der dortigen zerstörten Synagoge bauten und der heute als Mahn- und Gedenkstätte dient, noch einmal eingerichtet worden. Entscheidende Forschungsergebnisse hat *Bet Tfila. Forschungsstelle für jüdische Architektur in Europa* vorgelegt und in ihrer Schriftenreihe publiziert.

So wichtig und hilfreich diese Forschungen auch sind – ihre Ergebnisse wurden bislang nicht zusammengetragen und systematisch erfasst. Die Feststellung von Rudolf Maria Bergmann von 2006, dass es zwar Regionalinventare jüdischer Kulturdenkmäler gebe, aber eine zusammenfassende Darstellung, die auch hier nicht geleistet werden kann und soll, nach wie vor fehle,[16] gilt weiterhin. Daher kamen die Zerstörungen auch nicht als Gradmesser für eine nach 1945 anhaltende antijüdische Haltung in den Blick. So hat Peter Longerich in seiner umfassenden Publikation *Antisemitismus. Eine deutsche Geschichte von der Aufklärung bis heute* (München 2021) die Vernichtung jüdischer Synagogen nur im Zusammenhang mit der Pogromnacht in einem Satz erwähnt. Auch wenn Longerichs Untersuchung bis in die Zehnerjahre des 21. Jahrhunderts

15 Kunst- und Ausstellungshalle der Bundesrepublik Deutschland: Synagogen in Deutschland. Eine virtuelle Rekonstruktion, Bonn 2000.

16 Rudolf Maria Bergmann, Jüdisches Franken, in: Herbert Liedel/Helmut Dollhopf, Jerusalem lag in Franken. Synagogen und jüdische Friedhöfe, Würzburg 2006, S. 8–17, hier S. 14.

reicht, kommt das nach 1945 fortgesetzte Zerstörungswerk an jüdischen Kulturgütern, vor allem an den zuvor Stadt- und Ortsbilder prägenden Synagogenbauten, nicht als Ausdruck einer latenten feindlichen Grundhaltung gegenüber Juden vor. Longerichs beeindruckende Bibliografie von circa 1500 Titeln zum Antisemitismus weist auch keine Publikation auf, die die Vernichtung dieses Kulturerbes als antisemitisch beschreibt.

Damit stellt sich notwendigerweise die Frage nach der Berechtigung, solche Aktionen als antisemitisch einzuordnen. In der *Jerusalemer Erklärung zum Antisemitismus* vom 26. März 2021 wird in Punkt A.3 festgehalten: „Beispiele für antisemitische Taten sind: jemanden angreifen, weil sie oder er jüdisch ist, eine Synagoge angreifen, Hakenkreuze auf jüdische Gräber schmieren [...]." Anders als die Begräbnisstätten sind die Synagogenbauten, um die es im Folgenden geht, bereits mit der Entfernung der Thorarollen durch die Nationalsozialisten profaniert. Dass sie aber weiterhin angegriffen, abgetragen oder bis zur Unkenntlichkeit verstümmelt werden, entspringt nicht einfach einer Gedankenlosigkeit, sondern einer über Generationen hinweg weiter schwelenden Feindseligkeit gegenüber Juden. Wo es Diskussionen um Erhalt oder Abriss dieser jüdischen Zeugnisse gegeben hat – Zeugnisse, die zugleich Indizien des Verbrechens waren –, brach sich ein dumpfer Antisemitismus immer wieder Bahn.

Die vorliegende Publikation versteht sich weniger als akademisch-wissenschaftliche Arbeit, sondern ist eher als politische Arbeit intendiert, die Kritik an einer Geringschätzung des jüdischen Kulturerbes in Deutschland von 1945 bis heute übt. Damit stellt die Arbeit aber auch einen Beitrag zum aktuellen Antisemitismusstreit dar, in dem das Ausradieren übrig gebliebener jüdischer Bauzeugnisse von der deutschen Landkarte bislang kaum als eine Ursache des Weiterlebens antijüdischer Haltungen zum Thema gemacht wird. „Synagogen", schreibt Bergmann, „die irgendwie ins Jahr 1945 gekommen waren, hat man in allergrößtem Ausmaß über Jahrzehnte weiter zerstörend verändert oder abgerissen. Hier versagt das bequeme Bild von den ‚sengenden Nazischergen'. Im Gegenteil: die nationalsozialistische Idee, eine Bevölkerungsgruppe mit all ihren Zeugnissen auszulöschen, wirkte nachhaltig fort."[17]

Aus alldem ergibt sich die Berechtigung, ja Verpflichtung, zur Bilanzierung der barbarischen Zerstörungen jüdischer Bauwerke nach 1945 beizutragen und die Erkenntnisse in eine Kritik an den postfaschistischen Gesellschaften, ihrer

17 Ebenda.

Bevölkerung, ihrer Politik, ihren Verwaltungen, umzumünzen, deren Agieren auf dem hier umrissenen Feld immer wieder die Frage aufwirft, inwieweit sie sich von Projekten der Zeit vor 1945, auch des Mnemozids an Juden, entfernt haben. Damit soll die Arbeit einer indirekten Aufforderung der Herausgeber der posthumen Ausgabe von Thea Altaras *Synagogen und jüdische Rituelle Tauchbäder in Hessen – Was geschah seit 1945?* (2007) nachkommen, die den Kritikern von Altaras entgegenhielten: „Außerdem sollten alle Kritiker berücksichtigen, dass sich dieser qualvollen Aufgabe 20 Jahre lang eine Jüdin unterzog. Es ist bis heute beschämend, dass ein Opfer der nationalsozialistischen Gewaltherrschaft sich dieser Aufgabe widmen musste und niemand aus dem Kreis der ‚Täter' bzw. aus dem Kreis der Nachgeborenen bereit war, die Arbeit zu leisten."[18]

Die hier vorgelegte Publikation kann dieser Aufforderung nur in bescheidenem Maße nachkommen. Vor allem muss sie es aus forschungspragmatischen Gründen bei einer Engführung des Kulturbegriffs belassen, wie es schon bei Altaras der Fall ist, wenn sie sich auf Synagogenbauten und Mikwen, also sakrale und rituelle materielle Zeugnisse, bezieht. Auch der Ausblick auf Friedhöfe und Tahara-Häuser, wie er hier versucht wird, ändert grundsätzlich nichts an der Gefahr einer „Exilierung" (Ignatz Bubis) der deutschen Juden. Das Bild einer „frömmelnde[n], kulturell isolierte[n] soziale[n] Randgruppe, mit über Jahrhunderten konstanten Merkmalen"[19] kann nur dann korrigiert werden, wenn man einen weiten Kulturbegriff, der den Alltag einschließt, bei der Diskussion des gesellschaftlichen Umgangs mit den historischen Zeugnissen des Judentums zugrunde legt.

Diese Zeugnisse sind zum überwiegenden Teil noch schwerer zu identifizieren als Synagogen oder Friedhöfe. In meinem Geburtsort im nördlichen Saarland gab es z. B. keine Synagoge und keinen jüdischen Friedhof. Ein Dorf ohne Juden? Eine meiner Großmütter, Katharina Hero, zeigte mir dann den Stall, den jüdische Viehhändler, die aus einem entfernteren Ort kamen, in der Nähe des Marktplatzes gepachtet hatten, um ihre Pferde und Rinder für den Verkauf auf der Jakobus-Kirmes unterzustellen und anzubieten. Ein noch lange nach 1945 existierender Viehstall, der, zum Sprechen gebracht, nicht weniger aussagte über die Existenzsicherung der Juden und das Verhältnis zwischen ihnen und der nichtjüdischen Bevölkerung, als es bisweilen Ritualien tun können.

18 Altaras, Synagogen II, S. 3.

19 Bergmann, Jüdisches Franken, S. 15.

So liegt das – vollständig erhaltene – Kontor einer bekannten jüdischen Kaffeefirma, „Zuntz sel. Witwe", ohne Hinweistafel in einem Bonner Hinterhof – und doch böte das Kontor so viele Aufschlüsse über jüdisches Leben in Bonn. Aber auch dort, wo Gebäude jüdischen Lebens bekannt waren, zögerte man in den meisten Fällen nach 1945 nicht, diese zu zerstören. Nur zwei Beispiele an dieser Stelle: Nachdem man Jahre nach dem Krieg in Neuwied/Rheinland auch die Trauerhalle abgerissen hatte, blieb nur noch das intakte Gebäude der jüdischen Volksschule bestehen. An dieses brachte man 1960 eine entsprechende Hinweistafel an. Trotzdem musste das alte jüdische Schulgebäude 1980 dem Neubau eines Kaufhauses weichen. Eine ebenso geringe Wertschätzung erfuhr das denkmalgeschützte Haus einer deportierten Familie in Flehingen, Ortsteil der baden-württembergischen Gemeinde Oberderdingen, obwohl dieses Haus sich durch einen in Stein gemeißelten jüdischen Segensspruch selbst als „jüdisches Haus" zu erkennen gab. 2016 fiel es dem Abrissbagger zum Opfer.

Ein wichtiger Schritt, die Geschichte der deutsch-jüdischen Kultur präsent zu halten, stellen angesichts solcher Zerstörungen die Markierung und die Rettung der wenigen verbliebenen baulichen Denkmäler der jüdischen Alltagskultur, wie etwa Schulgebäude, Wohnhäuser und Arbeitsstätten, dar. Zu den prominentesten solcher erhaltenen und zugänglichen Zeugnisse gehört zweifellos die Blindenwerkstatt des Nichtjuden Otto Weidt in Berlin, Arbeitsplatz, Versteck und Rettung für viele Berliner Juden. In Windeck an der Sieg wurde das Haus des jüdischen Altwarenhändlers Max Seligmann, der als einziges von vier Kindern nicht im Holocaust ermordet worden war, 1994 als Dokumentationsstätte *Landjuden an der Sieg* eröffnet. Ähnliches geschah mit dem Wohnhaus der jüdischen Familie Ullmann in Titz-Rödingen, das seit 2009 mit der dazugehörigen Landsynagoge besichtigt werden kann. Der Öffentlichkeit ebenfalls zugänglich gemacht wurde 2014 das Humberghaus in Hamminkeln-Dingden am Niederrhein, in dem bis 1940 eine koschere Metzgerei und ein Manufakturladen untergebracht waren. Ein anderes jüdisches Haus aus Ostwestfalen wurde ins Freilichtmuseum Detmold transloziert, ein jüdischer Fleischerladen in Münstermaifeld an authentischer Stelle, in einem jüdischen Wohnhaus, wieder eingerichtet. Man kann sich darüber streiten, inwieweit gerade letztere Rekonstruktionen gelungen sind; wichtig ist an dieser Stelle zunächst die Zuwendung zu Orten und materiellen Relikten einer jüdischen Alltagskultur jenseits einer Erzählung, die das Judentum ausschließlich religiös bestimmt und zugleich exotisiert.

Der Anspruch, das Fortbestehen dieses Teils des jüdischen Kulturerbes zu inventarisieren und nach dem gesellschaftlichen Umgang mit ihm in den deutschen Nachkriegsgesellschaften zu fragen, seine Vernachlässigung in Ost und West zu thematisieren, kann hier nicht eingelöst werden, es bleibt ein wichtiges Desiderat.[20]

20 Ein wichtiges Projekt hierzu ist an der Katholischen Universität Eichstätt angesiedelt, dessen Ergebnisse in einer interaktiven Karte, die jüdische Siedlungen in Bayern enthält, online gestellt wurden: https://www.ku.de/en/news/digitally-mapping-the-history-of-jewish-settlements-in-bavaria.

Ruine der Synagoge in Brotdorf (Saar), Ende der 1940er-Jahre abgerissen
Bürgerarchiv Merzig

1
Geschundene Mauern

Spur der Steine

„Was sind Juden?" Diese Frage stellte ich regelmäßig, wenn wir, meine zweite Großmutter Katharina Wilkin und ich, in den 1950er-Jahren auf dem Weg aus dem nördlichen Saarland, dem „Hochwald", nach Trier mit dem Postbus unterwegs waren, um dort Schuhe oder kratzende Pullis einer bestimmten Marke zu kaufen, die es im – damals nicht zur Bundesrepublik gehörenden – Saarland nicht gab. Anlass für die Frage waren zwei oder drei Häuser, die am Straßenrand im Dorf Zerf standen, verwahrlost, mit herausgerissenen Fenstern und offen stehenden Türen – von Jahr zu Jahr mehr überwuchert von Gras und Sträuchern. „Das", sagte meine Großmutter, aus dem Omnibusfenster zeigend, „sind Judenhäuser." Die Leute aus diesen Häusern seien von Hitler weggeschafft worden, ihre Kinder, so meine Großmutter, lebten noch: „in Amerika". Und diese würden jene bereits ruinösen Häuser nicht abreißen lassen, sie sollten dort für immer stehen bleiben. Was denn „Juden" seien, war damit nicht beantwortet. Von einer Großtante, die in Zerf wohnte, erfuhr ich etwas mehr, als sie bei einem Familienimbiss in der Gaststätte des Oberzerfer Bahnhofs in ihrem moselfränkischen Idiom meinte: „Die Juddenhaiser sollen wai [jetzt] doch abgeress gen." Und dann erzählte sie, wie man 1938 die Juden aus den nun dem Verfall preisgegebenen Häusern geholt habe und zwei Kilometer durch das Ruwertal bis zum Oberzerfer Bahnhof, „wo mia wai setzen", getrieben habe, von wo sie verschwunden seien; selbst Kinder hätten dabei mitgemacht.

Ob diese Erzählungen nachprüfbar sind, ist dabei nicht einmal wichtig. Entscheidend ist, dass sie Narrationen eines Generationengedächtnisses sind, das sich festmacht an materiellen Zeugnissen, die in der Erinnerung einem jüdischen Leben in der Region Schwarzwälder Hochwald zugeschrieben wurden. Auch sie handeln damit vom Menschheitsverbrechen, das vor den jüdischen Gemeinden in den abgelegenen Dörfern dieses bäuerlichen Landstrichs nicht haltmachte.

Jahrzehnte später bin ich noch einmal durch Zerf nach Trier gefahren: Die „Judenhäuser" waren tatsächlich verschwunden, der Platz, an dem sie gestanden hatten, war durch eine breite, neue Straßenführung überbaut worden. Nichts verwies mehr darauf, dass – so wie sich meine Großmutter und Großtante erinnert hatten – hier jüdische Bürger gelebt hatten.

Historisch belegt ist, dass sich in den 1830er-Jahren erstmals in dem kleinen Ort Zerf Juden ansiedelten. Gemeinsam mit der jüdischen Bevölkerung der umliegenden Dörfer Losheim, Greimerath, Schillingen, Pellingen bildeten sie eine israelitische Gemeinde, die seit 1900 über einen Betsaal verfügte. 1905 wurde ein Friedhof angelegt, auf dem die erste Beerdigung ein Jahr später, die letzte 1937 stattfand. Nach einem Jahrhundert, in dem Juden in Zerf lebten, richteten diese 1930 durch Umbau eines Hauses eine Synagoge ein, die sich auch in ihrer äußeren Architektur mit einer geschweiften Laterne im Dorfbild als Gotteshaus zu erkennen gab. Schon drei Jahre später, unmittelbar nachdem sich die rassistische Gewalt zur Staatsmacht erklärt hatte, kam es zu Angriffen auf die Synagoge, während in der jüdischen Nachbargemeinde Hermeskeil antisemitische Ausschreitungen bereits in den Zwanzigerjahren stattgefunden hatten. Die Zerfer Gemeinde wurde schließlich 1938, noch vor den Novemberpogromen, gezwungen, ihr Synagogengebäude zu verkaufen, das während des Krieges zum Varietétheater für Wehrmachtsangehörige umfunktioniert wurde, bevor es dann im Krieg zu Beginn des Jahres 1945 weitgehend zerstört wurde. Zu dieser Zeit war die jüdische Gemeinde Zerfs bereits ausgelöscht, und 24 ihrer Mitglieder waren ermordet worden.

Die einzige materielle Spur, die schließlich von ihrer über hundertjährigen Geschichte erhalten blieb, ist der kleine jüdische Friedhof mit seinen elf Grabsteinen. Anders als die Hausruinen, die ich als Kind gesehen hatte, war er aber im Dorfgedächtnis nicht präsent geblieben: Noch zu Lebzeiten nichtjüdischer Zerfer Bürger, die, wie meine Großtante, von den Misshandlungen und von den Verbrechen an den jüdischen Bürgern aus eigenem Erleben oder eigener Beteiligung hätten berichten können, war der Friedhof vergessen, verdrängt worden. Wie in einem bösen Märchen war eine hohe Hecke um den Friedhof gewachsen. Zugewuchert, verwahrlost lag er als Nicht-Ort, den man übersah, in der Gemeinde. Ein Ort, der diejenigen, die hier ihre Toten begraben hatten, und diese Toten selbst noch einmal ausgrenzte, ihnen nachträglich „Fremdheit“ zuschrieb. Diese Exklusion wurde durch die Jahrzehnte weiterbetrieben.

Kennzeichnend ist, dass es Jugendliche waren – also eine spätere Generation –, die den dystopischen Bann aufhoben und den Ort zurückholten in die Topografie des Dorfes und in die die Gegenwart. Es dauerte bis 2013 (!), dass diese Jugendlichen den jüdischen Friedhof freilegten, Bäume fällten und neue pflanzten, die Würde des Friedhofs wiederherstellten. Seit 2013, d. h. ein Dreivierteljahrhundert nach Vertreibung und Vernichtung der Zerfer Juden, kann nun solch ein steinernes Dokument dazu beitragen, diesen einen Platz in der Mitte unserer Geschichte einzuräumen.

Meine Kinderfrage wurde damals nicht beantwortet. So stelle ich sie heute erneut, nur etwas anders formuliert, wenn ich nach den materiellen Zeugnissen der jüdischen Kultur frage, die geblieben sind. Schon bei der Formulierung der Frage, die immer auch unseren Umgang mit diesen Zeugnissen einbezieht, wird mir bewusst, dass es vor allem eine Frage nach dem Selbstverständnis und der historischen Verantwortung unserer Gesellschaft ist, in der ich groß geworden bin.

Schändung, Brandschatzung und Vernichtung 1938

Um Bekanntes zu wiederholen: Jedes Gedächtnis – das individuelle wie das kollektive – sucht und bedarf materieller Zeugnisse, an denen es sich ausrichten, festigen, mit deren Beistand es sich aber auch korrigieren kann. Der Umkehrschluss gilt ebenso: Jeder Umgang mit den materiellen Relikten – ob gedankenlos, fahrlässig oder bewusst – greift in das Gedächtnis ein, modifiziert es oder – als äußerste Möglichkeit – löscht ganze Erinnerungsfelder. Dass es auch Fälle gibt, in denen der Zerstörer von materiellen Zeugnissen aus seiner Machtposition heraus die vernichteten Objekte (und deren Vernichtung) im Gedächtnis präsent halten will, ist davon unberührt: Die Zerstörung des zweiten Tempels in Jerusalem und den Raub von Menora und Bundeslade feierten die Römer auf dem Trajansbogen und gruben damit die vernichteten Gegenstände in das kulturelle Gedächtnis tief ein. Ähnlich – wenn man hier überhaupt vergleichen kann – verhält es sich mit dem von den Nationalsozialisten in Prag geplanten „Jüdischen Zentralmuseum“ (das noch zu thematisieren sein wird). Nur in der museal von den (vermeintlichen) Siegern zugelassenen und zementierten

Perspektive sollte das deutsche und europäische Judentum im Gedächtnis bleiben. Alle für das „Jüdische Zentralmuseum“ von den Nazis in Prag gehorteten Gegenstände, so sehr wir sie heute als Teil des kulturellen Erbes schätzen und bewundern, geben zugleich den Blick frei auf das monströseste Verbrechen der Menschheitsgeschichte und berichten von einem Raubzug in einem bis dahin nie gekannten Ausmaß.

Mit der Ermordung von Millionen Jüdinnen und Juden ging die Vernichtung einer Kultur einher, die seit Jahrhunderten trotz all ihrer Unterdrückung integraler Bestandteil der deutschen und europäischen Kultur war. Der rassistische Vernichtungswahn bezog sich auf alle Aspekte des kulturellen Lebens. Er bezog sich nicht zuletzt auf die materiellen Zeugnisse jüdischen Lebens, die in den Bauten, vor allem den Sakralbauten der Städte und Dörfer, präsent waren.

In den Architekturen dieser Bauten waren das jeweilige Verhältnis der jüdischen Bevölkerung zur christlichen Mehrheitsgesellschaft und das jüdische Selbstverständnis ablesbar. Für die Synagogen in Deutschland im 19. und frühen 20. Jahrhundert hat dies Harold Hammer-Schenk überzeugend herausgearbeitet.[1] In der topografischen Lage der jüdischen Bauten manifestierten sich Erfolge und Niederlagen bei den teils verzweifelten Bemühungen der jüdischen Gemeinden um Akzeptanz und Integration. Dies blieb am deutlichsten an den Kultusbauten, auch wenn ihr Bau staatliche Genehmigungsverfahren durchlaufen und aushalten musste und nichtjüdische Handwerker den Bau ausführten. Nachdem sich in den mittelalterlichen jüdischen Gemeinden die jüdischen Sakralbauten, z. B. in Köln, Worms oder Erfurt, in zentraler topografischer Lage behaupten konnten, war es ein langer Prozess der seit der frühen Neuzeit erfolgenden Rückkehr dieser Bauten aus den Hinterhöfen und Privathäusern[2] ins Zentrum der Städte. Die Hauptsynagogen von Dortmund, Essen, Köln, Berlin stehen als Beispiel für viele andere, die neue innerstädtische Räume und eine geänderte urbane Wahrnehmung beanspruchten.

Ein prominentes Beispiel für eine neue Positionierung jüdischer Sakralbauten im Stadtgefüge bildet die Kohlhöfen-Synagoge in der Hamburger Neustadt: Erst in der Planungsphase 1859 entschied man sich, die Fassade nicht mehr hinter den Gebäuden der Thora-Schule zu verstecken, sondern

1 Harold Hammer-Schenk, Synagogen in Deutschland: Geschichte einer Baugattung im 19. und 20. Jahrhundert (1780–1933), Teil I u. II, Hamburg 1981.

2 Nach einem brandenburgisch-preußischen Edikt von 1671 war die Errichtung von Synagogen verboten. Möglich waren nur Betsäle in Privathäusern.

sie den Blicken der städtischen Öffentlichkeit darzubieten; damit wurde die Kohlhöfen-Synagoge zur ersten von der Straße aus sichtbaren Synagoge Hamburgs.[3] Gleichzeitig entwickelte sich ein selbstbewusstes, ja repräsentatives Bauen, nachdem die vergangenen Jahrhunderte von einer architektonischen Zurückhaltung, ja, einer Kaschierung geprägt waren. Die Architekturgeschichte der jüdischen Sakralbauten bis 1933 musste einen höchst spannenden Verlauf nehmen, gerade auch, weil sich das Wechselverhältnis von Integration in die Mehrheitsgesellschaft und von Beharrung auf Eigenständigkeit in unterschiedlichen architektonischen Traditionslinien niederschlug, die von der Neoromanik, einem Neoklassizismus über einen orientalisierenden Stil bis hin zum Anschluss an die Moderne reichten. In diesen Baustilen äußerten sich zudem jeweils divergente religiöse und kulturelle Selbstverortungen jüdischer Kultusgemeinden. Gemeinsam war (und ist) den Synagogen Bima (Lesepult), Thoraschrein, häufig Frauenempore oder zumindest räumliche Abtrennung der Frauen. Dazu kamen vielerorts das Ritualbad, die Mikwe, und häufig die Schule mit der Lehrerwohnung. In diesen Orten bildeten sich, wenn auch regional baulich unterschiedlich ausgeprägt, architektonische Gebäudeensembles als Zentren der Kultusgemeinden.

Die Angriffe auf die Synagogen begannen bereits vor der Machtübergabe an die Nationalsozialisten. Nach 1933 verdichteten sich diese Angriffe mehr und mehr, bis sie am 9. November 1938 landesweiten und systematischen Charakter annahmen. Die politische Entmündigung, die vollkommene Entrechtung, die Verdrängung aus dem Kultur- und Wirtschaftsleben boten den Nährboden für den Angriff auf die Kultusbauten jüdischer Gemeinden, das Schänden der Synagogen, die Entweihung der Kultgegenstände, schließlich die Zerstörung, das Abbrennen der Sakralbauten: Diese Verbrechen zielten auf den Kern jüdischer Identität. Die Aktionen des November 1938 waren der Auftakt für den ab nun planmäßig vorangetriebenen Völkermord. Mit der Vernichtung der Synagogen, der Mikwen, der jüdischen Häuser verschwanden die materiellen und sichtbaren Zeugnisse der jüdischen Gegenwart und Geschichte aus den deutschen Städten und Dörfern: Aus dem Stadtbild getilgt, musste es scheinen, als habe es nie deutsche Juden als Teil einer deutschen Geschichte gegeben. Um das Ausmaß und die Radikalität der Vernichtung noch einmal vor Augen zu führen, sei an die Zahl von landesweit 1406 vollständig zerstörten Synagogen

3 Die ersten jüdischen Gotteshäuser in Deutschland, die sich im Stadtbild präsentierten, waren diejenigen von Ansbach (1745) und Karlsruhe (1798).

und Bethäusern erinnert. In Berlin wurden von 14 Synagogen elf niedergebrannt und die drei weiteren verwüstet.

Dass das Ausradieren der jüdischen Sakralbauten aus den Stadtbildern ein zentrales Anliegen der nationalsozialistischen Machthaber bei der Vorbereitung des Holocaust war, zeigt sich auch an der „Vorgeschichte“ der Novemberpogrome, die – wie durchgehend in der Vorkriegsphase des Nationalsozialismus – ablief als Mischung von kalkuliertem Gewaltexzess und bürokratischer Brutalität: Nach Grellert waren bereits zwischen 1933 und dem Pogrom 1938 mindestens 67 Synagogen zerstört worden.[4]

Die erste in dieser Reihe war diejenige von Hildburghausen in Thüringen, die unmittelbar nach dem Machtantritt Hitlers 1933 enteignet und abgerissen worden war. 1934 erfolgte der Abbruch der für die jüdische Geschichte so wichtigen Hamburger Kohlhöfen-Synagoge unter dem Vorwand einer geplanten Stadtsanierung. Im Zeitraum von Anfang 1938 bis zum 9. November fielen weitere 31 Synagogen der rassistischen Politik zum Opfer, im Sommer vor dem Pogrom waren es die repräsentativen Hauptsynagogen von München, Kaiserslautern, Nürnberg, Dortmund, die vernichtet wurden. Während Julius Streicher am 10. August 1938 selbst den Befehl zur Zerstörung der Synagoge in Nürnberg gab, war dies in München auf ausdrücklichen Willen Adolf Hitlers bereits am 9. Juni des Jahres erfolgt. Die Umstände zeigen die ganze Perfidie, die der Münchner Aktion zugrunde lag: Am 8. Juni fand das Jahrestreffen des Allgemeinen Rabbinerverbandes in München statt. Die dortige jüdische Gemeinde erhielt am selben Tag den Befehl, dem NS-Staat Synagoge und Gemeindehaus abzutreten. Die Räumung hatte binnen 24 Stunden zu erfolgen. Schon am 9. Juni begannen die Abbrucharbeiten. In Dortmund begann der Abriss am 21. September, in Kaiserslautern am 29. August mit der Begründung einer Straßenverbreiterung. Anfang Oktober wurden die Reste gesprengt.

Flankiert wurden diese Raub- und Zerstörungsaktionen durch Gesetze und Verordnungen. In Berlin, dessen Umbau zur „Welthauptstadt“ begonnen hatte, setzte im Januar 1937 mit der Berufung von Albert Speer als Generalbauinspektor die „Entjudung“ des Grundbesitzes in großem Maßstab ein. Im Oktober desselben Jahres wurde das Gesetz über die „Neugestaltung deutscher Städte“, das „Ermächtigungsgesetz für die Stadtplanung“,[5] erlassen – die

4 Grellert, Immaterielle Zeugnisse, S. 81 f.

5 Stadtmuseum Berlin (Hrsg.), Geraubte Mitte. Die „Arisierung“ des jüdischen Grundbesitzes im Berliner Stadtkern 1933–1945, Berlin 2008, S. 24.

Rechtsgrundlage für den Abriss von Synagogen wie derjenigen von Dortmund, Kaiserslautern, aber auch nach 1938, etwa für die große Freiburger Synagoge. Entscheidend war ein Gesetz vom 28. März 1938, das dem Synagogensturm vom November zeitnah vorausging und ihm den Weg ebnete: Dieses Gesetz entzog den Israelitischen Kultusgemeinden den Status einer „Körperschaft öffentlichen Rechts" und stufte sie zu Vereinen ohne öffentliche Rechtsansprüche herab. Damit war der Verlust jedes Anspruchs auf öffentlichen Schutz verbunden: Synagogen, Schulen, Friedhöfe[6] waren der Plünderung und Zerstörung preisgegeben, als die Novemberpogrome begannen.

Über das Novemberpogrom sind wir durch die Forschung informiert. Das Pogrom nennt Daniel Goldhagen „das wohl aufschlußreichste Ereignis der gesamten NS-Zeit".[7] „In dieser Nacht", schreibt er, „wurde eine Grenze überschritten."[8] Die „landesweiten Ausschreitungen während der Reichspogromnacht, die beispiellos in der modernen deutschen Geschichte waren, zerstörten endgültig jeden Gedanken an die Möglichkeit einer dauerhaften Existenz für Juden in Deutschland. Die Verfolgungen und Gewalttätigkeiten der Reichspogromnacht markierten den Höhepunkt des ungezügelten Terrors, den – vor allem in ländlichen Gebieten – Deutsche gegen Juden ausübten."[9] Das Auslöschen der symbolischen und kulturellen Identitätsorte der deutschen Juden in dieser Nacht machte nach Goldhagen die Juden zu kulturell Fremden im eigenen Land und zu „sozial Toten". Für ihn – und das macht das Ereignis so entscheidend – offenbart sich in der Brutalität des antisemitischen Vorgehens das Einverständnis der Deutschen, und nicht nur der SA, zur Gewaltanwendung und zum Mord an den Juden: „In zahlreichen Kleinstädten wurden die SA-Leute von bereitwilligen Ortsansässigen begrüßt, die die Gelegenheit ergriffen mitzumachen. [...] Ganz normale Deutsche beteiligten sich, ohne daß es einer Provokation oder einer Ermunterung bedurft hätte, an dem brutalen Vorgehen – selbst Kinder und Jugendliche, in vielen Fällen gewiß mit dem Einverständnis der Eltern."[10]

Die beiden großen deutschen Konfessionen entlässt Goldhagen nicht aus der Verantwortung für diese antisemitischen Gewaltexzesse. Im Gegenteil, wie

6 Auf die Situation der jüdischen Friedhöfe wird noch ausführlicher eingegangen.

7 Daniel J. Goldhagen, Hitlers willige Vollstrecker. Ganz gewöhnliche Deutsche und der Holocaust, München 2000 (deutschsprachige Erstausgabe Berlin 1996), S. 132.

8 Ebenda, S. 131.

9 Ebenda, S. 128.

10 Ebenda, S. 129.

sehr sie selbst in diese verstrickt waren, verdeutlicht für ihn ein „führender protestantischer Kirchenmann“, der thüringische Bischof Martin Sasse, der nach dem Pogrom eine Sammlung der antisemitischen Äußerungen Martin Luthers veröffentlichte. In seinem Vorwort feierte der Bischof den Synagogenbrand: „Am 10. November 1938, an Luthers Geburtstag brennen in Deutschland die Synagogen“, und er „empfahl die Lektüre ‚des größten Antisemiten seiner Zeit, Warner seines Volkes wider die Juden‘.“[11]

Die Bedeutung, die das Novemberpogrom für den Holocaust hat, liegt für Goldhagen auch darin, als Beispiel für spätere Vernichtungsaktionen gewirkt zu haben. Eine der ersten großen und grausamsten antisemitischen Mordaktionen nach dem Überfall auf die Sowjetunion wurde gegen Ende Juni 1941 in der Stadt Białystok durchgeführt. Sie erfolgte, so Goldhagen, nach dem Muster der Pogromnacht: „Die Hauptsynagoge von Białystok, die größte in Polen, war ein beeindruckender, von einer Kuppel bekrönter quadratischer Steinbau, ein hochaufragendes Symbol jüdischen Lebens. Die Deutschen kamen auf die Idee, die Juden gemeinsam mit ihrer spirituellen und symbolischen Heimat zu vernichten, eine ‚Lösung‘, die ihrem antisemitisch geprägten Denken naheliegend erschien. Das Niederbrennen von Synagogen war bereits, besonders während der Pogromnacht, zum Leitmotiv antisemitischen Handels geworden, und da es sich einmal durchgesetzt hatte, diente es nun erneut als Handlungsanweisung.“[12]

Dennoch ergeben sich gravierende Unterschiede zwischen dem Brand der Synagoge in Białystok und dem Abbrennen der Synagogen in Deutschland 1938: Einerseits bildete der Terror 1938 den Auftakt für eine neue Phase der Verdrängung und Ermordung der Juden und stellte die Probe dafür dar, inwieweit die Zivilbevölkerung den Völkermord mittragen würde, während in Białystok dieser Völkermord in vollem Gange war. Andererseits fand das Novemberpogrom mitten in Deutschland statt, wandte es sich gegen Nachbarn, Mitbürger, Teile der eigenen Gesellschaft und radierte nicht nur deren Zukunftsperspektive aus, sondern hatte auch die historische Präsenz von Juden in Deutschland zu löschen. Es sollte nicht nur keine gemeinsame Zukunft geben, es durfte auch nie eine deutsch-jüdische Vergangenheit gegeben haben. Die Tilgung aller kulturellen Orte des deutschen Judentums von der Landkarte sollte die These von der immerwährenden Fremdheit des Judentums belegen.

11 Ebenda, S. 142.

12 Ebenda, S. 228.

Nordhessen erlebte den Anfang dieser Zerstörungen. Schon vor dem deutschlandweiten Pogrom am 9. und 10. November 1938 waren es die Synagoge in Kassel und die Synagogen umliegender Ortschaften, die am 7. November angegriffen und geschändet wurden. Dass die Ausschreitungen in Kassel begannen, verdeutlicht, wie die lange deutsch-jüdische Geschichte im Novemberpogrom durch Terror umgeschrieben werden sollte: In Kassel, der Geburtsstadt des jüdischen Philosophen Franz Rosenzweig, lässt sich seit dem Jahr 1398 eine jüdische Gemeinde mit Synagoge nachweisen. Die nun durch die Nazis und ihre Sympathisanten devastierte Synagoge hatte bereits zwei Vorgängerbauten und war, nach einer für den Status der jüdischen Gemeinde aufschlussreichen Geschichte von konkurrierenden Architekturentwürfen, von dem Kasseler jüdischen Architekten Albrecht Rosengarten[13] entworfen und im Jahr 1839 eingeweiht worden. Dieses Gebäude beeinflusste die Architektur zahlreicher Synagogenbauten des 19. Jahrhunderts, so die Bauten der Frankfurter Synagoge von 1853 und der Mannheimer von 1855.

Die Kasseler Synagoge nimmt in der Architekturgeschichte dieser Baugattung einen herausragenden Platz ein.[14] Die Hetzjagd auf die Juden begann hier mit einem Überfall auf ein jüdisch-orthodoxes Café, anschließend zog eine circa tausendköpfige Menge zur Synagoge und verwüstete sie; das dritte Ziel war das jüdische Schul- und Gemeindezentrum, dessen Einrichtung vollständig zerstört wurde. Schließlich beschädigte die Menge zwanzig jüdische Geschäfte: ein Gewaltausbruch, wie man ihn bislang nicht gekannt hatte. In dieser ersten Phase des Pogroms war sich der „Mob“[15] offensichtlich noch nicht im Klaren, was mit dem Synagogenbau geschehen sollte. Die große Synagoge von Rosengarten wurde jedenfalls nicht angezündet. Schon am 11. November 1938 korrigierte der Stadtrat jedoch die Situation und fasste den Beschluss, das für die jüdische und die deutsch-jüdische Kultur- und Architekturgeschichte so bedeutsame Gebäude Stein für Stein abtragen zu lassen.

13 Rosengarten baute u. a. auch die Kohlhöfen-Synagoge in Hamburg.

14 Der komplexen Baugeschichte der Kasseler Synagoge und ihrer architekturgeschichtlichen Stellung hat Hammer-Schenk ein eigenes Kapitel gewidmet. Unter dem Titel „Baustil als Nachweis deutscher Nationalität“ analysiert er diesen Kultbau. Hammer-Schenk, Synagogen, Teil I, S. 87–175.

15 Zitat aus dem mündlichen Bericht des Zeitzeugen Walter Sons, den dieser während der Gedenkandacht am 7. November 2021 in der Kasseler Martinskirche gegeben hat.

Zwei Stunden nach den Kasseler Ausschreitungen setzte sich das Pogrom im hessischen Bebra fort und endete mit der kompletten Zerstörung der Schule und der Inneneinrichtung der Synagoge. Ebenfalls schon am 7. November traf es die Synagoge der Gemeinde Alheim-Baumbach. Auch in Zierenberg, einem Nachbarort Kassels, kam es in der Nacht vom 7. zum 8. November zu Ausschreitungen gegen jüdische Bewohner. Der erste Synagogenbrand wurde am 8. November aus Bad Hersfeld gemeldet, bevor in der Nacht zum 9. November landesweit die Synagogen angezündet wurden.

Bleibende Spuren

Am 7. Januar 2017 berichtete der *Hessisch Niedersächsische Anzeiger* aus Kassel von einer Publikation des Historikers Dietfrid Krause-Vilmar mit dem Titel *Bleibende Spuren der Kasseler Synagoge.*[16] In diesem Beitrag fasst Krause-Vilmar achtjährige Forschungen zum Verbleib von Resten der großen und bedeutenden Kasseler Synagoge zusammen. Das Ergebnis ist schmal: Es zeigt einige Steine, aus denen auf dem Marktplatz in der Nachbargemeinde Nordshausen eine Sitzbank gemauert wurde. Das Ausmerzen war hier so gründlich, dass selbst langjährige „archäologische" Arbeit nur noch die in einer Bank vermauerten Steine als „bleibende Spuren" ausfindig machen konnte.

Kassel stand mit dieser vollständigen Zerstörung in einer Reihe mit Nürnberg und München, wo auf Befehl höchster NS-Stellen die großen Synagogen und Symbolbauten des Judentums spurlos beseitigt wurden. Als am 10. November überall rauchende Ruinen geblieben waren, war man dem Ziel, mit der Beseitigung der baulichen Relikte die Erinnerung an die deutsch-jüdische Geschichte ihrer materiellen Substanz zu berauben, ein großes Stück näher gekommen. Es bedurfte allerdings noch einer verbindlichen Regelung, die die Vernichtung (nicht etwa die Restaurierung) festlegte. Das „Reichsamt für Kirchenangelegenheiten" in Berlin erließ am 23. März 1939 ein Rundschreiben mit dem Betreff „Ruinen der Synagogen jüdischer Kultusvereinigungen".[17] Es hielt zwar fest, dass es keine Enteignung der jüdischen Kultusgemeinden geben sollte, aber – was de facto auf eine Enteignung hinauslief – den jüdischen

16 In: Zeitschrift des Vereins für Hessische Geschichte und Landeskunde Bd. 121 (2016), S. 303–309, http://www.vhghessen.de/inhalt/zhg/ZHG_121/KrauseVilmar_Spuren.pdf.

17 Zit. nach Wolrab, Wissenschaftliche Dokumentation, Anm. 224.

Gemeinden wurden die Kosten für die Abtragung der devastierten Gebäude auferlegt, womit eine bereits eingeführte Praxis allgemeingültig festgeschrieben wurde. Die Praxis, dass die jüdischen Gemeinden für das Zerstörungswerk der Nationalsozialisten, das ja auch ein Werk der Zerstörung jüdischer Identität war, selbst aufkommen mussten und damit in die Armut gestürzt wurden, war von besonderer Perfidie. Falls die jüdischen Bürger nicht dazu in der Lage sein sollten, so die Vorgabe zu dieser „kalten Enteignung", mussten die Grundstücke mit den Bauten „arischen" Interessenten, prioritär den Kommunen, zum Kauf angeboten werden. Falls sich kein Interessent fände, stand ein Zwangsverkauf an. Alles lief darauf hinaus, dass am Ende das Land von den Spuren jüdischer Bau- und Kultuskultur gesäubert sein sollte, begleitend zu den beginnenden Deportationen oder im Vorgriff auf die Ermordung der Juden und die Vernichtung der Kultusgemeinden.

Eine zentrale Frage für die vorliegende Untersuchung ist, wie weit dieses NS-Vorhaben der Löschung der Spur der Steine bis 1945 gediehen war. Es ist immer auch die Frage nach dem Ausmaß des nationalsozialistischen Mnemozids an den Juden, die die vorliegende Untersuchung umtreibt. Das Ergebnis überrascht. Selbst in der Region Kassel – Ausgangspunkt des Pogroms – verschwand zwar die Kasseler Synagoge 1938 bis auf den letzten Stein, doch viele der anderen Bauten, die hier schon vor dem 9. November angegriffen worden waren, blieben erhalten: (nach Alan E. Steinweis) die Tempel in Rotenburg, Fulda, Bebra, Sontra und Baumbach, in Spangenberg, Beiseförth, Diemerode, Melsungen, Abterode und Hoof.[18] So zeugten noch 1945 Synagogen, Bethäuser, Friedhöfe von der jüdischen Kultur in einer Region, die zuvor eine „unusually high percentage of Jews" aufwies.[19] Von den zwölf bei Steinweis aufgeführten jüdischen Sakralbauten in der Umgebung Kassels, die allesamt geschändet und ihrer Inneneinrichtung samt Kultgegenständen beraubt worden waren, existierten am Ende des Krieges noch elf Synagogen mit einer mehr oder weniger intakten Bausubstanz. Neben der Kasseler war es nur die Synagoge in Fulda, die im Januar 1939 – zwei Monate vor den „Richtlinien"

18 Alan E. Steinweis, Kristallnacht 1938, Cambridge, Mass./London 2009, S. 22–35.

19 Ebenda, S. 22. „According to the 1925 German census, the so-called Kassel Government District contained 218 communities in which Jews lived. There were quite a few small towns where Jews had made up 9 or 10 percent oft the population before Nazis came to power. Although the Jewish presence in the region had diminished after 1933 as the result of emigration, it remained significant." Ebenda.

des „Reichskirchenamts" – auf Kosten der jüdischen Kultusgemeinde abgerissen wurde.[20]

Dieser hohe Bautenbestand, der in Nordhessen überdauerte, muss abgeglichen werden mit der Situation in anderen deutschen Gegenden. Als von der Mitte Deutschlands weit entfernte Region bietet sich das Gebiet um Trier/Saarburg an der Westgrenze an (damals Teil der Rheinprovinz, heute von Rheinland-Pfalz), um nach den 1945 verbliebenen Relikten jüdischer Kultusbauten zu fragen.[21] Zu den zahlreichen jüdischen Gemeinden an Saar und Mosel gehörten u. a. diejenigen von Aach, Butzweiler, Freudenburg, Kirf, Könen, Konz, Mehring, Oberemmel, Saarburg, Schweich. Bei der Synagoge in Aach wurde die Inneneinrichtung verwüstet, die Kultgegenstände wurden geraubt und geschändet; Dorfbewohner und SA-Männer aus Trier zerschlugen in Butzdorf das Mobiliar und vernichteten die Kultobjekte, in Konz wurde, wie in Oberemmel und Saarburg, die Inneneinrichtung verbrannt, Brandstiftung gab es in Kirf und Freudenburg. Bei den gestürmten Sakralbauten, die hier genannt sind, blieben diese Gebäude substanziell erhalten. In Kirf und Freudenburg standen 1945 allerdings nur noch die Brandruinen in der Dorfmitte.

Auch die Bauwerke, die als Brandruinen oder nur in den Grundmauern stehen geblieben waren, waren allesamt von einer hohen Aussage- und Symbolkraft. Dass hier die Spurentilgung als nationalsozialistisches Projekt nicht zu Ende geführt wurde, während die Gemeinden und Repräsentanten dieser kulturellen Zeugnisse ermordet worden waren, lässt nach den Gründen für den Fortbestand der Zeugnisse fragen, wobei der Zustand erst einmal zweitrangig erscheint.[22]

Eine Voraussetzung für das Überdauern der Kultusbauten, der Synagogen, der Bethäuser, der Schulen und Trauerhallen bis 1945 war, was nicht überrascht, die Beseitigung aller architektonischen Hinweise auf die sakrale

20 Im Verlauf des Pogroms wurden weitere Synagogen des unmittelbaren Kasseler Umfelds angegriffen und verwüstet, so in Zierenberg bereits am 8. November, dann in Sielen und Wolfhagen, Helmershausen/Karlshafen, Breuna, Membressen, Grebenstein, Hofgeismar u. a. Auch in diesen Fällen blieb die Mehrzahl der Synagogen in ihrer Substanz bis zum Kriegsende bestehen. In Naumburg (Kassel) wurde das Gotteshaus, erbaut 1793–1795, am 11. November 1938 teilweise vernichtet; unzerstört blieben der Schulraum und Teile der Lehrerwohnung.

21 Eine wichtige Zusammenstellung der Synagogen im Trierer Land liegt vor von: Robert Reichard/Thomas Heidenblut, Synagogen im Landkreis Trier-Saarburg, Trier 2000.

22 In Homburg ist gerade die in diesem Zustand beeindruckende Ruine zu einer Gedenkstätte umgewidmet worden.

Bestimmung und der jüdischen Symbole. Es genügte den Tätern nicht, dass durch den Raub der Thorarollen eine Profanierung, durch Vernichtung von Thoraschrein, Ewigem Licht (Ner Tamid), Lesepult, Frauenempore usw. eine „Enteignung" des jüdischen Gebäudes stattgefunden hatte; es ging unter der Naziherrschaft darum, wenn die Synagogen nicht getilgt oder umgenutzt wurden, wenigstens die jüdischen Symbole am Außenbau unkenntlich zu machen: Davidstern, Gesetzestafeln, die Löwen von Judäa mussten verschwinden, die hebräischen Schriftzeichen mussten abgeschlagen werden, sollte der Bau weiter anderen Zwecken dienen. Einige Beispiele von vielen: Von der Synagoge in Niederzerf, wie anderorts auch, wurde sofort der Davidstern heruntergeholt, in Beiseförth schlug man die Gesetzessteine mit den Gesetzestafeln ab. Rundfenster wurden in der Regel vermauert, um den sakralen Charakter zu verwischen.

Die Bingener Synagoge in der Rochusstraße ist ein zentrales Beispiel (auf das noch später einzugehen ist) dafür, wie dringend es dem NS-System war, mit den Symbolen die Erinnerung an ein jüdisches Gebäude auszulöschen. Das Entfernen beispielsweise von hebräischen Schriftzeichen auf der Fassade war Voraussetzung, damit der Winzerverein als neuer Besitzer die Synagoge umnutzen und erhalten konnte. Dies scheint den NS-Behörden unabdinglich gewesen zu sein, nahm die Synagoge doch in der Geschichte der jüdischen Architektur- und Kulturgeschichte eine herausragende Stellung ein: Schließlich stammte ihr Entwurf von dem namhaftesten deutsch-jüdischen Architekten für Sakralbauten in Südwestdeutschland, Ludwig Levy,[23] dessen sämtliche Synagogenbauten – bis auf ein Schweizer Projekt – von Deutschen entweder 1938 oder während der deutschen Besatzung restlos niedergelegt wurden.[24]

In Bingen waren, wie überall, wo diese Symbole angebracht waren, schon während des Pogroms die Gesetzestafeln und die sie flankierenden Löwen

23 Levy baute u. a. die großen Synagogen in Kaiserslautern, Pforzheim, Barmen, Baden-Baden, Rastatt, in Straßburg, Luxemburg und Thionville, aber auch in La Chaux-de-Fonds (Schweiz).

24 Während Levy, der unbedingt eine ausführliche Würdigung als deutsch-jüdischer Architekt verdient, schon 1907 starb, kam seine ganze Familie in der Nazizeit um – seine Witwe starb in Theresienstadt. Der Nachlass von Levy ist verschollen. Von Horst Rosenbaum stammt eine knappe Würdigung Levys: Horst Rosenbaum, Leben und Werk des Architekten Prof. Ludwig Levy – Ein bedeutender Architekt aus Landau, in: Weber, Die Synagogen in der Pfalz, S. 208–213.

zerschlagen worden,[25] einen Monat nach der „Kristallnacht" verlangten Landrat und Bürgermeister von der jüdischen Gemeinde als Noch-Eigentümerin die „Niederlegung des Gebäudes".[26] Verhindert wurde dieses Vorhaben, als der Winzerverein sich am 6. Februar 1939 als Kaufinteressent meldete: „Dieses in sich selbständige Gebäude ist sehr gediegen gebaut, noch gut erhalten und wird sich leicht für unsere Zwecke umgestalten lassen."[27] Von dem Kaufpreis von 12 000 RM für den Bau und das Areal erhielt die jüdische Gemeinde 2000 RM, die restlichen 10 000 RM behielt der Winzerverein für die angeblich anstehenden Kosten des Abrisses, der aber nie ausgeführt wurde. Also drängten Landrat und Bürgermeister den Winzerverein zum Abriss des Gebäudes oder „auf so vollständige Umgestaltung der Fassade, dass das Gesicht einer Synagoge verschwindet"[28] (21. September 1939). Der Winzerverein begründete seine Unterlassung, das Gesicht der Synagoge auszulöschen, mit dem inzwischen begonnenen Krieg, was den Landrat nicht weiter beeindruckte, denn am 8. Januar 1940 verlangte er vom Bürgermeister, dass das Synagogengebäude definitiv baulich verändert oder abgetragen werden müsse: „Auf jeden Fall müssten die Kultusabzeichen beseitigt werden."[29] Es kam nicht mehr dazu: In Kriegszeiten hatte der Winzerverein das Interesse an der ehemaligen Synagoge verloren, sodass diese erhalten blieb.

Der Zerstörung entgangen

Warum in bestimmten Orten mit den Synagogenbauten die kollektive Erinnerung der nichtjüdischen Deutschen an die Existenz einer lokalen jüdischen Gemeinde gelöscht werden musste, während in anderen eine Umnutzung und damit ein Substanzerhalt akzeptiert wurde, ist nicht immer nachvollziehbar. Eine relativ große Gruppe der 1945 noch vorhandenen Synagogenbauten war diejenige der bereits vor 1938 profanierten. Sie waren zum Teil bereits in der NS-Zeit aus dem öffentlichen Bewusstsein als jüdisch stigmatisierte Bauten

25 Vortrag von Dr. Josef Götten-Die Synagoge in der Rochusstraße-mit eingehender Darstellung der Synagogen in Bingen, 2007, https://www.juedisches-bingen.de/arbeitskreis/archiv/vortraege.html. Götten hielt den Vortrag in Anwesenheit mehrerer Augenzeugen des Pogroms.

26 Zit. nach ebenda, S. 2.

27 Zit. nach ebenda.

28 Zit. nach ebenda.

29 Zit. nach ebenda.

verschwunden und damit der Zerstörung entgangen. Gründe für das Aufgeben von Synagogen vor 1933 gab es viele. Vor allem Veränderungen in der jüdischen ortsansässigen Bevölkerung, z. B. durch Wegzug in die Städte, hatten immer wieder dazu geführt, dass ein Minjan – zehn jüdische Männer – als Voraussetzung für eine Synagogengemeinde nicht mehr gegeben war und die Synagoge veräußert wurde.

Aus der Vielzahl von Beispielen für solche Vorgänge seien hier nur fünf genannt, wieder aus der Region Kassel:

In Riede war das Gotteshaus bis 1910 als solches genutzt worden. Der Schwund der Gemeinde hatte zu einem Verkauf geführt, wobei sie sich ausbedingen konnte, dass die Profanierung nicht zu Verletzungen des jüdischen Glaubens führen dürfe: Festgehalten wurde beim Verkauf, dass das entsakralisierte Gebäude niemals als Schweinestall genutzt werden dürfe.[30] Nicht nur diese kleine Fachwerksynagoge überdauerte auf diese Weise, sondern auch die bereits genannte Synagoge von Gudensberg, die von Albrecht Rosengarten erbaut worden war, wurde wegen einer frühen Umnutzung nicht zertrümmert: Nachdem die jüdische Schule (von 1825) schon 1934 von den Nazis geschlossen worden war und die letzte jüdische Familie ein halbes Jahr vor dem Pogrom Gudensberg verlassen hatte, wurde das Gotteshaus im Juli für 3000 Reichsmark von einem Bäcker erworben.[31] Auch die Synagoge von Karlshafen, bereits seit 1933 durch einen Überfall brandgeschädigt, wurde von der Gemeinde 1937 unter Zwang verkauft und deshalb nicht vollends zerstört; ebenso hatten die Juden von Sontra 1937 die Gottesdienste eingestellt, sodass das Gebäude die Nazizeit überlebte. Dass ein Verkauf vor dem Pogrom allerdings keine Bestandssicherung bedeutete, erfuhr die Nachbargemeinde Breuna: Der Verkauf im August 1938 hinderte den nationalsozialistischen Mob nicht, das eben erst „arisierte“ und profanierte Tempelgebäude, da es noch als „jüdisches Gebetshaus“ galt, im November niederzubrennen.

Eine weitere Funktion wurde stehen gebliebenen Synagogen zugewiesen, als der Krieg begonnen hatte: Die Wehrmacht übernahm Synagogengebäude, richtete in ihnen z. B. ihre Casinos ein (Niederzerf oder Staudernheim) oder nutzte sie als militärische Lagerräume (Sobernheim oder Wawern). Wenn schon in dieser Umnutzung durch die Wehrmacht der Zusammenhang von

30 Siehe https://eco-pfade.de/eco-pfad-friedenspaedagogik-bad-emstal/ehemalige-synagoge-und-juedische-gemeinde-riede/.

31 Nach Schätzungen im Zusammenhang von Wiedergutmachungsverfahren betrug der Wert 1960 78 150 DM.

antisemitischer Verfolgung und Ermordung, von Auslöschen der jüdischen Gemeinden und Krieg sinnfällig werden konnte, so war dies erst recht der Fall, als die leer geräumten ehemaligen jüdischen Gotteshäuser als Gefangenenlager hergerichtet wurden.

Unter unmenschlichen Bedingungen wurden in der großen Synagoge Wittlich, wie auch in der Synagoge von Aach bei Trier, französische und polnische Kriegsgefangene festgehalten. In Leiwen an der Mosel wurde der Kindergarten, dem nach dem Pogrom die entweihte Kultstätte zugewiesen worden war, 1940 wieder ausquartiert, weil ein Kriegsgefangenenlager benötigt wurde; dies war auch in Bad Kreuznach der Fall, wo sich die Wehrmacht 1943 der bereits privatisierten Synagoge bemächtigte, um Kriegsgefangene unterzubringen. Ähnliches geschah auch in anderen Teilen Deutschlands, so im mittelfränkischen Gunzenhausen, wo das jüdische Gotteshaus wegen der Gefahr, dass die Flammen auf andere Häuser übergreifen könnten, nicht angezündet worden war. Die Stadt Gunzenhausen hatte die Synagoge, die nichtsdestotrotz am 9. November 1938 beschädigt wurde, am Tag vor dem Pogrom der jüdischen Gemeinde für 8000 Reichsmark abgepresst und richtete von 1942 bis 1945 ein Gefangenenlager für französische Soldaten ein. Als solches überstand der (ehemals) repräsentative Bau das Kriegsende. Auch für diese entehrende Nutzung durch die Wehrmacht gibt es eine breite Materialbasis von Beispielen; nur wenige sind hier genannt.

Eine weitere Stufe in der fortgesetzten Schändung und Verhöhnung der ursprünglichen Bestimmung der jüdischen Sakralbauten wurde während des Nationalsozialismus dort erreicht, wo man – während die jüdische Bevölkerung in die Todeslager im Osten deportiert wurde – deren Synagogen in zahlreichen Kommunen als Lager für Zwangsarbeiter aus den verschiedenen besetzten Gebieten, nicht zuletzt aus Polen, bestimmte. So wurde Wawern als Depot geräumt und zu einer Unterkunft für Zwangsarbeiter. Dasselbe ereignete sich in Geinsheim, nur dass hier zunächst polnische Zwangsarbeiter eingewiesen und danach italienische Gefangene einquartiert wurden.

Bis auf wenige Beispiele wie das von Niederzerf – dort wurde das „Wehrmachtscasino" bei nahendem Kriegsende von einer Bombe getroffen – hatten diese ehemaligen jüdischen Kultusbauten, so unterschiedlich, ja so voller Verhöhnung und Perfidie ihre Umnutzung war, eine Nachgeschichte, die über die Zeit des Nationalsozialismus hinaus in die Nachkriegsgeschichte reicht.

Wie schon bei der Synagoge von Bingen gesehen, hingen Fortbestand, Umnutzung, Abriss usw. von bisweilen konkurrierenden privaten oder kommunalen

Staats- und Parteiinteressen ab, jenseits aller grundsätzlichen Erwägungen, die Juden als nie in Deutschland Beheimatete, als Fremde dem endgültigen Vergessen anheimzugeben. Private Aneignung konnte immer wieder dieses grundsätzliche Ziel unterlaufen: So übernahm in Niederzissen im Rheinland oder in Kirf bei Trier jeweils ein Schmied die offensichtlich für dieses Handwerk geeigneten Gebäude und „rettete" damit unbeabsichtigt einen Teil des jüdischen Kulturerbes vor dem Verschwinden. Bei der Synagoge von Niederzissen wurden durch die Privatisierung und Umwandlung in eine Schmiede auf dem Dachboden Geniza-Funde (begrabene „heilige Texte", die außer Gebrauch waren), die zu den bedeutendsten des Rheinlandes gehören, bewahrt. Diese rasche private Aneignung durch „Mitbürger", die z. T. selbst noch an den Pogromen beteiligt waren und schon längst auf die Gelegenheit einer Bereicherung an jüdischen Sakral- und öffentlichen Bauten warteten, scheint gängige Praxis gewesen zu sein. Die Materialbasis hierzu ist ebenfalls breit. Es genügt, diese Praxis an einem regionalen Ausschnitt zu belegen: Nur wenige Kilometer von Trier moselabwärts setzte sich eine Privatperson in Besitz des 1938 entweihten, aber nicht zerstörten Synagogenbaus von Osann, und gebrauchte ihn fortan als Schuppen. Als Schuppen fand auch in Rachtig an der Mosel die frühere Synagoge private Verwendung während des Nationalsozialismus. In Bernkastel verhinderte die enge Fachwerkbebauung die Brandstiftung. Im Innern zerstört, im Äußeren intakt geblieben, ging die Kultstätte 1939 in „arische" Hände über und blieb erhalten.

Diese Beispiele lassen sich ohne Weiteres vermehren; überall, wohin man den Blick richtet, haben rasch Nachbarn, Mitbürger, Zeugen der Novemberereignisse und der anschließenden Verfolgungen die Gelegenheit ergriffen, sich die jüdischen Sakralbauten anzueignen. Bleiben wir kurz bei zufällig herausgegriffenen Fällen aus dem heutigen Bundesland Rheinland-Pfalz:

In Grünstadt ging 1939 die im Vorjahr im Innern demolierte Synagoge in die Hände eines Privatmanns über; die orientalisierende Synagoge von Ahrweiler, am 10. November 1938 geschändet, kaufte sich ein Geschäftsmann, der 1945 von der amerikanischen Besatzungsmacht allerdings wieder enteignet wurde. Noch unmittelbar vor dem Pogrom musste die jüdische Gemeinde von Schweppenhausen bei Bad Kreuznach ihr Gebäude für 2500 Reichsmark an einen Privatmann verkaufen, der sie als Scheune nutzte (und sie damit in ihrer Substanz erhielt). Ebenso erging es – auch bei Bad Kreuznach – der Synagoge von Seibersbach; jene von Langenlonsheim wurde 1940 für 427,50 Reichsmark an einen „arischen" Besitzer verkauft und überstand – zweckentfremdet – den Krieg.

Man könnte auch im Blick auf die Region Nordhessen Beispiele dafür heranziehen, dass die christlich-„arischen" Mitbürger die Gelegenheit nutzten, rasch die jüdischen Bauten in Eigenbesitz zu bekommen, ohne Scheu davor, sich an jüdischem Eigentum zu vergreifen und geschändete Synagogen nach Umbau zu bewohnen. So stellt Thea Altaras fest, dass von sechs Synagogen im Kreis Kassel-Land, die am 8. Mai 1945 unzerstört geblieben waren, fünf zu privaten Wohnhäusern hergerichtet worden waren, im Schwalm-Eder-Kreis waren von 23 erhaltenen elf in Wohnhäuser umgewandelt worden, in Hersfeld-Rotenburg von neun vier. Die Tendenz, dass nahezu die Hälfte der jüdischen Sakralbauten zwischen 1938 und 1940 in private Hand kam, bestätigt sich auch in anderen Landkreisen Nordhessens.

Aus dem Protokoll einer Vernehmung eines an den Gewaltakten am 10. November 1938 beteiligten SA-Mannes, das vom Military Government, Special Branch, angefertigt wurde, geht hervor, wie dieser SA-Mann bei der Zerstörung der Lemle-Moses-Klaus-Synagoge in Mannheim innehielt, weil er beabsichtigte, sich eine Wohnung in diesem ansonsten völlig beschädigten Gebäude einzurichten: „Ich tat einige Schläge gegen den Giebel des Daches, wozu ich einen Pickel verwendet habe, überlegte dies mir aber noch einmal, weil ich dachte, ich könnte mir aus der Synagoge eine Wohnung für meine Familie machen."[32] Das gelang dem SA-Mann, der im Übrigen bei seiner Vernehmung keinerlei Unrechtsbewusstsein zeigte, zwar nicht, aber die Bausubstanz der Lemle-Moses-Klaus-Synagoge blieb erhalten, sodass sie repariert werden konnte und bis zur Deportation der Mannheimer Juden Gottesdienste stattfinden konnten, nachdem die Hauptsynagoge am 10. November 1938 gesprengt worden war. Erst die Bomben des Weltkriegs legten die „Klaus" in Schutt und Asche.

32 Auszug aus einem Vernehmungsprotokoll des Military Government, Special Branch, Mannheim vom 25. Januar 1946, in: Landeszentrale für politische Bildung Baden-Württemberg (Hrsg.), Die Nacht als die Synagogen brannten. Texte und Materialien zum Novemberpogrom 1938. Zusammengestellt, bearbeitet und kommentiert von Myrah Adams, Benigna Schönhagen, Thomas Stöckle, Stuttgart 1998, S. 58. Dass die Verantwortlichen aus Eigennutz ihr Zerstörungswerk unterbrachen, erfährt man auch andernorts: In Burghaslach wurde eine jüdische Wohnung nicht beschädigt, weil der NSDAP-Ortgruppenleiter schon den Ankauf der Wohnung einplante. Nicht selten sind jene Fälle, in denen sich NS-Organisationen in Besitz von jüdischem Eigentum setzen wollten, wie in Weyer, wo eine junge Frau gegen die Vernichtung der Synagoge einschritt, weil sie aus ihr ein BDM-Heim machen wollte. In Bückeburg beabsichtigte ein SA-Sturmbannführer, die Synagoge als Dienstraum für die SA zu nutzen.

Dass Relikte des vordem so reichen Bestandes jüdischer öffentlicher Bauten den Nationalsozialismus durch Zweckentfremdung überdauerten, lag, wie noch zu zeigen sein wird, zu einem Teil auch an dem Interesse von Firmen und Banken an den für sie nutzbaren Gebäuden. Das konnte (wie in Meisenheim) ein Industriebetrieb sein, eine landwirtschaftliche Bezugs- und Absatzgenossenschaft (Fürfeld/Bad Kreuznach) oder, wie in Bingen, ein Winzerverein; alle diese Einrichtungen nutzten die entweihten Sakralbauten die ganze NS-Zeit über. Es hätte nicht der „Richtlinien" des „Reichskirchenamts" bedurft, um nach dem Pogrom auch die bürgerlichen Kommunen als Nutznießer dieses Pogroms auf den Plan zu rufen.

In den hier als beispielhaft herangezogenen beiden Regionen des deutschen Landjudentums war die nordhessische Kommune von Heubach in ihrer „Beerbung" am konsequentesten: Nach Erwerb der repräsentativen und multifunktionalen Synagoge[33] hatte die Zivilgemeinde keine Bedenken, aus dem jüdischen, sakralen Gemeindezentrum eines für die politische Kommune zu machen und hier das Rathaus einzurichten. In der Moselregion eignete sich die Gemeinde Neumagen die Synagoge an, weil sie eine Turnhalle brauchte, in Mehring installierte man dort den Kindergarten. Im Nahegebiet erpresste die Kommune von Sobernheim die Synagoge, um endlich eine Aula für das Gymnasium zu bekommen – was der Beginn einer wechselvollen Nachgeschichte des Gebäudes war, es aber gleichzeitig als Bau rettete. Intakt blieb auch die Synagoge von Saffig (im heutigen Landkreis Mayen/Koblenz), weil die bürgerliche Gemeinde, die einen Geräteschuppen brauchte, sich für 270 Reichsmark das Gebäude aneignete.

Die Kaufpreise spiegeln wider, dass jeder Verkauf unter politischem Diktat stattfand und die jüdischen Gemeinden nicht darauf hoffen konnten, den Wert ihrer Liegenschaften auch nur halbwegs erstattet zu bekommen. Ohne auf den Tatbestand des perfiden Betrugs der Zivilgemeinden an den jüdischen Kultusgemeinden und deren Erpressung hier anhand der zahlreich vorliegenden Fällen ausführlicher einzugehen, sollen an dieser Stelle doch wenigstens

33 Die Synagoge von Heubach repräsentiert nach Altaras den „vollständige[n] Synagogentyp". Sie verfügte neben „Empore, Schulstuben, Lehrerwohnung und Bad noch [über] eine Vielzahl von Räumen, wie zum Beispiel Räucherkammern, zwei Küchen, große und kleine Vorratsräume [...]. Dieser vollständige Synagogentyp war gleichzeitig Gemeindezentrum und sollte allen Aufgaben, die es zu erfüllen hatte (Beherbergen und Bewirten von armen und alten Mitgliedern, Aufnahme von auswärtigen Gästen, Krankenpflege und so weiter), gerecht werden." Altaras, Synagogen I, S. 33 f.

zwei Beispiele (jeweils aus Nordhessen und dem Mosel/Saar-Raum) die Vorgänge beleuchten:

In Illingen/Saar erwarb die Gemeinde für nur 1500 Reichsmark die Eigentumsrechte an dem verwüsteten Bau, weil sie – einer allgemeinen Praxis folgend – die Abrisskosten, die die jüdische Gemeinde nicht mehr aufbringen konnte, mit dem Kaufpreis verrechnete, ohne dass sie den Abbau durchführte, sodass das Gebäude noch 1945 stand. In Melsungen/Nordhessen wurde die Inneneinrichtung der Synagoge im Novemberpogrom beschädigt, anschließend kaufte die Gemeinde das Gebäude „für ein paar Tausend RM […], von denen am 1. 8. 1939 nur 1000 RM der jüdischen Gemeinde ausgezahlt wurden. Danach, 1941, ist die Synagoge an die Handwerkerschaft verkauft worden, in deren Besitz sich das ehemalige Synagogengebäude noch gegenwärtig befindet (Handwerker-Genossenschaft des Schwalm-Eder-Kreises). Nach dem Krieg führte die Handwerkerschaft einen Prozeß mit der Stadt Melsungen, weil sie den Forderungen der JRSO (Jewish Restitution Successor Organization) bezüglich der Wiedergutmachung nicht allein nachkommen wollte. Erst 1953 endete dieser Prozeß mit einem Vergleich, bei dem die Stadt Melsungen 22 000 DM Entschädigung und 7000 DM Prozeßkosten zu zahlen hatte."[34]

Auf einen besonderen Fall, bei dem der Bestand eines der ältesten Bauzeugen für den jüdischen Kultus gesichert wurde, machte u. a. die Deutsche Welle aufmerksam.[35] In Schnaittach/Franken siedelten Juden seit dem 15. Jahrhundert, die Synagoge wurde um 1570 erbaut. Schnaittach konnte sich zum Zentrum der fränkischen Judenschaft entwickeln. Am 10. November 1938 wurde unter Führung des Bürgermeisters Vitzthum und des NSDAP-Ortsgruppenleiters das historische Gotteshaus gestürmt und verwüstet. Die beabsichtigte Zerstörung stieß auf den Widerstand des dortigen Direktors des Heimatmuseums, Gottfried Stammler, der andere Pläne mit dem Gebäude hatte: Er wollte sein Heimatmuseum in dessen Räumen neu einrichten und um Raubgut aus den umliegenden gestürmten Synagogen erweitern. Als Heimatmuseum, das an anderer Stelle noch gesondert beschrieben werden soll, blieb dieses wichtige Objekt jüdischen kulturellen Erbes über den Nationalsozialismus hinaus bestehen.

34 Altaras, Synagogen I, S. 54 f.

35 Monika Griebeler, Was die Nazis aus den Synagogen klauten, in: Deutsche Welle, 9. 11. 2018, https://www.dw.com/de/ausstellung-zur-reichspogrom-nacht-was-die-nazis-aus-den-synagogen-klauten/a-46198008.

Diese Beispiele des Überstehens von jüdischen Kultusbauten bis zum Ende der Nazidiktatur verlangen aber umso dringlicher die Beantwortung der Frage: Was geschah mit den jüdischen Bauten nach 1945, als Zeugnisse einer mit dem millionenfachen Mord abgebrochenen Geschichte der Juden in Deutschland? Was geschah mit sichtbar gebliebenen Relikten des Judentums, die in den frühen Nachkriegszeiten noch überall zu finden waren? Wurde dem Mnemozid Einhalt geboten, indem man dieses materielle Kulturerbe annahm, oder wurden mit der Auslöschung der baulichen Spuren die Juden weiter aus unserer Geschichte und unserer Verantwortung verdrängt, sie erneut oder immer noch als Fremde gebrandmarkt?

Fragment der Bonner Hauptsynagoge
Foto Peter Seibert

2
Fortgesetzte Ausgrenzungen aus dem deutschen Kulturerbe

Der *Dehio* als Bestandsaufnahme

Nach den mörderischen Versuchen des Auslöschens jüdischer Geschichte in der deutschen und europäischen Historie hätte man einen gesellschaftlichen Konsens im Land der Täter erwarten können, dass noch die geringsten materiellen Zeugnisse dieser Geschichte hätten bewahrt werden müssen. Bevor man sich den Bestand vor Ort anschaut, ist es aufschlussreich, das als der *Dehio* bekannte *Handbuch der deutschen Kunstdenkmäler* nach der Klassifizierung jüdischer Bauten als erhaltenswerte Kunstdenkmäler in Deutschland durchzuforsten.

Dieses allgemein anerkannte Verzeichnis des materiellen kulturellen Erbes, soweit es nicht in Archiven deponiert und in Museen ausgestellt wurde, erschien erstmals 1905 bis 1912. Es war von Georg Dehio konzipiert „als eine jedem Interessierten zugängliche Übersicht über den Denkmalbestand, in Ergänzung der umfassenden Inventare der Denkmalbehörden der Länder".[1] Die beschriebenen „Kunstdenkmäler" wurden qua Verzeichnis und Baubeschreibung dem kulturellen Erbe zugerechnet und konnten oder sollten als materielle Relikte im kulturellen Gedächtnis ihre Rolle spielen – zumal der *Dehio* bei aller intendierten „Wissenschaftlichkeit" von Anfang an eine Breitenwirkung anstrebte: „Die Absicht, eine wissenschaftlich begründete Auswahl von Denkmälern in knapper Darstellung zu einem günstigen Preis zu geben, hat

1 Vorwort, in: Georg Dehio, Handbuch der deutschen Kunstdenkmäler. Nordrhein-Westfalen I. Rheinland, München/Berlin 2005 (o. S.).

ihre Gültigkeit bis heute nicht verloren",[2] bekräftigt Michael Petzet im Vorwort des Rheinland-Bandes von 2005 den Volksbildungsanspruch. Ausdrücklich bezieht sich der Rheinland-Pfalz-Band in seiner letzten Ausgabe von 1984 auf den Begründer des Handbuchs, Georg Dehio, und zitiert seine Auffassung noch einmal, nach der die Kunstgeschichte durch die Denkmäler kundtue, was sie „nach ihrem Teil vom historischen Lebensinhalt unseres Volkes zu sagen hat".[3]

Dass das Handbuch das Kulturerbe nicht unabhängig von politischen Vorgaben und Zeitumständen definierte und in entsprechende Zusammenhänge stellte, wurde an den Neuausgaben der Jahre 1938 bis 1941 evident, als ein *Dehio* mit dem Titel *Handbuch der deutschen Kunstdenkmäler in der Ostmark* erschien, 1943 gefolgt von dem *Handbuch der Kunstdenkmäler in den Donau- und Alpengauen.* Bereits 1938 war erschienen *Die Rheinlande von der holländischen Grenze bis zum Rheingau*, ein Band, der 1949 (!) unverändert nachgedruckt wurde. Die inzwischen eingetretenen massiven Verluste am kulturellen Bestand infolge von Nationalsozialismus und Krieg blieben damit vorerst ausgeblendet. Sollte das Erbe in seinem alten Umfang – aber ohne die Materialität der (inzwischen verloren gegangenen) Denkmäler und unter Verdrängung der jüngsten Geschichte – im kulturellen Gedächtnis bewahrt bleiben, oder konnte und sollte die offengehaltene Dimension des Verlustes das Narrativ von der deutschen Opfergeschichte bedienen helfen? Mit beiden Möglichkeiten passt sich der unveränderte Nachdruck zum Rheinland in die politische Landschaft des Gründungsjahres der Bundesrepublik Deutschland ein.

Die aktuellen Ausgaben des Standardwerks orientieren sich in ihrer Inventarisierung an den nach 1949 (bzw. 1989) entstandenen Bundesländern. Die „rheinischen" Kunstdenkmäler sind nun zusammengefasst in den zitierten Bänden *Rheinland-Pfalz. Saarland* (2. Aufl. 1984) und *Nordrhein-Westfalen I. Rheinland* (2005).[4] Das angeführte Zitat von 1905, nach dem die beschriebenen Baudenkmäler vom „historischen Lebensinhalt unseres Volkes" sprechen,

2 Ebenda.

3 Michael Petzet, Vorwort, in: Georg Dehio/Ernst Gall (Hrsg.), Handbuch der deutschen Kunstdenkmäler. Rheinland-Pfalz. Saar, 2. Aufl. 1984, München/Berlin (o. S.).

4 Die Autorität des Handbuchs für die Auswahl des Erbes erscheint ungebrochen. Sie manifestiert sich nicht zuletzt in dem Herausgebergremium, dem im Falle des Rheinland-Bandes nicht nur die Dehio-Gesellschaft angehört, sondern auch das Rheinische Amt für Denkmalpflege sowie die Deutsche Stiftung Denkmalschutz.

setzt einen recht stabilen Begriff des Denkmals und vor allem einen Konsens bezüglich seiner Aufnahmekriterien in das Projekt Dehios voraus. Mit den späten Sechzigerjahren war diese Stabilität erkennbar nicht mehr gegeben. Der Begriff vom „deutschen Kunstdenkmal" hatte sich offensichtlich gewandelt, was zunächst auf seine historische Erweiterung hinauslief. „Die Zeitgrenze [...] hat sich verschoben", heißt es im *Handbuch Rheinland-Pfalz. Saar*, „es ist heute keine Frage mehr, daß zur Denkmälerwelt auch baukünstlerische Leistungen des 19. Jahrhunderts und der 1. Hälfte des 20. Jahrhunderts gehören."[5] Gerade zwei Jahrzehnte später dokumentiert der Band *Nordrhein-Westfalen I. Rheinland* eine weitere Veränderung des Denkmalbegriffs, der entschiedener noch in die hier zugrunde liegende Vorstellung vom kulturellen Erbe eingreifen muss, indem nunmehr nicht nur eine zeitliche Entgrenzung stattfindet, sondern auch die bisherigen Definitionsmerkmale infrage gestellt werden: Als „Kunstdenkmal" deklariert werden jetzt auch „Industrie- und Verkehrsbauten sowie städtebauliche Ensembles, sofern es sich um Anlagen besonderer baukünstlerischer Qualität oder historischer Aussagekraft handelt". „Die Darstellung", umreißt das Vorwort die Veränderungen im Bestand, „ehemals dominiert von Sakral- und Herrschaftsarchitektur, ist folgerichtig um Denkmalsgruppen erweitert wurden [sic], die bis in die 60er Jahre wenig Beachtung gefunden hatten."[6]

Mit diesem erweiterten Begriff des „Kunstdenkmals" war die Möglichkeit eröffnet, die Kulturlandschaften noch einmal zu durchforsten und bislang ignorierte Baudenkmäler ins Erbe aufzunehmen. Dazu hätten prioritär auch die baulichen Restbestände jüdischer Kultur gehören können oder müssen, erfüllten diese doch wie kaum andere das Kriterium der „historischen Aussagekraft". Wenn Petzet im Vorwort allerdings nur von den „Kriegszerstörungen" spricht, die, sieht man von den Folgen des Wiederaufbaus ab, „die Denkmallandschaft erheblich gewandelt" hätten, so unterschlägt er entweder, zu welch einem Einbruch in diese Denkmallandschaft die Novemberpogrome 1938 führten, oder aber: Die Anerkennung von Synagogen auch des 19. und frühen 20. Jahrhunderts, der Bethäuser, der jüdischen Schulhäuser als bedeutsamen Teils unseres Kulturerbes fällt den Herausgebern des Standardwerks auch 2005 noch schwer. Dieser Eindruck wird noch einmal bestärkt durch die „Einführung" von Udo Mainzer, eine kurzgefasste Geschichte des Rheinlandes

5 Dehio, Rheinland-Pfalz. Saar (o. S.).

6 Dehio, Nordrhein-Westfalen I. Rheinland, Vorwort.

als „bedeutende Kunst- und Kulturlandschaft inmitten Europas",[7] in der jüdische Gemeinden an keiner Stelle angesprochen werden. Weder wird der kulturelle oder wirtschaftliche Beitrag von Juden zu dieser gemeinsamen Geschichte gewürdigt noch deren lange Opfergeschichte mit dem Verlust auch von identitätsstiftenden Bauwerken erwähnt.

Ob solcher Marginalisierung, besser: historischer Ausgrenzung, verwundert es auch nicht, wenn, was auf den ersten Blick nur als Kleinigkeit erscheint, im angehängten Lexikon der Fachausdrücke bis auf „Mikwe" kein einziger Terminus technicus für jüdische Bauten oder Innenarchitektur erscheint, weder beispielsweise Almemor noch Bima, noch Teva. Schließt man von der quantitativen und qualitativen Auswahl auf die Präsenz jüdischer Kultur im *Dehio* und vergleicht diese mit der nichtjüdischen, so drängt sich ebenfalls der Schluss auf, dass es sich bei den jüdischen Denkmälern um eine zu vernachlässigende Größe handelt. Bei den nichtjüdischen Kulturbauten wird offenkundig der (mit Recht) erweiterte Denkmalbegriff zugrunde gelegt; folgerichtig werden Heimatmuseen, Pfarrhäuser, Schulen, Kapellen, Weinberghäuschen ebenso aufgelistet wie Schlösser und Dome, während es bei den jüdischen Denkmälern, wenn sie überhaupt aufgenommen werden, nahezu ausschließlich um die Sakralbauten geht, was am erhalten gebliebenen Bestand, aber auch an einer fatalen, nicht zu rechtfertigenden Verengung des Blicks liegen kann.

Bei dem *Dehio*-Band von 1984 ist sicherlich zu bedenken, dass der Zeitpunkt seiner Erarbeitung und seines Erscheinens noch vor dem fünfzigjährigen Jahrestag des Novemberpogroms und damit einer Wende in der Erinnerungskultur lag. Selbst dies in Rechnung gestellt, bleibt das jüdische Erbe, das beschrieben wird, gering und gerät dessen kultureller Reichtum auch nicht ansatzweise in den Blick. Der „jüdische" Beitrag an Denkmälern ist reduziert auf weniger als zehn Einträge. Knapp die Hälfte davon sind Spuren jüdischer Gemeinden des Mittelalters. Es handelt sich um die Spolien der 1349 zerstörten Synagoge von Oppenheim und die Überbleibsel der SchUM-Gemeinden: der Friedhof in Mainz, die Mikwe von Speyer und der Synagogenkomplex von Worms. Die Vernichtung dieses für die jüdische Geschichte zentralen kulturellen Erbes im Nationalsozialismus wird ebenso knapp – im grammatischen Passiv, das keine Täter kennt – erwähnt wie die Zerstörung der Oppenheimer Synagoge im Pogrom 1349: „In der ‚Kristallnacht' 1938 durch Brandstiftung zerstört,

7 Ebenda, S. XV–XXX.

die erhaltenen Umfassungsmauern 1942 gesprengt.“[8] Etwas mehr erfahren wir über den Wiederaufbau: „Neuerrichtung des gesamten Synagogenkomplexes nach Maßgabe des Vorkriegszustandes und z. T. mit altem Material.“[9] Dass das Raschi-Haus, aus dem 1942 die letzten Wormser Juden deportiert wurden, erst 1971 abgetragen und durch einen Neubau von 1982 ersetzt wurde, bleibt dagegen unerwähnt, und die Geschichte dieses besonderen kulturellen Erbes nach 1945, das 2021 zum Weltkulturerbe erklärt worden ist, wird an diesem Punkt verkürzt dargestellt.

Synagogen neuzeitlicher jüdischer Gemeinden – sie sind allesamt im 19. und frühen 20. Jahrhundert erbaut und erfüllen damit den erweiterten Denkmalbegriff des Bandes –, die als „Deutsche Kunstdenkmäler“ geführt werden, sind die in Meisenheim am Glan (1864/66), St. Ingbert/Saar (1876), Ahrweiler (1894) und schließlich Wittlich (1910). Während im *Dehio* in der Regel auf die Geschichte der ausgewählten Baudenkmäler eingegangen wird, hält sich das Handbuch bei diesen Synagogen auffallend zurück (auf eine denkmalbezogene Kontextualisierung durch den Hinweis auf Friedhöfe, Schulen, jüdische Häuser wird verzichtet). Von der Meisenheimer Synagoge ist nur zu lesen, dass das „Innere dreischiffig, heute durch Zwischendecke verbaut“ ist.[10] Zu lesen ist nicht, dass die Synagoge 1938 geschändet und verwüstet wurde, aber nur deshalb nicht einem Brandanschlag zum Opfer fiel, weil sie einem NS-Gebäude zu nahe stand. Es wird ebenfalls nicht festgestellt, dass die beiden oberen Stockwerke der Türme der Synagoge abgetragen wurden, damit sie anschließend einem Industriebetrieb als Halle dienen konnten, dann zu einem städtischen Lagerhaus umfunktioniert und 1951 als Lagerraum für Getreide, Futter- und Düngemittel hergerichtet wurden. Im Zuge dieser Umnutzung wurde die Synagoge zur Unkenntlichkeit verbaut: Die Frauenempore verschwand, Zwischendecken wurden eingezogen, die Fenster vermauert. Erst 1982 wurde das Gebäude unter Denkmalschutz gestellt – ein Denkmal auch für den bis in die Achtzigerjahre fehlenden Respekt vor dem jüdischen Kulturerbe. Von dieser Nachgeschichte, die den Zustand des Bauwerks hätte erläutern können, findet sich im *Dehio* kein Wort.

Ähnlich lapidar, verglichen mit anderen baugeschichtlichen Erläuterungen, äußert sich der *Dehio* auch zur Synagoge in St. Ingbert/Saar: „Erhalten

8 Dehio, Rheinland-Pfalz. Saar, S. 1178.

9 Ebenda.

10 Ebenda, S. 660.

hat sich auch die jüdische Synagoge, jetzt Jugendzentrum, ein neuromanischer kleiner Bau in der Josefsthaler Straße, 1876."[11] Es erfolgt keine Erwähnung der Nachgeschichte dieser „jüdischen" Synagoge, deren Umnutzung mit der Vertreibung der Juden aus dem Saargebiet in Zusammenhang steht.[12] So konnte sich die bürgerliche Gemeinde St. Ingbert 1938 schon früh die Synagoge aneignen, weshalb sie in den Pogromen desselben Jahres nicht niedergebrannt wurde und in ihrer Bausubstanz erhalten blieb. (In den Kriegsjahren wurde sie als Luftschutzschule umgenutzt.) Ab 1947 wurde das jüdische Gotteshaus von der St. Ingberter Christusgemeinde als Betsaal verwendet, ausgerechnet jener christlichen Gemeinde, die eine „Dankeskirche", von NS-nahen Kreisen gefördert und finanziert, für die Angliederung des Saargebiets an Hitler-Deutschland errichtet hatte.[13] Das Synagogengebäude selbst war 1945 restituiert und von der Synagogengemeinde Saar an die ortsansässige protestantische Gemeinde verkauft worden, die es 1956 umbaute, alle baulichen Erinnerungen an die sakrale jüdische Nutzung tilgte und das im *Dehio* erwähnte Jugendheim einrichtete. Auch hier fehlt bei *Dehio* die Nachgeschichte, die erst den Zustand des Gebäudes Anfang der Achtzigerjahre verständlich macht.

Auch wenn man von einem Handbuch nicht erwarten kann, dass jedes historische Detail eines Denkmals aufgelistet wird: Bei einem baugeschichtlichen Zustand, der Ergebnis von Vertreibung und Ermordung von jüdischen Bürgern ist, darf die konkrete Rolle des Rassenwahns nicht vergessen werden. Das ist beispielsweise im *Dehio* der Fall bei der Synagoge in Ahrweiler: „Ehem. Synagoge. 1894 erbaut, 1938 profaniert, Ausbau im Gang."[14] Es folgen Ausführungen zum neuromanischen Stil der Synagoge. Mit „Profanierung 1938" umschreibt das Handbuch euphemistisch den Synagogensturm, die Schändung, das öffentliche Verbrennen der Kultgegenstände. Unter „Profanierung"

11 Ebenda, S. 920.

12 Nach der Saar-Abstimmung von 1935, in der sich die Saarbevölkerung mit überwältigender Mehrheit für einen Anschluss an das nationalsozialistische Deutsche Reich entschied und die Hitler seinen ersten außenpolitischen Erfolg bescherte, erzwang die neue politische Situation den Exodus der saarländischen Juden. So hatten alle Juden der relativ starken Rehlinger Gemeinde Ende des Jahres das Dorf verlassen.

13 Der offizielle Name der Gemeindekirche, die architektonischer Ausdruck der „Heimkehr" der Saar sein sollte und deren Genehmigungsurkunde von Hitler selbst unterzeichnet worden war, lautete bis in die Fünfzigerjahre „Saardank"-Kirche.

14 Dehio, Rheinland-Pfalz. Saar, S. 5.

verbirgt sich auch der Verkauf an einen privaten Geschäftsmann, der Leerstand bis Kriegsende, der Übergang im Jahr 1955 in den Besitz der Raiffeisenkasse, die hier ein Lager für Garten- und Ackerwerkzeuge, Saatgut und Düngemittel betrieb und einen Verkaufsraum einbaute. Erst zwei Jahre vor der Neuausgabe des *Dehio* wurde das Gebäude unter Denkmalschutz gestellt und mit dem begonnen, was im Handbuch als „im Ausbau" bezeichnet wird: die Wiedergewinnung der inneren und äußeren Bauform der Ahrweiler Synagoge.

Dieser Band des *Dehio* befasst sich auch mit der Synagoge von Wittlich und damit mit einem kultur- und architekturgeschichtlich wichtigen Beispiel der erhalten gebliebenen Zeugnisse des Judentums – ein Baudenkmal von beeindruckender Größe und beachtenswerter Architektur. Dieser Bau demonstriert die errungene und – scheinbar – gefestigte Position des kleinstädtischen Judentums im Wilhelminismus. „Stattlicher Bau in Mischung romanisierender und neoklassizistischer Formen, der Außenbau im Wechsel von Bruchsteinen und Putzflächen beherrscht von dem breiten, westwerkartigen Fassadenturm mit flankierenden Treppentürmchen, Vorbauten und giebelbekrönten Portal", heißt es im Handbuch, und weiter zur Innenarchitektur: „Dreischiffiger tonnengewölbter Innenraum mit steinernen Frauenemporen und polygonaler Apsis. Die ornamentale Jugendstilausmalung nach den alten Plänen erneuert."[15] Damit gehört das Wittlicher Gebäude zu den wichtigsten Synagogenbauten Deutschlands. Es orientierte sich an den großen Synagogen in Essen, Darmstadt und Hannover und griff damit eine architektonische Richtung für die Provinz auf. Auch in diesem Fall wird die Verwüstung in den Novemberpogromen als „Beschädigung 1938" abgetan, eine „Beschädigung", der nach „langer Vernachlässigung" 1975 die Wiederherstellung „als Kulturzentrum" folgte.[16] Dies ist eine selbst für ein *Handbuch Deutscher Kunstdenkmäler* zu verknappte Baugeschichte. Weder wird der Missbrauch der Synagoge als Gefangenenlager während des Krieges notiert, noch, dass sich dreißig Jahre lang niemand in Wittlich an den im Pogrom zerschlagenen Fenstern störte oder an dem Müll und Schutt, der sich im Innern aufhäufte. Nachdem niemand aus der jüdischen Gemeinde aus den NS-Lagern zurückgekehrt war, hatte man dieses wertvolle Zeugnis der jüdisch-deutschen Kultur dem Verfall überlassen.

15 Ebenda, S. 1143.
16 Ebenda.

Sicherlich intendiert das *Handbuch Deutscher Kunstdenkmäler* keine systematische Ausgliederung uns verbliebener und umso wertvollerer Zeugnisse der jüdischen Kultur – und jede Aufnahme eines entsprechenden Bauwerks bedeutet dessen Anerkennung als Teil eines gemeinsamen Kulturerbes. Vor dem Hintergrund des zerstörerischen und mörderischen Rassenwahns kann und muss aber jede Fahrlässigkeit in der Würdigung als Strategie der Distanznahme und als Konstruktion von Alterität gelesen werden.

Es ist davon auszugehen, dass jede Ausgabe des *Dehio* den allgemeinen Stand von Erinnerungskultur und Gedenkpolitik widerspiegelt. Schon von daher ist ein Blick in den *Rheinland*-Band von 2008 geboten. Im Gedenkjahr 1988 hatte sich die öffentliche Aufmerksamkeit für den Synagogensturm des Jahres 1938 verändert, und die Zeugnisse der jüdischen Geschichte rückten stärker in den Vordergrund. Auch das ortsgebundene historische Interesse an den Pogromen war gewachsen und führte zur Wiederverankerung „authentischer" Orte der Verbrechen im lokalen Gedächtnis. Trotz dieser erinnerungskulturellen Entwicklung finden wir nicht signifikant mehr, sondern weniger Einträge in dem *Dehio*-Band *Rheinland* als in dem älteren Band zu *Rheinland-Pfalz. Saarland.* Das kann daran liegen, dass wegen der starken Präsenz der SchUM-Städte tatsächlich die jüdische Geschichte des Rheinlandes bis zurück ins Mittelalter vielfältiger an materiellen Zeugnissen ist. Im *Rheinland*-Band werden allerdings lediglich die Kölner Zeugnisse behandelt.[17] Während auch dieser *Dehio* an zahlreichen Stellen ausführt, wann und warum ein Gebäude, sei es durch Krieg oder Modernisierungsschübe, „abgegangen" sei, unterbleiben beispielsweise Hinweise zu „verschwundenen" Synagogen, erst recht Erläuterungen für Geschichte und Ursachen dieses „Verschwindens".

Diese Differenzierung zwischen jüdischen und nichtjüdischen Bauten ist auffällig, und sie ist umso auffälliger, als in der Erinnerungskultur seit Längerem auch Plätze der verbrannten und abgetragenen Synagogen mit Gedenktafeln oder -stelen, nicht selten mit einer Abbildung des „fehlenden" Synagogengebäudes, markiert wurden. Die getilgten jüdischen Baudenkmäler – für das Handbuch immer noch eine quantité négligeable?

17 Bei der geringen Zahl aufgenommener und damit als „Deutsche Kunstdenkmäler" „nobilitierter" baulicher Relikte des Judentums mag es dann auch nicht überraschen, dass im Abkürzungsverzeichnis Kürzel für „evangelisch", „katholisch", „lutherisch", „reformiert" enthalten sind, eine Abkürzung für „jüdisch" dagegen fehlt.

Anders verhält es sich mit jüdischen Neubauten, die im *Rheinland-Pfalz. Saarland*-Band noch fehlen; hier führt der Rheinland-*Dehio* jüdische Kultusbauten der jüngeren Zeit auf und kategorisiert sie damit als „Kunstdenkmäler". Mit dieser architektonischen Würdigung, so quantitativ zurückhaltend sie auch ausfallen mag, wird ein Neuanfang jüdischen Lebens widergespiegelt: Die neue, repräsentative Synagoge von Aachen des Architekten Alfred Jacoby (1995) ist das eindrucksvollste Beispiel. Hervorgehoben wird, dass sie genau an dem Platz steht, an dem sich die – ebenfalls repräsentative – Synagoge von 1862 erhob. Diese war 1938 niedergebrannt und auf Kosten der jüdischen Gemeinde noch im selben Jahr abgetragen worden. Dass – anders als in anderen Fällen – der ehemalige Synagogenplatz, der seit 1984 auch diesen Namen trägt und mit einem bei *Dehio* beschriebenen Mahnmal gekennzeichnet ist, wieder mit einer Synagoge bebaut ist, öffnet den Blick auf die lange, aber zerbrochene jüdische Kulturgeschichte des Rheinlandes.

Dass diese nicht einfach mit einem Neubau fortzusetzen oder gar zu „heilen" ist, markiert die architektonische Differenz zwischen beiden Synagogenbauten: Die im Nationalsozialismus vernichtete Synagoge an demselben Platz war ganz und gar einem neuorientalisierenden Stil verpflichtet, dem *Dehio* zufolge zeigt die jetzige Synagoge „Anklänge an die fortschrittliche Sakralarchitektur der späten zwanziger Jahre".[18]

Über den erhalten gebliebenen jüdischen Friedhof von 1822 mit seinen 1366 Grabsteinen und seiner alten Trauerhalle, bemerkenswerten Zeugnissen der Aachener jüdischen Geschichte, vor denen als Hintergrund auch die neue Synagoge erst ihre volle historische Bedeutung entfaltet, wird – kaum nachvollziehbar – kein Wort verloren. Unverständlich ist dieses Ausblenden umso mehr, als derselbe Band über einen anderen jüdischen Friedhof, den von Huttrop/Essen (1928–1930), sehr wohl informiert.[19]

18 Dehio, Nordrhein-Westfalen I. Rheinland, S. 14.

19 Ähnliches ließe sich für Düren sagen, dessen neues jüdisches Kultur- und Gemeindezentrum ebenfalls unter die Kunstdenkmäler aufgenommen ist, nicht aber die beiden jüdischen Friedhöfe Dürens. Einem offensichtlichen Layout-Fehler, der ansonsten nicht sonderlich zu bewerten wäre, ist das Abbrechen der weiteren Ausführungen zu Düren zu verdanken, ebenso wie die verstümmelten Eintragungen zu Duisburg mit seinen architektonisch so überzeugenden Bauten der jüdischen Kultusgemeinde von 1995. Diese sind nur noch in Textfragmenten (und ohne Hinweis, dass es sich um Einträge zu dieser Stadt handelt) vorhanden.

Von den Synagogen des Landjudentums, die den Nationalsozialismus in ihrer Bausubstanz überstanden hatten, werden im Band zum Rheinland immerhin drei genannt: jene von Issum, von Rödingen und von Stommeln. Alle drei sind aber gerade kein Zeugnis für den Vernichtungswahn, der sich 1938 gegen die jüdischen Kultusbauten richtete; die Gebäude von Issum, Rödingen und Stommeln überlebten allein deshalb Feuer und Abbruch, weil sie bereits vor 1938 profaniert wurden: der Sakralbau von Issum, einer Gemeinde, in der alle jüdischen Bürger im Holocaust ermordet wurden, war bereits 1935 an einen „arischen" Issumer Bürger verkauft worden, derjenige von Rödingen war mit dem Wohnhaus 1934 in das Eigentum eines katholischen Schaustellers übergegangen und das Gotteshaus von Stommeln von einem Landwirt gekauft worden. Alle drei Synagogen waren nicht nur vom Pogrom 1938 nicht betroffen, sie entkamen auch dem Abriss nach 1945 und wurden in den 1980er- und – in Rödingen – in den 2000er-Jahren restauriert und rekonstruiert; sie dienten fortan als Kultur- und Gedenkstätten und konnten als solche vom *Dehio*-Handbuch als *Deutsche Kunstdenkmäler* gewürdigt werden.

Die letzten zwei jüdischen Kultusbauten, beides monumentale Anlagen eines städtischen Judentums, die in demselben Handbuch als Kulturerbe mit einem Eintrag bedacht werden, sind die alten Synagogen von Köln und Essen. Die Geschichte beider Synagogen nach 1945 entwickelte sich geradezu diametral und bedarf einer besonderen Aufmerksamkeit. Am Ende steht eine relativ frühe, am 20. September 1959 erfolgte Resakralisierung des Kölner Baus, an dem sich ein immer noch latenter Antisemitismus schon drei Monate später durch Schändung offen Bahn brach, während die Essener Synagoge nach einer wechselvollen Nachgeschichte erst in der Wende der Erinnerungskultur anlässlich der 50. Wiederkehr des Novemberpogroms eine erste Rekonstruktion erfuhr, ehe sie im Jahr 2010 endgültig rekonstruiert und als Gedenkstätte „Haus jüdischer Kultur" eingeweiht wurde.

Angesichts des vom Nationalsozialismus angestrebten vollständigen Auslöschens der Juden und der jüdischen Kultur stellen Bauten, wie sie im *Dehio* erwähnt werden, ein nicht zu unterschätzendes und zu bewahrendes Gut dar. Jede Nichterwähnung eines „jüdischen" Bauwerks, dazu am authentischen Ort, wirft aber Fragen nach einem im günstigsten Falle fahrlässigen nachträglichen Ausschluss oder einer Abwertung auf. Weder sind, um wenige Einzelbeispiele zu nennen, das Synagogengebäude von Mondorf, seit 1984 mit einer Gedenktafel ausgewiesen, noch dasjenige von Hülchrath, ab 1985 restauriert, heute Mahn- und Gedenkstätte, oder dasjenige von Gangelt, seit 1993 eingetragenes Denkmal, in dieses Standardwerk aufgenommen worden. Jedes Fehlen eines dieser Rudimente in einem solchen Standardwerk verfälscht aber unsere Konstruktion von Vergangenheit und beeinflusst unser Wissen über uns selbst.

Jüdischer US-Soldat auf den Trümmern der Synagoge seines ehemaligen Heimatortes
Fotograf unbekannt

3
Schuld und Schuldabwehr – die frühen Nachkriegsjahre

„177 brennende Synagogen im Jahre 1938 ergeben ungezählte Ruinenstädte im Jahre 1945“, so stellt Christa Wolf in ihrem Roman *Kindheitsmuster* den kausalen Zusammenhang zwischen den Zerstörungen des Pogroms und der Verwandlung Deutschlands in eine Trümmerlandschaft am Ende des Krieges her – wobei sie die Zahl der „brennenden Synagogen“ um fast das Zehnfache hätte erhöhen müssen.[1] Ein Zeitzeuge, der den Sturm auf die Kölner Synagoge in der Glockengasse und den Abriss des Gebäudes erlebte, schrieb: „Später wurde die Synagoge einfach abgebrochen. Das war Kölns erstes Trümmergrundstück.“[2] In seine *Kriegsfibel* hat Bertolt Brecht ein Foto montiert, das eine völlig zerbombte deutsche Stadt zeigt, und erinnert in der Unterschrift daran, dass all dies Ruinen des von Deutschland entfesselten und geführten Krieges sind: „Und unsere Städte sind auch nur ein Teil von all den Städten, / welche wir zerstörten.“[3] Etwa 500 Millionen Kubikmeter Trümmerberge waren in Deutschland als Kriegsfolgen zu beseitigen, Straßen waren inmitten der Ruinen freizuräumen oder neu anzulegen, Plätze wurden durch Einebnung von nur noch in Rudimenten stehen gebliebenen Häusern geschaffen. Dazwischen die Ruinen des Novemberpogroms oder deren bereits leer geräumte Grundstücke. Vieles, was noch die antisemitischen Hassausbrüche in der Bausubstanz überstanden hatte, wurde im Krieg durch Treffer beschädigt oder war endgültig vernichtet worden. Der Krieg hatte den Bestand des baulichen kulturellen jüdischen Erbes also weiter erheblich dezimiert.

1 Christa Wolf, Kindheitsmuster, Darmstadt/Neuwied 1979, S. 152.
2 Zit. nach Elfie Pracht, Jüdisches Kulturerbe in Nordrhein-Westfalen I, Köln 1997, S. 253.
3 Bertolt Brecht, Kriegsfibel, Berlin 1955, Bild 65.

In Meschede, wo in der profanierten, aber intakt gebliebenen Synagoge französische Kriegsgefangene untergebracht waren, wurde das obere Stockwerk bei einem Fliegerangriff zerstört. Während von den Bonner Synagogen im Pogrom nur mehr Trümmer geblieben waren, konnte das benachbarte Mondorfer jüdische Gotteshaus noch in seinem profanierten Zustand Zeugnis geben von der jüdischen Geschichte in dieser Rheinregion. Gegen Kriegsende traf dann eine Bombe das Gebäude. Von der 1877 eingeweihten, repräsentativen Synagoge in Bitburg, die ebenfalls die Pogromnächte überstanden hatte, verblieb durch Kriegseinwirkungen nur noch eine Ruine. Auch in Hürth war die Synagoge 1938 nicht abgerissen oder verbrannt worden; nach einem Bombentreffer war aber nur noch eine Ruine übrig, während das Gotteshaus von Langerwehe im Krieg vollständig vernichtet wurde. Auch das von der Wehrmacht als Varieté missbrauchte Synagogengebäude von Niederzerf wurde durch den Krieg dem Erdboden gleichgemacht, ebenso wie die Koblenzer Synagoge, deren Bausubstanz sich noch in gutem Zustand befand und die sich die Stadt Koblenz ohne Zahlung eines Kaufpreises angeeignet hatte: Beim Bombenangriff auf Koblenz am 22. April 1944 wurde das Gebäude bis auf die Außenmauern zerstört.

Die Liste der durch den Krieg in Schutt und Asche gelegten materiellen Zeugnisse einer deutsch-jüdischen Kulturtradition könnte lange fortgesetzt werden. Stets bleibt aber auch hier das Monitum Brechts zu bedenken, all diese Trümmer, also auch die Kriegstrümmer der bis dahin verbliebenen ehemals jüdischen Bauwerke, seien das Ergebnis eines von Nazideutschland begonnenen Krieges. Der vom Ausbleiben eines Aufstandes enttäuschte Brecht gebrauchte das Wort „wir" und sprach damit eine Gesamtschuld Deutschlands an, die in der sowjetischen Zone, anders im Westen, eher bestritten wurde. Die Schuldzuschreibung für Kriegsverbrechen und Völkermord an ein deutsches Kollektiv machte eine frühe Konfrontation der Bevölkerung in den westlichen Besatzungszonen mit diesem Grauen und die Reedukationskampagnen geradezu zwingend. Durch Publikationen, Wanderausstellungen, Filme, aber auch durch das Verbot von Literatur, die den Krieg und den Rassismus verherrlichten, sollten der westdeutschen Bevölkerung die begangenen Untaten und ihre (Mit)Schuld vor Augen geführt werden. Ins Gedächtnis eingebrannt haben sich die Bilder der von Amerikanern erzwungenen Besichtigung des Konzentrationslagers Buchenwald am 16. April 1945 durch Weimarer Bürger. Dies alles ist bekannt und muss hier nicht im Einzelnen wiederholt werden.

Wenn – materielle – Indizien für kollektive verbrecherische Konsequenzen des Rassenwahns aufzurufen waren, konnte man diese Indizien zwischen den Trümmern des zerbombten Nachkriegsdeutschlands in den baulichen Resten des jüdischen kulturellen Erbes finden, nämlich dort, wo diese noch in Umrissen erkennbar waren, aber auch dort, wo deren Abriss bereits weitere Narben in den zerschlagenen Gesichtern der deutschen Städte und Ortschaften hinterlassen hatte. Dass die Wunden, die der November 1938 gerissen hatte, in den Trümmerwüsten nicht völlig übersehen und vergessen werden konnten und dass in den ersten Nachkriegsjahren ein Augenmerk auf sie gerichtet blieb, hatte im Wesentlichen drei Gründe:

Erstens: Beschlagnahmungen

Die alliierten Streitkräfte, vor allem die amerikanischen, beschlagnahmten schon bei ihrem Vorrücken an vielen Orten ehemaliges jüdisches Eigentum, das u. a. durch die „Verordnung über den Einsatz jüdischen Vermögens“ vom 3. Dezember 1938 jüdischen Bürgern abgepresst worden war, darunter viele der Sakral- und öffentlichen jüdischen Bauten. Mit den Beschlagnahmen sollte die Rückgabe sichergestellt werden. Bei Synagogen verband sich damit auch die Hoffnung, die erfolgte Profanierung rückgängig machen zu können. Ein Beispiel hierfür stellt die Synagoge von Ahrweiler im Rheinland dar. Sie war ebenfalls am 10. November 1938 im Innern verwüstet und an einen Geschäftsmann verkauft worden, der sie bis Kriegsende leer stehen ließ. Schon im März 1945 enteignete die eintreffende amerikanische Armee den Käufer, ließ das durch einen Bombentreffer beschädigte Dach durch Bürger Ahrweilers reparieren, beseitigte die Spuren der Zerstörung im Innenraum und besserte Türen und Fenster aus. Amerikanischen Soldaten feierten mit ihrem Militärrabbiner hier unmittelbar nach Kriegsende wieder Gottesdienste.

Nicht nur wegen der zahlreichen jüdischen amerikanischen Soldaten war die US-Militärregierung bestrebt, Synagogengebäude zu beschlagnahmen, sie instand setzen zu lassen und, wo es ging, zu resakralisieren. Auch der architektonisch bemerkenswerte, neuromanische Zentralbau der Synagoge in Schlüchtern, der nach dem Pogrom als Lagerhalle zweckentfremdet, aber nicht zerstört worden war, wurde z. B. auf Befehl der Amerikaner wieder als Gotteshaus hergestellt, bevor er ab 1950 erneut entsakralisiert wurde und nun einer Kleiderfabrik diente. Ebenso geschah es mit der ehemaligen Synagoge in Wetzlar, die als Kriegsgefangenenlager herhalten musste: Bis 1948/49 stand sie jüdischen Displaced Persons zur Verfügung, danach zog eine Brauerei ein. 1958 wurde sie abgerissen, und ein leerer Platz blieb übrig. Beschlagnahmt wurde auch das Synagogengebäude von Dieburg und für die jüdischen Displaced Persons des Dieburger Lagers wieder geweiht. Die imposante Synagoge von Offenbach steht bis heute und fungiert als Konzerthalle für die Stadt; von der amerikanischen Militärregierung war nach 1945 der ehemalige Betsaal beschlagnahmt und von dreißig Displaced Persons wieder in seine alte Funktion eingesetzt worden. In Bad Mergentheim war die Synagoge (1764) 1912 im Jugendstil umgebaut, dann 1938 in übelster Weise geschändet worden – an den Thoraschrein schmierte der Mob Schweinfleisch und benutzte das Ritualbad als Abort –, ehe nach 1945 der amerikanische Militärrabbiner den Synagogenschlüssel übernahm. Die Schäden wurden ausgebessert und die Synagoge im September 1946 wieder eingeweiht, eine Zeremonie, die unter Beteiligung des Ministerpräsidenten Reinhold Maier, des Arbeitsministers, von Landrat und Bürgermeister stattfand. Ein Überlebender aus Theresienstadt hielt bei der Einweihung die Rede, in der er auf die nationalsozialistischen Verbrechen zu sprechen kam, der Oberrabbiner nahm die Resakralisierung vor. In den folgenden Monaten wurde aber deutlich, dass die bedeutende Mergentheimer Gemeinde nicht wieder entstehen konnte. Im Juli 1949, als die Displaced Persons nach Israel auswandern konnten, wurde die Synagoge wieder geschlossen, noch im selben Jahr an eine Firma verkauft, die ab jetzt die weitere Nachgeschichte bestimmte: Zum zweiten Mal erfuhr das Gebäude – jetzt nach 1945 – eine Profanierung.

Zweitens: Restitutionsverfahren

In der Regel bereiteten solche Beschlagnahmen Restitutionsverfahren vor, so auch, um bei diesem Beispiel zu bleiben, bei der Synagoge von Ahrweiler. Diese erlebte die Resakralisierung nur als kurzes Moment ihrer Nachgeschichte. Anschließend begann das Restitutionsverfahren, nach dessen Abschluss eine erneute, nicht weniger heftige Zweckentfremdung und Profanierung als zuvor erfolgten, die sehr stark in die historische Bausubstanz eingriffen und ein Denkmal jüdischer Kultur vollends zu zerstören drohten: Das Gebäude wurde an die Raiffeisengenossenschaft veräußert. Diese veränderte sowohl Eingang und Innenarchitektur, um aus der „restituierten" Synagoge einen Verkaufsraum für Düngemittel, Feld-, Garten- und Winzergeräte zu machen.

In Anbetracht vorliegender Forschungsergebnisse zur Restitution sollen hier wenige Anmerkungen zu den Verfahren, aber auch deren Schwierigkeiten, genügen.[4] Wenn die Beispiele aus Westdeutschland stammen, so deshalb, weil es in der Sowjetzone, aber auch in der DDR bis 1960 keine vergleichbare gesetzliche Regelung zur Rückerstattung geraubten jüdischen Eigentums gab. Eine Ausstellung des Stadtmuseums Berlin im Ephraim-Palais (2014) zur „Geraubten Mitte“ im Berliner Stadtkern hatte sich auch der „Wiedergutmachung“ in der DDR gewidmet und festgestellt, dass dieser Staat in fataler Weise „Arisierung“ und Sozialisierung gleichsetzte: „Es gab lange Diskussionen um eine mögliche Wiedergutmachung. Die DDR-Juristen sahen die Rückgabe jüdischen Eigentums nicht als zwangsläufig an, da es ja nichts anderes bedeuten würde, als dass die Sozialisierung von jüdischem Kapital Sondervergünstigungen gegenüber allen anderen Kapitalisten eingeräumt bekäme.“[5]

Wegweisend im Westen wurde das Militärgesetz Nr. 59, das die amerikanische Militärregierung am 10. November 1947 verabschiedete und das die Rückerstattung von ehemals jüdischem Eigentum auf eine rechtliche Basis stellte.[6] Alle Rechtsgeschäfte, die nach Verkündung der Nürnberger Rassengesetze am 15. September 1935 getätigt worden waren, galten als „unter Zwang zustande gekommen“ und wurden nun für nichtig erklärt, es sei denn, dass das Geschäft auch unter anderen Rechtsbedingungen, sprich: ohne nationalsozialistische Herrschaft, zustande gekommen bzw. dass der Kaufpreis dem Verkehrswert angemessen gewesen wäre und der Handel aus freien Stücken erfolgte. Entscheidend für die Verfahren war, dass der neue Eigentümer hierfür

4 Siehe Jürgen Lillteicher, Raub, Recht und Restitution. Die Rückerstattung jüdischen Eigentums in der frühen Bundesrepublik, Göttingen 2007.

5 Stiftung Stadtmuseum Berlin/Franziska Nentwig (Hrsg.), Geraubte Mitte. Die Arisierung des jüdischen Grundeigentums im Berliner Stadtkern 1933–1945. Kleiner Katalog, Berlin 2013, S. 64. Weiter heißt es im Katalog: „Im September 1950 trat das Aufbaugesetz in Kraft, das in so genannten Aufbaugebieten wie dem Berliner Stadtzentrum die Enteignung privaten Grundeigentums erleichterte. In Anspruch genommen wurden auch die ehemaligen Grundstücke von Juden. Die nach dem Entschädigungsgesetz von 1960 gezahlten Beiträge für die ehemaligen Eigentümer fielen sehr gering aus. Schon 1949 hatte der Magistrat die seit 1935 geltenden niedrigen Bodenpreise in den durch die Kriegseinwirkungen besonders betroffenen Innenbezirken Mitte, Friedrichshain und Prenzlauer Berg um zehn bis 60 Prozent abgesenkt und ein Jahr später im zentralen Bereich um weitere 40 Prozent verringert.“ Ebenda, S. 64 f. Auf die Folgen für das jüdische Kulturerbe wird noch weiter eingegangen werden.

6 Für die französische Besatzungszone wurde ebenfalls am 10. November 1947 das Rückerstattungsgesetz als Militärgesetz Nr. 120, allerdings weniger weitreichend, in Kraft gesetzt.

die Beweislast zu tragen hatte. Damit fielen sämtliche Eigentumsübertragungen im Zusammenhang oder infolge des Novemberpogroms unter die alliierten Restitutionsbedingungen und erforderten eine Revision.

Auf deutscher Seite gab es allerdings starke Widerstände gegen die Restitutionsgesetze. Sie wurden als Oktroi der westlichen Militärregierungen und als Strafmaßnahmen der Siegermächte verstanden. Personalkontinuitäten erschwerten die Restitutionsverfahren überdies: Beamte, die zum Teil am Raub beteiligt waren, hatten nun die Entscheidung über die Rückgabe.[7]

Beispiele: Nachdem die Synagoge von Saffig im heutigen Kreis Mayen/Koblenz (um bei der mehrfach herangezogenen rheinland-pfälzischen Region zu bleiben) deutlich unter Verkehrswert nach 1938 für 270 Reichsmark an die Zivilgemeinde gegangen war, musste diese im Rückgabeverfahren 1000 DM nachzahlen. Bei dem Gotteshaus von Seibersbach hatte der neue Besitzer eine Nachzahlung an die jüdische Kultusgemeinde zu leisten, ebenso wurde im Fall der Synagoge von Staudernheim eine Nachzahlung festgelegt. Der Kaufvertrag, mit dem die Synagoge von Langenlonsheim 1940 für 427,50 Reichsmark zwangsverkauft worden war, wurde in der Restitution 1950 annulliert; zu einer kleinen Nachzahlung wurde auch der Käufer der Synagoge von Zeltingen verpflichtet. 1939 musste die jüdische Gemeinde von Kirn unter Druck ihr Gotteshaus an die Zivilkommune Kirn für 5358 Reichsmark abtreten, im Restitutionsprozess (1950) hatte Letztere weitere 4000 Reichsmark für Grundstück und Gebäude zu zahlen. Ausnahmen von diesen Vorgängen gab es in Oberstein (Hunsrück) und Bausendorf (Mosel), weil diese Synagogengebäude tatsächlich jüdischen Kultusgemeinden zurückgegeben wurden, dasjenige von Oberstein 1950 an die jüdische Synagogengemeinde von Bad Kreuznach-Birkenfeld, die Synagoge von Bausendorf, die verwüstet, aber erhalten geblieben war, schon 1945 an die Kultusgemeinde Trier.

Auch wenn man solche Fälle wie diejenigen von Bausendorf und Oberstein heranzieht, änderten auf das Ganze gesehen die Restitutionsverfahren die Besitzverhältnisse, wie sie als Teil der Verfolgung und der Verdrängung von Juden in Deutschland gewaltsam hergestellt worden waren, nicht mehr. Der Raubzug, der im November 1938 eingeleitet worden war, schien unumkehrbar zu sein. Wem hätte etwas zurückgegeben werden können, wenn nur so wenige

7 Die zweite Phase der „Wiedergutmachung" beginnt 1949 mit Entschädigungsgesetzgebungen der westdeutschen Länder. Die unterschiedliche Rechtssituation wurde in einem ersten Schritt durch das „Bundesergänzungsgesetz" vom 19. September 1953 angegangen. Erst am 6. Juni 1956 verabschiedete der Bundestag das „Bundesentschädigungsgesetz".

aus den Vernichtungslagern zurückkamen und wenn die Gemeinden ausgelöscht waren? Selbst in den beiden genannten Fällen Bausendorf und Oberstein waren es andere, entferntere Gemeinden, in denen sich – wie in Trier – einzelne Rückkehrer aus den Vernichtungslagern zusammengefunden hatten, die überhaupt in der Lage waren, das Erbe zu übernehmen. So wurde in den anlaufenden Rückgabeverfahren ein Rechtsbegriff prominent, der die ganze Problematik der Restitution aufzeigte, der Begriff des „erbenlosen Eigentums". Um das jüdische „erbenlose Eigentum" zu erfassen, zu sichern und treuhänderisch übernehmen zu können, wurden jüdische „Nachfolgeorganisationen" gegründet, die „Jewish Trust Corporation for Germany" in der britischen Zone (JTC), deren „French Branch of the Jewish Trust Corporation" (JTC BF) in der französischen Besatzungszone tätig wurde. Für die amerikanische Besatzungszone und den amerikanischen Sektor in Berlin war die JRSO (Jewish Restitution Successor Organization) seit 1948 mit Sitz in New York zuständig. Die JRSO übernahm u. a. auch jüdische Friedhöfe als „erbenloses Eigentum". Eine dritte Organisation war die „Jewish Cultural Reconstruction", für die Hannah Arendt als Funktionärin zeitweise zurück nach Deutschland kam. Arendts Aufgaben bestanden „in der Sicherung der Restbestände der zerstörten jüdischen Kultur. Sie hatte das von den Nazis geraubte Kulturgut zu sichten, das in Bibliotheksarchiven und Museumsdepots untergebracht war, um spätere Verhandlungen einleiten zu können über die Übergabe der Objekte an internationale jüdische Kulturorganisationen."[8]

Hintergrund der Entscheidung, restituiertes Kulturgut bzw. den Erlös aus Veräußerungen an internationale jüdische Institutionen, vor allem in den USA und ab 1948 auch in Israel, zu übergeben, war die Ansicht des Jüdischen Weltkongresses in New York, dass in Zukunft keine Juden auf dem blutgetränkten deutschen Boden mehr leben könnten und sollten. „Hannah Arendt", schreibt Jähner, „war mit der Mehrheit der Juden in aller Welt der Überzeugung, dass das in Deutschland verbliebene, geraubte jüdische Kulturgut, insbesondere das sogenannte erbenlose Eigentum, in die Hände des jüdischen Volkes gehöre, wie es unter anderem vom jüdischen Weltkongress repräsentiert werde."[9] Die angesichts des immer mehr zutage tretenden Ausmaßes deutscher Verbrechen geäußerte Gewissheit, dass es eine Zukunft für Juden in Deutschland nicht mehr geben könne, traf allerdings auf den Widerspruch kleiner, sich

8 Jähner, Wolfszeit, S. 445, Anm. 11.
9 Ebenda.

reorganisierender Gemeinden, insofern sie sich nicht als „Liquidationsgemeinden“ verstanden, deren Mitglieder nur auf Ausreisemöglichkeiten warteten: „Die kleinen jüdischen Restgemeinden in Deutschland waren selbstverständlich anderer Meinung und beanspruchten das geraubte Kulturgut ganz oder teilweise für sich. Daraus entstand ein schmerzlicher Konflikt, in dem es nicht in erster Linie um materielle Werte ging, sondern um Fragen der Selbstbehauptung, der jüdischen Identität und der Zukunft des jüdischen Gemeindelebens in Deutschland.“[10]

Diese „Selbstbehauptung“, bei der der Bezug auf das gesamte jüdische Kulturerbe unerlässlich war, provozierte eine erstaunlich scharfe Kritik Hannah Arendts an den „deutschen Juden“. An ihren Mann in New York, Heinrich Blücher, schreibt sie, dass sie mit den meisten (nichtjüdischen) Deutschen, die sie von früher kenne, noch guten Kontakt habe: „Sie haben Vertrauen zu mir, ich spreche noch ihre Sprache. Schrecklich sind mir nur die sog. deutschen Juden, die Gemeinden sind Raubgemeinschaften, alles verwildert und in äußerster Vulgarität und Gemeinheit. Wenn ich nicht mehr kann, flüchte ich mich zu den amerikanischen jüdischen Organisationen.“[11]

Solch vehemente Kritik an denjenigen, die Versteck, Deportationen und Vernichtungslager überstanden hatten und dennoch in Deutschland einen Neubeginn suchten, ist wohl nur aus einer zionistischen Perspektive verständlich. Sie übergeht aber die traumatischen Erlebnisse der wenigen Überlebenden und delegitimiert sie – mit weitreichenden Folgen – als Erben der eigenen Tradition. Hannah Arendt stellt sich damit notabene gegen das Festhalten an einer gemeinsamen deutschen und jüdischen Kultur als einer für die Juden katastrophisch geendeten Anschauung. Die Ansicht, dass der Weg über die Annäherung an die (nichtjüdische) deutsche Kultur nicht der Weg einer jüdischen Emanzipation ist, hatte sie bereits in ihrer großen Biografie über Rahel Levin, die in ihren Salons, in ihrem Goethe-Kult, in ihrem ganzen Lebensentwurf genau diese kulturelle Angleichung zu praktizieren versuchte, dargelegt. Nach den Erfahrungen, zu welchen Verbrechen das nationalsozialistische Deutschland fähig gewesen war, verschärfte Arendt diese Kritik an den „deutschen Juden“ und setzte sie in ihrer Auffassung von Restitutionspolitik um.

Für die jüdischen Restgemeinden waren Restitutionsfragen, aber auch Fragen nach „Bleiben oder nicht“, also Fragen nach der bloßen Existenzsicherung,

10 Ebenda.
11 Ebenda, S. 446.

nicht unabhängig davon zu beantworten, in welcher Besatzungszone man sich befand. Es gab nicht nur die Unterschiede zwischen Ost und West, sondern selbst zwischen amerikanischer und britischer Besatzungszone: „Während die USA wünschten, dass erbenlose Vermögen der Unterstützung mittelloser Verfolgter in aller Welt dienen sollten, fürchtete Großbritannien, solche Gelder könnten der illegalen Ansiedlung von Juden in Palästina und der dortigen jüdischen Untergrundbewegung zufließen. Die Bedürfnisse der Überlebenden mussten hinter diesen Erwägungen zurückstehen."[12] Aus solchen Befürchtungen heraus wurde das Rückerstattungsgesetz für die britische Zone erst verabschiedet, als die Interessen Großbritanniens in Palästina keine Rolle mehr spielten. Im Mai 1949 trat es in Kraft, wurde aber nur zögerlich umgesetzt, was wiederum im Widerspruch zum erklärten Ziel der Briten stand, „die deutschen Juden im Land ihrer Herkunft wieder zu integrieren".[13]

Auch dort, wo eine Rückgabe an Restgemeinden gelang, waren diese in der Regel zu schwach, sich das Erbe wieder anzueignen, so etwa in Trier, der Stadt, in der die Anwesenheit von Juden archäologisch bis in die Römerzeit nachzuweisen ist und in der immer wieder neue Synagogen entstanden waren, bis die bis dahin letzte 1938 geplündert und noch im selben Jahr zwangsverkauft worden war. Bomben ließen 1944 nur eine Ruine zurück, die 1956 abgerissen wurde. Als die Synagoge von Bausendorf, dessen Gemeinde durch die Ermordung von 25 Mitgliedern getilgt worden war, den wenigen Juden übergeben wurde, die sich in Trier zusammengefunden hatten, fanden diese keine Möglichkeit mehr, selbst für den dauerhaften Erhalt oder eine würdevolle Nutzung zu sorgen. Ein Foto der restituierten Synagoge zeigt den guten Zustand dieses Gebäudes; dennoch sah sich die Trierer Kultusgemeinde 1961 gezwungen, es zu verkaufen, mit der jetzt von jüdischer Seite in den Kaufvertrag geschriebenen Auflage, dass der neue Besitzer für den Abbruch zu sorgen habe.

Beim zweiten Ausnahmebeispiel eines tatsächlich an jüdische Gemeinden zurückgegebenen Gotteshauses verlief die Nachgeschichte nicht viel anders: Auch hier war die ehemalige Synagogengemeinde zerstört, als die kleine Rückkehrer-Gemeinde Bad Kreuznach-Birkenfeld das Obersteiner Gotteshaus 1950 übertragen bekam. Auch diese neu entstandene jüdische Gemeinde war nicht

12 Donate Strathmann, Jüdisches Leben in Düsseldorf und Nordrhein 1945–1949. Die Politik von britischer Militär- und nordrhein-westfälischer Landesregierung – Hilfe oder Hindernis beim Aufbau?, in: Grübel/Mölich (Hrsg.), Jüdisches Leben im Rheinland, S. 238–262, hier S. 245.

13 Ebenda.

in der Lage, dieses Erbe aufrechtzuerhalten, weswegen sie das Gebäude 1952 wieder an einen Schuhfabrikanten verkaufte und damit die Profanierung perpetuierte. Diese Phase der Nachgeschichte des Gebäudes endete erst 1972, als die Synagoge abgerissen und das Grundstück überbaut wurde.

Diese Beispiele kennzeichnen eine fatale Entwicklung für den Bestand des kulturellen Erbes in der Pfalz. Wie in diesem Beispiel hat Restitution nicht das Herausdrängen einer jüdischen Geschichte aus der deutschen verhindert, sondern die vor 1945 geschaffenen Fakten eher bestätigt. Die Verantwortung dafür aber liegt allein bei der deutschen Nachkriegsgesellschaft, nicht bei den schwachen Rückkehrer-Gemeinden und den jüdischen Opfern, die überlebten.

Drittens: Versuche juristischer Aufarbeitungen der Novemberpogrome

Die Verantwortung, genauer: die Verantwortungslosigkeit gegenüber dem jüdischen kulturellen Erbe demonstrierten auch die Pogromprozesse. Sie sorgten ebenfalls dafür, dass in der Trümmerlandschaft die Relikte und Ruinen des 9. November 1938 öffentliche Aufmerksamkeit erhielten. Ungefähr 90 Ermittlungsverfahren wegen des Novemberpogroms wurden nach 1945 angestrengt und fanden vor Amts-, Land- und Schwurgerichten statt.[14] Die antisemitischen Verbrechen von 1938 lagen zu dieser Zeit ungefähr ein Jahrzehnt zurück, d. h. Täter und Zeugen, soweit sie Holocaust und Krieg überlebt hatten, konnten noch befragt werden, und die Taten waren noch im Generationengedächtnis verankert. Aber dieses war völlig gespalten, als übergreifendes kommunikatives Gedächtnis funktionierte es nicht: „Nur ein Thema klammerte das wortreiche Sprechen über Deutschland und die Welt beharrlich aus, das zentrale: die Ermordung der europäischen Juden. Über den Holocaust fiel in dem ausufernden Sprachschwall über Kriegsbestien und Zerrbrüche kaum je ein Wort. Über die Juden wurde geschwiegen."[15] So war es auch schwierig, dieses Schweigen,

14 Nach Schätzungen von Dieter Obst wurden Prozesse vor über 90 Landgerichten durchgeführt, von denen Obst 77 auswertete. Vgl. Dieter Obst, „Reichskristallnacht". Ursachen und Verlauf des antisemitischen Pogroms vom November 1938, Frankfurt a. M. u. a. 1991, passim. Weitere Literatur in Auswahl zu den Prozessen: Edith Raim, Der Wiederaufbau der Justiz in Westdeutschland und die Verfolgung von NS-Verbrechen 1945–1949, in: Hans Braun/Uta Gerhardt/Everhard Holtmann (Hrsg.), „Die lange Stunde Null". Exogene Vorgaben und endogene Kräfte im gesellschaftlichen und politischen Wandel nach 1945, Baden-Baden 2007, S. 141–174.

15 Jähner, Wolfszeit, S. 381.

das auch den November 1938 verschleierte, in den Ermittlungsverfahren zu brechen. Ohne auf die Verfahren in ihrer ganzen Breite einzugehen, verdeutlichen schon einige Hinweise die Schwierigkeiten, Täter und Zeugen zum Sprechen zu bringen. Die Delikte, derer Pogromtäter beschuldigt wurden, umfassten schweren Haus- und Landfriedensbruch (später abgemildert zu einfachem Landfriedensbruch), Diebstahl, Sachhehlerei, Brandstiftung und Nötigung. Eines der häufigsten Vergehen, Sachbeschädigung, fehlte in vielen Strafanträgen. Dafür wurde aber mancherorts ein Delikt in die Anklage aufgenommen, das erst 1945 in der „London Charter of the International Military Tribunal" als „Verbrechen gegen die Menschlichkeit" definiert worden war und das nicht nur die systematische physische Vernichtung ganzer Bevölkerungsgruppen umfasste, sondern auch deren ethnisch-kulturelle aus rassischen, religiösen und politischen Gründen. Das IMT-Statut wurde entscheidend bei den Nürnberger Prozessen, kam aber auch bei einzelnen Verfahren wegen der Novemberpogrome zur Anwendung.[16]

Beispiele: Noch im Mai 1945 begannen die ersten Ermittlungen zum Pogrom in der erwähnten – ehemaligen – Synagogengemeinde Zerf. Sie bezogen sich auf die Gewaltverbrechen gegen ein jüdisches Ehepaar und einen jüdischen Bürger aus Losheim bzw. Greimerath. Initiativ war hier die Gendarmerie der französischen Besatzungszone. Der erste nachweisbare Prozess fand am 28. Juli 1945 in der amerikanischen Besatzungszone statt: Aus Forchheim war der Stadtbaumeister wegen Sprengung der Synagoge angeklagt – die enge Nachbarschaft von Häusern hatte ein Abbrennen der Synagoge nicht zugelassen. Erste Ermittlungen hatte die Militärregierung schon im frühen Juli angestellt, bevor sie das Verfahren an das Amtsgericht in Forchheim übergab. In diesem ersten Nachkriegsjahr fiel das Urteil verhältnismäßig hoch aus: Der Baumeister wurde am 14. August 1945 vom Amtsgericht wegen Verstoßes gegen Sprengstoffgesetze (!) zu 5 Jahren Zuchthaus verurteilt, aber 1946 vom Bamberger Landgericht freigesprochen, da die Sprengung von einem zur Unterstützung gerufenen Sprengkommando aus Nürnberg ausgeführt worden sei. Die Zerstörung der

16 Bei den Prozessen gegen Kriegsverbrecher waren es in der Bundesrepublik bis 1955 die Alliierten, die sich das Recht vorbehielten, die Prozesse zu führen: „Erst mit dem Überleitungsgesetz von 1955 waren bundesdeutsche Gerichte in der Lage, gegen Kriegsverbrecher vorzugehen. [...] Sie trauten den Deutschen nicht zu, dass sie mit der nötigen Strenge verfahren würden. Womit sie durchaus Recht hatten, wie die Geschichte der Strafverfolgung von NS-Verbrechen in der Zeit der Zeit der vollen Souveränität zeigt." Wolfgang Brenner, Zwischen Ende und Anfang. Nachkriegsjahre in Deutschland, München 2016, S. 248.

Synagoge in Forchheim, in der es eine große, gut integrierte jüdische Gemeinde gegeben hatte, wurde dann erneut ab April 1948 in Bamberg verhandelt, jetzt vor der Großen Strafkammer am dortigen Landgericht gegen 19 Angeklagte. Die Anklage lautete auf schweren Landfriedensbruch. Die hohe Zahl der Angeklagten ergibt sich auch daraus, dass in Forchheim eine große johlende Menge von Bürgern als Zuschauer und Täter am Sturm auf die Synagoge und ihrer Plünderung beteiligt gewesen war. 18 Angeklagte wurden schuldig gesprochen und erhielten eine Strafe zwischen drei Monaten und vier Jahren. Es ist vor allem das erste Nachkriegsjahr, in dem auf Ermittlungsverfahren gedrängt wurde. So wies schon im Juli 1945 der Paderborner Oberstaatsanwalt die Ortspolizeibehörden an, die Verantwortlichen für die Devastation des Gotteshauses in Salzkotten herauszufinden, bei der die Synagoge angezündet worden war, die Synagogenmauern eingerissen und Juden inhaftiert worden waren.[17] Schon einen Monat früher hatte der Landrat von Steinfurt die Beweissicherung zum Pogrom in Rheine angeordnet, „bei dem die Synagoge in Brand gesetzt, Juden mißhandelt und ihre Wohnungen in Brand gesetzt worden waren".[18] Zum Pogrom in Darmstadt begannen die Ermittlungsverfahren ebenfalls bereits im Juni 1945, in demselben Jahr wurden Nachforschungen zur Plünderung des Gotteshauses in Limburg aufgenommen, sodass dieser Prozess bereits am 17. Oktober desselben Jahres beginnen konnte.

Auch für die eingeleiteten Entnazifizierungsprozesse waren diese Ermittlungen von großer Bedeutung. Doch schon zu Beginn der Ermittlungen gab es Schwierigkeiten, die Abläufe im November 1938 zu rekonstruieren. Noch konnten die Militärregierungen Druck auf die deutschen Strafverfolgungen ausüben, um sie zu beschleunigen oder überhaupt in Gang zu bringen, wie es bei der Ermittlung zu den Pogromen in den Regionen Oldenburg, Osnabrück und Aurich der Fall war. Am 2. November 1945 forderte der Generalstaatsanwalt beim Oberlandesgericht Oldenburg die Oberstaatsanwälte der drei genannten Städte zur Aufnahme von Ermittlungsverfahren auf, eine Aufforderung, der diese nicht nachkamen. Wegen „Brandstiftung und Abriss der Synagoge von Wildeshausen – im LG-Sprengel Oldenburg gelegen – wurde erst

17 Edith Raim, Justiz zwischen Diktatur und Demokratie. Wiederaufbau und Ahndung von NS-Verbrechen in Westdeutschland 1945–1949, München 2013, Kapitel V: Die Verfolgung von Verbrechen der Reichskristallnacht und Arisierung, S. 858 f., https://docplayer.org/178910904-V-die-verfolgung-von-verbrechen-der-reichskristallnacht-und-arisierung.html.

18 Ebenda, S. 859.

ermittelt, als die Militärregierung Oldenburg am 27. März 1947 den Generalstaatsanwalt dazu aufforderte".[19] Bei all diesen Verfahren – und das gilt erst recht für die anschließenden Prozesse, wenn es zur Anklageerhebung kam – hatten die Strafverfolgungsbehörde größte Mühe, überhaupt Zeugen ausfindig zu machen und sie zu Aussagen zu bewegen. Harald Schmid zitiert in seinem Aufsatz „Beispiellose Tage der deutschen Geschichte" Volker Zimmermann, der die „schwierige strafrechtliche Verfolgung der Gewalttäter, die zu dem Paradox führte, dass es oft fast aussichtslos war, genügend zuverlässige Zeugen zu finden, obwohl sich die Verbrechen vor der Nachbarschaft abgespielt hatten",[20] beschrieb.

In Bonn, wo sich beim Pogrom eine Menge Bonner, darunter ein Germanistik-Professor, in der Tempelstraße eingefunden hatten, zeigte 1947 der neue Stadtdirektor den früheren Oberbürgermeister und NSDAP-Kreisleiter Ludwig Rickert wegen des Abbrennens der Hauptsynagoge an, musste aber in den Tageszeitungen Tatzeugen auffordern, sich zu melden. Ähnlich war es in Hanau. Bei der Strafverfolgung des antisemitischen Gewaltausbruchs in Diepholz, Lemförde, Syke und Twistringen blieben nicht nur wichtige Zeugen abwesend; laut Urteil ergaben sich bei der Wahrheitsfindung „weitere Schwierigkeiten [...] auch dadurch, daß in manchen Fällen die Zeugen sowohl wie die Angeklagten ersichtlich nicht mit der Sprache über die wahren Zusammenhänge herauskommen wollten".[21] In einer Rezension der Publikation von Edith Raim, die die schwierigen Bedingungen der gerichtlichen Ahndung der Novemberverbrechen aufzählt, heißt es: „[...] formale Hürden, tote oder nicht ausfindig zu machende Täter, schweigende oder lügende Zeugen, unwillige Ermittlungsbehörden. Die deutschen Richter, so notierte ein US-amerikanischer Beobachter der Pogromprozesse in Hessen, sähen sich oft einer Mauer von erinnerungsunwilligen Zeugen mit Pokergesichtern gegenüber."[22] Solche Klagen über die fehlende Bereitschaft zur Aufklärung und Sühne der Ausschreitungen wurden nicht nur in den Westzonen laut. Sie waren auch in der Sowjetzone zu hören. Im Abschlussbericht des Untersuchungsrichters vom 12. Juni 1946 zum Strafverfahren im thüringischen Meiningen, wo vor allem randalierende Jugendliche

19 Ebenda, S. 858.

20 Zit. nach Harald Schmid, „Beispiellose Tage der deutschen Geschichte". Der nationalsozialistische Überfall auf die deutschen Juden im November 1938, in: Archiv für Sozialgeschichte 49 (2009), S. 615–632, hier S. 627.

21 Raim, Die Verfolgung von Verbrechen, S. 868 f.

22 Schmid, „Beispiellose Tage", S. 620.

am Zerstörungswerk beteiligt waren, wird bedauert, „die gesamte monatelange Untersuchung habe kein positives Ergebnis gebracht. Dies liege auch daran, dass die einzelnen Teilnehmer über die Ausschreitungen ihrer Mittäter Stillschweigen bewahren und auch nicht geneigt sind, selbst bei längerer Haft dieses Stillschweigen zu brechen."[23] Tatzeugen entpuppten sich als Mittäter, Schuld wurde abgewälzt auf Gefallene, Verschollene, Verstorbene oder immer wieder auf unbekannte Ortsfremde – auch wenn erwiesenermaßen die lokale Bevölkerung, angeführt von einheimischen SA- und SS-Truppen, die Gotteshäuser geschändet, die Wohnhäuser geplündert, die jüdischen Bürger gequält und getötet hatten. Im Synagogenprozess von Laupheim etwa beteuerten die Zeugen, dass die Brandstifter auswärtige SA-Leute gewesen seien; vor dem Ravensburger Schwurgericht standen 19 Laupheimer Bürger, die verdächtig waren, den Brand gelegt zu haben. Kein Einziger konnte überführt werden.[24] Am 17. Januar 1946 notierte der Oberstaatsanwalt Bader in Freiburg resigniert in sein Tagebuch: „Ermittlungen über den Synagogenbrand vom 8./9. 11. 1938 – Schuld ist der ‚ewige Unbekannte'!"[25]

Zu den Aussageverweigerungen kam mancherorts offen gezeigter Unmut in der Bevölkerung über die Verfahren hinzu, beispielsweise in Bad Dürkheim oder Alzenau, wo der Staatsanwalt das Beweisverfahren gegen 44 Beschuldigte als zwecklos einstellte, „da die Bevölkerung von Alzenau gut zusammenhält und die ewige Befragung in dieser Sache schon leid ist. Die Befragten [...] bringen kein Verständnis dafür auf, dass die Judenaktion jetzt nochmal durch die Staatsanwaltschaft geahndet wird [...]."[26] Das Generationengedächtnis

23 Ramona Bräu/Thomas Wenzel, „ausgebrannt, ausgeplündert, ausgestoßen". Die Pogrome gegen die jüdischen Bürger Thüringens im November 1938 (Quellen zur Geschichte Thüringens, Bd. 31). Hrsg. von der Landeszentrale für politische Bildung Thüringen, Erfurt 2008, S. 175.

24 Landeszentrale Baden-Württemberg (Hrsg.), Die Nacht als die Synagogen brannten, S. 27.

25 Raim, Die Verfolgung von Verbrechen, S. 869.

26 Ebenda. Die Liste der Verdunkelung der Verbrechen könnte um ein Vielfaches erweitert werden. An dieser Stelle sollen nur noch wenige Beispiele zitiert werden: „1947 wurden bei der Kriminalpolizei Neustadt zwei Personen angezeigt, denen die Demolierung des Innern der Synagoge in Geinsheim im November 1938 vorgeworfen wurde. Ein Zeuge, der noch vor der Polizei behauptet hatte, die Täter sicher erkannt zu haben, widerrief dies in der richterlichen Vernehmung. Der damalige Gemeindepolizist machte widersprüchliche Angaben." Ebenda. Zur Brandstiftung an der Synagoge Cloppenburg schreibt die dortige Kriminalpolizei: „Es muß immer wieder die Erfahrung gemacht werden, daß die Ermittlungen in dieser Angelegenheit sehr schwer sind, weil die Bewohner der hiesigen Gegend nur ungern oder gar nicht bereit sind, Angaben zu machen. Es ist auch unglaubhaft, daß

funktionierte als kommunikatives, aber nur als dasjenige der Täter. Als wichtiges Erinnerungskollektiv behaupteten sich die (ehemaligen) Kameraden vor allem der SA: „Das Kriminalkommissariat Bad Homburg äußerte im Abschlussbericht am 25. April 1950: Es muss bemerkt werden, dass sich die Ermittlungen in Usingen äußerst schwierig gestalten, da es sich bei den Beschuldigten mit wenigen Ausnahmen um ehemalige SA-Männer handelt, die eine verschworene Gesellschaft sind und keinesfalls einander in irgendeiner Weise verraten."[27] Ganz offensichtlich arbeiteten die alten Netzwerke weiter, kam es immer wieder zu Tätertreffen und Absprachen. Diese Vermutung „hegte das Landeskriminalamt Koblenz im Schlussbericht vom 2. September 1948, dessen Gegenstand die Schändung der Synagoge in Nastätten war".[28] Im jüdischen Gotteshaus von Nastätten waren schon 1937 die Scheiben eingeworfen worden, 1938 wurde es dann von SA-Männern verwüstet und der goldene Davidstern abgerissen. Im März 1939 wurde das Gebäude bis auf den letzten Stein abgetragen und durch Einebnung die Spuren einer Synagoge weiter

man immer von SA-Männern usw. spricht, die alle unbekannt sein sollen. Die Staatsanwaltschaft Koblenz klagte in einem Vermerk vom 28. 6. 1948 über Vernehmungen der Polizeiverwaltung Idar-Oberstein: Ich lege die Akten hiermit erneut vor. Ich verbitte mir auf das Entschiedenste, in Zukunft derartige Vernehmungen wie Bl. 4 d. A., wo ein ahnungsloser Ortsgruppenleiter vorgestellt wird, oder wie Bl. 5 und 6 d. A., wo ein Mann, der in der Synagoge plötzlich merkt, daß es rechts und links von ihm brennt, vorzunehmen. Bl. 7 und Bl. 8 d. A. wird sogar gewagt, mir einen unschuldigen alten Kämpfer vorzustellen. Ich weiß nicht genau, ob die Polizei mit der Niederschrift derartiger Unsinnigkeiten selbst die Ernsthaftigkeit ihrer Tätigkeit in Frage stellen will." Ebenda. Zum Pogrom in Kamp hieß es im Polizeischlussbericht vom 6. Oktober 1948: „Die Zeugenaussagen waren im allgemeinen sehr zurückhaltend, was wohl nicht nur auf das schlechte Erinnerungsvermögen zurückzuführen ist, sondern vielmehr seine Begründung darin findet, dass die Betreffenden niemanden belasten möchten. […] Über das Pogrom in Alpen wurde geäußert, der Sachverhalt sei in ungewöhnlicher Weise verdunkelt worden, da die Beschuldigten ständig ihre Angaben gewechselt hätten." Zum Pogrom in Oberbieber kommentierte der Polizeibericht der Gendarmeriestation Niederbieber vom 17. Dezember 1948: „Die bisherigen Ermittlungen konnten nur unter den größten Umständen und Schwierigkeiten geführt werden. Die Beschuldigten oder Beteiligten wollen sich kaum oder überhaupt nicht mehr über die Vorgänge entsinnen. Keiner will wissen, wer ihm den Auftrag dazu erteilt hat. Ferner will keiner an der Aktion Hand angelegt haben. In sämtlichen Vernehmungen liegen so viel Widersprüche, was eindeutig widergibt [sic], daß die Beschuldigten in ihren Vernehmungen die Wahrheit nicht gesagt haben." Ebenda. Die Beispiele für eine vorgeschobene retrograde Amnesie, genauer: für ein aktives Beschweigen und Verdunkeln, können an dieser Stelle abgebrochen werden.

27 Ebenda.

28 Ebenda.

verwischt. Nach 1945 wurde das Gelände durch Anlage eines Parkplatzes endgültig als Standort eines jüdischen Gotteshauses unkenntlich gemacht. Im Schlussbericht heißt es weiter, „die früheren SA-Angehörigen würden sich ab und an zu Treffen einfinden, bei denen ein ‚Gedankenaustausch' stattfinde. Die Zeugen wurden als sehr zurückhaltend in ihren Aussagen beschrieben, weil Nastätten immer noch zu 80 % nationalsozialistisch sei, die Bevölkerung in Angst vor den damaligen Machthabern lebe, deren Einfluß selbst nach Kriegsende ‚sehr beträchtlich' sei."[29]

Am 8. November 1949 – Ende Dezember sollte sich die Rechtssituation ändern – hielt der Justizminister von Nordrhein-Westfalen, Dr. Artur Sträter, im Landtag eine Rede, die im Grunde genommen das Scheitern der Aufklärung strafrechtlicher Tatbestände im Zusammenhang mit den Pogromen festhält und damit auch das Scheitern der Entfaltung eines gesellschaftlichen Diskurses über den Umgang mit der Schuld: „Ein Teil der Zeugen kann sich vielleicht nicht mehr erinnern, ein anderer Teil der Zeugen hält so bewußt mit der Darstellung der Wahrheit zurück, daß man es – um es landläufig zu sagen – mit den Fingern fühlen kann: aber es ist ihnen nicht beizukommen. Und der andere Teil der Zeugen – leider muß es gesagt werden – schweigt deshalb, weil er sich vielleicht der Gefahr der Strafvollstreckung nicht aussetzen will, weil diese Zeugen mitbelastet sind [...] Es ist leider eine alte Erfahrung, daß – je weiter die Zeit fortschreitet – ein großer Teil der Bevölkerung aus Gründen, die ich hier nicht erörtern will, gar nicht mehr bereit ist, an der Klärung solcher Delikte mitzuwirken."[30]

Viele der Urteile, die trotz der schwierigen Ermittlungssituation zwischen 1945 und 1947 gefällt werden konnten, erkannten auf schweren Landfriedensbruch, was Zuchthaus- oder Gefängnisstrafen zur Folge hatte. In Aachen war am 11. Juni 1947 das Verfahren wegen der Zerstörung der Synagoge mit fünf Verurteilungen und drei Freisprüchen beendet worden, wobei zweimal eine Gefängnisstrafe zu fünf und dreimal zu zwei Jahren einschließlich Geldstrafe verhängt worden war. Die Geldstrafen sollten an die jüdische Gemeinde zum Wiederaufbau gehen. Die Forchheimer Synagogensprengung wurde, nachdem die Revision in einem Freispruch endete, mit anderen Angeklagten neu verhandelt: Von den neunzehn Angeklagten wurden achtzehn wegen schweren Landfriedensbruchs zu Haftstrafen bis zu vier Jahren verurteilt.

29 Ebenda.

30 Zit. nach Harald Schmid, „Beispiellose Tage", S. 876.

Hatten frühe Verfahren wie das in Aachen noch öffentliche Aufmerksamkeit gefunden und wurden sie unter großer Publikumsbeteiligung geführt, so änderte sich dies in den Jahren 1948 und 1949 merklich. Die sich mit den beiden Staatsgründungen stärker ausbreitende Schlussstrichmentalität wirkte sich auch auf die gerichtliche Ahndung des Pogroms negativ aus. Was zuvor als schwerer Landfriedensbruch gewertet wurde, wurde jetzt abgemildert zum einfachen Landfriedensbruch. Mildernde Umstände wirkten sich vermehrt bei der Strafzumessung aus. In diesen Jahren kam es zu deutlich weniger Anklageerhebungen, die dann häufig in Freisprüchen endeten. Für Baden-Württemberg stellen Adams, Schönhagen und Stöckle einen Trend in der Rechtsprechung fest, der durchaus zu verallgemeinern ist: „Bei fast allen Prozessen wurde die Tatsache, daß auf Befehl gehandelt wurde, als strafmindernd gewertet, wobei als Befehlsgeber und Hauptverantwortliche die höchsten Parteiführer der Reichsregierung betrachtet wurden, die nicht mehr zur Rechenschaft gezogen werden konnten. Überall ist die Tendenz zu beobachten, aus Anstiftern und Tätern Verführte und Befehlsausführende zu machen.“[31]

Dass sich solche Tendenzen durchsetzen konnten, lag auch an Veränderungen in den Strafverfolgungsbehörden. Die Justiz füllte ihre Reihen nach und nach wieder mit belasteten, aber inzwischen „entnazifizierten“ Richtern und Staatsanwälten, bei denen ein Verständnis für die „Judenaktion“, wie sie landläufig weiter genannt wurde, vorauszusetzen war. Anders lässt sich eine Einstufung des von einem SA-Oberscharführer gelegten Synagogenbrandes in Twistringen als „Exzeß von unbedeutender Tragweite […], wie er in politischer Erregung überall vorkommen kann“, kaum erklären.[32]

Ein Urteil von erheblicher Tragweite für den Umgang mit dem jüdischen Kulturerbe nach 1945 wurde im Prozess um die Novemberverbrechen in Petershagen, Kreis Minden-Lübbecke, gefällt. Dort waren im Pogrom der jüdische Friedhof eingeebnet, die jüdischen Häuser verwüstet, die Männer ins KZ Buchenwald deportiert worden. In dem Gotteshaus, verwüstet und der Kultobjekte beraubt, mussten die Brände wegen der Gefahr, dass das Feuer übergriff, wieder gelöscht werden, sodass das Gebäude erhalten blieb und für 1000 Reichsmark an einen privaten Interessenten verkauft wurde, der aus ihm eine Lagerhalle machte. Dennoch lehnte das zuständige Landgericht die Anordnung einer Hauptverhandlung ab, „weil bezweifelt wurde, daß das

31 Landeszentrale Baden-Württemberg (Hrsg.), Die Nacht als die Synagogen brannten, S. 27.
32 Raim, Die Verfolgung von Verbrechen, S. 878.

scheunenartige und bereits stark verfallene Gebäude noch als Synagoge einzustufen war. Eine Verletzung des religiösen Empfindens und der religiösen Freizügigkeit der Juden sowie die Zerstörung eines für Gottesdienste genutzten Gebäudes waren damit laut Gericht nicht gegeben, denn die jüdische Gemeinde hätte das Bauwerk bereits 1927 verkaufen wollen und 1937 letztmalig genutzt. Bei den Tätern sei deshalb nicht anzunehmen, dass sie wussten, dass es sich um ein für Gottesdienste bestimmtes Gebäude handelte. Die Täter argumentierten überdies, sie hätten lediglich die Inneneinrichtung zerstört, um Schlimmeres zu verhüten – der Ortsgruppenleiter hätte erst auf Druck der Kreisleitung die Verwüstungen veranlaßt."[33]

Signifikant ist bei dieser Begründung für die Nichtzulassung der Klage nicht nur, dass schon im Vorfeld die Entlastungsmuster (Befehlsnotstand) geltend gemacht wurden, dann aber die Schändung noch in eine Art Widerstandshandlung („um Schlimmeres zu verhüten") umdefiniert wurde; über den Widerspruch, dass man den Innenraum verwüstet, aber die Synagoge nicht mehr als solche identifiziert habe, geht das Gericht hinweg. Dass ein Jahrzehnt zuvor schon einmal eine Kaufabsicht bestanden habe und 1937 zum letzten Mal ein Minjan für einen Gottesdienst zusammengekommen sei, dient als Beleg, dass die Täter keine religiösen Gefühle hätten verletzen wollen, obwohl die Aktion genau darauf angelegt war. Entscheidend für die Nachkriegssituation aber ist, dass die Richter sich anmaßen festzulegen, ab wann ein Gebäude noch den Status einer Synagoge hat. Die Verwahrlosung eines Synagogengebäudes, die Profanierung und der Verkauf bezeichnen aber den Normalzustand dieses Teils des materiellen jüdischen Erbes nach 1945. In einer Zeit nach dem Holocaust, in dem die Achtung vor diesem Erbe in besonderer Weise gefordert, ja moralische Pflicht gewesen wäre, stellt eine derartige juristische Argumentation, auch wenn sie sich auf vergangene Taten bezieht, eine Einladung zur Tilgung dieses nur noch in Resten vorhandenen kulturellen Bestandes dar. Denn „religiöse Gefühle" können, interpretiert man den Gerichtsbeschluss, durch eine weitere Eliminierung des Erbes nicht mehr verletzt werden.

Machte sich schon vor dem Jahr 1949 die beschriebene Tendenz in der Rechtsprechung bemerkbar, so veränderte sich die Rechtssituation zum Jahreswechsel 1949/1950 noch einmal dramatisch: Am 31. Dezember 1949 verabschiedete die gerade gegründete Bundesrepublik das „Straffreiheitsgesetz", das

33 Ebenda.

tags darauf, am 1. Januar 1950, in Kraft trat.[34] Es sah eine Amnestie für alle vor dem 15. September 1949 begangenen Straftaten (außer Steuervergehen) vor, für die ein Strafmaß von nicht mehr als sechs Monaten, unter Umständen bis zu einem Jahr, erkannt bzw. erwartet wurde. Gegen dieses Gesetz sprach sich ein Landesjustizministerium aus, das ausdrücklich seine Bedenken gegen die durch das Gesetz im Grunde in die Wege geleitete Amnestierung der Pogromverantwortlichen vortrug. Als politisches Signal wirkte sich das Gesetz auf die Strafverfahren so aus, dass sie entweder gar nicht erst begonnen, eingestellt wurden oder ein so niedriges Strafmaß in Aussicht stellten, dass eine Amnestie einkalkuliert war. Nach dem Inkrafttreten des „Straffreiheitsgesetzes" kam z. B. die Strafverfolgung im Rheinland und in Westfalen 1951 zum Erliegen;[35] obwohl in allen jüdischen Gemeinden des heutigen Rhein-Sieg-Kreises die Synagogen gebrannt hatten, verhandelte man nur noch den Brand von Rosbach vor Gericht – schlechte Voraussetzungen für einen Neuanfang, der auf der Achtung vor den baulichen Relikten einer jahrhundertealten Geschichte und der Pietät vor den Opfern hätte gründen müssen.

„London Charter of the International Military Tribunal" und Pogromverbrechen

Wie bereits erwähnt, kam ein neuer juristischer Tatbestand zur Anwendung, der die Zerstörung der kulturellen Traditionen und damit der Identität einer Bevölkerungsgruppe als wesentlichen Bestandteil eines Ethnozids definierte: Mit der „London Charter of the International Military Tribunal" (1945) wurde dies als schweres „Verbrechen gegen die Menschlichkeit" gewertet. Damit konnten die systematischen Pogrome, das Schänden der Gotteshäuser und deren Niederreißen in Tateinheit mit dem millionenfachen Mord als „Verbrechen gegen die Menschlichkeit" geahndet werden. Eine überstaatliche juristische Verfolgung wie bei den Nürnberger Prozessen war auch bei den Verbrechen

34 „Am 31. Dezember 1949 – da bestand die Bundesrepublik Deutschland gerade mal ein halbes Jahr – erließ die neue Regierung schon Straffreiheit für minderbelastete Täter. Darunter fielen alle NS-Täter, deren Strafmaß unter einem halben Jahr lag. Geldstrafen für diese Tätergruppe wurden erlassen. Laufende Verfahren mussten eingestellt werden, wenn sie kein höheres Strafmaß erwarten ließen, und noch nicht verbüßte Gefängnisstrafen von bis zu einem Jahr wurden gestrichen. Die junge Republik zeigte dem durch die Nazi-Aufarbeitung genervten Volk, dass es [sic] Verständnis für seinen Überdruss an allzu viel Wahrhaftigkeit hatte." Brenner, Zwischen Ende und Anfang, S. 248 f.

35 Schmid, „Beispiellose Tage", S. 627.

wegen des Novemberpogroms möglich geworden. Die Strafverfolgung war durch das Kontrollratsgesetz Nr. 10 der Alliierten, das der Überwindung von Nationalsozialismus und Militarismus dienen sollte und die Verjährungsfristen aufhob, weiterhin geregelt. Wo „Verbrechen gegen die Menschlichkeit" verhandelt wurden, machte dies die Tragweite des Pogroms als Bestandteil eines Ethnozids deutlich.

So verurteilte das Schwurgericht in Bonn 1949 drei Bad Münstereifeler Bürger wegen „Verbrechens gegen die Menschlichkeit" in Tateinheit mit Landfriedensbruch und schwerem Hausfriedensbruch zu Haftstrafen.[36] Einer der Prozesse mit diesem Anklagepunkt fand wegen der Gewaltanwendung in Goslar statt. Dort war die historische Synagoge von 1792 ausgeraubt und die Inneneinrichtung zerschlagen worden, wobei das Gebäude erhalten blieb. Eine mehrhundertköpfige Menschenmenge war danach zum Haus eines jüdischen Geschäftsmanns gezogen, der so misshandelt wurde, dass er wenige Zeit später verstarb. Gegen neun Beteiligte wurde im Oktober 1949 aufgrund des Kontrollratsgesetzes, d. h. noch nach Inkrafttreten des „Straffreiheitsgesetzes", Anklage erhoben. Vier Pogromtäter wurden wegen „Verbrechen gegen die Menschlichkeit" schuldig gesprochen. Unter der gleichen Anklage stand in Mönchengladbach ein NSDAP-Ortsgruppenleiter vor Gericht. Ihm konnte nachgewiesen werden, dass er die Synagoge von Hochneukirch angezündet und Wohnungen jüdischer Bürger zerstört hatte. Das Urteil lautete (1948) auf zehn Monate Gefängnis.

Die „Virtuelle Gedenkstätte Viersen 1933–45" hat Akten eines weiteren Verfahrens am Schwurgericht Mönchengladbach online gestellt:[37] In diesem Verfahren ging es um den Terror in der Ortsgemeinde Süchteln, an dem die sechs Angeklagten, zwei Schreiner, ein Angestellter, ein Arbeiter, ein Polstermeister und ein Stuckateur – allesamt Funktionsträger von SA, SS oder NSDAP –, maßgeblich beteiligt gewesen sein sollten. Am 16. Juni 1950 fand die Abschlussverhandlung mit dem Ergebnis statt, dass ein ehemaliger SS-Mann und der ehemalige Propagandaleiter mangels Beweisen freigesprochen, vier der Angeklagten aber als schuldig befunden wurden, „an der öffentlichen Zusammenrottung einer Menschenmenge teilgenommen zu haben, die mit vereinten Kräften gegen Personen oder Sachen Gewalttätigkeiten beging, wobei

36 Pracht, Jüdisches Kulturerbe I, S. 335 f.

37 Virtuelle Gedenkstätte Viersen 1933–45: „Der 10. November 1938 vor Gericht" in der Königsburg, https://virtuelle-gedenkstaette-viersen.de/staedte-gemeinden/suechteln/der-10-november-1938-vor-gericht-in-der-koenigsburg/.

sämtliche Angeschuldigten Sachen vernichteten oder zerstörten", und „andere aus politischen und rassischen Gründen verfolgt zu haben". Alle vier Angeklagten galten als überführt und wurden wegen „Verbrechen gegen die Menschlichkeit" schuldig gesprochen. In der Urteilsbegründung gegen einen der Angeklagten heißt es: „Der Angeklagte Pascher hat sich demnach eines einfachen (!) Landfriedensbruchs und zugleich eines Verbrechens gegen die Menschlichkeit schuldig gemacht. Er hat an einer Zusammenrottung teilgenommen, die sich ausschließlich gegen den Besitz des jüd. Bevölkerungsteiles richtete, weil diese Menschen der jüd. Religion und Rasse angehörten und der nationalsozialistische Staat sich an diesen schuldlosen Menschen dafür rächen sollte, dass der Legationsrat vom Rath in Paris ermordet worden war. Dass dieses Vergehen ein Verbrechen gegen die Menschlichkeit bedeutete, bedarf keiner weiteren Ausführungen. [...] Die Angeklagten Pascher und Wefers waren daher aus dem Kontrollratsgesetz Nr. 10 zu bestrafen. Bei der Strafzumessung fiel erschwerend ins Gewicht, dass die Angeklagten durch ihre Tat wehrlosen Menschen in roher Weise die Heimstatt zerstört und den deutschen Namen schmählich besudelt haben."[38]

Mit dem Londoner Statut des „Verbrechens gegen die Menschlichkeit" und dem Kontrollratsgesetz Nr. 10 war damit auch den deutschen Gerichten eine juristische Handhabe gegeben, die Pogrome zu ahnden und damit zugleich in der deutschen Bevölkerung einen Bewusstseinsprozess über die Verbrechen gegen die Kultur der Juden in Deutschland anzustoßen. Aber selbst bei diesen Prozessen wegen „Verbrechens gegen die Menschlichkeit" finden sich in Urteilen dubiose strafmildernde Gründe, die das Verbrechen in seiner Dimension wieder reduzieren: So heißt es z. B. zu der Strafzumessung bei dem erwähnten Prozess über die Ausschreitungen in Süchteln: „Strafmildernd wurde berücksichtigt, dass die Angeklagten nicht aus verbrecherischer Gesinnung, sondern verführt von einer falschen Ideologie und jedenfalls auf Befehl gehandelt haben."[39]

350 Seiten umfasst die Akte im Landesarchiv Münster über das besonders brutale Vorgehen in der münsterländischen Kleinstadt Lüdinghausen. Nach den Tätern wurde wegen „Verbrechen gegen die Menschlichkeit" und „vorsätzlicher Brandstiftung" an der Synagoge gefahndet. Gegen vier Angeklagte, die sich gegenseitig belasteten, wurde der Prozess eröffnet, und drei (der vierte war

38 Ebenda.
39 Ebenda.

im Krieg gefallen) wurden verurteilt: „Die ‚Gefährliche Körperverletzung', der Hausfriedensbruch und die ‚Gemeinschädliche Sachbeschädigung' als juristische Sachbestände waren verjährt, weil es keine fristwahrende Vorschrift gab. Die Täter mussten nur wenige Monate ihrer Haft absitzen. Sie kamen in den Genuss von Amnestiegesetzen."[40]

Im Bonner Verfahren wegen „Verbrechen gegen die Menschlichkeit" wurde die Haftstrafe ausgesetzt. Nach dem Inkrafttreten des „Straffreiheitsgesetzes" ging der ehemalige NSDAP-Ortsgruppenleiter, der in der Synagoge von Hochneukirch den Brand gelegt hatte, in Revision und wurde nachfolgend freigesprochen. Im Mönchengladbacher Verfahren, in dem den Beschuldigten attestiert wurde, Verbrechen begangen zu haben, ohne Verbrecher gewesen zu sein, konnten sämtliche Angeklagten nach der Urteilsverkündung den Gerichtssaal verlassen: In allen vier Fällen kam, da das Strafmaß entsprechend zurechtgestutzt wurde, das Amnestiegesetz zum Zuge; bei zweien der Täter stehe – laut Gericht – zu erwarten, dass das Strafmaß „den Rahmen von 6 Monaten" nicht überschreiten werde, sodass das Verfahren „auf Grund des Straffreiheitsgesetzes" einzustellen sei, bei den anderen beiden Angeklagten „erschien eine Strafe von 7 Monaten Gefängnis als angemessene und ausreichende Sühne. Gem. § 2, Abs. 2 des Straffreiheitsgesetzes war diese Strafe [...] auszusetzen."[41]

40 Synagoge geschändet, Thora verbrannt, in: Westfälische Nachrichten, 8.11.2018.

41 Ebenda. Nicht viel anders verlief die „Bewältigung" des Pogroms in Jugenheim durch die westdeutsche Nachkriegsjustiz: Das rheinhessische Jugenheim war ein Zentrum jüdischen Lebens mit überregionaler Ausstrahlung gewesen. In der Pogromnacht vom 9. auf den 10. November 1938 überfiel ein Mob von 50 bis 60 Personen die jüdischen Häuser und plünderte sie, die Synagoge in der Hintergasse wurde zerstört, der Leichenwagen durch den Ort gezogen, mit Brandbeschleunigern getränkt und angezündet. Die Täter waren Jugenheimer, NSDAP- und SA-Mitglieder, sie wurden verstärkt durch 15 SA-Mitglieder aus dem nahen Ingelheim. Als „Verbrechen gegen die Menschlichkeit" wurden die Vorfälle nach 1945 juristisch verfolgt, wobei zwölf Personen angeklagt wurden. Von den 24 Zeugen, darunter mindestens sieben SA- und NSDAP-Mitglieder, sagten nur sechs Belastendes zum Tathergang aus, darunter die Jüdin Bertha Müller, deren Haus in der Pogromnacht zerstört worden war und die nun als Überlebende von Theresienstadt geladen war. Die Angeklagten stellten sich gegenseitig Alibis aus und konnten alle Anschuldigungen abstreiten, zumal der Bürgermeister allen Angeklagten ein gutes Leumundszeugnis ausstellte. Das Urteil lautete: „eine geringe Gefängnisstrafe für den Haupttäter, der nach kurzer Haft begnadigt wurde, zehn Freisprüche, eine Verfahrenseinstellung wegen Strafverbrauchs, da der Angeklagte wegen einer anderen Synagogenzerstörung bereits verurteilt worden war." Zu den Jugenheimer Vorfällen siehe Wolfhard Klein, Juden in Jugenheim. Zur Erinnerung an eine 500-jährige Geschichte, Jugenheim 2020, S. 112–114.

Von den zahlreichen Beispielen, bei denen auch die Anklage wegen eines „Verbrechens gegen die Menschlichkeit" nicht zu einer Verurteilung führte, soll nur noch das Verfahren wegen der Verwüstung und der anschließenden Brandschatzung der Synagoge in Lörrach genannt werden.[42] Hier wurde am 26. Juni 1947 der während des Pogroms amtierende Bürgermeister Reinhard Boos verhaftet, und noch im Juli fand, auch gegen weitere Angeklagte, das Strafverfahren vor dem Landgericht Freiburg statt. Die Anklage lautete: „Verbrechen gegen die Menschlichkeit in Tateinheit mit schwerem Hausfriedensbruch, Landfriedensbruch, Religionsbeschimpfung und gemeinschaftlicher Sachbeschädigung und Zerstörung von Bauwerken". In allen Punkten erfolgte ein Freispruch mangels Beweisen. Dieses Urteil stieß in Teilen der Lörracher Bevölkerung als offensichtliches Fehlurteil auf Empörung. Es wurde vom zuständigen Oberlandesgericht im Frühjahr 1948 wieder aufgehoben und an das Landgericht zurückverwiesen, das den ehemaligen Nazi-Bürgermeister ein Jahr später erneut freisprach. Nur einer der Angeklagten, der durch eine Fotografie eindeutig als Beteiligter zu identifizieren war, wurde zu einer Gefängnisstrafe von acht Monaten verurteilt, die im September 1949 zur Bewährung ausgesetzt wurde.

Die Beschlagnahme geraubten jüdischen Vermögens durch die Besatzungsmächte hatte zwar ebenso wie die (sich bis in die Nachkriegsjahre hinziehenden) Restitutionsverfahren und die Pogromprozesse durchaus das Augenmerk auf den in aller Öffentlichkeit begonnenen Ethnozid lenken können, sie waren aber insofern nicht nachhaltig, als sie, wie angemerkt, an den durch den Nationalsozialismus gewaltsam hergestellten Eigentumsverhältnissen nichts mehr grundsätzlich änderten. Der Ablauf der Prozesse, die vielen Freisprüche und milden Urteile bewerteten aber nicht nur Art und Ausmaß dieser Novemberverbrechen als gering, sondern deklarierten damit auch die zerstörten und erhalten gebliebenen kulturellen Denkmäler jüdischer Geschichte in Deutschland zu einer zu vernachlässigenden Größe in den deutschen Städten und Ortschaften, die im Zuge des Wiederaufbaus, wo es opportun schien, beseitigt werden konnte.

42 Michael S. Bryant, Zurück in die unbewältigte Vergangenheit. Das Lörracher Pogrom vom November 1938, der Fall Reinhard Boos und die Landfriedensbruch-Prozesse der Nachkriegszeit, in: Arbeitsgemeinschaft für Geschichtliche Landeskunde am Oberrhein: Protokoll über die Arbeitssitzung, 2008, Nr. 477, S. 1–23.

Homburg-Saar – Synagogenruine von 1952, Absicherung der Mauern 2000–2002
Stadtarchiv Homburg

4
Abräumarbeiten in der Nachkriegszeit

„In den ersten Jahrzehnten nach 1945 wurden die Spuren jüdischen Lebens und Leidens in deutschen Städten stillschweigend beseitigt, als sich die Gesellschaft auf den Wiederaufbau einstellte und alle erwartungsvoll in die Zukunft blickten. Die Vergangenheit galt als vergangen; es gab keine Gefühle der Reue [...]", heißt es in dem Artikel „Die Erinnerung muss lebendig gehalten werden" von Aleida Assmann zum „Tag des Gedenkens an die Opfer des Nationalsozialismus" im Jahr 2021.[1]

Nach den Recherchen von Thea Altaras fielen allein in Hessen zwischen Kriegsende und 1988 59 Beträume und Synagogen Spitzhacke und Abrissbagger zum Opfer. Von den über 200 Synagogen, die bis 1938 in Westfalen und Lippe von jüdischen Gemeinden in Gebrauch waren, waren am Kriegsende noch etwa 70 geblieben. Eine neuere Zählung von Synagogen in diesem Landesteil, bei der die durch Umbauten unkenntlich gemachten nicht enthalten sind, kommt nur noch auf derzeit 16 Synagogengebäude. Nachdem im Verlauf der Novemberverbrechen auf dem Gebiet des heutigen Hessen nach Altaras ungefähr 40 Prozent aller jüdischen Gotteshäuser „verschwanden", folgte nach dem Sieg über den Staat, der den Ethnozid an der jüdischen Bevölkerung ausgeführt hatte, nochmals das Auslöschen fast der Hälfte der hessischen Synagogengebäude, die die Zeit des Nationalsozialismus überstanden hatten. Otmar Weber hat für die ehemaligen Synagogen in der Pfalz ein regionales, aber zahlenmäßig durchaus ähnliches Inventar vorgelegt, wonach an pfälzischen jüdischen Gotteshäusern

1 Aleida Assmann, Die Erinnerung muss lebendig gehalten werden. Der Holocaust zwischen Geschichte und Gedächtnis, in: Frankfurter Rundschau, 27. Januar 2021, S. 24 f., S. 24.

27 während der Pogromnacht zerstört und bis Kriegsende abgerissen, fünf während des Pogroms zerstört, aber erst nach 1945 endgültig beseitigt worden seien. 29 erhaltene Synagogen wurden in der Pfalz dagegen erst nach Ende des Nationalsozialismus beseitigt, 37 umgebaut und einer Zweckentfremdung zugeführt, nur vier blieben in ihrer Substanz vorhanden.[2]

Auf einer Tagung des *Instituts für jüdische Geschichte Österreichs*, die im Juli 2015 zu dem Thema „‚Wer kann den Judentempel brauchen?' Synagogen in Mitteleuropa nach 1945" in St. Pölten/Wien stattfand, wurde versucht, zu allgemeineren Aussagen über den Erhalt der jüdischen Sakralbauten nach 1945 zu kommen. Im Tagungsbericht wurde als Fazit festgehalten: „Tatsächlich überstanden trotz Novemberpogrom, Vertreibung und Shoah zahlreiche Synagogen Mitteleuropas die NS-Herrschaft, wenn auch in unterschiedlich gutem Bauzustand."[3] Auf der Tagung sprach Gabi Rudolf „über den Umgang mit ehemaligen Synagogen in Unterfranken, einem [anderen] wichtigen Zentrum des deutschen Landjudentums bis ins 19. Jahrhundert", und kam zu dem Ergebnis, dass sich allein im Regierungsbezirk Unterfranken von mehr als 200 Synagogen bis heute „von nahezu der Hälfte dieser Gebäude noch Überreste" finden.[4] Rudolf Maria Bergmann zufolge ist Franken nach Hessen die deutsche Region mit den meisten erhaltenen Synagogen: „Von rund 168, die vor 1938 existierten, bestehen heute noch etwa 106 als Gebäude", so die Zahlen für Franken bei Bergmann.[5] (Bergmann führt diese hohe Zahl unzerstörter Synagogen nicht darauf zurück, dass der Nationalsozialismus in Franken weniger gewütet habe, sondern darauf, dass man sie im dortigen „engen, kleinteiligen Baugefüge der Dörfer nicht hatte niederbrennen können".[6]) Marc Grellert stellt in seiner Publikation ein vergleichbares Resultat für das Gesamtgebiet von Bundesrepublik und DDR vor: „An den über 2200 Standorten, an denen im heutigen Deutschland einst Synagogen und Betstuben existierten, waren 1945 noch mehr als 1200 Bauwerke vollständig oder in Teilen vorhanden."[7]

Die Beseitigung dieses Kulturerbes setzte sich unmittelbar nach Kriegsende fort, zu einem Zeitpunkt, als noch überhaupt nicht erkennbar war, wer

2 Weber, Die Synagogen in der Pfalz, S. 207.

3 Christoph Lind/Philipp Mettauer, „Wer kann den Judentempel brauchen?" Synagogen in Mitteleuropa nach 1945, https://www.hsozkult.de/conferencereport/id/fdkn-124894.

4 Ebenda.

5 Bergmann, Jüdisches Franken, S. 13.

6 Ebenda, S. 14.

7 Grellert, Immaterielle Zeugnisse, S. 86.

von den wenigen jüdischen Überlebenden an die alten Wohnstätten und in die jüdischen Gemeinden zurückkommen würde. Wer verantwortete diesen fortgesetzten Vandalismus, wer führte das Vernichtungswerk weiter? Welche Interessen, außer einer Beseitigung der Spuren des Verbrechens, lassen sich noch ausmachen? Klandestin konnten die Aktionen nicht durchgeführt werden, sie geschahen in der Öffentlichkeit unserer Städte und Dörfer. Wer widersprach dieser Kontinuität eines antisemitischen Handelns, das auf das Ende einer historischen Wahrnehmbarkeit jüdisch-deutscher Geschichte zielte, dem eine fatale antijüdische Kontinuität eingeschrieben war und das sich wie ein Zu-Ende-Bringen von NS-Projekten ausnahm?

Beispiele für Vernichtung ehemaliger Synagogen nach 1945 in der Region Kassel

Mit den Händen zu greifen war diese Kontinuität dort, wo das Niederreißen der baulichen Restbestände diese Pläne vollzog. Hierfür ließen sich zahlreiche Beispiele anführen, zunächst wieder aus der Region um Kassel:

Die jüdische Gemeinde von Meimbressen, einem Vorort von Kassel, nahm in der Geschichte der Juden in Deutschland über Jahrhunderte einen besonderen Stellenwert ein. Im Pogrom von 1938 wurde der Innenraum der Synagoge geschändet und geplündert, mit dem angeschlossenen jüdischen Schulgebäude geschah Gleiches. Warum das frei stehende Gebäude nicht abgebrannt wurde, kann man aus einem Bericht der SD-Außenstelle des benachbarten Hofgeismar über die Meimbressener Vorgänge schließen: „Es ist geplant, die demolierte Synagoge umzubauen und für einige Wohnungen auszubauen.“[8] Die Nachgeschichte dieses Gotteshauses endet nach 1945 rasch: 1949 wurde die Synagoge abgerissen, die Schule folgte dann 1970. Der Rest wurde zu Wohnungen umgebaut, durch Mansarden wurde der Wohnraum erweitert. Zwei Abbildungen bei Altaras zeigen den Zustand vor dem Umbau zu einem Wohnhaus und danach: Nichts mehr erinnert daran, dass hier das Zentrum einer bedeutenden jüdischen Gemeinde gewesen war.

Um zu ermessen, was hier an geschichtsträchtigen Zeugnissen deutsch-jüdischer Vergangenheit 1949 und dann noch einmal 1970 in unterschiedlichen

8 Aus der Geschichte der jüdischen Gemeinden im deutschen Sprachraum, Meimbressen (Hessen), https://www.xn--jdische-gemeinden-22b.de/index.php/gemeinden/m-o/1291-meimbressen-hessen.

Phasen deutscher Nachkriegsgeschichte mutwillig bzw. in Realisierung dessen, was schon die Nationalsozialisten gewollt hatten, vernichtet wurde, bedarf es nur eines kurzen Blicks auf die Gemeinde von Meimbressen: Zwar hatten sich schon im 14. Jahrhundert Juden in diesem Ort angesiedelt, den entscheidenden Zuwachs erhielt diese Gemeinde aber im 17. Jahrhundert, als sich jüdische Flüchtlinge aus Polen hier niederließen. Damit wurde Meimbressen nicht nur Erinnerungsort einer deutsch-jüdischen, sondern einer Geschichte der europäischen Juden: Der sogenannte Chmelnyckyj-Aufstand (1648) von Ukrainern und Weißrussen gegen die litauisch-polnische Herrschaft hatte zu Massakern geführt, denen nach Schätzungen von Historikern mindestens die Hälfte der jüdischen Bevölkerung der Ukraine zum Opfer fiel und die eine Fluchtbewegung nach Westen auslösten. Nur an wenigen Orten war es für diese Juden möglich, aufgenommen zu werden. Meimbressen erwies sich als ein solcher Ort. Die Liturgie der Gemeinde wies bis zu ihrer Vernichtung Elemente des Ostjudentums auf und erzählte damit eine weitere jüdische Geschichte von Herkunft, Pogrom und Vertreibung, aber auch von hybrider jüdischer Identität. Dies alles spielte bei der Eliminierung der baulichen Zeugnisse nach 1945 offensichtlich keine Rolle.

Diese jüdische Gemeinde machte einen überdurchschnittlichen Anteil in der Bevölkerung des Dorfes aus. Sie war gut integriert, partizipierte am Vereinsleben; die Familien verdienten nicht nur als Händler, sondern auch als Handwerker ihren Lebensunterhalt. Ihre Synagoge spiegelte die in der Zivilgemeinde errungene Position der Meimbressener Juden. Sie präsentierte sich in beeindruckender Größe traufseitig an der Dorfstraße, mit einem auffallend hohen Walmdach. Die Synagoge nahm den rechten Flügel des Einheitshauses ein, der Ostflügel beherbergte die Schule, ein mittlerer Teil die Lehrerwohnung. Jene war durch zwei große Rundbogenfenster zur Straße unübersehbar als Sakralgebäude ausgewiesen. Sie besaß eine breite, repräsentative Eingangstür mit einem Oberlicht, das wohl den Aufgang zur Empore erhellte. Auf dieser gab es 30 Frauenplätze, Plätze für 50 Männer waren im Parterre vorgesehen. Im Gegensatz zu dem ansonsten üblichen Fachwerk war die Synagoge, spätestens seit der Renovierung, verputzt, was ihr noch einmal eine Repräsentativität verlieh. Mit der anschließenden Mazzenbäckerei bildete das Gebäude ein für das Dorf imposantes jüdisches Gemeindezentrum. Nach seiner Verstümmelung und seinem Abriss deutete nichts mehr auf die Funktion und Relevanz dieses Sakralbaus für die deutsch-jüdische Kulturgeschichte hin. Ursprünglich ein Zeugnis für diese Geschichte, wurde der nachfolgende Gebäudestumpf zu einem Beleg für die Weiterführung eingeübter Strategien zum Auslöschen von Erinnerung.

An einem zweiten, anders gelagerten Beispiel aus der Kasseler Region wird ebenso evident, welch einen Verlust die westdeutsche Nachkriegsgesellschaft mit dieser Abrisspraxis in Kauf nahm: Es geht um das Gotteshaus der jüdischen Gemeinde in der nordhessischen Landstadt Bebra. Da Bebra die ersten Gewaltexzesse nach Kassel erlebte, kam diesem Synagogengebäude, weil seine Beschädigung einen Tag vor dem deutschlandweiten Pogrom den Auftakt zu den Novemberausschreitungen bildete, ebenfalls eine besondere Bedeutung für die Geschichte des Holocaust zu. Ein Prozess gegen die Gewalttäter – bereits im Jahr 1946 – hatte noch einmal das, was in Bebra geschehen war, vor Augen geführt. Das Gericht konnte in diesem Fall den Ablauf des Pogroms nachzeichnen und hob insbesondere die hohe Beteiligung der Bevölkerung hervor: Im nahe gelegenen Hoof hatten sich am 7. November 1938 die lokalen NS-Führer in einer Gaststätte versammelt und erhielten aus Kassel die Instruktion für eine „Judenaktion", worauf sie nach Bebra zogen und losschlugen. In dieser Nacht, schreibt der Historiker Steinweis, „‚uncontrollable mobs' roamed the streets of Bebra, shouting, chanting, and breaking into Jewish homes, where they destroyed property und molested inhabitants".[9] Dabei wurden auch die jüdische Schule und das Gotteshaus mit 100 Plätzen, erbaut 1924 im Stadtzentrum, verwüstet. Die Synagoge wurde, in gutem baulichem Zustand, der jüdischen Gemeinde von der Kommune abgepresst; diese richtete in ihr einen Abstell- und Lagerraum für den städtischen Bauhof ein. Eine Aufnahme aus den Fünfzigerjahren[10] dokumentiert den intakten Zustand und – was Altaras als Besonderheit beschreibt – auch die „Übergangsformen zur modernen Architektur", interpretierbar als Ausdruck des Integrationswillen der Bebraer Juden.

Dass der Prozess vom Dezember 1946 die Bürger der Stadt als Mittäter erkannte, führte bei diesen offensichtlich nicht zu einem Umdenken oder zu einer Sensibilisierung gegenüber diesem Baudenkmal. Die Kontinuität einer fortgesetzten Schändung durch die kommunale Zweckentfremdung kam offensichtlich nicht ins Bewusstsein der Stadt. Bis 1972 währte diese Umnutzung. Weder die Rolle der Synagoge noch ihr Anschluss an die architektonische Moderne hinderten die Kommune daran, sie im Zuge der „Altstadtsanierung" radikal zu entfernen. Die Überbauung des Synagogengrundstücks mit

9 Steinweis, Kristallnacht 1938, S. 25.
10 Altaras, Synagogen I, S. 38.

einem Geschäfts-, Ärzte- und Wohnhaus erfolgte so raumgreifend, dass nicht einmal dieser Platz als authentisch zu markieren war. Um in den Kategorien der Gedächtnisforschung das Vorgehen der Kommune zu beschreiben: Das Speichergedächtnis ist ausgemerzt, eine Umwandlung in ein – lebendiges – Funktionsgedächtnis konnte hier endgültig unterbunden werden. Ähnliches geschah in der näheren Umgebung: Auch die Mauern des Gotteshauses von Zierenberg wurden erst nach 1945 entfernt, die Hoofer Synagoge fiel in den Fünfzigerjahren einer Straßenverbreiterung zum Opfer.

Weiten wir den Blick auf Mittelhessen, so ist unter vielen anderen das Beispiel von Wetzlar erwähnenswert, wo die ehemalige Synagoge, bis dahin als Bierlager benutzt, in einem guten Bauzustand und mit einem weitgehend erhalten gebliebenen Innenraum (selbst der Kronleuchter hing noch von der Decke) 1957 beseitigt wurde.

Synagogenabbau an Rhein und Mosel

War der Umgang mit der deutsch-jüdischen Baukultur in anderen deutschen Nachkriegsregionen sensibler, skrupulöser, zeigte er mehr Respekt vor der Hinterlassenschaft derer, die man vertrieben, deportiert und ermordet hatte? Oder schändete man auch hier noch die Toten durch Beseitigung ihrer Gotteshäuser?

Blickt man auf die Gebiete von Rhein und Mosel, die zu den ehemaligen preußischen Rheinprovinzen gehörten, so ergibt sich im Grunde kein anderes Bild: Ein ähnliches, fast schon reflexartiges Beseitigen der materiellen Spuren jüdischer Kulturgeschichte fand statt. In einem Zeitraum zwischen 1945 und 1988 fiel in diesem begrenzten Gebiet durchschnittlich pro Jahr mindestens ein Synagogengebäude der Spitzhacke zum Opfer. Was in den frühen Nachkriegsjahren zuerst abgerissen wurde, waren die stehen gebliebenen Brandruinen des Jahres 1938, die Indizien des beginnenden Genozids. Noch trugen diese Gebäude die Spuren der Gewaltexzesse: zerstörte Innenräume, herausgerissene Emporen, eingeworfene Fenster, zerbrochene Türen, beraubt aller jüdischen Kultzeichen. Bei anderen Sakralbauten standen nur die Außenmauern, an manchen Orten hatten Kriegseinwirkungen den ruinösen Zustand noch verstärkt.

Dennoch: In vielen Fällen wäre eine Instandsetzung jüdischer Sakralkultur möglich, in noch mehr Fällen wäre sie dringlich gewesen, um der entstehenden demokratischen Gesellschaft ein Selbstverständnis zu sichern, in dem die deutsch-jüdische Geschichte mit ihrem katastrophischen Abbruch im

Holocaust konstitutiver Bestandteil hätte sein müssen. Auf den Gedanken an eine Pflicht der Nachkriegsgesellschaft zum Erhalt oder zur Wiederherstellung der materiellen Zeugnisse der Opfer stieß man in diesen Nachkriegsjahrzehnten, wenn überhaupt, nur ganz singulär: In der Frankfurter Westend-Synagoge konnte der Gedanken daran realisiert werden, ebenso wie am Ende der Fünfzigerjahre in Köln die Synagoge an der Roonstraße rekonstruiert wurde, ein Beispiel, das noch einmal aufzugreifen sein wird.

Nicht realisiert wurden dagegen die Überlegungen eines Wiederaufbaus der Mannheimer Hauptsynagoge, die in der Pogromnacht vom 9. auf den 10. November 1938 geplündert und in großen Teilen zerstört worden war. Aber allein schon solche Überlegungen sind bemerkenswert. Auf eine Rekonstruktion und damit eine Rettung des Sakralbaus drängte vor allem der Mannheimer SPD-Oberbürgermeister Hermann Heimerich. Für diesen, seit 1949, nach Absetzung durch die Nazis, erneut Oberbürgermeister, ging es dabei explizit auch um eine Auseinandersetzung mit dem Nationalsozialismus und seinem Erbe. Deshalb plante er neben dem Wiederaufbau des Gotteshauses die Einrichtung einer Gedenkstätte. Statt einer Verwirklichung dieser Projekte wurde die alte Hauptsynagoge 1955/56 abgerissen (aber gleichzeitig – ebenfalls mit dem Engagement von Heimerich – an anderer Stelle eine neue gebaut). Der Platz der abgerissenen Ruine wurde bis 1961 für einen Autohandel genutzt, sodass er aus dem kollektiven Gedächtnis als (missbrauchtes) Synagogengrundstück verschwinden konnte. 1962 wurde der Autohandel durch den Neubau eines großen Wohn- und Geschäftshauses ersetzt.

Dass der allgemeine Trend der Fünfzigerjahre, zu beseitigen, was an materiellen jüdischen Zeugnissen noch in den Städten und Ortschaften vorhanden war, sich auch in Mannheim fortsetzte, zeigte sich auch am Beispiel der historischen Lemle-Moses-Klaus-Synagoge der orthodoxen Gemeinde in der Mannheimer Innenstadt. Nachdem die Schäden des Pogroms notdürftig ausgebessert worden waren, konnte sie bis zur Deportation auch den anderen jüdischen Bürgern als Gotteshaus dienen. Auch nach den Kriegsschäden stand diese Synagoge noch als imposante Ruine. Nachdem die JRSO (Jewish Restitution Successor Organization) sie an das Land Württemberg-Baden verkauft hatte, ließ das Bundesland sie 1951 abtragen, ehe 1953 auch die Reste der Straßenfassade abgebrochen wurden, um ebenfalls der Überbauung mit Geschäfts- und Wohnhäusern Platz zu machen.

Bisweilen sind die Quellen für das Datum der Ruinenbeseitigung in der Trümmerzeit nicht eindeutig. So wird das Auslöschen der Ruine der Synagoge von Remagen unterschiedlich sowohl für die Endphase des Krieges wie für die erste Nachkriegszeit angegeben, was die Verantwortlichkeiten nur wenig verschiebt. Das endgültige Verschwinden jüdischer Gotteshäuser war offenkundig nicht viel mehr als ein Kollateralschaden der Bombardierungen. In die Nachkriegsjahre fällt der Abbruch der Ruine der Synagoge in Geldern, ebenso war es in Dierdorf (1946) oder in Illingen/Saar (1949), um Beispiele aus drei Bundesländern zu nennen. Gesichert ist für Remagen, wo das Synagogengelände an die Post gegangen war, das Datum, an dem die völlige Einebnung des Synagogengeländes stattfand: 1964 wurde hier, die Spuren endgültig verwischend, ein Parkplatz fertiggestellt – eine Maßnahme, die bei fortschreitender Automobilisierung der Städte eine häufiger festzustellende „Umnutzung" war, wie etwa auch bei der großen Parkplatzanlage am Rhein in Bonn und bei jener in Freiburg im Breisgau.

Öfter noch geschah es in den kommenden Jahren, dass dem Abbruch der Ruinen Neubaupläne vorausgingen und den Abbau der steinernen Zeugnisse jüdischer Geschichte forcierten. So war es auch bei der Illinger Ruine: Unmittelbar nach ihrer Beseitigung erfolgte die Überbauung des Terrains durch ein Geschäftshaus.

Mit Abriss und Neubebauung wie in Illingen oder in Mannheim ist der Kontext benannt, in dem die Hemmungslosigkeit der vollständigen Beseitigung der Baudenkmäler noch einmal ihre Rechtfertigung finden konnte. Diese Art von rücksichtsloser „Modernisierung" setzte sich im „Wirtschaftswunderdeutschland" durch und verdrängte jeden Gedanken an Bewahrung eines Kulturerbes, und die Abrissbirnen konnten ganze Arbeit im Bestand der Baudenkmäler leisten.

Eine kurze, unsystematische Auflistung von Beispielen bestätigt den Trend der Erbevernichtung bzw. der Auslöschung der November-Brandstellen in den Fünfzigerjahren:

In Jülich hatten in der „Reichskristallnacht" nicht nur NS-Funktionsträger, sondern auch „ganz normale Bürger"[11] die Synagoge gestürmt – wertvolle Kultgegenstände, Gebetbücher wurden von diesen „ganz normalen" Jülicher Bürgern in ein Lehmloch geworfen. Ein Bombentreffer 1944 fügte dem Gebäude schweren Schaden zu. Nach Angaben von Elfi Pracht „war die Ruine der Jülicher Synagoge auch nach 1945 noch relativ gut erhalten",[12] ein Denkmal

11 Pracht, Jüdisches Kulturerbe I, S. 101.

12 Ebenda.

der Schuld der am Pogrom beteiligten Bürger und als solches ein möglicher Anstoß für Reflexionen über die jüngste Vergangenheit. Es waren aber Steine des Anstoßes, die es zu entfernen galt: Zwei Jahrzehnte nach dem Pogrom fielen 1958 auch in Jülich die Reste des Gotteshauses, um einem Wohnblock Platz zu machen.

Weitere Gemeinden, in denen in diesem ersten Nachkriegsjahrzehnt Baudenkmäler verschwanden, an denen noch die Spuren der nationalsozialistischen Gewaltexzesse ablesbar waren und in denen gleichsam mit der Spitzhacke im Rhein-Mosel-Gebiet die Geschichte umgeschrieben wurde, waren:

Anhausen (Neuwied), Kirn, Titz, Langenlonsheim, Kall, Freudenburg, Leiwen. In Anhausen wurde die kleine Synagoge von 1885 schon zu Beginn der NS-Herrschaft beschädigt, ging dann in Besitz der Zivilgemeinde über und musste in der Pogromnacht wahrscheinlich als Gefängnis für festgenommene Juden herhalten, bevor 1950 mit ihr auch die Schmach der Anhäuser Bevölkerung beseitigt wurde. Im selben Jahr fiel die Kirner Synagoge der Spitzhacke zum Opfer, auf dem Gelände wurde ein Kino gebaut. In Titz – geplündert 1938 – blieb das Gebäude mit Kriegsschäden erhalten, 1956 wurde es dann abgerissen. 1958 geschah das Gleiche mit dem jüdischen Gotteshaus in Langenlonsheim bei Bad Kreuznach, ein Jahr später folgte das beschädigte Gotteshaus im benachbarten Mandel. Seit dem 17. Jahrhundert gab es eine jüdische Gemeinde in Thalfang/Hunsrück, die Synagoge datierte von 1822 und war 1926 durch den jüdischen Trierer Maler Max Lazarus neu gestaltet worden. Im November 1938 wurde der Innenraum völlig zerstört, die Bücher und Thorarollen öffentlich verbrannt; das Synagogengebäude blieb wegen der engen Nachbarschaftsbebauung jedoch intakt. Nach Abschluss des Restitutionsverfahrens ging die Synagoge in baulich gutem Zustand an den Nachbarn, 1956 war sie bereits abgerissen.

Bisweilen kann schon eine bloße Aufzählung der „Aufräumarbeiten“ in Rheinland-Pfalz etwas über den Furor aussagen, mit dem die Nachkriegsgesellschaft an die Beseitigung der Restbestände jüdischer Baukultur ging:

An der Mosel wurden zusätzlich zu den genannten Kultusstätten diejenigen von Rachtig, Zeltingen, Neumagen, Lösnich abgerissen und die jeweiligen Grundstücke durch Überbauung unkenntlich gemacht. Abgebrochen wurden in diesem Jahrzehnt weiter die Ruinen in Bitburg (1952) und Bad Kreuznach (1953/54), wo es sich um die baulichen Relikte einer architekturgeschichtlich interessanten barocken Synagoge von 1737 handelte. Auf dem Grundstück des Bitburger Gebäudes wurde ein Parkplatz angelegt. In Bad Kreuznach verschwanden die letzten Mauerreste erst 1975. Der Brandruine von Simmern entledigte man sich 1950. Das Zeugnis jüdischer Geschichte stand in Sohren noch bis 1950, dann wurde es ebenso abgetragen wie die Synagogen von Ochtendung (zu Beginn des Jahrzehnts), Diez/Lahn, Bad Ems (1953) und Bollendorf (1958). In Hennweiler bei Bad Kreuznach fanden ebenso wie im benachbarten Fürfeld Abriss und anschließende Überbauung 1951 bzw. 1959 statt, nachdem in beiden Gemeinden die Gotteshäuser 1938 geplündert und beschädigt worden waren, ohne dass die Bausubstanz selbst Schaden genommen hatte.

Am nördlichen Rhein der gleiche Befund:

Von der Synagoge Köln/Mülheim, wohin viele Juden nach ihrer Ausweisung 1424 aus Köln geflüchtet waren, schreibt Elfi Pracht: „Am 10. November 1938 sind das Gotteshaus und die Synagoge zerstört worden, 1956 wurde die Ruine abgetragen."[13] In Elsdorf (Regierungsbezirk Köln), heißt es bei ihr, „wurde die Synagoge während des Novemberpogroms nicht zerstört. Der Pöbel warf die Fensterscheiben ein und verwüstete den Innenraum, setzte das Gebäude aber nicht in Brand. [...] Am 18. November 1938 erwarb die Zivilgemeinde Grundstück und Gebäude. Am 27. Februar [1939] forderte der Kölner Regierungspräsident den Landrat in Bergheim auf, darauf hinzuwirken, daß die Synagogen abgebrochen oder umgebaut werden."[14] Dem kam die Gemeinde offensichtlich mit einiger Verspätung nach und sorgte dann 1954 für ihr Verschwinden. Pracht verweist auf eine Luftaufnahme von Elsdorf aus der Nachkriegszeit, auf der man erkennen könne, dass der Dachstuhl des Gebäudes abgedeckt sei. Sie berichtet, dass „Elsdorfer, die ihre eigenen durch Kriegseinwirkungen beschädigten Häuser reparieren wollten, Dachpfannen und anderes Baumaterial entwendeten".[15] Auch bei Karnevalsumzügen habe das Gebäude dazu gedient, „Wagen für den Elsdorfer Karnevalsumzug zu bauen".[16] „Heute [1997] stehe auf dem Grundstück ein Plusmarkt mit Parkplatz."[17]

Die Beschädigungen im Rahmen der Pogrome überdauerten auch das Synagogenhaus von Bedburg (ebenfalls im Erftkreis), selbst ein Fliegerangriff legte es nicht vollständig in Trümmer. Was es nicht überstand, war die Barbarei des Wirtschaftswunderjahrzehnts: Zwischen 1957 und 1958 wurde die Synagoge dem Erdboden gleichgemacht.

13 Pracht, Jüdisches Kulturerbe I, S. 260.

14 Ebenda, S. 180 f.

15 Ebenda, S. 181.

16 Ebenda.

17 Ebenda, S. 182.

Andere Regionen – die gleichen Vorgänge

In welche Region man schaut: Es war überall eine Mischung von resistentem, nicht immer explizit vorgetragenem Antisemitismus, pragmatischem Eigennutz und einem unbedingten Modernisierungswillen, der in diesen Jahren weitere Relikte jüdischer Baukultur bedrohte und tilgte. Für einen Abriss dessen, was durch die Restitutionen gleichsam legitim in die eigenen Hände gekommen war, bedurfte es keiner Rechtfertigung, es war – scheinbar – in unbeschränkter nichtjüdischer Verfügungsgewalt. Aber der Synagogenabbau erfolgte auch ohne vorangegangene Restitution: In Böchingen in der Pfalz wurde die Synagoge 1951 zerstört, nur die Mikwe blieb stehen. Die in der Substanz erhalten gebliebene Synagoge in Schifferstadt wurde mit dem Kantorhaus ebenfalls in den Fünfzigerjahren beseitigt, Steinbach am Donnersberg verlor sein Synagogengebäude 1954.

Für Bedürfnisse der Zivilgemeinden konnte eine Synagoge problemlos geopfert werden: Die intakte Betstube der jüdischen Gemeinde in Hersel – zwischenzeitlich waren Flüchtlinge einquartiert gewesen – ging 1954 verloren, weil die Gemeinde ihr Feuerwehrhaus auf dem Synagogengrundstück baute. In Offenbach-Hundheim (Landkreis Kusel) akzeptierte die Zivilgemeinde 1949 die im Zuge der Restitution festgelegte Nachzahlung von 1250 DM für den Zwangserwerb des Gebäudes und vermietete es an einen Schreiner, bis die Gemeinde 1955 ein neues Gemeindeshaus benötigte. Was lag näher, als dafür die Synagoge bis auf die Fundamente abzutragen und auf diesen in gleichem Maßstab den kommunalen Neubau zu errichten? Erst recht war jeder Abriss gerechtfertigt, wenn jüdisches Kulturerbe ein Hindernis bei den kommunalen Modernisierungen darstellte, vor allem wenn es um den Ausbau der deutschen Ortschaften zu autogerechten Städten und Gemeinden ging. Die Anlage von Parkplätzen wurde erwähnt, Straßenerweiterungen forderten ebenfalls ihren Tribut und führten zum unwidersprochenen Abriss von Synagogengebäuden. So wurde die Vernichtung der Synagoge von Weinsheim nicht hinterfragt, stellte sie doch ein Hindernis bei der Verbreiterung der B 41 dar. Ebenso wenig überstand die historische Synagoge von Goslar, um deren Schändung noch in der Nachkriegszeit ein wichtiger, aber ergebnisloser Prozess geführt worden war, eine Straßenverbreiterung. (Abräumarbeiten, um Straßen verbreitern oder verlegen zu können, sind nicht auf die Fünfzigerjahre beschränkt: 1972 lieferte eine Straßenverbreiterung die Begründung oder den Vorwand für die Beseitigung der Kaiserslauterner Synagoge in der Salzstraße. Noch 1973 musste die ehemalige Synagoge von Schlangen/Lippe, deren gut erhaltener Nachkriegszustand ein Foto von 1962 dokumentiert, dem Bau der Bundesstraße 1 weichen.)[18]

Es ist keine Frage, dass von der „Modernisierung“ auch viele andere historisch wertvolle Gebäude betroffen waren. Die historische Bausubstanz, im Westen wahrscheinlich mehr als im Osten, wurde insgesamt dezimiert. Man kann diesen „Modernisierungseffekt“ jedoch nicht mit dem Abriss von Synagogen verrechnen, da diese Zeugnisse einer Vergangenheit waren, die dem Vergessen nicht hätte anheimgegeben, gelöscht werden dürfen: Diese Bauten standen nicht nur für eine vernichtete deutsch-jüdische Kultur, sie zeugten eben immer auch von dem größten Verbrechen der Menschheitsgeschichte und den Tätern.

Aber auch in Städten, in denen die Nachkriegsmoderne weniger massiv die Stadtplanung bestimmte, wie Nördlingen oder Bamberg, die von ihrem erhalten gebliebenen Stadtbild (auch touristisch) geradezu „lebten“, fielen die Synagogen der Spitzhacke zum Opfer. 1955 wurde z. B. der Synagogenbau in Nördlingen beseitigt (in Bamberg geschah dies sogar erst 1987). Der Erinnerungswert dieser Bauten wurde nicht nur geringgeschätzt, sondern störte offensichtlich die Vergangenheitsverdrängung.

„Moderner“ Synagogenbau und seine Vernichtung

Kulturhistorisch ist jeder Verlust eines jüdischen Baudenkmals ein Desaster. Jedes Fachwerkgebetshaus, jeder sakrale Backsteinbau, jedes neubyzantinische oder neuromanische Synagogengebäude hat auch seinen architekturgeschichtlichen Stellenwert und enthält wichtige Hinweise auf die Positionierung der jüdischen Gemeinden gegenüber der Mehrheitsgesellschaft und auf das eigene Selbstverständnis.

Keinerlei Bedenken gab es, als 1955 „die Synagoge im schwäbischen Altenstadt, die in der Architekturgeschichte als Idealtyp einer ‚schwäbischen Synagoge‘ gilt“,[19] zerstört wurde. Die Überwindung von Historismus und Eklektizismus im Bauen durch Jugendstil, Expressionismus und Neue Sachlichkeit,

18 Ehemalige Synagoge weicht für Bau der B1, in: Lippische Landes-Zeitung, 20. August 2013, https://www.lz.de/lippe/schlangen/9064826_Ehemalige-Synagoge-weicht-fuer-Bau-der-B1.html#:~:text=Schlangen%20(mab).,das%20Haus%20mit%20Grundst%C3%BCck%20erworben.

19 Benigna Schönhagen, Wiederhergestellte Synagogen – Indikatoren der Erinnerungskultur, in: dies. (Hrsg.), Wiederhergestellte Synagogen. Raum – Geschichte – Wandel durch Erinnerung, Berlin 2016, S. 10–19, S. 10.

Meilensteine auf dem Weg zum „Neuen Bauen", spiegelte sich auch in Bauten der jüdischen Gemeinden.[20] In diesen Architekturbeispielen manifestierte sich der Anspruch dieser Gemeinden, Teil der Gesellschaft beim Aufbruch in die Moderne zu sein. Umso dringender hätte die Bundesrepublik sich auf ihrem Weg in die sogenannte Zweite Moderne dieser Tradition versichern und auf solche Bauten achten müssen. Jeder respektlose Umgang mit diesen Bauten, jedes Auslöschen dieser architektonischen Tradition in ihren Beispielen musste umgekehrt den ermordeten jüdischen Bürgern die Teilhabe an diesem Modernisierungsprozess in der Architektur absprechen und sie gegenüber diesem Prozess als anachronistisch und fremd erscheinen lassen.

Eines der bedeutendsten und überzeugendsten Beispiele für das „Neue Bauen" bei einer Synagoge, wenn nicht von Sakralbauten in der Weimarer Republik allgemein, stellte das Gebäude des jüdischen Münchener Architekten Fritz Landauer in Plauen an der Senefelderstraße dar. Im Band 4 der Forschungsstelle für jüdische Architektur in Europa *Synagoge und Tempel* wird der Plauener Sakralbau, der am 10. November 1938 restlos vernichtet wurde, gewürdigt: „Das augenfälligste Merkmal dieses Neubaus ist das offensichtliche Bekenntnis der Gemeinde zur Architektur der Moderne: Freie Fassadengestaltung und kubische Schlichtheit machten die an Vorbildern funktionalsachlicher Architektur orientierte Plauener Synagoge zu einem der bedeutendsten jüdischen Bauwerke dieser Zeit."[21] Da die Plauener Synagoge vom Nationalsozialismus ausradiert wurde, hätten verbliebene Zeugen des „Neuen Bauen" in der Synagogenarchitektur unbedingt als Denkmal gerettet werden müssen. (Auf das Beispiel einer Hamburger Synagoge wird noch ausführlicher zurückzukommen sein; zu erwähnen ist in diesem Zusammenhang auch die Bauhaus-Synagoge von Gustav Meyerstein in der Münchener Reichenbachstraße, die erst kürzlich „wiederentdeckt" wurde und deren Sanierung noch ansteht.)

Auch in Hessen war nach 1945 ein weiteres herausragendes Beispiel des „Neuen Bauens" stehen geblieben, die Dieburger Synagoge von 1928. Diesem Beispiel soll weiter unten ein ganzes Kapitel (Kapitel 9) gewidmet sein. An

20 „Zur Zeit der Weimarer Republik fand auch im Synagogenbau ein Stilwandel statt. Die monumentalen Anlagen der Zeit vor dem Ersten Weltkrieg wurden abgelöst von eher schlichteren, funktionsorientierten Bauten." Aliza Cohen-Mushlin/Harmen H. Thies (Hrsg.), Synagoge und Tempel. 200 Jahre jüdische Reformbewegung und ihre Architektur, Petersberg 2012, S. 127.

21 Ebenda, S. 117.

dieser Stelle soll deshalb nur die Vorwegnahme späterer architekturgeschichtlicher Würdigungen erfolgen. So heißt es in *Synagoge und Tempel*: „Einfache, kubische Baukörper und der weitgehende Verzicht auf Dekoration machen den Bau zu einem typischen Vertreter des sachlichen Bauens."[22] Bei Thea Altaras liest man: „Ein zu dieser Zeit und in der kleinstädtischen Umgebung ungewöhnlicher, kaum verstandener Bau, der wegen seiner Einfachheit und Schmucklosigkeit nach der Fertigstellung großer Kritik ausgesetzt war."[23] 1938 wurde zwar das Innere des neusachlichen Sakralbaus verwüstet, der Zustand des Baus selbst ließ aber nach Kriegsende eine weitere liturgische Nutzung zu, was das spätere Verschwinden des wertvollen Beispiels für „Neues Bauen" aus dem Stadtbild nicht verhinderte.[24]

Eingeebnet wurde dagegen schon 1952 der Platz, auf dem die Synagoge von Linnich stand, die 1938 in Brand gesetzt und auch später durch den Krieg weiter ruiniert worden war. Auch sie – 1913 eingeweiht – hatte einen besonderen architektonischen Stellenwert, war sie doch einer weiteren Stilrichtung zur Überwindung des Historismus verpflichtet: dem Jugendstil. Auch hier war es über den Entwurf des Aachener Architekten Hermann Arnold zu heftig ausgetragenen Differenzen gekommen, diesmal zwischen orthodoxen und liberalen Juden, bei denen sich die liberalen Gemeindemitglieder durchsetzten, die Arnolds Projekt eines Zentralbaus unterstützten. Wie die erhalten gebliebenen Bauzeichnungen dokumentieren, war das Ergebnis „ein sehr klar gegliedertes zeitgemäßes Bauwerk".[25]

Was mit Abriss der Ruine und Planierung des Geländes in Linnich Anfang der Fünfzigerjahre als architektonisches Monument (und zugleich immer auch als Dokument jüdischer Kulturgeschichte) vernichtet wurde, lässt sich aus der Baubeschreibung von Pracht erahnen: „Die architektonische Gestaltung der Synagoge folgte dem in der Zeit vor dem Ersten Weltkrieg modernen geometrischen Jugendstil. Sie erhob sich auf sechseckigem Grundriss, wobei das Sechseck ungleichmäßige Seitenlängen aufwies. Den vorderen Seiten des Sechsecks waren niedrigere Baukörper mit abgewalmten Pultdächern vorgelagert,

22 Ebenda, S. 127.

23 Altaras, Synagogen I, S. 125 f.

24 Zum Datum des Abrisses gibt es verschiedene Angaben: Altaras geht davon aus, dass das Gebäude noch 1952 verschwand (Altaras: Synagogen I, S. 126), während Cohen-Mushlin und Thies (in „Synagoge und Tempel", S. 127) das Jahr 1986 ansetzen. Die Gedenktafel der Zivilgemeinde gibt dagegen 1965 an.

25 Pracht, Jüdisches Kulturerbe I, S. 113.

die zur Eingangsfront hin Türöffnungen als Aufgänge zu den Frauenemporen und als Zugänge zu dem im Untergeschoß liegenden Versammlungsraum aufwiesen. Geprägt war die dreiteilige Eingangssituation durch einen ornamental geschmückten Haupteingang. [...] Der Hauptbau, der im oberen Bereich durch Gesimse gegliedert war, wurde durch ein Pyramidendach mit Davidstern abgeschlossen."[26] Pracht schließt ihre Beschreibung ab: „Heute erinnern nur noch die Reste der Umfassungsmauer [...] und ein Erdhügel, unter dem sich noch das Untergeschoß des Gotteshauses befinden soll, sowie seit 1988 ein Gedenkstein an das repräsentative Bauwerk."[27]

Am 9. April 1929 war in Dierdorf bei Neuwied die neue Synagoge eingeweiht worden, auch sie lag wie die Dieburger unmittelbar am Markt. Bei diesem Gebäude wurde die dritte architektonische Stilrichtung verwirklicht, die zur Moderne führte: das expressionistische Bauen. Es existiert eine Fotoaufnahme aus dem Jahr 1946, die das Bauwerk zwar schwer beschädigt zeigt, aber mit Außenmauern, die bis zum First stehen geblieben waren. Noch immer sind die expressionistischen Stilelemente gut auszumachen. Dass sich in einer dörflich geprägten Ortschaft im Synagogenbau der expressionistische Stil durchsetzen konnte, ist bemerkenswert, nicht zuletzt als Indiz für die Aufgeschlossenheit auch bei Gemeinden des Landjudentums für ein Ausscheren aus Baukonventionen. Mit dem Abriss der Dierdorfer Synagoge ging nicht nur ein weiteres kultur- und architekturgeschichtliches Denkmal unter, gelöscht wurde auch das Werk eines der renommiertesten jüdischen Architekten der Spätzeit des Wilhelminismus und der gesamten Weimarer Republik, Robert Stern aus Köln. Stern war bereits 1936 ins Exil nach London getrieben worden, 1938 nach Erhalt eines Visums für die USA ging er nach New York. Bis zu seinem Tod 1964 überlebte er in New York als Vertreter von Bürsten und Reinigungsmitteln, als Architekt hatte er nie mehr arbeiten können. Seine Tochter, sein Schwiegersohn und sein Enkelkind wurden im Holocaust ermordet. 1965, im Jahr der Beseitigung der Dierdorfer Synagoge, wurde auch sein Archiv vernichtet. Dass in diesem Abriss auch eine Missachtung gegenüber der Biografie dieses Architekten und seinem Lebenswerk liegen könnte, war der Nachkriegsgesellschaft wiederum keine Überlegung wert.

26 Ebenda, S. 112 f.
27 Ebenda, S. 113.

Die Koblenzer Rekonstruktionslüge

Dass in den Fünfzigerjahren auch Rekonstruktionen von historischen Gebäuden mit einer missachtenden Ausblendung, ja einer definitiven Vernichtung von jüdischem Kulturerbe einhergehen konnten, belegt anschaulich ein Beispiel aus einer der geschichtsträchtigsten und interessantesten jüdischen Gemeinden am Rhein. In Koblenz lassen sich ansässige Juden seit der Wende des 11. zum 12. Jahrhundert dokumentieren. Sie besaßen eine eigene Straße im Zentrum der Altstadt am Florinsmarkt; es war eine wohlhabende Gemeinde, die aber periodisch Verfolgungen, Ermordungen, Ausweisungen zu erdulden hatte und sich immer wieder neu organisierte. Ende der Vierzigerjahre des 19. Jahrhunderts gab es den Bedarf nach einer repräsentativen Synagoge. 1847 erwarb die Gemeinde ein großes Adelspalais, den Bürresheimer Hof, eine Mehrflügelanlage aus dem 17. und 18. Jahrhundert. Den ebenfalls am Florinsmarkt gelegenen Hof ließ die Gemeinde durch den renommierten Architekten Johann Claudius Lassaulx, der mit Schinkel eng bekannt war, sich aber in seinem Frühhistorismus von diesem unterschied, umbauen. Neben der Synagoge entstanden so in dem Gebäudekomplex eine Religionsschule, zwei jüdische Krankenanstalten und eine Dienstwohnung für den Rabbiner – ein Baudenkmal also eines bekannten Architekten der ersten Hälfte des 19. Jahrhunderts. Das Gebäude wurde in der Nacht vom 9. auf den 10. November 1938 gestürmt, das Inventar der Synagoge zerschlagen, diese aber wegen der Altstadtlage nicht angezündet, sodass der Bürresheimer Hof intakt blieb und von der Kommune, die ihn erwarb, ohne je einen Kaufpreis zu zahlen, für Verwaltungsbehörden in Besitz genommen werden konnte, bis er im April 1944 durch die Luftangriffe weitgehend zerstört wurde. 1955/56 stand eine Rekonstruktion des Gebäudes an, das bis 1938 jüdisches Gemeindezentrum gewesen war. Von dem Bürresheimer Hof war außer den Außenmauern wenig übrig geblieben.

Bei den Wiederaufbaumaßnahmen wurden ausgerechnet die baulichen Veränderungen durch die jüdische Gemeinde nicht mehr berücksichtigt, eine Rekonstruktion der Synagoge war nicht vorgesehen, mehr noch, das große Renaissanceportal, das den Eingang zum jüdischen Gotteshaus gebildet hatte, wurde an eine Giebelfront versetzt. Selbst die beiden Gebotstafeln, die im Giebel des Portals angebracht waren, wurden entfernt, sodass bei dem in barocken Formen wieder errichteten Bürresheimer Hof seine hundertjährige Geschichte als jüdisches Gemeindezentrum ausgelöscht war. Das Gebäude verleugnet in seiner Rekonstruktion seine deutsch-jüdische Geschichte, indem Juden in der Wiederherstellung nicht vorkommen und auch nicht die Verbrechen an ihnen. Diesem Verschweigen einer hundertjährigen Geschichte und der hier stattgefundenen Gewaltexzesse, mit denen dieser Geschichte ein brutales Ende bereitet wurde, folgt auch das *Dehio*-Handbuch *Rheinland-Pfalz. Saarland.*[28] Im Gedächtnis der jüdischen Gemeinde Koblenz, die bis heute in der von dem Architekten Helmut Goldschmidt zum Betsaal umgebauten Trauerhalle ihre Gottesdienste abhalten muss, blieb dagegen der Bürresheimer Hof ihr authentischer Platz, an den zurückzukehren sie lange Zeit nach der Wiederherstellung hoffte und sich auch dementsprechend wiederholt äußerte.

Rekonstruktion in der Kölner Roonstraße

So ungebrochen die Destruktionen und Ausblendungen des jüdischen Kulturerbes in diesem Jahrzehnt weitergingen, so unvollständig wäre der Bericht darüber jedoch, wenn nicht ein bereits erwähntes, gesellschaftlich bedeutsames Gegenbeispiel – auch zu Koblenz – am Ende der Fünfzigerjahre noch einmal aufgegriffen würde. (Auf die Rekonstruktionsprojekte insgesamt wird in einem besonderen Kapitel eingegangen.) Ob dieses Beispiel inspiriert wurde vom Respekt gegenüber Ermordeten und Vertriebenen und ihrer langen Geschichte in Deutschland oder ob vielmehr ein politischer Pragmatismus eine Rolle spielte, ist dabei erst einmal zweitrangig. Jedenfalls markiert es eine Ausnahme im Umgang der Nachkriegsgesellschaft mit diesem Kulturerbe, offenbarte in den Reaktionen aber zugleich, wie tief der Antisemitismus in der Gesellschaft noch verankert war.

Vor 1938 besaß Köln sieben jüdische Gotteshäuser, die – wie die Hauptsynagoge in der Glockengasse – im Pogrom vernichtet wurden oder/und in den Bombennächten weiteren Schaden erlitten, sodass nach 1945 noch die Ruinen in Mülheim und in der Roonstraße übrig geblieben waren. Die Synagoge in der Roonstraße war zur zweiten Kölner Hauptsynagoge, vor allem der liberal orientierten Mehrheit der Gemeinde, geworden, nachdem sich immer mehr jüdische Bürger in der Kölner Neustadt niedergelassen hatten. Im Novemberpogrom wurde auch dieses Gotteshaus den NS-Übergriffen ausgesetzt, der Innenraum wurde ausgeraubt und verwüstet, dann wurde Feuer gelegt, dem nur die Außenmauern und die Kuppel standhielten. Der Luftkrieg richtete weitere Zerstörungen an. Kurzfristig diente nach 1945 das ruinöse Gebäude über-

28 Dehio, Rheinland-Pfalz. Saarland, S. 495.

lebenden Juden als Gebetshaus, bevor eine Umnutzung begann, die nicht mehr auf einen künftigen sakralen Status hindeutete: Zunächst plante man, einen Theaterbau aus dem Gebäude zu machen, dann zog eine Damenstrumpffabrik ein, es installierten sich eine Metallwarenhandlung und ein Künstleratelier.[29] Für die kleine Restgemeinde kam eine Wiederherstellung schon aus finanziellen Gründen nicht infrage. Der jüdische Architekt Helmut Goldschmidt, der selbst Auschwitz und Buchenwald überlebt hatte, plädierte für eine Diskontinuität in der Architektur, die den Bruch des Holocaust zum Ausdruck bringen konnte, und damit für einen Neubau: „Ich war dafür, die alten Trümmer alle abzutragen und ein neues, neuzeitliches Gemeindezentrum mit entsprechend großer Synagoge, mit Räumen für Kindergarten und Verwaltung zu bauen."[30]

Es war Konrad Adenauer, bis 1933 langjähriger Oberbürgermeister von Köln und 1945 nur ein paar Monate noch einmal in diesem Amt, der dem Plan Goldschmidts widersprach und sich für eine Wiederherstellung zumindest des alten Baukörpers mit dem Argument einsetzte, das jüdische Gotteshaus gehöre zu Köln: „Adenauer hat damals erklärt", so der Architekt, „die Synagoge sei ein Merkmal Kölns und solle in alter Form wieder aufgebaut werden."[31] Für Adenauer war das Festhalten an seiner Position im Erhalt des jüdischen Kulturerbes nicht nur eine Kölner, sondern eine Staatsangelegenheit. Deshalb verpflichtete er sich als Bundeskanzler auch für die Bereitstellung der finanziellen Mittel beim Wiederaufbau. Diese dauerte von 1956 bis 1959. An den Einweihungsfeierlichkeiten nahm Adenauer als Bundeskanzler selbst teil und verlieh damit der Resakralisierung des in alten Formen wiedererstandenen Gebäudes den Status eines Staatsaktes.

Die gegensätzlichen Positionen von Adenauer und Goldschmidt bezeichnen ein grundsätzliches Dilemma bei dem Umgang mit dem jüdischen Kulturerbe, ein Dilemma, das jeder Rekonstruktion dieser Bauten inhärent ist und gerade durch die Diskussion um den Wiederaufbau der Hamburger Synagoge am Borneplatz eine neue Aktualität erfahren hat (vgl. Kapitel 13). Dass Goldschmidt, gerade mit seiner autobiografischen Erfahrung von Auschwitz und Buchenwald, den Zivilisationsbruch des Holocaust auch architektonisch sichtbar machen und „die alten Trümmer alle abtragen" wollte, ist eine historisch gerechtfertigte Position aus der Perspektive der Opfer. Andererseits hatte

29 Vgl. Pracht, Jüdisches Kulturerbe I, S. 255.

30 Zit. nach ebenda.

31 Ebenda.

Adenauer nicht nur eine kulturpolitische, sondern auch eine moralische Pflicht, das Erbe der Opfer zu wahren und die Erinnerung wachzuhalten. Unter dem Aspekt, dass die Beseitigung der Relikte dieser Baudenkmäler zur Herstellung einer kulturellen Homogenität beitragen musste, was die Juden nachträglich zu Fremden erklärte, erscheint das Eintreten Adenauers für den Erhalt, ja die Wiederherstellung jüdischer Bauten als notwendiger Einspruch gegen diese fatale Entwicklung. Das kahle Innere des Gebäudes nach 1959, das Goldschmidt bewusst in Widerspruch zu den historisch wieder aufgebauten äußeren Formen setzte, verwies auf den Bruch in der Geschichte durch den Holocaust und hielt den Riss offen, und die Rekonstruktion versprach einen versuchten Neuanfang, aber keine Wiedergutmachung.

Die Ereignisse, die der Wiederherstellung und Einweihung des Roonstraßen-Bauwerks folgten, sind bekannt und bezeichnend für die gesellschaftliche Sprengkraft, die die Frage der Verantwortung für das deutsch-jüdische kulturelle Erbe zu dieser Zeit noch besaß. Gerade zwei Monate nach der Weihe, in der Nacht zum ersten Weihnachtsfeiertag, wurde die Synagoge zum Angriffsziel von Antisemiten der Deutschen Reichspartei, die sie mit Hakenkreuzen beschmierten – eine Schändung, die in den darauffolgenden Monaten Hunderte weitere Schändungen überall in der Bundesrepublik nach sich ziehen sollte. In dieser antisemitischen Welle wurden vom 25. Dezember 1959 bis zum 18. Februar 1960 618 Straftaten gezählt, wie ein Bulletin der Bundesregierung am 20. Februar 1960 bekannt gab.[32] Dem durch die Synagogenwiederherstellung zum Ausdruck gebrachten Bekenntnis Adenauers, dass es eine lange jüdische Geschichte in der deutschen gibt, wurde durch diese Schmierereien heftig widersprochen: Neben den Hakenkreuzen hatten die Täter an der Kölner Synagoge Graffiti angebracht, die genau diese Ansicht leugneten und die nationalsozialistische These von der Fremdheit der jüdischen Bevölkerung im deutschen Volk propagierten: „Deutsche fordern: Juden raus!"

Das große Abräumen von 1945 bis in die Fünfzigerjahre – im Grunde hat es die Forderungen dieser Graffiti erfüllt.

32 Bulletin der Bundesregierung vom 20. Februar 1960, S. 285.

Echzeller Synagoge vor ihrer Niederlegung und
Nutzung des Erdgeschosses als Tanzbar
Fotograf möglicherweise Paul Arnsburg. Foto: Jochen Degkwitz

5
Stein um Stein: Zerstörungen von 1960 bis 1988 und darüber hinaus

„Normative“ Vergangenheit

Dem Wiederaufbau der Synagoge in Köln und ihrer Wiederaneignung durch die jüdische Kultusgemeinde waren Entwicklungen vorangegangen, die auf veränderte Einstellungen von Juden gegenüber einer Zukunftsperspektive in Deutschland schließen ließen. Jüdische Gemeinden sahen sich nicht weiterhin als „Liquidationsgemeinden“, und ihre Betsäle sollten dementsprechend den Charakter eines Provisoriums verlieren. In Düsseldorf und Dortmund begannen früh Verhandlungen mit den Städten über Neubauten von repräsentativeren Gotteshäusern unter Einbindung der JTC (Jewish Trust Corporation). In beiden Städten waren nicht nur die Hauptsynagogen beseitigt worden – die große Dortmunder Synagoge war ja bereits vor dem Novemberpogrom abgerissen worden, die Düsseldorfer folgte am 29. November 1938 –, auch die „authentischen“ Synagogenplätze standen nach 1945 nicht mehr zur Verfügung bzw. waren mit Nachkriegshäusern bereits überbaut. 1956 wurde der Neubau in Dortmund, zwei Jahre später derjenige in Düsseldorf jeweils an neuem Standort eingeweiht.

Wie in Köln stand auch hier ein politischer Wille hinter den Synagogenneubauten. Der Ministerpräsident von Nordrhein-Westfalen, Karl Arnold, hatte schon am 7. November 1955 an seinen Kulturminister Werner Schütz ein Schreiben gerichtet, in dem er diesen aufforderte: „Ich bitte Sie, dafür Sorge zu tragen, dass seitens der Landesregierung im vertretbaren Rahmen alles geschieht, um den Wiederaufbau [von Synagogen] zu ermöglichen.“[1] Jürgen

1 Zit. nach Jürgen Zieher, Von der „Liquidationsgemeinde“ zur Aufbaugemeinde? Jüdisches Leben in Dortmund und Düsseldorf in den 1950er-Jahren, in: Grübel/Mölich (Hrsg), Jüdisches Leben im Rheinland, S. 263–285, hier S. 272.

Zieher zitiert in seinem grundlegenden Aufsatz zum jüdischen Leben in Düsseldorf und Dortmund aus Arnolds Schreiben vom 28. September 1955 an Schütz, in dem der Ministerpräsident „unter anderem allgemeine politische Gründe", die „für den zu diesem Zeitpunkt begonnenen Neu- bzw. Wiederaufbau von Synagogen sprächen",[2] geltend macht. Was er konkret darunter verstanden haben will, führt Arnold nicht aus. Zieher geht davon aus, dass außenpolitische Erwägungen auch auf „Landesebene von Anfang an eine sehr wichtige Rolle bei der Politik gegenüber der jüdischen Gemeinschaft in Deutschland [spielten]. Von der Synagogengemeinde Düsseldorf erwartete die Landesregierung, ‚Baulichkeiten zu schaffen, welche der Landeshauptstadt würdig sind'. Damit diente zumindest der Synagogenbau in der Landeshauptstadt ganz offensichtlich politischen Prestigezwecken."[3]

Respekt und Verantwortung gegenüber dem durch die NS-Verbrechen dezimierten Kulturerbe sind etwas anderes, als Engagement für das Prestige einer westdeutschen Landeshauptstadt zu zeigen oder aus außenpolitischer Räson zu handeln. Dabei sind die späten Fünfziger- und frühen Sechzigerjahre die Zeit, in der die Unfassbarkeit der NS-Verbrechen an den europäischen Juden immer stärker in das öffentliche Bewusstsein der Nachkriegsgesellschaft rücken musste (und sich gleichzeitig offenbarte, wie sehr diese Gesellschaft noch immer „mit braunen Schlacken behaftet" war): Ende der Fünfzigerjahre werden die Vorbereitungen für die Frankfurter Auschwitz-Prozesse aufgenommen, die, indem sie Verantwortliche für ihre Taten zur Rechenschaft ziehen, diese Taten rekonstruieren und öffentlich machen. 1963 steht Eichmann vor einem Jerusalemer Gericht und inszeniert sich als biederer Befehlsempfänger und Angestellter einer Mordmaschinerie – eine Inszenierung, die so täuschend ist, dass man sich über die Banalität des Bösen streitet. Dieser Prozess bringt die Ungeheuerlichkeit der Massenmorde zur allgemeinen Kenntnis. Auf dem Theater wird das *Christliche Trauerspiel*, Hochhuths *Stellvertreter*, inszeniert und in seiner kontroversen Rezeption zu einem überwältigenden Erfolg, der sich gegen die katholische Kirche richtet, eine der wichtigsten ideologischen und institutionellen Stützen der Nachkriegsgesellschaft. Wenig später beginnt Peter Weiss mit der „Ermittlung", die 1965 auf die Bühne kommt und sich sowohl in das westdeutsche wie das ostdeutsche kulturelle Gedächtnis (unterschiedlich) einschreibt.

2 Ebenda.
3 Ebenda, S. 272 f.

Ein weiteres Ereignis dieser Zeit erscheint symptomatisch für das allmähliche und zaghafte Entstehen einer Erinnerungskultur, in der die jahrhundertelange Existenz von Juden in Deutschland und ihr gewolltes gewaltsames Ende nicht mehr auszublenden waren. 1959, im Jahr der Wiedereinweihung der Kölner Synagoge und zugleich ihrer erneuten Schändung, fand sich ein Kreis Kölner Bürger um die Schriftsteller Heinrich Böll und Paul Schallück, den städtischen Kulturdezernenten Kurt Hackenberg, den Journalisten Wilhelm Unger, den Buchhändler Karl Keller und den Verleger Ernst Brücher zusammen, um eine Einrichtung zu gründen, „die den nachfolgenden Generationen Zeugnis geben kann von Geschichte und Kultur des deutschen Judentums“:[4] die GERMANIA JUDAICA, heute die größte europäische Bibliothek zur Geschichte des deutschsprachigen Judentums. Sie handelten nicht nur aus „Verantwortung für das überkommene Erbe des deutschen Judentums“, sondern auch aus „Verpflichtung gegenüber ‚den Nachfolgegenerationen der Deutschen, die *ihre Geschichte nicht ohne die Geschichte der Juden verstehen werden*‘“[5] (Hervorhebung P.S.) – eine ganz entscheidende Aussage zum Geschichtsverständnis, die letztlich auch den Erhalt aller, auch baulicher Zeugnisse der jüdischen Geschichte in Deutschland postulierte.

Das „Menschheitsverbrechen von einer monströsen Größenordnung, das von Deutschen im Namen des deutschen Staates und Volkes begangen wurde“, so wird Aleida Assmann 2012 in einer Rede vor dem baden-württembergischen Landtag am Gedenktag für die Opfer des Nationalsozialismus, dem 27. Januar, versuchen, den millionenfachen Mord an den europäischen Juden zu benennen,[6] wurde „fester Bezugspunkt in unserem Geschichtshorizont“.[7]

In dieser Rede unterscheidet Assmann zwischen einer „normalen“ Vergangenheit und einer „normativen“: „Die normale Vergangenheit geht den üblichen Weg des allmählichen Vergessens und lautlosen Verschwindens. Dieser Weg ist uns versperrt bei einem Ereignis, das so einschneidend und sprengend ist, dass seine Bedeutung in die Fundamente unserer Demokratie eingegangen ist.

4 Bibliothek Germania Judaica. Kölner Bibliothek zur Geschichte des deutschen Judentums, https://www.kuladig.de/Objektansicht/KLD-299104. Zum Online-Katalog der Germania Judaica: https://allegro.wwwan.de/cgi-bin/gj/maske.pl?db=gj&lang=de.

5 Bibliothek Germania Judaica, https://www.kuladig.de/Objektansicht/KLD-299104.

6 Aleida Assmann, Die transformierende Kraft der Erinnerung, https://www.gedenkstaetten-bw.de/fileadmin/gedenkstaetten/pdf/veranstaltungen/vortrag_assmann_27_1_12.pdf, S. 1–11, S. 1.

7 Ebenda.

Deshalb ist die andauernde Bedeutung des historischen Ereignisses mit einer Selbstverpflichtung zum Erinnern verbunden: Diese Vergangenheit soll nicht vergehen, sondern in unserem Bewusstsein gegenwärtig bleiben."[8] Es geht Assmann hier nicht um die Wiederholung ihrer theoretischen Annahmen zum kollektiven bzw. kulturellen Gedächtnis, sondern um das Postulat permanenter Anstrengungen zur Organisation eines Gedächtnisses, das die „normative" Vergangenheit lebendig hält. Diese Arbeit am kulturellen Gedächtnis bindet Assmann an konkrete Orte und bauliche Zeugnisse (was wiederum besondere, lokale Erinnerungskollektive schafft): „Das Engagement für Erhalt, Markierung und Pflege historischer Orte kann mit Interessen-Konflikten verbunden sein. Da moderne Gesellschaften auf Investitionen in die Zukunft angewiesen sind, ist es Teil der gesellschaftlichen Normalität, dass Gebäude abgerissen, umgebaut oder umgenutzt werden. Im Falle einer normativen Vergangenheit steht dem jedoch die Selbstverpflichtung entgegen, Vergangenheit präsent zu erhalten und Vorsorge gegen Verfall und Vergessen zu treffen. Durch bauliche Relikte können Spuren des Megaverbrechens gesichert werden. Diese materiellen Reste haben eine wichtige historische Beweiskraft, sie konkretisieren die Ereignisse für die Nachwelt und stützen unsere Erinnerung ab."[9]

Was Aleida Assmann als Postulat zur Selbstverpflichtung vorträgt, lässt sich – retrospektiv – auch als Untersuchungsfrage für jene Jahre stellen, in denen das Wissen um den Holocaust im gesellschaftlichen Bewusstsein eine Rolle spielte: Inwieweit ist man in der bundesrepublikanischen Gesellschaft der Selbstverpflichtung, die NS-Verbrechen über materielle Relikte präsent zu halten, nachgekommen? Inwieweit hat man es überhaupt als eine Verpflichtung gesehen, Vorsorge gegen Verfall und Vergessen zu treffen? Wie wurde in Interessenkonflikten zwischen Bewahrung und Abriss entschieden, wo doch solche Entscheidungen, weil es sich um die „normative" Vergangenheit handelt, nach Assmann von vornherein außer Kraft gesetzt gewesen sein müssten?

Bevor Antworten auf diese Fragen diskutiert werden, soll ein besonderer Fall aus den Sechzigerjahren aufgegriffen werden, der das rigorose Postulat Assmanns insofern auf die Probe stellt, als hier scheinbar übermächtige Sachzwänge mit der Bewahrung von Erinnerung an die „normative" Vergangenheit kollidierten. Dieses Beispiel führt uns in das Rheinische Braunkohlerevier und damit zu überaus gegenwärtigen Auseinandersetzungen um den Erhalt

8 Ebenda.
9 Ebenda, S. 6.

von Baudenkmälern, allerdings aus einer „normalen" Vergangenheit – um in der Begrifflichkeit Assmanns zu bleiben. Eine überholte und klimaschädliche Energiegewinnung baggert dort seit Jahrzehnten nicht nur ganze Dörfer ab, sondern auch denkmalgeschützte Sakralbauten wie 2018 den Immenrather Dom. Erst in diesem Jahr 2018 meldete die Deutsche Stiftung Denkmalschutz ihren Protest gegen die angekündigten weiteren Devastationen dieser Kulturlandschaft zwischen Köln und Aachen an. In der deutschen Presse wurde dieser Protest überregional von der *Saarbrücker Zeitung*, über den *Tagesspiegel* bis zur *taz* aufgegriffen; die *taz* kommentierte diese Zerstörungen: „Was folgt, ist ein barbarischer Akt. Mit den Dörfern verheizt wird die Heimat ihrer Bewohner:innen. In den Orten, die zur ‚Devastierung' freigegeben werden, herrscht Endzeitstimmung: Kirchen und Klöster wurden abgerissen, Häuser sind vernagelt. Mit Aufklebern auf den Grabsteinen der Friedhöfe werden Angehörige gesucht, die bestimmen sollen, wohin die Knochen ihrer Vorfahren gebracht werden sollen, die bei Nacht und Nebel ausgegraben werden. Zerstört wird so das Gedächtnis von Generationen."[10] Der *Tagesspiegel* gab folgendes Zitat aus der Pressemitteilung der Stiftung wieder: „Bereits verschwunden sind wegen des Tagebaus in der Region das mittelalterliche Wasserschloss Harff, das Rittergut Haus Paland, Gutshöfe, Kirchen und Friedhöfe."[11]

Nach diesen Aufzählungen erscheint die Frage, ob man bei den Resten der „normativen" Vergangenheit unter dem Druck der durch das Land NRW und den Konzern RWE aufgebauten Sachzwänge anders gehandelt hätte, in der Tat hypothetisch. Die obige Aufzählung der durch den Tagebau vernichteten Denkmäler demonstriert mit ihren Leerstellen bezüglich der jüdischen Kulturgüter die bereits erfolgte Zerstörung eines wichtigen Teils des kulturellen Gedächtnisses von Generationen. Für die Sechzigerjahre hatte sich die Frage nach der Bewahrung der materiellen Zeugnisse unserer „normativen"

10 Zerstörung durch Braunkohleabbau: Verheizte Heimat, in: taz.de, 18. Dezember 2020.

11 Deutsche Stiftung Denkmalschutz: Kritik am Abriss von Kirchen wegen Braunkohletagebau, in: Der Tagesspiegel, 18. Januar 2018. Ohne die wichtige Arbeit der Stiftung schmälern zu wollen, fällt doch auf, dass der Spender-Service, foerderer@denkmalschutz.de, bei der Aufzählung der geförderten Projekte Synagogen, Mikwen usw. unter den Tisch fallen lässt. Aufgezählt werden: „Schlösser, Burgen und Herrenhäuser, historische Gärten, Klöster und Kirchen, Bürgerhäuser, Hofanlagen und technische Denkmale", was natürlich nicht heißt, dass die Stiftung keinen Beitrag zum Erhalt dieses jüdischen Erbes leistet. Sie förderte u. a. die Restaurierung der ehemaligen Synagogen von Telgte, Meißner, Schupbach, Schnaittach, Vöhl, Heubach und der Fassade der Kölner Synagoge in der Roonstraße, die sowohl Denkmal des 19. Jahrhunderts als auch der Adenauerzeit ist.

Vergangenheit im Braunkohlerevier nicht nur hypothetisch gestellt – wenn sie sich überhaupt stellte –, waren es eben nicht nur Wasserschlösser, Herrensitze, Gutshöfe und Kirchen, die abgebaggert wurden, sondern auch ein wichtiges Dokument jüdischen Lebens, das die Abrissbagger in Schutt legten:

Im Jülicher Land hatte sich ein Zentrum des deutschen Landjudentums über Jahrhunderte herausgebildet. Mittelpunkt war die Gemeinde Langweiler, später Ortsteil von Aldenhoven, deren jüdische Bewohner die Geschichte von Verfolgung, Vertreibung und Ermordung der rheinischen Juden teilten. Als nach der Legende vom angeblichen Ritualmord an Werner aus Oberwesel 1287 „eine Welle von Gewalt große Teile des Rheinlandes erfaßte, wurden auch die Juden von Aldenhoven ermordet“.[12] Ausgelöscht wurden die jüdischen Gemeinden in dieser Region erneut durch die Pestpogrome 1348/49. Es dauerte, bis 1722 eine jüdische Bevölkerung bei den Verhandlungen über die Errichtung eines Friedhofs wieder in Erscheinung trat. 1872 hatte Aldenhoven noch vierzig jüdische Bürger, 1933 waren es nur noch sechs.[13] Die Aldenhovener Juden gingen inzwischen, wie die Juden weiterer Gemeinden, in die Synagoge von Langweiler. Auch diese Synagoge wurde 1938 gestürmt, aber wegen der Gefahr eines Übergreifens der Flammen – wie andernorts – nicht angezündet. Aus dem Bericht zum Pogrom zitiert Elfi Pracht: „Das Ausmaß der Zerstörung war [...] kaum zu überbieten. Die Akteure schwangen sich mit dem großen wertvollen Kronleuchter quer durch den Innenraum. Mit der Axt wurden Bänke und Wandbekleidung sinnlos vernichtet. Die Galerie stürzte herunter. Zur Zerstörung kam die Plünderung, bei der vor allem wertvolle Teppiche verschwanden. Die Volkswut war zu abscheulichen Taten fähig, von denen auch die Wohnungen der letzten drei jüdischen Familien Keller, Lukas und Fromm nicht verschont blieben; der Hausrat flog auf die Straße. Gegen 19 Uhr schritt die Polizei ein, doch im Schutz der Nacht kam ‚der Pöbel‘ wieder, um alle noch brauchbaren Dinge zu verladen und abzutransportieren.“[14]

Drei Jahre später musste die jüdische Gemeinde die Synagoge an die Kommune abtreten. Die Nachgeschichte begann, als die Kommune polnische Zwangsarbeiter in dem Gebäude unterbrachte; anschließend diente es als Geräteschuppen, eine Nutzung, wie sie noch aus dem Foto des Jahres 1964 ersichtlich wird.[15] Diese Aufnahme zeigt aber auch den guten Bauzustand des Gebäudes.

12 Pracht, Jüdisches Kulturerbe I, S. 85.

13 Ebenda.

14 Zit. nach ebenda, S. 87.

15 Siehe ebenda, S. 133.

Zwar fehlt das Fensterglas, aber die Sprossen der drei Rundbogenfenster der Traufseite (auf der anderen Traufseite befanden sich ebenfalls drei Rundbogenfenster, die in ihrer Gesamtheit dem Bauwerk ein sakrales Aussehen verliehen) sind noch vorhanden. Das gilt auch für das sichtbare Halbmondfenster. Ein Anbau ist abgebrochen, der ehemalige Eingang zugemauert, stattdessen wurde an der Traufseite ein großes Schiebetor eingebaut, im Grunde der einzige größere Eingriff in die äußere Bausubstanz.

Langweiler hatte wie andere Nachbargemeinden das Unglück, auf einem Braunkohleflöz zu liegen, sodass es 1963 von RWE aufgekauft wurde, um dem Braunkohleabbau zu weichen. Es gab offensichtlich keine Überlegung, wie erhaltenswert dieses jüdische Kulturerbe sein müsste, und nicht einmal den Gedanken an eine mögliche Translozierung des Bauwerks, wie sie andernorts realisiert wurde. Jeden Respekt vor diesem Gebäude und der Geschichte, für die es stand, versagte sich RWE, im Gegenteil: Bevor Ende der Sechzigerjahre das Dorf abgebaggert wurde, war die Synagoge schon dem Erdboden gleichgemacht. Seit 1964 kann hier nichts mehr an das Leben und Leiden der jüdischen Gemeinde erinnern, der „authentische" Ort ist ein imaginärer geworden.

Missachtung der „normativen" Vergangenheit

Während in der Nachkriegsgesellschaft das Bewusstsein von Bedeutung und Ausmaß der Verbrechen an der jüdischen Bevölkerung „in die Fundamente unserer Demokratie eingegangen ist", die Einsicht formuliert wurde, dass wir „unsere Geschichte nicht ohne die Geschichte der Juden verstehen",[16] während die Prozesse die Täter und die Orte der Vernichtungslager im Osten benennen, scheint das Wissen und das lokale Bewusstsein von den Verbrechen vor Ort noch ausgesperrt geblieben zu sein. Die bereits zu Beginn von Entrechtung, Deportation und Ermordung gängige Bezeichnung der Juden als Fremde wurde de facto nicht revidiert, sodass die verbliebenen materiellen Zeugnisse beseitigt werden konnten. „Auschwitz", zum Metonym der Verbrechen geworden, blieb abgespalten vom eigenen Lebensraum; das kollektive Gedächtnis der Gesellschaft mochte sich schärfen, die lokalen Erinnerungskollektive stemmten sich (noch) gegen das Wissen von den Verbrechen, die am konkreten Ort ihren Ausgang nahmen, stemmten sich dagegen, wie sich der Erzähler in Uwe Timms *Am Beispiel meines Bruders* (2003) im Traum gegen

16 Vgl. Bibliothek Germania Judaica, https://www.kuladig.de/Objektansicht/KLD-299104.

die Tür stemmt, hinter der die blutigen Taten des Bruders lauern. Diese Situation führt in der Konsequenz dazu, dass – ungeachtet von Veränderungen im gesellschaftlichen Bewusstsein – die Tilgung der Spuren weiterbetrieben werden konnte.

Nun ist es keineswegs so, dass jede Vernichtung jüdischer Bauten in diesen Jahren dem ausdrücklichen, offen geäußerten Willen entspringt, in einer Stadt, in einem Dorf Indizien rassistischer Verbrechen zu beseitigen oder eine antisemitische Zerstörungspolitik fortzusetzen. In vielen Fällen – und dies ist vielleicht nicht weniger erschreckend – zeigte man sich nur völlig indolent gegenüber der Geschichte und dem kulturellen Wert dieser Gebäude, d.h. gegenüber demjenigen, was Assmann die Selbstverpflichtung zum Erinnern nennt. Bisweilen muss man aber auch davon ausgehen, dass ein ungebrochener Antisemitismus Triebfeder des Handelns war, auch wenn er in den Entscheidungsprozessen nicht mehr offen kommuniziert wurde. In diesen Jahrzehnten wurde in den seltensten Fällen eine öffentliche Debatte über Abriss oder Erhalt jüdischer Bauten geführt. Selbst kompetente Forscherinnen wie Altaras oder Pracht konnten in vielen Fällen nicht einmal die Daten des einzelnen Abrisses eruieren und machten nur ungefähre Angaben, was bezeugt: Die nunmehr entfernten jüdischen Bauten wurden als wertlose, zu negierende Relikte eingeschätzt.

Waren es in den ersten Nachkriegsjahren Synagogenruinen, sei es von 1938 und aus dem Krieg, die schnell der Spitzhacke zum Opfer fielen, so musste seit den Sechzigerjahren der Ruinenzustand erst durch Verwahrlosung der Bauten hergestellt werden. Dabei erwiesen sich die Westdeutschen, die ihre Städte rasch wieder hochzogen, gegenüber den Synagogen, die in ihren Städten überdauert hatten, als wahre Ruinenbaumeister. Jüdische Bauwerke, die noch stabil oder sogar intakt die NS-Zeit und den Krieg überstanden hatten, wurden jetzt häufig dem Verfall überlassen, wenn sie keinen Zweck mehr erfüllten. Baufällig wurden sie durch einen „natürlichen" Prozess: Man unterließ dringend notwendig Reparaturen, Türen, Fenster und Dach wurden nicht ausgebessert, im Innern sammelte sich der Müll. Schließlich blieb nichts anderes übrig, als die nun als baufällig erklärten Gebäude zu entfernen. Wenn der Verfall nicht rasch genug fortschritt, konnte man die Erklärung der Baufälligkeit zumindest als Vorwand nutzen, den „Schandfleck" zu beseitigen.

So überschrieb eine Lokalzeitung (*Die Glocke*) aus Beckum in NRW ihren Artikel vom 13. Oktober 1967 über die Beseitigung der dortigen Synagoge: „100 Jahre Synagoge auf der Nordstraße. Jetzt Abbruch eines längst verfallenen und zweckentfremdeten Gebäudes."[17] Im Artikel wird die – offensichtlich gewollte – Verwahrlosung der Synagoge angesprochen, die ein „hässliches" Haus übrig gelassen habe, ein Haus, das zudem längst aus dem kollektiven Bewusstsein der Kleinstadt ausgeschieden sei. Anstatt dies aber zu revidieren bzw. auf eine Revision des kollektiven Bewusstseins zu drängen, konnte man widerspruchslos de facto im Abriss nachvollziehen, was sich durch das „Vergessen" schon ereignet hatte. Den Verlust, wo er überhaupt noch als solcher wahrgenommen wurde, machte die in Aussicht gestellte Modernisierung der Stadt wett: „In diesen Tagen fällt auf der Nordstraße ein Gebäude der Spitzhacke zum Opfer, von dem nur wenige noch wissen, welchem Zweck es über viele Jahrzehnte gedient hatte. Das hässliche und verfallene Haus beherbergte in den letzten 20 Jahren in unzulänglichen Quartieren zahlreiche Familien und diente vorübergehend als Notunterkunft der provisorischen Einrichtung einiger Behörden und Dienststellen. Im Jahr 1867 gebaut, war es bis zu den verhängnisvollen Jahren der Judenverfolgung als Synagoge, Schulhaus und Versammlungsstätte Eigentum der kleinen jüdischen Gemeinde, die sich vor genau hundert Jahren in diesem schlichten Gebäude einrichtete." Unter einer Fotoaufnahme, die den Abriss eines offensichtlich noch nicht beschädigten Gebäudes zeigt, steht als Erläuterung: „Das sind die Reste der ehemaligen Beckumer Synagoge an der Nordstraße, die seit Dienstag abgebrochen wird, um einem modernen Caféhaus-Neubau Platz zu machen, den Frau Tenkehoff an dieser Stelle errichten wird." Bedauern über das, was seit „Dienstag" geschah, sieht anders aus, Entsetzen über den Umgang mit den letzten verbliebenen Zeugnissen jüdischen Lebens in Beckum erst recht.

Einige weitere Beispiele:

In Saarburg wurde das Synagogengebäude mit der Begründung der Baufälligkeit 1962 abgebrochen, in Holzheim, Regierungsbezirk Gießen, geschah das Gleiche 1963, Begründung: Baufälligkeit, ebenso in Lohrhaupten im selben Regierungsbezirk. Baufälligkeit begründete auch den Abriss 1964 in Einhartshausen (Vogelbergskreis). Auch das Bauwerk in Wallau (Main-Taunus-Kreis) verschwand 1974 wegen Baufälligkeit, ebenso die Synagoge von Habitzheim oder diejenige von Netra 1971 im Regierungsbezirk Kassel.

Die Liste ist eher zufällig und kann nach Belieben verlängert werden. Dass häufig das Argument der Baufälligkeit ein vorgeschobenes war, um handfesten Eigennutz durchzusetzen, lassen Fotoaufnahmen vermuten. In manchen

17 Die Glocke, 13. Oktober 1967.

Fällen scheinen längst Baupläne vorgelegen zu haben, um das frei werdende Grundstück zu überbauen – so wie es ja auch in Beckum der Fall war.

Es waren keineswegs nur Privatleute wie eine Frau Tenkehoff, die die Niederlegung der Synagoge betrieben; auch Kommunen hatten ein Interesse an der „Baufälligkeitserklärung", wie die Nachgeschichte des Gebäudes in Biblis zeigen kann. Die Synagoge war am 12. September 1938 für 1200 Reichsmark an die Kommune zwangsveräußert worden, wurde aber im November nichtsdestotrotz im Innern verwüstet. Ihre Nachgeschichte begann, als der Reichsluftschutzbund sie zweckentfremdete; nach dem Krieg wurde eine Volksküche für Bombenopfer und Flüchtlinge in ihr eingerichtet, dann eine Schreinerei. 1981/82 wurde das Bauwerk für baufällig erklärt und abgetragen. Bereits ein Jahr später entstand auf dem Grundstück das neue Rathaus der Stadt, ein deutliches bauliches Statement, wessen Geschichte an dieser Stelle ein Ende gesetzt werden sollte. In einer „Baunische"[18] des neuen Rathauses wurde – so viel Gedenkkultur durfte sein – eine leicht übersehbare Tafel angebracht mit einer Menora und der Inschrift „Zur Erinnerung an die Synagoge in der Enggasse 6 1832–1938" – zur Nachgeschichte bis 1982, die über weite Phasen die Kommune selbst verantwortete, findet sich kein Wort.

Kommen wir noch einmal auf das bereits erwähnte Beispiel der großen Bingener Synagoge zurück, rekonstruieren deren Nachgeschichte und benennen die Verantwortlichen für diese. Den intakt gebliebenen Teil des Gebäudes hatte sich, wie ausgeführt, der Binger Winzerverein gesichert und hatte dort ein gut frequentiertes Weinlokal eingerichtet. Josef Götten zitiert in seinem Vortrag „Das Bauwerk und seine Geschichte" aus einem Leserbrief vom 12. Oktober 1958, den ein Tourist aus Münster an die *Allgemeine Sonntagszeitung* geschrieben hatte, der die Situation, dass trotz erkennbar gebliebener Spuren sowohl der jüdischen Vergangenheit des Gebäudes als auch der NS-Verbrechen dort feucht-fröhlich gefeiert wurde, wenig erträglich fand: „Wer auf seiner Ferienreise in dem weinfröhlichen Städtchen Bingen aussteigt, kann dort eine ausgebrannte Synagoge finden, nicht etwa von Bomben zerstört, sondern in jener berüchtigten Nacht von der SA angezündet. Das gibt es auch anderswo. Was es aber wohl kaum zum zweiten Mal gibt, ist dies: In einem noch brauchbaren Teil des Hauses hat man seit Jahren ein Weinlokal mit Musik und Tanz eingerichtet, und das Schild ‚Winzerverein' prangt neben der großen, noch lesbaren

18 Altaras, Synagogen I, Nr. 120, S. 120.

Inschrift in der heiligen Sprache der Bibel, dem Hebräischen."[19] Es waren aber nicht nur die hebräischen Inschriften, auf deren Löschung schon der NS-Landrat 1940 gedrängt hatte, sondern es waren auch die nationalsozialistischen Wandparolen des Pogroms, wie „Juda verrecke" und „Ausgespielt ihr Juden", deren Entfernung unterblieben war und die in den Fünfzigerjahren Tanz- und Trinkvergnügen nicht störten. Nicht genug damit: Wie auf einem Palimpsest war der Bretterzaun um die Synagoge noch einmal übermalt, jetzt mit antisemitischen Graffiti, Hakenkreuzen der Fünfzigerjahre. Wie erschreckend eine Situation war, in der buchstäblich in den Ruinen einer brutal vernichteten Kultur und in Anbetracht von Parolen, die diese Vernichtung forderten, getanzt und gefeiert wurde, kam der Kommune offensichtlich nicht in den Sinn.

Der schrille Nachhall der NS-Zeit drang bis zur Stadtverwaltung nicht durch. Rechtsnachfolger der durch den Holocaust erloschenen Binger israelitischen Gemeinde war diejenige von Mainz. Statt selbst tätig zu werden, verlangte der Bürgermeister von Bingen, Gebauer, so als habe es diese Auflage nicht schon einmal 20 Jahre früher in ähnlicher Form gegeben, die kleine jüdische Gemeinde in Mainz müsse „die Wiederherstellung durchführen oder aber das Gesamtbild verschönern" (Brief vom 1. 8. 1958).[20] Immer noch müssen nicht die Täter, sondern die Opfer für die an ihnen verübten Taten aufkommen. Die Stadt lehnte es, da sie nicht für die „Wiederherstellung und das Gesamtbild" in finanzielle Verantwortung genommen werden wollte, wie vor 1945 ab, das Synagogengebäude zu kaufen. Erst 1961 war der Preis, ein Spottpreis, auf einem Niveau, dass sich die Stadt zum Ankauf bequemte; am 8. Juni 1961 vermerkt das Ratsprotokoll den Beschluss, „von der Jüdischen Gemeinde Mainz das Grundstück der Gemarkung Bingen, Flur 1, Nr. 311/3,746 Quadratmeter, ehemalige jüdische Synagoge, zum Preis von 2000 DM zu erwerben".[21] Ebenfalls kein Flashback, sondern Teil einer Nachgeschichte, die sich in dem Jahr ereignete, als in Frankfurt der Auschwitz-Prozess eröffnet wurde.

Die Stadt Bingen war nun in Verantwortung für den gesamten, immer noch imposanten Gebäudekomplex und nahm diese Verantwortung genauso wahr wie die zuvor genannten Gemeinden in diesen Jahrzehnten auch: Anders als man es vor 1945 und nach 1945 von den jüdischen Gemeinden verlangt hatte, überließ man das Synagogenbauwerk des Architekten Ludwig Levy dem

19 Götten, Das Bauwerk, S. 3.

20 Ebenda.

21 Ebenda.

Verfall, bis es am Ende der Sechzigerjahre völlig devastiert und in weiten Teilen baufällig war. Als dieser Zustand erreicht schien, wurde die Stadt wieder tätig und ließ Bulldozer anrücken. 1970 legte sie den linken Flügel, das Eingangsportal „und die bis dahin traurig-majestätisch der totalen Zerstörung getrotzt habende Fassade nieder".[22] Auf dem planierten Grundstück wurde von der Stadt ein gesichtsloser Wohnblock errichtet. „Nun", schreibt Josef Götten, ist Anfang der Siebzigerjahre das erreicht, „was die nationalsozialistischen Beamten seit 1938 immer wieder gefordert hatten: ‚Abriss der Synagoge' und ‚Das Gesicht der Synagoge' muss verschwinden."[23] Der rechte, stehen gebliebene Flügel, in dem sich noch Gewölbe und Kapitelle des Sakralbaus erhalten haben, wurde von der Stadt weiter umfunktioniert. Das Erdgeschoss wurde für Versammlungsräume der Feuerwehr, deren Fuhrpark im Hof untergebracht worden war, genutzt. Im ersten Stock gab es eine Zahnarztpraxis, zweiter und dritter Stock wurden als Wohnungen vermietet. Ironie der Geschichte oder respektloser Umgang mit dieser: In den Siebzigerjahren kam also die Städtische Feuerwehr dort unter, wo sie 1938 Löscharbeiten verweigert hatte. Aber die Stadt ging in ihrer Unachtsamkeit gegenüber der Opfergeschichte noch einen Schritt weiter: keine Thoraverse mehr auf einer Außenwand der ehemaligen Synagoge, sondern das Gemälde von einem blonden Riesen, Florian, dem christlichen Patron der Feuerwehr, der die Brände der Stadt löscht.

Auf den weiteren Verlauf der Nachgeschichte dieses Synagogengebäudes (oder was von ihm nach dem Abriss 1970 übrig geblieben war) wird noch einmal zu sprechen kommen sein.

Es waren keineswegs allein die Kommunen Biblis oder Bingen – sie stehen hier nur stellvertretend –, die nicht nur in ihrer Erinnerungspolitik dieser Jahrzehnte ihrer Verantwortung nicht gerecht wurden, sondern die, vielleicht ohne zu realisieren, was sie taten, das NS-Projekt des Herausdrängens des Judentums aus unserer Geschichte weiterführten. Man musste hierzu auch nicht in jedem Fall die „Baufälligkeit" der Synagogen als plausible Begründung für ihren Abriss vorschieben. So kamen in den Sechziger- und Siebziger-, selbst noch in den Achtzigerjahren jüdische Bauwerke, die 30 Jahre und mehr in gutem Zustand überdauert hatten, unter die Spitzhacke von Zivilgemeinden. Plausible Gründe, diese Bauten zu entfernen, ergaben sich, wir haben es bei Beckum gesehen, wie in der unmittelbaren Nachkriegszeit auch jetzt noch

22 Ebenda.
23 Ebenda.

aus den Modernisierungsprojekten der Orte. 1973 wurde in Schlangen, am Sennerand in Westfalen, die in ihrer Substanz gut erhaltene, weil durchgehend als Wohnhaus genutzte einstige Synagoge im Zuge des Ausbaus der Bundesstraße 1 abgerissen.

Bergmann verweist auf das Beispiel von Gunzenhausen, das ihm angesichts der Geschichte der dortigen „beachtlichen" Synagoge als besonders „skandalös" erscheint: „Im Ort war es bereits 1934 zu einem Pogrom gekommen. Doch die stattliche Synagoge überstand sogar die Ausschreitungen im November 1938, weil sich der Feuerwehrkommandant geweigert hatte, sie in Brand zu stecken. Ihr weiteres Schicksal ist typisch für die meisten deutschen Landsynagogen: Vielfältige Nutzungen führten erst nach 1945 zu zerstörenden Veränderungen der Bausubstanz. Aber als Markthalle, Kaufhaus und Werkstatt überlebte das Gebäude immerhin."[24] Das Überleben dauerte aber nur bis zum Anfang der Achtzigerjahre: 1981 wurden Synagoge und danebenliegendes jüdisches Schulgebäude dem Bau einer Tiefgarage geopfert.

Noch einmal zum Regierungsbezirk Kassel: Dass in Richelsdorf ein solcher Sakralbau zwischen 1965 und 1970 einer neuen Straßenführung weichen musste, wurde nicht hinterfragt. Eine der größten israelitischen Gemeinden im selben Regierungsbezirk war Mansbach mit einer Synagoge in einem repräsentativen Fachwerkhaus von 1717 gewesen. Das Haus besaß u. a. ein Ritualbad, Räume für die Krankenpflege, für die Chewra Kadischa usw. Das Gebäude an sich wurde 1938 verschont, sodass dort nach 1945 eine Schreinerei und eine Strumpffabrik einziehen konnte. 1973 ließ die Gemeinde das Gebäude beseitigen, ein Abrissprojekt, für das sich vor allem der Bürgermeister starkmachte, weil er eine Straßenverbreiterung durchführen wollte. Das Gebetshaus in Süchteln, dessen Schändung im Rahmen der Nachkriegsprozesse bereits Erwähnung gefunden hat, wurde 1970 mit der Maßgabe beseitigt, den Gehweg geringfügig zu erweitern. Damit war für die Gemeinde der Weg frei, das Terrain neu zu bebauen.

Bisweilen sind es noch banalere Gründe als die einer Gehwegverbreiterung, die eine Entfernung von Synagogen, die Jahrzehnte nach der NS-Zeit, d. h. über das Generationengedächtnis hinaus, immer noch Zeugnis einer deutsch-jüdischen Geschichte geben konnten, rechtfertigten: In Einhartshausen war es z. B. eine Kegelbahn des neuen Bürgerhauses, für die das Synagogenhaus 1964 weichen musste. Parkplätze scheinen noch in den kleinsten Kommunen

24 Bergmann, Jüdisches Franken, S. 14.

so dringend gebraucht worden zu sein, dass man dafür vorbehaltlos jüdische Sakralbauten opferte, so etwa in den Siebzigerjahren im südhessischen Habitzheim oder im Jahr 1981 in Werdorf, Regierungsbezirk Gießen.

Es waren aber nicht nur die Zivilgemeinden, die die Gelegenheit, sich des jüdischen Bauerbes zu entledigen, ergriffen. Jetzt, da die Eigentumsverhältnisse wegen der abgeschlossenen Restitutionsverfahren endgültig geklärt schienen, ging auch der Eigennutz von Privatleuten vor. Auch für diese Fälle gibt es – ein paar unsystematisch herausgegriffene – Beispiele, die sich insgesamt in einer erschreckenden Fülle aufdrängen: Ein Foto aus Mülheim (Kreis Offenbach)[25] belegt ein intaktes israelitisches Gotteshaus, das 1974 vernichtet wurde, weil der Privatbesitzer Platz für seine Garagen benötigte. Private Garagen ersetzten in den Siebzigerjahren auch den Synagogenbau von Lohrhaupten (Regierungsbezirk Gießen). Andernorts genügte es schon, dass man durch den Abriss einen leeren Platz gewann. Dass dabei „sinnlos" so aufschlussreiche Beispiele für das Zusammenleben von Juden und Christen wie dasjenige von Groß-Linden unsichtbar gemacht wurden, passt zum Eindruck einer außerordentlichen Missachtung der jüdischen Geschichte allenthalben: Hier, in Groß-Linden, war die Synagoge in unmittelbarer Nachbarschaft zum Pfarrhaus in einem (noch älteren) Fachwerkbau seit Beginn des 19. Jahrhunderts untergebracht und blieb komplett konserviert, bis sie Mitte der Siebzigerjahre abgerissen wurde, um einen leeren asphaltierten Platz zu hinterlassen.[26]

Die Reihe der Synagogen allein in Hessen, die in diesen Jahrzehnten von der Landkarte verschwanden, ist noch lange fortzuschreiben:

Kördorf, abgerissen zwischen 1960 und 1965, Niederhofheim 1962/63, Langstadt 1964, Zwesten, Sechzigerjahre, Messel, Siebzigerjahre, Glauberg 1976, Ober-Klingen und Hohensolms in den späten Siebzigerjahren, Holzheim 1963, Schmitten 1995(!)[27] usw.

In anderen Bundesländern ein ähnlicher Befund: Kröv 1962, Nickenich 1961/62, Hagenbach 1970, Kamen, Anfang der Siebzigerjahre, Oberstein 1972, Moers 1975, Lüdinghausen 1982, Geinsheim 1984 – auch hier nur eine unsystematische Nennung von einigen Beispielen für viele.

Die Monotonie dieser Aufzählung von Beispielen aus allen Teilen Deutschlands ist ermüdend, erschreckend und deprimierend zugleich. Alle genannten

25 Foto bei Altaras, Synagogen I, S. 174.

26 Dass leere Plätze zu einer schnellen Bebauung einluden, war nicht nur der Fall bei kommunalen Bauvorhaben, sondern auch bei privaten wie in Breidenbach.

27 Altaras, Synagogen II, S. 204.

Gebäude, einst Mittelpunkte jüdischer, im Holocaust vernichteter Gemeinden, verschwanden in diesen Jahrzehnten sang- und klanglos, ohne dass es darüber zu großen Diskussionen in der kommunalen Politik oder zumindest zu einer Notiz in der lokalen Presse kam. Das Datum, an dem das letzte Baudenkmal deutsch-jüdischer Geschichte im Ort niedergelegt wurde, wurde im kollektiven Gedächtnis nicht markiert. Allmählich waren ganze Landstriche, war das ganze Land freigeräumt von jüdischen Zeugnissen in Stein.

Wo es dennoch Einwände gegen diese Versuche, Tabula rasa zu machen, gab, konnten sie relativ rasch beiseitegewischt werden. Umso wichtiger erscheint es, auch diese zaghaften Einsprüche festzuhalten: Während die Denkmalschutzbehörden nicht reagierten, als die Synagoge von Langweiler dem Braunkohleabbau zum Opfer fiel, meldeten sie sich zu Wort, um die Synagoge von Ober-Klingen zu retten. Der Einspruch wurde übergangen: 1978 wurde das Gebäude bis auf den unteren Teil, der vom Eigentümer als Abstellraum benötigt wurde, abgebaut. Aufmerksamkeit verdienen vor allem die Einwände, die Bürger ganz vereinzelt gegen einen Abriss erhoben; hier wird in Ansätzen erkennbar, was Aleida Assmann später die „Selbstverpflichtung“ zum Erinnern der „normativen“ Vergangenheit genannt hat. In dem erwähnten Mansbach mit seiner großen und integrierten jüdischen Gemeinde gab es „Proteste der Ortsansässigen“,[28] als Bürgermeister und Kommune das ehemalige israelitische Gemeindezentrum einebneten. Auch in Glauberg ging der Abriss der intakten Synagoge aus dem 19. Jahrhundert 1976 nicht ohne Widerspruch aus der Bevölkerung vonstatten.[29] Bei beiden Bauwerken blieb das bürgerschaftliche Engagement erfolglos, und beide Synagogen gingen für immer verloren.

Bad Mergentheim, Bad Münstereifel, Düsseldorf und anderswo

Die These von der durch keinen politischen Willen aufgehaltenen und auch durch zaghaften Widerspruch nicht ausgebremsten Tendenz, einen Schlussstrich unter die deutsch-jüdische Kulturgeschichte zu setzen, was die baulichen Relikte an den konkreten Orten betrifft, könnte durch weitere Beispiele bestätigt werden. Ich belasse es bei den vorgebrachten Beispielen. Stattdessen sollen zum Abschluss dieses Kapitels noch einmal anhand unterschiedlicher

28 Ebenda, S. 10.

29 Ebenda, S. 211.

Fälle von „Aufräumaktionen" verschiedene Aspekte beleuchtet werden: Es geht (noch einmal) um die große Synagoge von Mergentheim, um die israelitischen Sakralbauten von Bad Münstereifel, von Windesheim und von Düsseldorf/ Gerresheim, denen allen gemeinsam ist, dass wir ihren Verlust in den Jahrzehnten zwischen 1960 und 1988 beklagen müssen.

Was ist das Besondere am Abriss der Synagoge von Bad Mergentheim? Er verweist auf eine weitere Gruppe von Akteuren im Umgang mit jüdischen Baudenkmälern: die christlichen Kirchen und ihren Beitrag zum kollektiven Vergessen eines wichtigen Teils unserer Geschichte. Die Kirchen als Beteiligte am Verschwinden jüdischer Zeugnisse – ein Befund, der überrascht, nachdem die genannte, in den frühen Sechzigerjahren geführte *Stellvertreter*-Debatte die Einsicht in die historische Schuld der katholischen Kirche gegenüber den Juden vertieft hatte. Für die einzelnen christlichen Gemeinden war es offensichtlich durchaus möglich, diese allgemeine Einsicht abzukoppeln von der Haltung gegenüber dem konkreten Geschehen vor Ort, nämlich lokal die Vergangenheit auszublenden.

Am Sitz der Regierung des Deutschen Ordens in Mergentheim war die deutsch-jüdische Geschichte anders als in vielen anderen Landstädten verlaufen. Hier hatten wir es, beinahe exemplarisch, mit einem Judentum zu tun, das seinen gesellschaftlichen Aufstieg an der Seite der Feudalherren suchte. Die Synagoge war entsprechend repräsentativ und wurde in den Jahren vor dem Ersten Weltkrieg noch einmal als Jugendstilbau um- und ausgebaut. Gleichzeitig bestand seit dem späten 18. Jahrhundert ein Rabbinat, das aus dem Haus des angesehenen Juden Simon Baruch hervorgegangen war. Simon Baruch hatte gegen den heftigen Widerstand des katholischen Stadtpfarrers auch die Genehmigung des Synagogenbaus durchgesetzt. Nach der Schändung des Sakralbaus wurde dieser 1945 unter großem öffentlichen Interesse und mit viel Prominenz aus Politik und Kultur wieder eingeweiht, kurze Zeit später aber erneut profaniert und zweckentfremdet. Mit den anderen jüdischen Gebäuden fiel die Synagoge 1956 an das katholische Bistum Rottenburg, das nicht lange zögerte und den auch architekturgeschichtlich bemerkenswerten Bau schon ein Jahr später abreißen ließ. Als letztes bauliches Relikt der reichen jüdischen Kultur in Mergentheim war das Rabbinerhaus übrig geblieben, das 1964 vom Bistum samt dem Terrain an einen Orden, die Franziskanerinnen von Sießen, verschenkt wurde. 1975 war dann auch die Nachgeschichte des Rabbinats aus dem 18. Jahrhundert zu Ende. Mit dem Rabbinerhaus fiel das letzte sakrale Baudenkmal des Judentums in Bad Mergentheim, nicht ohne 1975 noch zu versuchen, eine hilflose Erinnerungsgeste zu vollziehen: In die Schulfront baute der Orden das Portal des alten Rabbinats – eine Spolie als Gedenkzeichen aus Verlegenheit (wie man solche häufiger findet).

Mergentheim ist kein Einzelfall dafür, dass sich die Kirchen nicht für den Erhalt der materiellen Nachweise jüdischer Kultur engagierten, sondern im Gegenteil deren Verschwinden aktiv betrieben. Das Synagogengebäude von Sachsenhausen/Waldeck (geweiht 1863) wird von Altaras als „ansehnliches Bauwerk" beschrieben, „das durch seine Größe und Gliederung der Fassade die Aufmerksamkeit auf sich zog".[30] Die 1938 in ihrem Äußeren weitgehend ohne Schaden gebliebene Synagoge war schon unmittelbar vor dem Pogrom an eine Privatperson mit der üblichen Auflage verkauft worden, das Gebäude als Synagoge unkenntlich zu machen oder abzutragen. Beides unterblieb, sodass die katholische Kirche das Gebäude ab 1947 nutzen und 1949 erwerben konnte. Der Charakter der Synagoge wurde nunmehr rasch beseitigt; wo auf der Giebelspitze die beiden Gesetzestafeln standen, wurde 1949 ein Kreuz angebracht. Die Kirche hatte offensichtlich keine Bedenken an einer liturgischen Überschreibung des ehemaligen jüdischen Gotteshauses und nutzte es bis 1960, als ihr ein Kirchenneubau zur Verfügung stand. Sie hatte später ebenso wenig Bedenken, das intakte und repräsentable Synagogengebäude aufzugeben, und überließ es 1962 dem Straßenbauamt, damit – nach Abriss – auf dem Grundstück eine Straßenkreuzung angelegt werden konnte. Damit waren zu Beginn der Sechzigerjahre die beiden Auflagen der NS-Zeit mithilfe kirchlicher Institutionen sukzessive erfüllt worden: das Unkenntlichmachen als jüdisches Kulturerbe und sein Auslöschen.

Nicht weniger „unsensibel" gegenüber diesem Erbe verhielt sich die katholische Kirche im nicht weit entfernten Niederaula, wo bis 1938 insofern eine besondere Situation herrschte, als die Synagoge unmittelbar neben die evangelische Dorfkirche gebaut worden war – ein im wahrsten Wortsinne bemerkenswertes Nebeneinander beider Konfessionen, das auf Toleranz gegründet sein musste. Nach Auslöschen der jüdischen Gemeinde übernahm die katholische Kirche das Synagogengebäude – die Nachbarschaft von Juden und Christen wurde nun ersetzt durch die Nachbarschaft zweier christlicher Konfessionen. Auf einer Fotoaufnahme aus der Nachkriegszeit prangt nun an der Giebelseite ein riesiges, anderthalb Stockwerke hohes Kreuz,[31] die christliche Besetzung

30 Ebenda, Nr. 50, S. 69.
31 Ebenda, S. 42.

des Platzes signalisierend. Als die katholische Kirche das Gebäude nicht mehr brauchte, ließ sie es abtragen.

An anderer Stelle, wo es um die fortdauernde Umnutzung geht, wird der Umgang der Kirchen mit den jüdischen sakralen Baudenkmälern noch einmal aufgegriffen werden. Hier geht es exemplarisch darum, dass die Kirchen es an Verantwortungsbewusstsein, um es vorsichtig zu formulieren, gegenüber den übrig gebliebenen und umso wertvolleren sakralen jüdischen Baudenkmälern fehlen ließen. Deren Übernahme durch Kirchen konnte bis weit in die Nachkriegszeit häufig als „feindliche" Übernahme wirken, an deren Ende – wie in Mergentheim – die Tilgung aller Spuren stand.

Anders gelagert ist das Geschehen hinsichtlich der alten Synagoge von Bad Münstereifel, und doch bleibt das Movens für deren Abbruch das gleiche: das Verschwindenlassen und/oder Überschreiben jüdischer Sachkultur und damit als Resultat die Verfälschung und Amputation der jüdischen und der „eigenen" Geschichte. In Bad Münstereifel – und das ist die Variante – war die Rettung der Synagoge bereits vorgesehen, dennoch erfolgte schließlich deren Beseitigung. Von Relevanz für die jüdische Geschichte ist, dass Bad Münstereifel lange Zeit eine gut gestellte kleine Handelsstadt war, an deren Prosperität auch jüdische Bürger ihren Anteil hatten – ein typisches Beispiel für die jüdische Existenz an einem Handelszentrum mit einer Ausdifferenzierung der Berufe, die Juden hier ausübten. Im Mittelalter wüteten – wie in anderen Städten des Rheinlandes – die Pogrome und machten ein kontinuierliches jüdisches Leben erst wieder im 17. Jahrhundert möglich. Die gesellschaftliche Stellung der Juden in Bad Münstereifel lässt sich an den von jüdischen Bürgern vorzugsweise bewohnten Vierteln ablesen. Die Prunkstraße mit jahrhundertealten Fachwerkhäusern ist bis heute die Orchheimer Straße; in dieser „Hauptstraße" des Ortes bewohnten Juden die Häuser Nr. 16, 18, 19, 20, 22, 40 und waren deren Eigentümer. Nur im Haus Nr. 21 wohnten Juden zur Miete. Das 300 Jahre alte Haus Nr. 17, das einem Bernhard Levi gehörte, wurde 1880 von der israelitischen Gemeinde erworben und zu einem Gemeindezentrum mit Schulraum, Kantorwohnung, Frauenbereich und Männerbetraum umgebaut. Während des 10. November 1938 und in der folgenden Nacht richtete sich der Angriff der SA mit großer Brutalität vor allem auf die jüdischen Wohnungen, Geschäfte und die jüdischen Bürger selbst; die Synagoge konnte nicht in Brand gesetzt werden, da ein Übergreifen der Flammen die halbe Fachwerkstadt in Asche gelegt hätte. So überstand jene, 1939 für 5000 Reichsmark zwangsverkauft, mit dem gesamten Fachwerkensemble die NS-Zeit. Aber nicht die folgenden Jahrzehnte! Die Stadt, die wegen des Kurbetriebs sehr großen Wert auf den Erhalt des Stadtbildes legt, überließ mit der Synagoge ausgerechnet und unverständlicherweise (wenn man nicht eine bewusste Geschichtsklitterung unterstellt) das jüdische Zentrum der Orchheimer Straße der fortschreitenden Verwahrlosung.

1966 wurde ein anderes, für die jüdische Geschichte Bad Münstereifels, aber auch die denkmalgeschützte Bausubstanz der Stadt wichtiges jüdisches Gebäude, das aus dem 15. Jahrhundert stammende Haus des Viehhändlers Adolf Wolff am Markt, zugunsten eines Sparkassenneubaus eingeebnet. Vier Jahre später schlug der ehemalige Kölner Oberbürgermeister Hermann Pünder, gebürtig aus Bad Münstereifel, Alarm wegen des offenkundigen Verfalls der Synagoge. Nach Pracht „aktiviert [er] den damaligen Regierungspräsidenten Heidecke, den Landeskonservator und den Bürgermeister".[32] Er kümmert sich auch um die Finanzierung zum Erhalt des für die jüdische Vergangenheit Bad Münstereifels so eminent relevanten Gebäudes. Vergebens. Mitte der Siebzigerjahre riss man das Synagogengebäude ab und ersetzte es durch einen neuen Fachwerkbau. Dieser wurde dann unter Denkmalschutz gestellt. Immerhin hatte sich hier bei einem politischen Vertreter ein Engagement für das jüdische Baudenkmal gezeigt, das vor Ort fehlte.

Geradezu absurd mutet ein noch aus den Achtzigerjahren stammendes ergänzendes Beispiel einer rheinland-pfälzischen Kommune an – falls sich nicht die Logik einer raschen Spurentilgung dahinter verbirgt, mit der man einer langfristigen Spurensicherung zuvorkommen wollte: In Windesheim war im 19. Jahrhundert ein repräsentatives, zur Straße hingewandtes Synagogengebäude entstanden, nachdem man sich bislang mit dem Betraum in einem Privathaus begnügen musste. 1982 wurde die Untere Denkmalschutzbehörde Bad Kreuznach bei dem in der Bausubstanz bedrohten Gebäude tätig und leitete im Sommer ein Verfahren ein, den Sakralbau unter Denkmalschutz zu stellen und ihn zu restaurieren. Im Dezember 1982 meldete die zuständige Verbandsgemeinde nicht etwa den Beginn der Restaurierungsarbeiten, sondern dass die ehemalige Synagoge bei diesen Restaurierungsarbeiten abgerissen worden sei.

Wie kann gegen das Erinnern von „normativer" Vergangenheit in so eklatanter Form verstoßen werden, wie es in all diesen Beispielen der Fall ist, wenn nicht eine große Indolenz gegenüber dem Antisemitismus fortdauert oder dieser selbst zumindest unterschwellig in diesen Jahrzehnten weitergelebt hat? Die rassistischen Überfälle auf jüdische Friedhöfe hatten in all diesen Jahren nicht

32 Pracht, Jüdisches Kulturerbe I, S. 336.

aufgehört, auch nicht in Düsseldorf, wo Hakenkreuzschmierereien schon in den Fünfzigerjahren wieder aufgetaucht waren; 1959 war dort auch die neue Synagoge Ziel eines Anschlags geworden. Im Düsseldorfer Stadtteil Gerresheim, in dem das einzige Synagogengebäude der Stadt stehen geblieben war, wurden im Mai 1955 zehn Grabsteine auf dem jüdischen Friedhof umgeworfen. „Gemeindevertreter und führende Repräsentanten der Kommunen bewerteten die Friedhofsschändungen sehr unterschiedlich. Aus Sicht von Juden waren sie symptomatisch für das Fortbestehen des Antisemitismus in weiten Teilen des deutschen Volkes. Dagegen sahen die Kommunalpolitiker die Verwüstungen als Einzelfälle, die keine Rückschlüsse auf die Einstellung breiter Bevölkerungskreise zuließen."[33]

Die ehemalige Synagoge von Gerresheim war – 1917 an einen nichtjüdischen Kaufmann verkauft und als Lager umfunktioniert – lange vor der Pogromnacht kein „lebendiger" Sakralbau mehr. Entsprechend ging die Pogromnacht an ihr vorüber. In den Achtzigerjahren gab es in Düsseldorf Überlegungen, dieses unbeschädigte Gebäude zu einer Mahn- und Gedenkstätte zu machen. 1984 kamen Neonazis diesen Plänen zuvor: Sie beschmierten die Backsteinmauern mit Runen und Hakenkreuzen und zündeten, wie gewohnt, das Gebäude an. Der Dachstuhl brannte völlig aus. Übrig blieb eine Ruine, die nun in mehrfachem Sinne ein Mahnmal war: sowohl für die jüdische Geschichte in Düsseldorf und nicht zuletzt auch für die Kontinuität antisemitischer Ideologie und Gefahr nach 1945. Anstatt die Reste des Hauses als mehrfaches Mahnmal zu erhalten, beschlossen die Kommunalpolitiker 1987, ein Jahr vor den fünfzigjährigen Gedenkfeiern zur Pogromnacht, die „neue" Ruine – wenn auch mit Zustimmung der jüdischen Gemeinde – im Zuge der Stadtsanierung abzutragen.

Es bleibt schließlich auch hier nur, auf die Unvollständigkeit bei der Aufzählung der Beseitigung der Spuren dieses Kulturerbes hinzuweisen, was zumindest noch für die beiden Jahrzehnte bis zum 50. Gedenkjahr gilt. Es waren in der Regel auch die Spuren ihrer Verbrechen vor Ort, die die noch lebende Tätergeneration mit den Bauten zu tilgen versuchte. Beschränken wir uns abschließend bei dieser Inventarisierung lediglich auf einen kleinen Teil der Pfalz, wie ihn Otmar Weber untersucht hat, und greifen zunächst Rockenhausen/Landkreis Donnersberg heraus: Hier wurde 1938 die Inneneinrichtung der Synagoge zerstört. Hunderte Neugierige sahen zu. Von Rockenhausen zog man

33 Zieher, Von der „Liquidationsgemeinde" zur Aufbaugemeinde?, S. 278.

nach Kirchheimbolanden und devastierte auch dort das Synagogengebäude.[34] Die jüdische Gemeinde musste die Synagoge an die Stadt zwangsveräußern, die eine Luftschutzschule in dem Gebäude installierte. Nach dem Krieg kam es zur Restitution, und die Jüdische Kultusgemeinde verkaufte es wieder an die Zivilgemeinde, die nichts anderes zu tun hatte, als es 1976 im Zuge der Stadtsanierung zu beseitigen.

Blicken wir in benachbarte pfälzische Ortschaften, ergibt sich auch für diese das gleiche Bild: Hier sei der 1966 erfolgte Abriss der 1938 geplünderten Synagoge von Hochspeyer genannt, deren Kultgegenstände öffentlich verbrannt worden waren, zudem die Synagogenruine in Lustadt, Ortsteil Oberlustadt, die als Menetekel bis 1970 im Ort stehen blieb, ehe sie beseitigt wurde.[35] Ebenso erging es zeitgleich dem jüdischen sakralen Gebäude in Obrigheim. In Göllheim war es zu großen Plünderungen gekommen, aber das Bauwerk blieb erhalten – ebenfalls bis 1970, als die Zivilgemeinde es „trotz der wertvollen Bausubstanz"[36] zerstören ließ. Ebenso kam in den Siebzigerjahren die Synagoge von Hagenbach/Landkreis Germersheim unter die Abrissbirne. In Haßloch war die Inneneinrichtung 1938 durch Brandstiftung vernichtet worden, aber das Gebäude stand noch: 1978 wurde es abgerissen. Der Männergesangverein von Ellersheim hatte den dortigen Synagogenbau als Vereinshalle übernommen; als er ihn nicht mehr benötigte, ließ der Verein die Synagoge beseitigen. (In Freinsheim blieb die ehemalige Synagoge Vereinsheim des Männergesangvereins.) Die Synagoge von Gommersheim war zwar 1938 verschont geblieben und gab kein örtliches Zeugnis für die Verbrechen der Novembernacht ab, wurde 1966 aber dennoch entfernt.

Ungebrochen und zudem unbehelligt von den innenpolitischen Entwicklungen und Diskursverschiebungen in der Bonner Republik dieser Jahrzehnte ging die Entsorgung in der deutschen Landschaft und damit der deutschen Vergangenheit weiter – ein dumpfer Antisemitismus, der die Geschichtsverdrängung, die Missachtung und das Unrecht, das diesen Vorgängen anhaftete, nicht zum Bewusstsein brachte, schwärte weiter vor sich hin.

34 Weber, Die Synagogen in der Pfalz, S. 136.

35 Ebenda, S. 170.

36 Ebenda, S. 78.

Ehemalige Synagoge von Edesheim. Umnutzung als Nachtbar „Maxim“
Fotograf: Otmar Weber

6 Synagogenrecycling

Zerstörung durch Umbau

Im Internet werden Feriendomizile in der Eifel angeboten: „Ferienwohnungen in ehemaliger Landsynagoge“. Man kann einzelne Zimmer auch als „Monteurzimmer in der umgebauten „Landsynagoge mieten“: „In unserer liebevoll restaurierten Landsynagoge gibt es drei Ferienwohnungen. Die erste und größte befindet sich im Haupthaus im 1. OG [...]. Die anderen beiden Ferienwohnungen befinden sich in der rückwärtig gelegenen Synagoge.“[1] Während Monteuren vielleicht die Geschichte des Hauses weniger wichtig erscheint, sodass man auf der Homepage „mein-monteurzimmer.de“ auf einen entsprechenden Hinweis verzichten kann, steigert es wohl das Wohlbefinden von Feriengästen, auch etwas über die Vergangenheit des Gebäudes zu erfahren, in dem man die Ferien verbringen wird. Entsprechend heißt es auf der Homepage „https://ferienwohnungsinzenich.jimdofree.com/“: „Zur Geschichte unseres Hauses. Im Jahr 2000 kauften wir die unbewohnte Landsynagoge in Sinzenich. Peter sanierte das gesamte Haus selbst und hat es zu einem wunderschönen Heim umgestaltet. Noch immer findet er fast täglich neue Projekte, um es noch schöner zu machen. Nachdem unsere Kinder ausgezogen sind, haben wir mehrere Teile des Hauses nach und nach in Ferienwohnungen umgebaut.“[2]

Die Geschichtsdarstellung greift kurz und beginnt erst mit dem „liebevollen“ Umbau der ehemaligen Synagoge zu einem trauten Heim. Man fragt sich,

1 https://mein-monteurzimmer.de/113436/monteurzimmer/zulpich-sinzenich-ferienwohnungen-in-ehemaliger-synagoge.

2 https://ferienwohnungsinzenich.jimdofree.com.

was den besonderen Reiz einer Ferienwohnung ausmachen kann, von der man weiß, dass sie in einem Synagogengebäude eingerichtet wurde. Und bleibt dieser Reiz auch dann noch erhalten, wenn man die Geschichte dieser Synagoge vor Ankauf und Umbau verfolgt?

Sowohl Elfi Pracht als auch Regionalhistoriker wie Hans-Dieter Arntz haben der Synagoge von Sinzenich ihre Aufmerksamkeit gewidmet, nicht zuletzt, weil es sich bei diesem Bauwerk „um das einzige jüdische Gotteshaus in der Eifel und Voreifel (handelt), das den Novemberpogrom 1938 unbeschadet überstand. Kein einziges separat stehendes jüdisches Bethaus wurde ansonsten von den Nationalsozialisten übersehen. Es blieb somit als Gebäude bis heute erhalten und steht nicht unter Denkmalschutz."[3] Ob es „übersehen" wurde, wie Arntz den Erhalt erklärt, ist fraglich, da Pracht von einer versuchten Brandstiftung zu berichten weiß: „Am Nachmittag des 10. November 1938 kamen zunächst Personen, die sich auch in Zülpich an den Zerstörungen jüdischer Häuser beteiligt hatten, nach Sinzenich, betraten die Synagoge und schleppten auf einem Handwagen Gegenstände fort, die in der Polizeiwache untergestellt wurden. Später soll es zu einer Brandstiftung gekommen sein, die allerdings wohl keinen großen Schaden zur Folge hatte."[4] Im ersten Obergeschoss des Vorderhauses, einstmals der große Betsaal, an den nach Unterteilung als Feriendomizil nur noch die gewölbte Decke erinnert, hatte nach Arntz eine jüdische Familie ihre Koffer abgestellt, weil sie bereits ihre Flucht in die USA vorbereitet hatte. „Sie wurden von fanatischen Nationalsozialisten geplündert oder gestohlen. Die Gebetbücher warf die aufgehetzte Menge in den nahen Bach."[5] Also reden wir doch von einem Haus mit einer Geschichte, die weiter als die letzten Umbaumaßnahmen zurückreicht und vom Holocaust und der Vernichtung jüdischer Kultur in dieser Region Deutschlands handelt. Seit Mitte des 18. Jahrhunderts gab es in diesem kleinen Ort Sinzenich zahlreiche jüdische Familien, deren Friedhof im Pogrom vollständig verwüstet wurde. Nach deren Deportation versteigerte das Finanzamt Euskirchen den verbliebenen Rest an jüdischem Eigentum in der Sinzenicher Dorfgaststätte.[6]

3 Hans-Dieter Arntz, Auf den letzten Spuren jüdischen Betens in der Voreifel. Die vergessenen Landsynagogen von Lommersum und Sinzenich, in: Jahrbuch des Kreises Euskirchen (2012), S. 37–42, https://www.hans-dieter-arntz.de/auf_den_letzten_spuren_juedischen_betens.html.

4 Pracht, Jüdisches Kulturerbe I, S. 389.

5 Arntz, Auf den letzten Spuren, S. 5.

6 Pracht, Jüdisches Kulturerbe I, S. 390.

Der „liebevolle“ Umbau hat vom Innern der Synagoge kaum mehr etwas gelassen, was als Zeugnis jüdischen Glaubens und jüdischer Riten gelesen werden kann. Wenigstens hat die Umnutzung in diesem Fall die Bausubstanz erhalten, und selbst der Hinweis auf der Homepage, dass es sich um eine ehemalige Synagoge handelt, ist eine (kleine) Spur des jüdischen Lebens in der Eifel.

Solch eine Markierung ist keineswegs die Regel. Im Gegenteil: „Die Beispiele durch Umnutzung unkenntlich gemachter Synagogenbauten sind ungezählt. Allein in Sachsen-Anhalt bestehen noch wenigstens sieben umgebaute jüdische Gotteshäuser [...], von denen manche bereits vor 1933 nicht mehr von jüdischen Gemeinden genutzt wurden.“[7] Im Internetportal „Westfälische Geschichte“ können ebenfalls nur ungefähre Zahlen angegeben werden, was Umbau und Umnutzung jüdischer Gotteshäuser in Westfalen/Lippe betrifft. Von den über 200 Synagogen, die bis 1938 in Westfalen und Lippe genutzt worden waren, waren 1945 noch etwa 70 erhalten. „Vielerorts nutzte man die ehemaligen Synagogen als Werkstätten, Lagerschuppen, Garagen oder auch als Diskotheken.“[8] Genauere Zahlen für Hessen, auch was das Verhältnis von jüdischen Gotteshäusern, die zwischen 1945 und 1987 abgerissen wurden, und jenen, die – zweckentfremdet – umgebaut wurden, liefert Altaras. Um sich die Relation zwischen Abriss und Umnutzung in Hessen zu vergegenwärtigen, lohnt es sich, die einzelnen hessischen Regierungsbezirke anzuschauen. Demnach verschwanden zwischen 1945 und dem 50. Jahrestag des Pogroms im Regierungsbezirk Kassel 16 Synagogen von der Landkarte, während 45 durch Umbau und Zweckentfremdung aus dem jüdischen Kulturerbe verloren gingen. Ähnlich ist das Verhältnis im Regierungsbezirk Gießen, wo auf 15 abgetragene 42 durch Umbauten zerstörte Synagogen kommen, während im Regierungsbezirk Darmstadt die Relation von 28 beseitigten zu 77 umfunktionalisierten und damit ihrer Erkennungsmerkmale beraubten noch gravierender ist. Zudem vermerkt Altaras für Frankfurt die Entstellung der Höchster Synagoge zum Bierlokal.[9]

7 Ulrich Knufinke, Bauwerke jüdischer Friedhöfe in Deutschland, Petersberg 2007, S. 317.

8 Thomas Ridder, Synagogen in Westfalen (Westfalen im Bild. Reihe Westfälische Kulturgeschichte, H. 17), Münster 2000. Ebenso in: Internet-Portal „Westfälische Geschichte“, https://www.lwl.org/westfaelische-geschichte/portal/Internet/finde/langDatensatz.php?urlID=88&url_tabelle=tab_texte.

9 Altaras, Synagogen II, S. 196 f.

Zu was alles Synagogen zu gebrauchen sind

Die Kategorien, in die Altaras die Umnutzung unterteilt, sind aufschlussreich, was das soziale Spektrum der Nutzer und die Durchführung der Umbaumaßnahmen betrifft. Für den Regierungsbezirk Kassel listet Altaras folgende Umnutzungs- und Umbaukategorien auf:

Wohnhaus, Wohn- und Geschäftshaus, Werkstatt, Lager, Abstelle, Scheune, Garage, Kirche, Gaststätte, Bank, Rathaus – ein nicht nur prima vista erstaunliches Spektrum von Nutznießung und Nutznießern.[10] Beim Regierungsbezirk Gießen muss dieses Spektrum noch einmal erweitert werden durch Alterstagesstätte und Museen,[11] im Regierungsbezirk Darmstadt kommen noch hinzu: Feuerwehrhaus, Kino, Theater, Weinstube, Tanzlokal, Bibliothek, Medizinische Räume, Stätte der Begegnung, Aquarium.[12]

An Einfallsreichtum scheint es der deutschen Nachkriegsgesellschaft bei der Zweckentfremdung des jüdischen Kulturerbes und dessen baulicher Aneignung wahrlich nicht gemangelt zu haben. Dass der monumentale Rundbau des jüdischen Sakralbaus in Offenbach, dessen zeitweise Resakralisierung nach 1945 die eigentliche Bestimmung des Gebäudes auch im kollektiven Gedächtnis der Nachkriegsstadt hätte wachhalten müssen, bis heute repräsentatives städtisches Konzerthaus ist, ist nur eines der irritierenden Beispiele für die Umnutzung in Hessen.

Es ist, wenn man den Blick ein wenig weitet, nicht mehr überraschend, in welch andere Funktionen einstige Synagogen gepresst wurden, Funktionen, die völlig von der ehemaligen Zweckbestimmung der Gebäude und ihrer Geschichte abwichen. Während im Judentum Totenwaschung und Bestattung von besonderer Bedeutung waren (und für Kohanim die Gefahr ritueller Unreinheit bedeuten konnten), bereitete es „christlichen" Neueigentümern keinerlei Sorgen, in früheren jüdischen Gotteshäusern Sarglager, traditionellerweise in vielen Orten mit der Schreinerei verbunden, einzurichten. Als Beispiel sei nur die Sargschreinerei in Bernkastel-Kues genannt. Während man in manchen Synagogenbauten Sargschreinereien betrieb, hatte man andernorts keine Scheu, die geplünderten Häuser, die Folterung und Deportation gesehen hatten, nunmehr zur Leibesertüchtigung zu nutzen: Aus Synagogen wurden

10 Ebenda, S. 32.

11 Ebenda, S. 79

12 Ebenda, S. 118.

Turnhallen. Wo früher aus den Thorarollen gelesen wurde, lagerte man nun Kartoffeln, Getreide sowie Kohle ein, oder ein Schausteller brachte seine Fahrgeschäfte unter. In Sobernheim war es ein Möbellager, das – wie auch an anderen Orten – Platz in einer ehemaligen Synagoge fand, in Sötern war es bis in die Sechzigerjahre eine Tankstelle, ehe – bis heute – eine Bank die unteren Räume bezog. Es lassen sich Strumpffabriken, Fabriken für künstliche Blumen usw. und Werkstätten für Schuster, für Schmiede oder für Autoreparaturen nachweisen. In Warburg betrieb man in der ehemaligen Synagoge eine Süßmosterei, und die Hunsrückgemeinde Laufersweiler baute ihren im Pogrom geschändeten Synagogenbau mehrmals um: Zuerst wurde daraus eine Wäscherei, anschließend eine Gefrieranlage und dann ein Versammlungsraum für eine katholische Frauengruppe – wie es gerade passte, nicht wie man eine halbwegs würdevolle Umnutzung nach 1945 sicherstellen konnte. Wer sollte Skrupel haben, aus Synagogen Viehställe, auch für Schweine, zu machen?

Wie bei der Zivilgemeinde Laufersweiler wechselten auch andernorts Umnutzung und Umbau häufiger, zumal wenn Besitzerwechsel anstanden. Eine wichtige Synagoge findet sich in Mainz-Weisenau; es ist zugleich die einzige nicht zerstörte auf Mainzer Gebiet: Sie wurde nacheinander zum Hühnerstall, Schuppen und Lager.[13] Dass im ehemaligen jüdischen Gotteshaus statt der Thorarollen nun die Bücher der Pfarrbibliothek von Mehring/Mosel aufbewahrt wurden, kann noch als eine verhältnismäßig respektvolle Zweckentfremdung gewertet werden, vergleicht man sie mit der der Synagoge von Oberwesel – einem Ort, der als Ausgangspunkt der mittelalterlichen Werner-Pogrome in der deutsch-jüdischen Geschichte eine verhängnisvolle Rolle spielte und wo man deshalb eine besondere Sensibilität nach 1945 hätte erwarten dürfen: Hier wurde in der Synagoge stattdessen die Polizei einquartiert und Arrestzellen eingebaut.

Bereits diese erste und sicherlich unvollständige Zusammenstellung von Umnutzungen und den hierzu erforderlichen Umbauten vermittelt einen Eindruck, wer mit welchem Zweck vom übrig gebliebenen jüdischen Sacherbe, sagen wir beschönigend: gedankenlos, profitierte. Aleida Assmann hat es als „Teil der gesellschaftlichen Normalität" erklärt, „dass Gebäude abgerissen, umgebaut

13 „Die künstlerische Qualität ist für eine Dorfsynagoge überdurchschnittlich; die geistesgeschichtliche Bedeutung im Blick auf den Rang der einstigen Mainzer Judengemeinde kann gar nicht hoch genug eingeschätzt werden." Otto Böcher, Die Synagoge in Mainz-Weisenau, in: Beiträge zur Jüdischen Geschichte und zur Gedenkstättenarbeit in Rheinland-Pfalz, H. 8, 3/94, S. 5–8, S. 5.

oder umgenutzt werden", weil „die modernen Gesellschaften auf Investitionen in die Zukunft angewiesen sind"[14] – hatte aber der Umnutzung und dem Umbau von Zeugnissen der „normativen Vergangenheit" hierbei explizit keine Konzession erteilt. Was da als „Investition in die Zukunft" erscheinen mag, wurzelt tief in dieser Vergangenheit und vollstreckt häufig genug nur, was in dieser angelegt und projektiert war. Altaras bringt es aus ihrer Perspektive einer jüdischen Architektin auf den Punkt, wenn sie nach ihren umfassenden Untersuchungen vor Ort konstatiert: „Die nach 1945 durchgeführten Umbauten an den vielen ehemaligen Synagogen lassen den Eindruck aufkommen, dass es sich um ein Anknüpfen an die 1938 vollzogene Zerstörung der Synagogen handelt. Obwohl diese Synagogen in der Pogromnacht, vom 9. zum 10. November 1938, bereits als Gotteshäuser entweiht wurden, indem man die Thora und Kultgegenstände geschändet und demoliert hat, erfolgte diese Umwandlung so dramatisch und konsequent, daß sie den Anschein einer Fortsetzung erweckt."[15]

Und wer beteiligte sich in der Nachkriegsgesellschaft an den Umnutzungen?

Wie bereits ausgeführt, ist nicht nur der hohe Einfallsreichtum bei den respektlosen Umnutzungen erstaunlich, sondern auch, welche Bevölkerungsgruppen zur Stelle waren, um sich das Erbe zu unterwerfen und es mittels dieser Unterwerfung zu vernichten:

Es sind große und kleine Bauern, Vertreter von Kommunen, der Kultur, Handwerker, Kirchenvertreter, Gastwirte, Fabrikbesitzer, Banker – kaum eine soziale Gruppe der Nachkriegsgesellschaft beteiligte sich nicht an der „dramatischen und konsequenten" Inbesitznahme. Gesellschaftliche Institutionen, deren Aufgabe es gewesen wäre, der so betriebenen Zerstörung des Kulturerbes Einhalt zu gebieten, versagten offensichtlich: „Ortsgemeinden, die Vertreter des Denkmalschutzes, die Intellektuellen und Akademiker dieser Ortschaften und nicht zuletzt die Politiker hätten eingreifen müssen, um die Durchführung dieser brutalen Umbauten gesetzlich zu verhindern."[16] Sie versagten nicht nur: In vielen Fällen wirkten solche Institutionen eher als Beschleuniger einer Vernichtung durch bauliche Unkenntlichmachung.

14 Assmann, Die transformierende Kraft der Erinnerung, S. 6.

15 Altaras, Synagogen II, S. 219.

16 Ebenda, S. 221.

Schöner wohnen in Synagogen

Wenn man eine Quantifizierung der Umfunktionalisierungen vornimmt, kommt man zu dem überraschenden und gleichermaßen verstörenden Ergebnis, dass es in der Mehrzahl Wohnungen und Eigenheime sind, zu denen zwischen 1945 und 1988 die überfallenen und geschändeten Gotteshäuser, die noch erhalten geblieben waren, umgebaut wurden. Man gewinnt den Eindruck, dass sich das Nachkriegsdeutschland wohnlich in den vom Faschismus stehen gelassenen jüdischen Häusern eingerichtet hat. In Hessen kommt mehr als die Hälfte aller Umnutzungen auf traute Heime. In Regionen wie in und um Kassel und Gießen, wo der Wohnungsbedarf wegen der großflächigen Zerstörungen größer war, sind es verhältnismäßig noch mehr Wohnhäuser, die aus Synagogenumbauten hervorgegangen sind.[17]

Schon unmittelbar nach den Pogromnächten war in vielen Fällen von den NS-Stellen als Alternative zum Abriss der Umbau zu Wohnungen angeordnet worden. Bei einer Vielzahl von beschädigten Gotteshäusern datieren die nach 1945 eingereichten Baupläne dementsprechend aus der NS-Zeit; kriegsbedingt konnte ihre Realisierung erst nach Kriegsende angegangen werden. Am Beginn des Umbaus stand, nicht überraschend, in der Regel die Entfernung der äußeren Kennzeichen eines sakralen jüdischen Gebäudes – sofern dies nicht schon im Nationalsozialismus geschehen war (die Davidsterne waren bereits überall abgebrochen worden, jetzt wurden sie auch aus den Fenstern entfernt). Die Reste hebräischer Schrift wurden ausradiert oder abgeschlagen, Gesetzestafeln waren nach dem Umbau nicht mehr zu sehen. Größere Umbauten setzten häufig bei den Fensterformen an: Rundbogenfenster, Hufeisenfenster, Oculi wurden überbaut, Eingangsportale „modernisiert". Wo eine Apsis vorhanden war, wurde sie zurückgebaut, kleinere Kuppeln, die den NS-Sturm überstanden hatten, ersetzte man häufig durch Dachgauben. Veränderungen der Fronten durch zugemauerte und neue Fensteröffnungen, Verputz, Asbestzementplatten usw. transformierten die einstigen jüdischen Gotteshäuser in ganz normale deutsche Ein- oder Mehrfamilienhäuser, wobei häufig Garageneinfahrten und -anbauten die bruchlose Integration in eine gesichtslose deutsche Nachkriegsarchitektur komplettierten. Diese Umbauten zu Wohnzwecken ziehen sich durch die gesamte Nachkriegszeit: In Kirrweiler wird die Synagoge erst 1964 zu einem

17 Diese Größenordnungen ergeben sich, wenn man die Angaben von Altaras I (passim) miteinander vergleicht.

Wohnhaus, in Obermoschel erfolgte 1972 ein solcher Umbau; in Bockenheim/Bad Dürkheim, in Brücken/Landkreis Kusel, in Friedelsheim/Bad Dürkheim, in der Stadt Germersheim, in Gersheim/Saarpfalz Kreis, Kirchheim an der Weinstraße usw. – wohin man in einem kleinen geografischen Umkreis schaut, überall konnte man sich offensichtlich in jüdischen ehemaligen Sakralbauten wohnlich einrichten.

Verlust der historischen Bausubstanz durch Umbauten

Im Innern der ehemaligen Synagogen hatte in den meisten Fällen schon das Novemberpogrom ganze Arbeit geleistet; wo sie noch erhalten geblieben war, beseitigte man nun die Frauenempore, da man keine Verwendung für sie hatte, oder zog an ihrer Stelle eine stabile Zwischendecke ein: So wurde, um bei dem oben angeführten Beispiel Bockenheim zu bleiben, die Synagoge „zu einem Wohnhaus umgebaut. Dabei mauerte man die Rundbogenfenster zu und baute in dem ehemaligen Betraum eine Decke ein."[18] Die gemalten Wandornamente überlebten den Umbau allenfalls als Fragment, die ausgemalten Decken hatten die größte Chance, nicht einer völligen Vernichtung preisgegeben zu sein. Mikwen wurden einfach zubetoniert; die Mikwe der Synagoge von Breitenbach am Herzberg entging dem Beton, weil sie als Waschküche gebraucht wurde. Generell gilt die Feststellung: „Die Mehrzahl der Synagogen wurde bei Umbau und Umnutzung nach 1945 schlimmer zerstört als im November 1938."[19]

Auch Altaras bestätigt für Hessen, dass die zerstörerischen Umbauten „zunächst auf das Entfernen jeglicher baulichen Merkmale einer Synagoge ausgerichtet gewesen" seien,[20] was zugleich auf eine vordringliche Kaschierung privater Bereicherung (und Geschichtsleugnung) hinauslief. So liest man auch in dem Internetportal „Alemannia Judaica" in der Baubeschreibung immer wieder von baulichen Maßnahmen, die die ehemalige Bestimmung des Gebäudes vergessen machen.

Nur wenige Beispiele aus verschiedenen Regionen:

Von der Synagoge in Waldlaubersheim (bei Bad Kreuznach) ist zu erfahren, dass die Fenster zugemauert und ein Garagentor eingebaut wurde. Im

18 Weber, Die Synagogen in der Pfalz, S. 52.
19 Bergmann, Jüdisches Franken, S. 14.
20 Altaras, Synagogen I, S. 219.

benachbarten Schweppenheim wurde die Wandöffnung des Thoraschreins erst in den Neunzigerjahren verschlossen; der Befund zu dem Synagogengebäude in Usingen lautet: „unkenntlich gemacht". In Kerpen im Rheinland erinnert nach der baulichen Umrüstung zu einem Mehrfamilienhaus nichts mehr an die einstige Nutzung und Geschichte. Bei der Synagoge von Binningen/Mosel wurden, um im Ergebnis ein Wohnhaus zu erhalten, 1957 die Fenster vollständig verändert und ebenfalls eine Zwischendecke eingezogen. Das Gotteshaus der bedeutenden jüdischen Gemeinde von Warburg/Westfalen, erbaut bereits in den 1820er-Jahren, verlor durch die Umbauten zum Wohnhaus in den Fünfziger- und noch einmal in den Sechzigerjahren seine Identität. Als Wohnhaus, ohne jeglichen Hinweis auf seine Geschichte, besteht die einstige Synagoge von Sien im Hunsrück bis heute. Gleiches ist zu sagen von der Synagoge von Nettersheim/Eifel und dem Bethaus von Krefeld-Fischeln, die alle eine radikale Wandlung zu „normalen" deutschen Wohnhäusern durchgemacht haben.

Fortgesetzt werden könnte diese Beispielreihe mit den Synagogenbauten von Schötmar oder Senbach, die allesamt nach dem Ausbau zu trauten Heimen nicht mehr als ehemalige Gotteshäuser identifizierbar waren. Allein in der Umgebung von Würzburg, um die regionale Perspektive zu erweitern, lassen sich Umwandlungen von profanierten jüdischen Gotteshäusern in Eigenheime in Aub – ein historischer Bau aus dem Jahr 1775 – Bütthard, Geroldshausen, Goßmannsdorf, Kirchheim und Tauberrettersheim ausmachen – alles Beispiele, bei der die Bausubstanz nach 1945 noch (fast) komplett vorhanden war.

Gehen wir noch einmal zurück zum Regierungsbezirk Kassel und damit zu Forschungserträgen von Thea Altaras. Zu dem verschont gebliebenen repräsentativen Kultbau (von 1846) der großen jüdischen Gemeinde von Spangenberg, deren Kultgegenstände nach Kassel ausgelagert worden waren, wo sie vernichtet wurden, hält Altaras als Nachgeschichte fest: „Das Gebäude ist später zu einem Wohnhaus umgebaut worden, wobei alle Fenster verkleinert, die im Untergeschoß höher gestellt und die Rundbogenfenster begradigt wurden. Der Zwerchgiebel ist zum Geschoß ausgebaut und die Halbkreisöffnung zum Rundbogenfenster umgebaut worden. Zum Zeitpunkt der Aufnahme, *Juli 1985, ist die ehemalige Synagoge noch als Wohnhaus benutzt worden.*"[21] Eine Fotoaufnahme des Jahres 1950 vom Gotteshaus von Frankenberg zeigt

21 Ebenda, Nr. 36, S. 57–59, S. 58. Hervorhebung im Original.

ein nicht erkennbar beschädigtes Gebäude, keine bauliche Maßnahme hatte bislang stattgefunden. Anders eine Fotoaufnahme von 1987: Wieder sind die Rundbogenfenster, die dem Haus seinen sakralen Charakter verliehen, sowohl am Giebel wie an der Frontseite begradigt worden, das Portal ist zurückgebaut, die Hauswände sind durch Abdeckung mit Schieferplatten „modernisiert". Hierzu der Befund von Altaras: „In der Pogromnacht ist das Synagogengebäude zu 20 % beschädigt worden (die Kultgegenstände sind total vernichtet worden). Schon in den 50er-Jahren können Veränderungen am Gebäude verzeichnet werden (zum Beispiel Eingangstüre, Fenster), die zwischenzeitlich so zunahmen, dass die ehemalige Synagoge nicht mehr erkennbar ist. Zur Zeit der Aufnahme, *April 1987, war die ehemalige Synagoge ein Wohnhaus im Privatbesitz.*"[22] (Hervorhebung im Original)

Auch das Sakralgebäude von Sontra wurde in der Pogromnacht nicht beschädigt, und sein Untergang als solches setzte erst mit dem Umbau der Nachkriegszeit ein: „In der Pogromnacht blieb das Synagogengebäude verschont. [...] Nach 1945 ist die ehemalige Synagoge zu einem Wohnhaus umgebaut worden, was bereits mit Änderung der Ansichten verbunden war. Vor kurzem ist das Haus modernisiert worden, sind die Fenster erneuert worden, wodurch das Gebäude jegliche baulichen Zeichen einer Synagoge verloren hat."[23] In Volkmarsen ließ der Umbau und ein Modernisierungsprozess ebenfalls vom Synagogencharakter nichts mehr übrig, ebenso wie in Jesberg, wo aus dem Sakralbau ein Wohnhaus in Privatbesitz entstand mit dem Ergebnis: „keine Spuren einer Synagoge mehr zu erkennen."[24]

Bei der einstigen Synagoge in Breitenbach am Herzberg, die wegen des Umbaus der Mikwe zur Waschküche schon erwähnt wurde, bezog sich Altaras vor allem auf die neue Frontgestaltung: Das „Gebäude hat durch den Umbau zu Wohnungen und vor allem durch die Verkleidungen der Fachwerkkonstruktion seine Identität verloren, zumal die verschiedenen Verkleidungen wie auch die neuen Fenster und das erneuerte Dach das Gebäude zu seinem Nachteil verändert haben".[25]

Auch beim Blick auf den Regierungsbezirk Kassel könnte man in Bezug auf die zu Wohnhäusern recycelten Synagogengebäude in Neukirchen, Nieden-

22 Ebenda, Nr. 46, S. 66 f., S. 67. Auf S. 66 befinden sich die beiden Fotoaufnahmen.

23 Ebenda, Nr. 61, S. 78.

24 Ebenda, Nr. 29, S. 53 f., S. 54.

25 Ebenda, Nr. 7, S. 39.

stein, Meimbressen, Dillich, Homburg/Efze, Vöhl, Beiseförth zur gleichen Aussage kommen wie bei derjenigen von Nesselröden: „Das Gebäude ist bis zur Unkenntlichkeit verändert worden."[26]

Die Umnutzung gestaltete sich häufiger als langer Transformationsprozess, der mit einem Besitzer- und Funktionswechsel verbunden war. Im Grunde müsste man den gesamten Prozess darstellen, um Aussagen über die verschiedenen Rückbaustufen im jüdischen Baukulturerbe historisieren zu können. Was kann z. B. noch in Arolsen von deutsch-jüdischer Geschichte zeugen, wenn das bauliche Zeugnis selbst, bevor es zu einem Mehrfamilienhaus wurde, zuvor – 1979 – in kleine Kabinen unterteilt worden war, weil der Besitzer in der ehemaligen Synagoge einen Sauna- und Massagebetrieb installiert hatte? Was kann noch in Hottenbach im Hunsrück von dieser Vergangenheit zeugen, wenn die politische Gemeinde erst das Sakralgebäude als Notunterkunft für Flüchtlinge herrichtete, es 1951 zu Wohnungen umbaute, sodann 1981 verkaufte und der neue Privateigentümer die Räumlichkeiten zu einem Eigenheim umgestaltete? Was bleibt am Ende eines permanenten Recyclings, das in Freudenberg (Baden) Anfang der Fünfzigerjahre mit einem Umbau zu einem Wohnhaus begann und 2015 (vorläufig) in einem Meditationsraum mit psychotherapeutischer Praxis endete?

Das traute Eigenheim war dabei nicht selten nur eine Stufe im Transformationsprozess, aber häufig die letzte. So war es in Butzweiler bei Trier, so in Linz am Rhein, wo die Synagoge zwar 1938 beschädigt, aber – wie so häufig – wegen der engen Bebauung nicht gebrandschatzt werden konnte. Von 1945 bis in die Achtzigerjahre wurde das Gebäude als Lagerhalle genutzt, die großen Umbauten und „Modernisierungen" standen bei der nachfolgenden Umnutzung als Wohnhaus an. In Kirf bei Trier diente der Sakralbau zunächst als Schmiede, ehe er gründlich zu einem banalen Wohnhaus verändert wurde. Leutershausen an der Bergstraße besaß ein jüdisches Gotteshaus von 1868, das sich die Gemeinde schon im Mai 1938 unter Zwang aneignen konnte, sodass es der Zerstörung entging. Nachdem die Synagoge als Kriegsgefangenenlager und Lazarett herhalten musste, wurden nach 1945 eine Konservenfabrik und danach ein Lager und eine Druckerei installiert, bis sie 1955

26 Ebenda, Nr. 58, S. 76 f., S. 77. Altaras zeigt zwei Fotoaufnahmen, die erste aus den Sechzigerjahren mit einem noch unveränderten Synagogenbau, die zweite von 1987, auf der aber nichts mehr „stimmt" – das Gebäude ist zu einem nichtssagenden Eigenheim geworden, befand sich aber zu diesem Zeitpunkt immer noch im Besitz der Familie des Erstkäufers. Ebenda.

an einen Privatmann verkauft wurde. Zum einstigen jüdischen Gotteshaus von Kitzingen heißt es in der Publikation zu „Gedenkstätten I“: „An der 1938 zerstörten und seitdem vielfach fremdgenutzten und umgebauten Synagoge von Kitzingen, Landwehrstraße 1, informiert eine Gedenktafel“ – diese verliert aber eben kein Wort über diese so wechselvolle und deshalb hinsichtlich gesellschaftlicher Mentalität und Respekt vor dem jüdischen Kulturerbe aufschlussreiche Nachgeschichte, die allenthalben Umrüstungen zu Wohnungen einschließt.[27]

Notabene gingen bei vielen Projekten, aus jüdischen Synagogen „christliche“ Wohngelegenheiten zu schaffen, Umbau und Abbruch Hand in Hand, und im Zuge der Angleichung an die belanglosen Nachkriegsbauten fielen ganze Gebäudeteile der Spitzhacke zum Opfer.

In Höringhausen (Hessen) stutzte man den Sakralbau um ein Drittel seiner vormaligen Größe zusammen, um eine Zufahrt zum Hof zu gewinnen. Zwei Drittel gingen bei der bereits genannten Synagoge von Meimbressen unwiederbringlich verloren. Bisweilen blieb nur das Untergeschoss erhalten – mehr benötigte man nicht für die eigenen Zwecke. Man bediente sich rücksichtslos der jüdischen Bauten, man riss ab, was überflüssig war, und baute andererseits an. Je vollständiger dabei Geschichte gelöscht wurde, umso besser. Dass man den Synagogen bei den Umbauten zum eigenen Zuhause nur mehr den Wert eines Materiallagers zubilligte, wird plastisch vorgeführt an der Fachwerksynagoge von Vollmerz/Schlüchtern: Dieses Gebäude (von 1811!) stand prominent in der Ortsmitte und besaß unter dem Eingangsbereich ein Ritualbad. Obwohl bereits privatisiert, wurde es im Pogrom verwüstet, und die Fensterscheiben wurden eingeschlagen. Anschließend erfolgte eine Zweckentfremdung des Gebäudes als Pferdestall und Spenglerei. Der mehr und mehr marode Bau wechselte in den Siebzigerjahren den Besitzer. Dieser riss ihn ab und transportierte die Einzelteile nach Stork, wo er das Fachwerk für sein neues Eigenheim verwendete; da er es mit dem Fachwerk anderer Bauten kombinieren musste, stammen heute nur noch beide Traufseiten und die Giebel von der fragmentierten Synagoge. Den „authentischen“ Platz in Vollmerz ließ der „Umnutzer“ als Leerstelle zurück.

27 Siehe dazu Kapitel 10.

Kommunale Umnutzung

Ortsgemeinden versagten nicht nur beim Schutz des kulturellen Erbes, sie beteiligten sich auch unmittelbar an den Umnutzungen und den dafür erforderlichen Eingriffen in die ehemaligen Sakralbauten. Offensichtlich ließ sich nach solchen gravierenden Einbrüchen in die Bausubstanz leichter, bequemer, ohne an Schuld- und Verantwortungsgefühle erinnert zu werden, in diesen Häusern mit so viel tragischer Geschichte leben. Nicht nur die Privateigentümer verdrängten durch Baumaßnahmen die „normative" Vergangenheit, machten vergessen, dass in diesen Mauern Juden gefeiert und gelitten hatten – auch Kommunen ließen es sich nicht nehmen, die ehemals hier Lebenden und die Toten auf diese Weise zum Vergessen zu bringen. Das begann mit der Umwandlung von Synagogen zu Wohnungen und Mehrfamilienhäusern, die von den Kommunen vermietet wurden, ging über die Verwendung als Lagerraum für die Schilder der örtlichen Straßenbauämter und Ähnliches bis hin zum Einzug von Rathäusern in baulich entsprechend hergerichtete Synagogen.

Genau dies ereignete sich mit der voll ausgestatteten Landsynagoge von Heubach bei Fulda. (Diese Synagoge besaß ein Ritualbad, einen Schulbereich, eine Lehrerwohnung, zwei Küchen, Vorratsräume, Gäste- und Krankenzimmer.) Das Bürgermeisteramt war dort bis zur hessischen Verwaltungsreform 1970, mit der die Auflösung der Bürgermeisterei einherging, eingerichtet. Nach deren Auszug stand das Gebäude jahrzehntelang leer. Als Altaras 1985 und 1986 ein zweites Mal nach Heubach kam, fand sie die Synagoge in folgendem Zustand vor: „Das Gebäude war im Besitz der Ortsgemeinde und *diente bis vor kurzem als Bürgermeisterei von Heubach* (Rathaus). Allerdings ist es innen und außen ziemlich verändert und umgebaut worden. Zum Beispiel ist an Stelle der Empore eine Zwischendecke eingezogen worden, Scheidewände sind versetzt oder abgerissen worden, Toiletten eingebaut, Bogenfenster geschlossen, neue Fensteröffnungen aufgebrochen, der Keller mit Erde aufgefüllt worden, was dazu beigetragen hat, dass die Merkmale der Synagoge verloren gegangen sind."[28] Dass die weitere Nachgeschichte dieser Synagoge anders verlief, als sie sich bei Altaras abzeichnete, verdankt sich langer Auseinandersetzungen in der Zivilgemeinde. In Hüttenheim/Unterfranken wurden in dem repräsentativen Synagogenbau, wie häufiger, zunächst Zwangsarbeiter gefangen gehalten, ehe

28 Ebenda, Nr. 2, S. 33–35, S. 35. Hervorhebung im Original.

die Gemeinde hier nach dem Krieg Flüchtlinge und sodann, von 1956 bis 1974, die Gemeindegefrieranlage unterbrachte, bevor die ehemalige Synagoge zum Wohnhaus umgebaut wurde.

Vergleichbar verlief auch die Nachgeschichte des Synagogenbaus von Münchweiler an der Alsenz, das im November 1938 von einheimischen SA-Leuten gebrandschatzt worden war; die Kultgegenstände wurden auf die Straße geworfen, die Gebetbücher angezündet, wobei der Bürgermeister Jakob Müller selbst Hand anlegte und mit einer Mistgabel in den Büchern stocherte und sie hochhielt, damit sie besser Feuer fingen. Da das Gebäude, das 1939 an die Zivilgemeinde ging, selbst wenig ruiniert worden war, diente es während des Krieges als Gefangenenlager für französische Zwangsarbeiter.[29] Nach der Restitution verkaufte die Jüdische Kultusgemeinde der Rheinpfalz das Gebäude 1953 für 9000 DM an die Gemeinde Münchweiler, die dort, wo zwei Jahrzehnte zuvor örtliche kommunale Repräsentanten ihre rassistischen Verbrechen begingen, das Bürgermeisteramt einrichtete. In dem Gebäude, das äußerlich keine Veränderung erfuhr, waltete der Bürgermeister noch 1990, bis es an einen Bäckermeister verkauft wurde, der den ehemaligen Synagogenbau zu Wohnzwecken umbaute. Eine Hinweistafel, der die fatale Kontinuität der Geschichte hätte aufdecken können, wurde nicht angebracht.

Feuerwehrhäuser in Synagogen: der Bock wird Gärtner

Geradezu beliebt bei den Kommunen waren die geschändeten, aber weiter bestehen gebliebenen jüdischen Sakralbauten als Feuerwehrhäuser. Die Bereitstellung der Binger Synagoge für die Feuerwehr war also kein Einzelfall. Am Beispiel Bingens ist bereits thematisiert worden, dass eine solche Raumnutzung durch die politische Gemeinde in Anbetracht der Rolle, die die dortige Feuerwehr 1938 spielte, nicht frei von Zynismus sein kann.

Ein Prozess zum Synagogensturm in Stuttgart-Cannstatt lieferte ähnliche Beweise:

Die Feuerwehr hatte hier die Synagoge selbst in Brand gesteckt[30] – nicht der einzige Fall. Im westfälischen Epe bedurfte es zunächst eines Synagogenumbaus, ehe das Haus sodann der dortigen Feuerwehr zur Verfügung stand.

29 Weber, Die Synagogen in der Pfalz, S. 116.

30 Ulrike Puvogel/Martin Stankowski, Gedenkstätten für die Opfer des Nationalsozialismus, Band I: Eine Dokumentation, 2. Aufl., Bonn 1995, S. 89.

Die hessische Gemeinde Schmalnau nutzte die profanierte Synagoge bis 1983 als Feuerwehrhaus (bevor sie es auf Abbruch verkaufte), was die Kommune von Assenbach ebenso praktizierte. Die Gemeinde Münzenberg verwendete die dortige ehemalige Synagoge nach einem Umbau als „Spritzenhaus“, und zwar sogar bis 2005, also bis zu einem Zeitpunkt, als die Gedenkpolitik längst eine andere Haltung gegenüber dem Kulturerbe abverlangt hätte. Anders verlief die Nachgeschichte in Diemerode, wo 1938 das Innere des Gotteshauses vollständig verwüstet worden war. Zunächst als Kriegsgefangenenlager zweckentfremdet, wurde es 1951 von der Zivilgemeinde erworben, die die einstige Synagoge vermietete, bis sie das Gebäude 1958 als Feuerwehrgerätehaus in Gebrauch nahm. (Nach dem Verkauf an einen Privatmann wurde das Gebäude 1974 abgebrochen.) In Nieder-Mockstadt blieb die Synagoge bis heute, nach baulichen Veränderungen, als Feuerwehrhaus in Betrieb. Das Inventar der Synagoge von Großlangheim (Kreis Kitzingen) wurde 1938 vernichtet; das Gebäude selbst war intakt geblieben und damit nach 1945 geeignet als Feuerwehrhaus der Gemeinde.[31] Ebenso verhielt es sich bei der profanierten Synagoge im fränkischen Pappenheim, die 1954 zu einem Feuerwehrgerätehaus der Gemeinde umgebaut wurde.[32]

Felicitas Heimann-Jelinek führt als weiteres Beispiel die Geschichte der Synagoge im bayerischen Ichenhausen an, die, 1781 errichtet, 1938 geschändet wurde und zunächst der Wehrmacht als Lager diente. 1945 wurde sie von den alliierten Militärbehörden beschlagnahmt und der JRSO übergeben, die das Gebäude 1953 an die Zivilgemeinde verkaufte. Von dieser wurde es ab 1958 als Feuerwehrhaus genutzt (bis es in den späten Achtzigerjahren als „Synagogenbau“ wiederentdeckt wurde).[33] Am Feuerwehrhaus in Großlangheim in Baden-Württemberg lässt sich an den Rundbogenfenstern noch erkennen, dass es sich um die ehemalige Synagoge der dortigen jüdischen Kultusgemeinde handelt.[34]

31 Ebenda, S. 144.

32 Felicitas Heimann-Jelinek, Die Synagoge und ihre Metamorphosen. Gotteshäuser – Leerstellen – Gedenkstätten, in: Schönhagen (Hrsg.), Wiederhergestellte Synagogen, S. 20–29, hier S. 24.

33 Ebenda, S. 25.

34 Puvogel/Stankowski, Gedenkstätten I, S. 144.

Übernahmen durch christliche Gemeinden

Dass auch die christlichen Gemeinden ihrer Verantwortung gegenüber den Zeugnissen der viel beschworenen „christlich-jüdischen Geschichte des Abendlandes“ – deren Missachtung mit jeder Synagogenvernichtung nach dem Holocaust dokumentiert wird – in der Nachkriegsgesellschaft nicht gerecht wurden, ist anhand der von den Kirchen betriebenen oder zumindest nicht verhinderten Abrisse jüdischer Gotteshäuser angesprochen worden. Aber auch an einer Umnutzung dieser Gotteshäuser durch christliche Gemeinschaften führte offensichtlich kein Weg vorbei. So gewinnt man den Eindruck, dass die christlichen Gotteshäuser die jüdischen – wie in der Spätantike die „heidnischen“ Tempel – inkorporieren konnten und in ihnen nun ihre Gottesdienste, diejenigen einer Ecclesia triumphans, feierten. Zu berücksichtigen ist aber, dass wir hier durch den Holocaust eine nicht vergleichbare historische Situation haben, bei der zumindest ehrende Erinnerung angebracht gewesen wäre und nicht Löschen des Andenkens durch eine liturgische Okkupation.

Christliche Gebete überstimmten den Nachhall jüdischer Gesänge in den geschändeten Mauern in Wenings/Wetteraukreis und in Neuhof/Kreis Fulda. Eine „christliche“ Nachgeschichte weist auch die ehemalige Synagoge in Reichenberg im Landkreis Würzburg auf, die aus dem Jahr 1797 datiert. Sie wurde „verspätet“ zu Beginn des Zweiten Weltkriegs, am 24. November 1939, überfallen und verwüstet und dann in ein Holzlager, später in ein Stofflager für die Wehrmacht verwandelt. Die JRSO überließ das Gebäude 1949 der katholischen Kirche, die dort bis 1972 ihre Messen feierte (bevor sie es an einen Privatmann verkaufte, der es zu einem Eigenheim umbaute). Noch wechselvoller gestaltete sich die Nachgeschichte der Synagoge von Höchberg, wie die beiden letztgenannten Bauten Zeugnis einer verbreiteten jüdischen Kultur in Franken. Das Höchberger Gotteshaus, als barocke Synagoge von 1720/21 von besonderem kulturhistorischen Wert, erfuhr diverse bauliche Veränderungen, bevor es 1951 zur Evangelisch-Lutherischen Kirche von Höchberg wurde.[35] Trotz der Veränderungen wurde die frühere Bestimmung als Synagoge hier nicht völlig getilgt: Erhalten geblieben ist ein Hochzeitsstein und neben dem Eingang ein Stein mit hebräischer Schrift.

35 Ebenda, S. 147.

Ähnliche Erinnerungsspuren weist auch die katholische Kirche im fränkischen Sommerhausen noch auf. Nach 1938 diente die dortige Synagoge zunächst als Getreidespeicher, dann als Unterkunft für Arbeiterinnen, später als Möbellager. Die Frauenempore der Synagoge, heute der Gottesmutter Maria geweiht, bildet nun die Empore einer katholischen Kirche, und hinter dem Altar lässt sich noch der Thoraschrein erkennen. Im Bopfinger Stadtteil Oberdorf wurde nach – schnell gelöschter – Brandstiftung in der Synagoge das Gebäude als Turnhalle bestimmt, bis es 1950 als katholische Kirche geweiht und bis 1968 in der ehemaligen Synagoge katholische Gottesdienste gefeiert wurden.[36] Nach Leerstand bis 1951 übernahm die katholische Kirche die 1938 ausgeraubte Synagoge von Ravenstein, Baden. Auf einem Gedenkstein versuchte die katholische Kirche eine theologische Rechtfertigung der Aneignung, indem sie sich auf den Brief von Paulus an die Römer (Röm. 11,18) berief, „die Herkunft ihrer Religion aus dem Judentum zu respektieren".[37] Auch die Transformation der jüdischen Synagoge von Mainstockheim (1836) in Bayern in eine katholische Kirche wurde durch eine Inschrift bewusst gehalten, die allerdings mehr verschweigt als benennt.[38] Der Synagogenbrand 1938 war in Mogendorf/Westerwald gelöscht worden; 14 Jahre stand das Gebäude als Brandruine, bis es 1952 für 2500 DM von der evangelischen Kirchengemeinde gekauft und zur Kirche umgebaut wurde. Ebenfalls seit 1952 dient die profanierte Synagoge von Rexingen am oberen Neckar der evangelischen Gemeinde als Kirche.[39] Mit der Übernahme des Synagogengebäudes von Dransfeld 1951 durch die katholische Gemeinde war dessen Nachgeschichte nicht vorbei: 1975 verkaufte es die Kirche an einen Tischlermeister, der das Haus seit dieser Zeit als Werkstatt nutzt.

Eine auffallende neoklassizistische Architektur, die das gewachsene Selbstbewusstsein der israelitischen Gemeinde zum Ausdruck brachte, wies die Synagoge von Eschwege auf. Mit ihrem Säulenportikus beherrschte sie das Straßenbild. Während wie andernorts das Innere der Synagoge verwüstet wurde, wurden am Außenbau „nur" die Fensterscheiben eingeschlagen, sodass

36 Ebenda, S. 27.

37 Ebenda, S. 70 f.

38 „Dieses Gebäude, erbaut 1836 / diente der Jüdischen Kultusgemeinde / als Synagoge. / Die Gemeinde gedenkt ihrer/ ehemaligen jüdischen Mitbürger, / Zur Erinnerung und zur Mahnung." Ebenda, S. 162.

39 Karlheinz Geppert, Der Nachhall einer verschwundenen Welt. Die Gedenkstätte Synagoge Baisingen, in: Schönhagen (Hrsg.), Wiederhergestellte Synagogen, S. 32–41, hier S. 32.

das Gebäude nach Kriegsende rasch wieder als jüdisches Zentrum restauriert werden konnte. Die Nachkriegsgemeinde setzte sich vor allem aus Displaced Persons des nahe gelegenen Camps zusammen, eine Situation, die wegen der nachfolgenden Abwanderung der meisten dieser Personen wie anderswo nicht lange aufrechterhalten werden konnte. Die Neuapostolische Kirche kaufte den Tempel und hält bis heute ihre Gottesdienste in ihm ab. Man betritt das Haus heute unter dem Kreuzzeichen, und an den Außenfassaden ist das Emblem der Neuapostolischen Kirche, das über dem Wasser vor der aufgehenden Sonne schwebende Kreuz, angebracht.

Dass es ausgerechnet die Neuapostolische Kirche ist, die in diesem architektonisch repräsentativen Synagogengebäude ihren christlichen Kultus feiert, muss befremden, wenn man um die historische Nähe dieser Kirche zum Nationalsozialismus weiß. Auch wenn die lange gehegte Vermutung, dass der „Stammapostel" Johann Gottfried Bischoff Mitglied der NSDAP war, nicht bewiesen werden konnte – sein Sohn Friedrich Bischoff gehörte der NSDAP und der SA an –, sind seine Nähe und die Nähe seiner Kirche zum NS-System unbestritten: Am Tag von Potsdam feierte er in einer Ansprache Hitler als gottgesandten Führer (und schickte seine Rede an die Reichskanzlei), im Jahr des Pogroms rief man die Kirchenmitglieder in der kircheneigenen Zeitschrift *Unsere Familie* zu einem „Ja" zum Führer auf.[40] In derselben Zeitung wurde 1941 ein antisemitischer Hetzartikel, „Juda und U.S.A.", publiziert, in dem es heißt: „Die Juden sind Verbrecher. Sie gründen Verbrecherbanden, sind Falschspieler, Kuppler und Mädchenhändler. Die Bankräuber in den USA sind von jeher hauptsächlich Juden."[41] Alle Äußerungen, die bis heute zur damaligen Haltung der Neuapostolischen Kirche von den Kirchenoberen zu hören waren, sind im Grunde Rechtfertigungsreden. Die Verdrängung des Davidsterns durch das Kreuzemblem an dieser ehemaligen Synagoge muss vor diesem Hintergrund umso mehr eine Verletzung jüdischer Sakralkultur darstellen.[42]

1950 war bereits die Synagoge von Wallerfangen an der Saar von der Neuapostolischen Kirche gepachtet und schließlich gekauft worden. Sie diente dem Kultus der neuapostolischen Glaubensgemeinschaft bis 2016. Auch die ehe-

40 http://waechterstimme.orgfree.com/uf380320.html!

41 Juda und U.S.A, in: Unsere Familie 8 (1948), Nr. 13, S. 230.

42 Befremdlich ist, dass die Neuapostolische Kirche gerade in der DDR einstige Synagogen für ihre Gottesdienste umwidmen konnte.

malige Synagoge von Walldorf/Baden wurde 1954 von der Neuapostolischen Kirche übernommen. Da dieses Synagogengebäude eine wechselvollere (Vor-) Geschichte hat, soll es hier als weiteres Beispiel für christliche „Okkupationen" genannt werden, um einen bislang nicht thematisierten Aspekt, der sich auch an anderen Orten (z. B. in Limburg an der Lahn) zeigt, der Vollständigkeit halber aufzugreifen: In einigen wenigen Orten waren vor 1933 bereits bestehende Gotteshäuser einer christlichen Konfession als Synagogen genutzt worden, so auch in Walldorf, wo die Evangelisch-Reformierten ihre 1716 von ihnen erbaute Kirche 1861 an die Israelitische Kultusgemeinde übergeben hatten. Diese hielt in dem ehemaligen Kirchengebäude bis zur Pogromnacht ihre Gottesdienste ab. Nachdem Nationalsozialisten diese Synagoge 1938 verwüstet und geschändet hatten, wurde sie nach 1945 von der Neuapostolischen Kirche erworben. Diese komplexere Vorgeschichte ändert grundsätzlich nichts daran, dass die Nachgeschichte auch hier vom Respekt vor der „normativen Vergangenheit", der Vertreibung und Ermordung der jüdischen Bürger der deutschen Gesellschaft, hätte bestimmt sein müssen.

Bei der Übernahme von Synagogengebäuden schien keine der christlichen Konfessionen Vorbehalte gehegt zu haben, auch nicht die kleineren Konfessionen wie etwa die „Christengemeinschaft",[43] die auf Anregung des zum Teil rassistisch argumentierenden Anthroposophen Rudolf Steiner und basierend auf seinen Kultvorstellungen 1922 gegründet wurde. Die Detmolder Fachwerksynagoge, die Vorgängerin des 1938 gebrandschatzten Synagogenbaus, wurde von der „Christengemeinschaft" übernommen und in „Michael-Kapelle" umbenannt.[44]

Die christlichen Kirchen bauten und nutzten die einstigen jüdischen Gotteshäuser nicht nur zu Kirchen um und löschten damit die Identität des Baus, sondern nutzten sie auch pragmatisch für andere Zwecke: Die Mehringer Synagoge wurde, wie bereits angemerkt, nach 1945 zur Pfarrbücherei, bis das Gebäude im Jahr 2000 verkauft und zu einem Wohnhaus wurde. In St. Ingbert im Saarland war, wie ausgeführt, die Synagoge ausgerechnet von der Christus-Gemeinde am Ort, die offen mit der Nazipolitik an der Saar sympathisiert hatte, für Gottesdienste übernommen worden, bevor sie 1947 in die

43 Die „Christengemeinschaft" wird weder von Katholiken noch Protestanten, noch Orthodoxen als christlich anerkannt.

44 Hinter diesem Fachwerksynagogenbau befindet sich – versteckt – eine Gedenkstätte für die im Holocaust getöteten Juden Detmolds.

Hände der protestantischen Kirche überging. Nach der Restituierung baute diese den ehemaligen jüdischen Sakralbau zu einem Jugendheim um, wobei sie alles entfernte, was an die jüdische Vergangenheit erinnern konnte. 1988 zog dann das Amt für Religionsunterricht der Pfälzischen Landeskirche ein – und erst 2003 begann eine (eher fehlgeschlagene) Rückgewinnung der baulichen Identität des jüdischen Baus.

Als letzter beispielhaft zu nennender Fall soll hier folgender erwähnt werden: „Das heutige Kolpinghaus in Bastheim, Auweg 1, ist das Gebäude der ehemaligen Synagoge, deren Inneneinrichtung in der sogenannten ‚Reichskristallnacht' im Jahr 1938 vernichtet wurde. Eine *Gedenktafel* informiert: ‚Dieses Gebäude diente / der Jüdischen Kultusgemeinde Bastheim / 1938 als Synagoge.'"[45] Die Gedenktafel spricht nicht von den an diesem Ort ausgeübten Verbrechen, sodass die Kolpingbrüder hier weiter in Ruhe tagen können.

Vom Bethaus zur „Räuberhöhle"? Raiffeisen & andere Banken

Nicht nur Kommunen und Kirchen haben sich als verantwortungslose Akteure vor der Geschichte erwiesen. Eine dritte Gruppe, für die im Folgenden lediglich einige Beispiele herausgegriffen werden sollen, bilden Banken, vor allem die Raiffeisenbank und -genossenschaft. Lange wurde deren Gründer Friedrich Wilhelm Raiffeisen als herausragender Sozialreformer gefeiert, dessen Ideen und Projekte aus einem christlichen Fundamentalismus erwuchsen. Aber genau mit diesem hing auch sein fanatischer Antijudaismus bzw. Antisemitismus zusammen, der erst in letzter Zeit durch die Buchpublikation von Wilhelm Kaltenborn „Raiffeisen: Anfang und Ende" (2018)[46] stärker diskutiert wird. Bereits als junger Bürgermeister des kleinen Westerwälder Ortes Weyerbusch lehnte er ein Gesuch von fünf jüdischen Bürgern zur Errichtung einer Synagoge mit der Begründung ab, den Juden ginge es nur darum, aus einem leer stehenden Saal materiellen Gewinn ziehen zu können (schließlich könnten sie zum Beten die eine Meile weit entfernte Synagoge von Altenkirchen oder das in einer Stunde erreichbare Bethaus von Mehren aufsuchen). Raiffeisens Äußerungen zu Juden pointierten seine „antikapitalistischen" Verurteilungen und gehörten zum ideologischen Repertoire, aus dem sich die NS-Propaganda

45 Puvogel/Stankowski, Gedenkstätten I, S. 119.

46 Wilhelm Kaltenborn, Raiffeisen: Anfang und Ende. Zentral-Konsum eG/Books on Demand 2018.

bedienen konnte: So zehrten nach dem „christlichen Sozialreformer" Raiffeisen Juden von Wucher und Betrug. Sie würden den Vieh- und Geldmarkt beherrschen und knechteten auf diesem Wege die Landbevölkerung. Sie würden körperliche Arbeit scheuen, die Presse hätten sie in der Hand. Durch ihre kosmopolitische Orientierung stellten sie eine Gefahr für den nationalen Staat dar.[47] In einem Vortrag „Die Juden in Spanien" von 1881 rechtfertigte er die Vertreibung der Juden 1492 aus Spanien. „Wären die Juden nicht aus Spanien vertrieben worden, wären ihnen die Reichtümer Amerikas in die Hände gefallen", fasst Hans Fässler die Argumentation Raiffeisens zusammen. „Es hätte sich schon damals eine ‚goldene Internationale' gebildet, aus deren Fesseln sich Europa nicht mehr hätte befreien können."[48] Die Vertreibung der Juden von der iberischen Halbinsel – als Vorschlag eine Blaupause für die Vertreibungen und Deportationen, die im November 1938 auf die nationalsozialistische Tagesordnung gesetzt wurden.

So verwundert es auch nicht, dass Raiffeisen von den Nationalsozialisten als einer der ihren reklamiert wurde. Zur Feier seines 50. Todestags in Neuwied waren 1938 der Reichsbauernführer Walther Darré und der Gauleiter Gustav Simon gekommen. Simons Rede gehört ins Vorfeld der Pogrome desselben Jahres. So ist es wie bei Raiffeisen die „jüdische Zinsknechtschaft", über die er sich auslässt: „Wir dürfen daher als Nationalsozialisten Friedrich Wilhelm Raiffeisen als einen der unserigen nennen. […] Wir Nationalsozialisten bejahen Raiffeisen auch deshalb, weil er dem Kapitalismus des 19. Jahrhunderts einen starken Schlag versetzt hat. […] Er hat das deutsche Bauerntum frei gemacht aus den Klauen der jüdischen Zinswucherer […]."[49]

Dieser lange Schatten der Judenfeindschaft ihres Gründers trug sicherlich dazu bei, dass im NS-Staat geplünderte, aber noch von ihrer Bausubstanz her verwendbare Synagogen schnell in die Hände der Raiffeisengenossenschaft übergingen. Einige waren bereits während der NS-Zeit in deren Besitz gebracht worden, in Höringhausen sogar bereits ein Jahr vor dem Pogrom. Dieses Gebäude blieb deshalb zunächst von großen Eingriffen verschont, bis es Ende der Fünfzigerjahre massiv von der Raiffeisenbank umgebaut werden konnte. Die Synagogen mit ihren geplünderten und nun leeren Betsälen eigneten sich

47 Ebenda, passim.

48 Hans Fässler, Der solidarische Pionier als alter Antisemit, in: WOZ. Die Wochenzeitung, 14. Februar 2019, https://www.woz.ch/1907/friedrich-wilhelm-raiffeisen/der-solidarische-pionier-als-alter-antisemit.

49 Ebenda.

offensichtlich hervorragend für die Belange der Raiffeisengenossenschaften. Es bedurfte keines großen Aufwands, um sie als Lagerhalle umzurüsten. Bisweilen genügten neue Toröffnungen und angebaute Laderampen, um landwirtschaftliche Güter verladen zu können. Wo es sich um Synagogen des deutschen Landjudentums handelte, waren sie für die Raiffeisengenossenschaften mit ihrer Ausrichtung auf den bäuerlichen Bedarf optimal gelegen. Bedenken, dass man sich etwa schamlos an den sakralen Bauten einer Kultur bediente, zu deren Vernichtung auch der eigene Gründungsvater ideologische Hilfestellung geleistet hatte, kamen nicht auf.

So wurde die nicht zerstörte Synagoge von Hundsbach bei Bad Kreuznach von der Genossenschaft schon 1945 übernommen und als Verkaufslager eröffnet. Im selben Jahr war es das – 1938 geschändete – Gotteshaus von Kippenheim in Mittelbaden, das für 30 Jahre zum Lager der dortigen Raiffeisengenossenschaft wurde.[50] 1954 erwarb die Raiffeisengenossenschaft die Synagoge von Greußenheim in Franken und nutzte sie als Lager, ohne dass zuvor größere Umbaumaßnahmen notwendig geworden waren. Auch in Schweich an der Mosel übernahm die Raiffeisengenossenschaft die 1852 erbaute und 1938 geschändete Synagoge (die wie an vielen anderen Orten zunächst während des Zweiten Weltkriegs als Kriegsgefangenenlager zweckentfremdet worden war) und stapelte dort, wo früher aus der Thora gelesen wurde, ihre landwirtschaftlichen Verkaufsgüter. Ähnliches geschah in Abbach bei Darmstadt, in Markt Uehlfeld (hier richtete die Raiffeisenbank nach 1945 ebenfalls eine Lagerhalle im Gebäude ein) und in Ahrweiler, nachdem das von den amerikanischen Soldaten resakralisierte Gebäude wieder aufgegeben worden war (siehe Kapitel 2). Das gut erhaltene Gotteshaus von Hüttenheim in Unterfranken ging samt dem ebenfalls noch intakten Vorsängerhaus an die Raiffeisengenossenschaft, die das ganze Ensemble bis 1996 als Lager und Abstellraum für Traktoren und landwirtschaftliche Maschinen in Gebrauch hatte, genauer: es so abnutzte und herunterkommen ließ, dass 1996 eine Abrissgenehmigung erteilt wurde (der die Synagoge nur entging, weil Privatleute sie zu Wohnzwecken restaurierten).

Wenn bei solchen Beispielen die Intervention in die Bausubstanz der jüdischen Sachkultur nicht so rigoros war wie bei anderen Umnutzungen, lag dies nicht an der größeren Achtung, die die Raiffeisengenossenschaften den ihnen „zugefallenen“ Bauten entgegenbrachten, nicht an der Wahrnehmung einer

50 Puvogel/Stankowski, Gedenkstätten, S. 51.

Selbstverpflichtung gegenüber unserer „normativen" Vergangenheit, sondern nur daran, dass Umbauten dem Unternehmen nicht zweckdienlich erschienen. Wo und insofern die Nutzungsbedingungen für die Raiffeisengenossenschaften andere waren und es eines radikalen Eingriffs in den Bau bedurfte, wurde dieser auch durchgeführt. Die Synagoge von Ermreuth bei Forchheim – 1938 hatte man den Innenraum zerstört, wegen Leerstandes kam es während des Krieges zu keinen weiteren Veränderungen – ging 1954 an die Raiffeisengenossenschaft, 1974 wurde sie zu einer Lagerhalle, wobei alles, was der neuen Nutzungsweise entgegenstand, beseitigt wurde, somit auch alle baulichen Anzeichen einer Synagoge.

Einer der architektonisch aus dem Rahmen fallenden jüdischen Sakralbauten in kleineren Ortschaften war 1870/71 in Abterode (Werra-Meißner-Kreis) erbaut worden, ein inzwischen auf einer Verkehrsinsel freistehender Massivbau aus rotem Quadersandstein. Weder die Geschichte des Baus mit den Beschädigungen durch den Terror 1938 noch die besondere Position in der Synagogenarchitektur stellten für die Raiffeisengenossenschaft, die nach der Spar- und Darlehenskasse Besitzer wurde, ein Hemmnis dar, in dessen historische Substanz sehr stark einzugreifen. So wurden nicht nur Fenster und Türen umgebaut und eine Zwischendecke aus Beton eingezogen, auch der Quaderbau wurde bis auf eine Wand verputzt, sodass schon dadurch die herausgehobene Position inmitten der Fachwerkhäuser, die dem Quaderbau seine Würde im Ortsbild verliehen hatte, verloren ging. Darüber hinaus erhielt das ehemalige Sakralgebäude ein Vordach und eine Rampe vor dem Synagogenraum, in den nun bis 1990 Futtermittel eingelagert wurden. Die unverputzt gebliebene Nordfassade hatte ihre neorenaissancehaften und neoromanischen Stilelemente bewahrt und stellte nun eine Kulisse für den ästhetisch völlig misslungenen einstöckigen Anbau einer Bank dar: die einstige Synagoge als Bühne für den Auftritt einer Bank – ein architektonisches Statement in einer synagogalen Nachgeschichte.[51] (Erst in den letzten Jahren konnte der Bau „gerettet" werden; die Restaurierung der Wand- und Deckenbemalungen dauert noch an. 2019 öffnete die ehemalige Synagoge, in der man auch große Geniza-Funde machte, wieder als „Lern- und Gedenkort."[52])

51 Nachdem 1990 im Rahmen des Dorferneuerungsprogramms die äußere Hülle wieder hergestellt worden und die Bank eingezogen war, kam es – mit Unterstützung der Deutschen Stiftung Denkmalschutz – 2017/18 zur Wiederherstellung der Synagoge. 2021 erhielt diese den Sonderpreis des Hessischen Denkmalschutzpreises.

52 Siehe www.synagoge-abterode.de.

Wie bei Kommunen oder Kirchen konnte auch bei den Raiffeisenbanken die Umnutzung im Abriss enden, wenn das Gebäude seine Schuldigkeit getan hatte oder andere Verwertungsmöglichkeiten anstanden. Im hessischen Wächtersbach hatte die Genossenschaft in den Fünfzigerjahren das ganze Ensemble von jüdischer Schule und Synagoge erworben, das Schulhaus wurde planiert, aus dem Gotteshaus wurde die Verkaufshalle. Zwischen 1981 und 1983, als auf dem Land die Zeit der Lagerhallen zu Ende ging, baute man den Sakralbau vollständig zu einem Bankgebäude um, ehe das Gebäude nach dem Auszug des Bankinstituts als Bürogebäude fungierte.

Das Verschwinden des jüdischen Schulhauses war die radikale, auch an anderen Orten zum Zuge kommende Lösung. Wie die Raiffeisenbank diese durchsetzen konnte, zeigt sich am Beispiel der Synagoge von Rust in Baden. Diese war im Krieg beschädigt worden und wurde von der Kommune 1945 in der Restitution erworben, weil die Gemeinde eine Abstellhalle für Holz suchte. Zu diesem Zweck wurde das Gebäude repariert, 1963 allerdings für 8500 DM an die Raiffeisengenossenschaft weiterverkauft, die von Anfang an vorhatte, die einstige Synagoge abreißen zu lassen, um Platz für eine neue Vorratshalle für Düngemittel zu schaffen. Einen Monat, bevor die Bagger kamen, trat allerdings das Landesdenkmalamt auf den Plan, um das erhaltene Synagogenhaus unter Schutz zu stellen, und leitete ein entsprechendes Verfahren ein. Die Gemeinde Rust gab nachfolgend aufgrund falscher Angaben der Gebäudeversicherung an, die Synagoge sei erst 1895 (in Wirklichkeit war es 1857) erbaut worden und falle damit nicht unter den Denkmalschutz. Dies führte dazu, dass die Bagger im April 1965 anrückten und ein wichtiges Denkmal badischen Judentums vernichteten. Das Grundstück wurde, wie vorgesehen, von der Raiffeisenbank mit einer neuen Lagerhalle bebaut, an der allerdings eine Gedenktafel angebracht wurde. Sarkastisch formuliert: Ein stabiler Neubau wurde anstelle der alten Synagoge errichtet, damit man eine Gedenktafel an diese fest anbringen konnte. Ein weiteres Beispiel stellt die Umnutzung der Synagoge von Kippenheim durch die Raiffeisengenossenschaft dar.[53] Die lange Liste dieser Übernahmen verdeutlicht die jeweils erfolgte Missachtung jüdischer Kultur.

Selbstverständlich waren es nicht nur die Raiffeisenbanken, die sich der geschändeten Synagogen bemächtigten. Stadt- und Kreissparkassen folgten, blieben aber bei der Vernichtung durch Umnutzung quantitativ weit hinter

53 Puvogel/Stankowski, Gedenkstätten I, 51.

den Ersteren zurück. Nur ein Beispiel hierfür soll stellvertretend genannt sein: In Schwäbisch Gmünd schändete der nationalsozialistische Mob die Synagoge, zündete sie aber nicht an. Die jüdische Gemeinde, die 1939 noch 34 Mitglieder hatte, musste das Gebäude in diesem Jahr an die Sparkasse verkaufen. 1945 erlaubte der Erhaltungszustand, dass das Haus jüdischen amerikanischen Soldaten vorübergehend wieder als Gebetsraum dienen konnte. Später erfolgte eine Umnutzung durch die Sparkasse, die 1954, als sie die ehemalige Synagoge nicht mehr gebrauchen konnte, diese kurzerhand abriss. Respekt vor den Orten, die für die Erinnerung an die „normative" Vergangenheit wichtig waren, vor Orten, die demonstrierten, dass jüdische Kultur keine fremde war, sondern in vielen Orten ihren festen Platz hatte, zeigten die Raiffeisengenossenschaften und andere Banken bis weit in die Achtzigerjahre und später nicht. Dies belegt auch das bereits genannte Beispiel im nordsaarländischen Sötern. Indem die Geldinstitute die baulichen Zeugnisse der jüdischen Kultur pragmatisch für ihre Geschäfte nutzten, tragen sie Mitverantwortung an der Spurenverwischung und der damit verbundenen Verfälschung und dem Verlust von Geschichte.

„Enrichessez-vous!" – Private Zweckentfremdungen ohne Ende

Auch auf die erneute Gefahr von Redundanz und Monotonie bei der Lektüre kann die Aufzählung von Zweckentfremdungen von jüdischen Gotteshäusern, die nach Vertreibung, Deportation und Ermordung ihrer jüdischen Eigentümer und Nutzer dem Zugriff der deutschen Nachkriegsgesellschaft offenstanden, nicht beendet werden. Ja, gerade in dieser Redundanz, in den Wiederholungen, zeigt sich das Ausmaß der kulturellen Barbarei.

Zu berücksichtigen ist, dass sich nämlich nicht nur die Raiffeisengenossenschaften bedenkenlos derjenigen Synagogen bemächtigten, die im Verlauf des Holocaust leer geräumt worden waren, und diese Gebäude als von der Baustruktur her geeignete Lagerhallen ansahen. Dass einer Lagerung von Futtermitteln oder Saatgut an der Stelle der Bima eine fortdauernde Missachtung jüdischer Kultur inhärent sein könnte, kam offensichtlich niemandem in den Sinn. Dabei standen die Genossenschaften häufig in Konkurrenz zu privaten Betrieben, die ebenfalls an den wohlfeilen Lagerhallen interessiert waren. Schon bei der Nutzung der Synagogen als Eigenheime hat erstaunt, mit welcher Empathielosigkeit und Geschichtsvergessenheit private Nutzer zu Werke gingen; nicht weniger ist dies der Fall, wo leer geräumte Synagogen nun ebenfalls als Lagerhäuser, Scheunen, Werkstätten, Stallungen oder Abstellräume privat genutzt werden konnten. Die Täter der NS-Zeit hatten hierzu ganze Vorarbeit geleistet, indem sie Thoraschrein, Bima, Bestuhlung brachial herausgerissen, abtransportiert und entsorgt hatten. In der langen Nachgeschichte vieler Synagogen war deren Nutzung als Lagerhalle häufig bereits am Beginn, d. h. zu einem Zeitpunkt erfolgt, als der NS-Terror noch präsent gewesen war. Wie bei der Lagernutzung durch die Raiffeisengenossenschaft datiert diese Art der Zweckentfremdung damit häufig nicht erst von 1945 an, sondern geht zurück auf die Zeit der NS-Verbrechen, sodass es eine Kontinuität der Umnutzung, häufig auch des Besitzes gab.

So wurde die Synagoge von Osann an der Mosel seit 1938 als Schuppen verwendet, aber erst 1960 ging der ursprüngliche Charakter durch das Einziehen einer Betondecke auf der Höhe der Frauenempore und das Vermauern der Fenster verloren. Ähnliches geschah mit der 1831/1832 erbauten Synagoge von Neidenstein im Rhein-Neckar-Kreis, die hervorzuheben ist, weil sie zu den größten jüdischen Gotteshäusern in Baden zählte. 1938 wurde, wie fast überall, das Innere verwüstet und die profanierte Synagoge am 20. Januar 1939 für 1000 Reichsmark an einen Landwirt zwangsverkauft, der sie zu Scheuer und Stall umbaute (noch in den Neunzigerjahren wurde sie weiter für landwirtschaftliche Zwecke profaniert). Die ehemalige Synagoge der großen jüdischen Gemeinde Mühlhausen (Markgräflerland) wurde von einem Landwirt „übernommen“ und verbaut.

Für Meisenheim am Glan ist ausnahmsweise die Nachgeschichte als Lagerhalle auf einer Gedenktafel vermerkt, auf der es heißt: „9./10. November 1938 Plünderung und Demolierung des Gebäudes in der Pogromnacht; danach Nutzung als Lager und Getreidespeicher“ – zunächst kommunal, aber ab 1951 privat.

Nach 1945 wurde die Synagoge von Neheim, die wegen der Gefahr des Übergreifens des Brandes „nur“ geplündert worden war, als Lagerraum zweckentfremdet, ebenso wie diejenige von Leiwen an der Mosel. Die Synagoge von Polch, durch Brand weniger beschädigt, diente bis 1980 als Lagerraum, in Könen (bei Konz) stand das jüdische Gotteshaus lange leer, bis es zum Lager umfunktioniert wurde. Ähnliche Umnutzungen waren: Abstellkammer (Linz, Staden, Michelstadt), Gerümpelhalle (Hebenshausen), Unterstellplatz für landwirtschaftliche Geräte (Saffig, Nettesheim), Werkstätten (Bad Soden, Alsbach, Pohl, Ortenberg, Vöhl, Romrod, Mühlhausen). Im unterfränkischen Hüttenheim wurde das barocke Gebäude landwirtschaftlich genutzt und verfiel, bis ein Ehepaar es Mitte der Neunzigerjahre zu Wohnzwecken übernahm und restaurierte. Im hessischen Reinheim wurden in der ehemaligen Synagoge Kartoffeln eingelagert, und in Bork war es ein Kohlenhändler, der seine Kohlen in den Betraum schüttete und sein Heizöl dort lagerte.[54]

An manchen Orten boten sich ehemalige Synagogen nach baulichen Veränderungen als Geschäftsräume an, so in Hachenburg im Westerwald, in Friedendorf, in Neudorf, in Lengefeld, in Haßfurt (Bayern) und andernorts. Als besondere Missachtung musste es erscheinen, wenn in den Synagogen Metzgereien ihre Produkte herstellten und verkauften. Dass im historischen Ortskern von Hülchrath noch im Nationalsozialismus die gerade entehrte Synagoge zu einer Wurstküche wurde, war eine politisch gewollte Verhöhnung. Wie aber soll man es nennen, wenn sie auch nach 1945 Wurstküche blieb? Was ging in der Gesellschaft vor, wenn nach 1945 im ehemals jüdischen Gotteshaus von Steinbach am Glan im heutigen Rheinland-Pfalz, von Pfaffen-Beerfurth in Hessen oder in Rohrbach Metzgereien eröffnet wurden? Solch ein pietätloser Umgang mit dem jüdischen Erbe ist ein Indikator dafür, wie ernst es der Nachkriegsgesellschaft damit war, Lehren aus einem Regime zu ziehen, das den Antisemitismus auf seine schwarz-weiß-roten Fahnen geschrieben hatte, und wie ernst man es mit einer viel beschworenen „Wiedergutmachung" meinte.

54 Wie bei anderen Umnutzungen verlief auch bei der Lagerhallennutzung die Nachgeschichte in verschiedenen Etappen, und dementsprechend entfernten sich die jüdischen Bauten immer mehr von den baulichen Relikten einer Synagoge. Da auch hier die Aufzählung endlos wäre, nur noch einige Beispiele: In Alsbach blieb die einstige Synagoge bis Anfang der Sechzigerjahre als Lagerhalle in Betrieb, ehe der Umbau zu einem Wohn- und Geschäftshaus erfolgte. Wenkheim in Baden-Württemberg hatte in den Dreißigerjahren 900 Einwohner, davon waren 15 % jüdisch. Nach der Pogromnacht wurde aus der Synagoge ein HJ-Heim, anschließend ein Lager für belgische Kriegsgefangene, sodann Wohnräume für Flüchtlinge; nach 1945 wurde die ehemalige Synagoge in eine Lagerhalle verwandelt, bis sie 1992 von der katholischen Kirche für Gruppenarbeit renoviert wurde. Auch die Lagerhalle in Linz am Rhein wurde Mitte der Achtzigerjahre zu einem Wohnhaus verbaut. Die Neheimer Synagoge, als Lagerschuppen nicht mehr benötigt, wurde 2001 Vereinsheim des Jägervereins. Wie bei anderen Umnutzungen wurden die einstigen Synagogen, wenn sie ihren Zweck als Lagerhalle erfüllt hatten, abgetragen – wie in Bad Soden oder in Leiwen, wo die Firma Carl Reh, die die Synagoge als Lagerhalle in Gebrauch hatte, das Gelände planierte. In Gunzenhausen waren 1942 bis 1945 französische Soldaten in der zuvor geschändeten Synagoge interniert, bevor sie 1947 bis 1949 als Kaufhaus und von 1953 bis 1981 als Werkhalle diente; sobald sie nicht mehr als solche gebraucht wurde, rückten sofort die Abrissbagger an.

Es war nicht nur die fortgesetzte Zweckentfremdung, es waren vor allem die vielen Arten einer unwürdigen Umnutzung, die den jüdischen Opfern posthum noch einmal ihre Ehre nahmen. Welch ein Vergessen der historischen Verbrechen, wenn man ausgerechnet in den sakralen Häusern, die Tatorte dieser Verbrechen darstellten, nach 1945 Vergnügungsstätten einrichtete. Schon an der Binger Wein- und Tanzbar in der ehemaligen Synagoge war aufgefallen, dass man buchstäblich über die Opfer und ihre Geschichte hinwegtanzen konnte.

Aber Bingen war kein Einzelfall. Auch in Echzell (Hessen) wurde aus der Synagoge eine Tanzbar, ebenso in Lichtenroth. Das beschädigte und ausgeraubte Gotteshaus von Seibersbach wurde zum Fest- und Tanzsaal eines Gasthauses. Gasthäuser durch Synagogenrecycling entstanden in Bischofsheim, Felsberg und Einhartshausen. Das Bethaus von Enkirch, 1938 verkauft, wurde in das Wirtshaus „Alte Weinstube" integriert. Eine Weinstube ging auch aus der ehemaligen Synagoge in Hofheim hervor, wo man weinselig alles vergessen konnte, auch den Völkermord. Und in Trittenheim an der Mosel trugen die noch erkennbaren Rundfenster des alten Gotteshauses sicherlich zur Atmosphäre des Gasthauses bei. Nachdem die Autowerkstatt aus der ehemaligen Synagoge von Mondorf bei Bonn ausgezogen war, etablierte sich dort ein Café (inzwischen eine Computerwerkstatt), in Gedern ging aus dem Sakralbau das „Centralcafé" hervor. Die ehemalige Synagoge im bayerischen Oberelsbach wurde umfunktioniert zu Café und Diskothek. Auf einer Gedenktafel an der Diskothek heißt es – fast schon zynisch bei einer solchen Form von Zweckentfremdung: „Zur Erinnerung und Mahnung."[55] In der Ortschaft Echzell stand die ehemalige Synagoge seit den Sechzigerjahren leer und verfiel, bis ein Privateigentümer sie bis auf das Erdgeschoss abtragen ließ; dort wurde eine Tanzbar eingerichtet. Das jüdische Gotteshaus von Edesheim (Südliche Weinstraße) – die jüdischen Gemeindemitglieder waren schon 1940 wie alle badischen und saarländischen Juden in das südfranzösische Lager Gurs deportiert worden – wurde mehrfach zweckentfremdet, bis schließlich 1962 ein Nachtlokal in der ehemaligen Synagoge seine Bar öffnete und bis heute betrieben wird.

Die allein schon wegen der „jüdischen" Geschichte Norderneys (die als einzige Nordseeinsel bis 1933 Juden als Badegäste willkommen geheißen hatte) bemerkenswerte Synagoge, die auf ausdrücklichen Erlass Wilhelms I. erbaut wurde, wurde nacheinander umgebaut zum Lager eines ortsansässigen Eisenwarenhändlers, zu einer Diskothek, einem argentinischen Steakhaus und

55 Puvogel/Stankowski, Gedenkstätten I, S. 182.

einem italienischen Restaurant. Seit April 2000 wird es als Feinschmeckerlokal „de Leckerbeck“ betrieben.[56] Zu den Beispielen, dass 1938 profanierte jüdische Gotteshäuser eine Nachgeschichte als Restaurant, vielleicht sogar als Feinschmeckerlokal mit besonderem Ambiente, haben durften, gehört auch dasjenige der Synagoge von Creglingen: Nach dem Krieg als Jugendherberge missbraucht, wurde sie 1987 (!) umgebaut und lud nun als Restaurant ein.

Von ihrer Baustruktur her boten sich Synagogengebäude auch als Kinosaal an. Schon 1936 musste der Sakralbau in Fränkisch-Crumbach an eine Privatperson verkauft werden, die dort bis 1989 ein Kino betrieb. Auch in Heilbronn wurde aus der Synagoge ein Kino. In Haigerloch wurde die Synagoge 1951 umgebaut und bis in die Sechzigerjahre als Filmtheater genutzt (von 1968 bis 1981 etablierte sich dann ein Lebensmittelmarkt). Wenn man vergaß, wo man sich befand, konnte man sich auch in dem Kino von Würselen ein paar schöne Stunden machen, wo die Lichtspiele in einem Gebäudekomplex, der mit der Synagoge verbunden war, untergebracht wurden. Die ehemalige Synagoge im baden-württembergischen Braunsbach, 1938 verwüstet, wurde 1980 in den Neubau der „Burgenland-Halle“ einbezogen und fungiert heute als Bühnenraum.[57]

Mit der Erwähnung der Nachgeschichte der Synagoge von Würselen soll die – unvollständige – Auflistung der Zweckentfremdung jüdischer sakraler Bauten nach 1945 an dieser Stelle abgebrochen werden: Die jüdische Gemeinde von Würselen, eine Nachbarstadt von Aachen, sah sich schon im April 1938 gezwungen, ihre Synagoge für 2000 Reichsmark an einen ortsansässigen Wagenbauer zu veräußern. Die Synagoge von 1875, ein frei stehendes stattliches Backsteingebäude, von der Elfi Pracht noch eine genaue, die Architektur lobende Baubeschreibung liefern konnte,[58] blieb damit erhalten. Nach 1945 beherbergte der Bau jahrzehntelang eine Auto- und Karosseriewerkstatt, anschließend zog ein Tapetenmarkt ein, dem ein Obst- und Gemüsemarkt folgte. Nach dessen Auszug diente das Gebäude als Ausstellungshalle für Sportboote. Auf das Kino in dem Gebäudekomplex folgte die Nutzung durch einen islamischen Moscheeverein. Zu Beginn der Achtzigerjahre, als andernorts Synagogengebäude ins kulturelle Gedächtnis zurückkehrten, stand eine weitere Umnutzung des ehemaligen Sakralbaus an, die von einer inzwischen vollzogenen Löschung des Hauses und seiner Geschichte aus dem kulturellen Gedächtnis der Stadt zeugte:

56 https://www.leckerbeck-norderney.de.

57 Puvogel/Stankowski, Gedenkstätten I, S. 27.

58 Pracht, Jüdisches Kulturerbe I, S. 70.

Aus der ehemaligen Synagoge wurde eine Spielhalle. Lediglich die Würselener Jusogruppe mit dem späteren SPD-Vorsitzenden Martin Schulz protestierte 1981: „Die Jungsozialisten wiesen in einem Schreiben auf die historische Bedeutung des Bauwerks hin und wollten durch den Kulturausschuß prüfen lassen, ob es nicht schutzwürdig im Sinne des Denkmalschutzes sei."[59] Daraufhin befürwortete das Rheinische Amt für Denkmalpflege die Denkmalwürdigkeit, weil trotz An- und Umbauten die ursprüngliche Bausubstanz vorhanden sei. Pracht zitiert das Gutachten, das zum Schluss kommt: „Im öffentlichen Interesse sei die Erhaltung der Würselener Synagoge notwendig."[60]

Nachdem die repräsentative Aachener Synagoge dem Erdboden gleichgemacht worden war und nicht mehr von dem bedeutenden jüdischen Leben im Aachener Raum zeugen konnte, war damit in der Nachbarstadt die Möglichkeit gegeben, ein wichtiges Beispiel für dieses Leben zu hüten und zu verteidigen. Gegen das Votum der Jusos war die Spielhalle bereits eingezogen, gegen das Votum des Denkmalschutzes, das noch einmal bestärkt wurde, als 1989 auf dem Dachboden des Hauses eine Geniza gefunden wurde, legte der Besitzer Widerspruch ein. Ungefähr zwei Jahrzehnte später wurde das immer noch intakte Synagogengebäude abgerissen, um einen Bauplatz für eine Seniorenresidenz zu gewinnen. Dass eine Giebelwand der einstigen Synagoge mit Mauerresten wie ein Schattenriss auf dem Giebel des Altenheims abgebildet ist, stellt ein hilfloses Erinnerungszeichen dar, ja, erinnert eher an eine Nachgeschichte, in der sich Gedankenlosigkeit, Respektlosigkeit und Geschichtsverdrängung häuften. Nur noch der Abdruck einer weit entfernten Zeit, mit der wir nichts mehr zu tun haben, scheint geblieben.

Seemen – und der blinde Fleck

Als in dem Ort Ober-Seemen im Wetteraukreis eine gut erhaltene Synagoge 2017 zum Verkauf anstand, sich aber kein Käufer fand, machte sich ein Reporter der *Frankfurter Allgemeinen Zeitung* auf den Weg, um etwas über die Gründe der Unverkäuflichkeit zu erfahren. Der Zustand des Gebäudes konnte nicht der Grund hierfür sein, auch nicht ein inzwischen gewachsener Respekt vor der Bewohnbarkeit eines ehemals jüdischen sakralen Ortes. Ein Fünftel der Gemeinde war Mitte des 19. Jahrhunderts jüdisch gewesen, angesehene Bürger,

59 Ebenda.
60 Ebenda.

Handwerker, Bäcker, Schuster, Metzger und Kaufleute. 1938 musste sich diese jüdische Gemeinde auflösen, die Kommune kaufte die Synagoge vor der Pogromnacht, in der sie dennoch verwüstet wurde. Bis 1945 wurde eine fast schon übliche Zweckentfremdung oktroyiert: Man pferchte osteuropäische Kriegsgefangene in den äußerlich kaum versehrten Bau. Danach wurde das Gebäude zum Bürgermeisteramt, in den Fünfzigerjahren zur Schule. Anschließend installierte man darin das Lager eines Lebensmittelladens, dann die Produktionsstätte einer Lederwarenfabrik. Denkmalgeschützt ging es 1978 in Privatbesitz über und wurde zu einem psychotherapeutischen „Institut" und einer Tagungsstätte bis 2013.

Am 8. Dezember 2017, nahezu acht Jahrzehnte nach dem Pogrom, berichtet die digitale Ausgabe der *FAZ* aus dem Dorf: „Die Synagoge schmückt das Dorf, aber bleibt den Leuten fremd. Das Schönste, was der Häusermarkt hergibt, will hier niemand kaufen."[61] Erstaunlich: Trotz der langen Aneignung und Umnutzung bleibt der ehemalige jüdische Sakralbau als „fremd" konnotiert, hat das Stigma einer „Fremdheit", das über das Generationengedächtnis hinaus in das Erinnerungskollektiv des Dorfes eingebrannt zu sein scheint – obwohl die jüdische Bevölkerung hier alles andere als fremd gewesen ist. Und mit dieser „Fremdheit" behält auch die Pogromnacht ihre Virulenz in der Erinnerung: „Die Gaststätte ‚Zur Linde' ist der Startpunkt der Suche nach den Gründen [der Unverkäuflichkeit]. An diesem November-Schabbat sitzen an einem Tisch im Gasthaus zwei jüngere Männer und ein alter bei Kümmelschnaps und Bier. Als ich sage, dass ich hier sei wegen der unverkäuflichen Synagoge, fällt ihnen dazu das eine oder andere ein. Dem einen Jungen fällt ein: ‚Ich wollt darin nicht wohne', in dem Judde'haus, am Ende zündet mir das einer an.'"[62] Mit dieser Bemerkung wird die Pogromnacht in eine präsentische Erinnerung gehoben und kehrt eruptiv in das kollektive Gedächtnis zurück, wird aber durch den „Alten" am Tisch, der das Wort vom Anzünden sogleich historisch interpretiert, auf der Stelle abgewiesen mit dem Versuch, das „Anzünden" in der Vergangenheit zu versenken: „‚Hört doch auf damit, hört doch auf mit den alten Geschichten', sagt er. Vielmehr schreit er."[63] (Das Aufbrechen des Verdrängten durch die Frage nach der Synagoge wird am nächsten Morgen erschreckend

61 Jan Grossarth, Drama um alte Synagoge, die niemand kaufen will: Steinherz in Hessen, in: faz.net, 8. Dezember 2017, https://www.faz.net/aktuell/wirtschaft/drama-um-alte-synagoge-die-niemand-kaufen-will-steinherz-in-hessen-15270285.html.

62 Ebenda.

63 Ebenda.

deutlich, als ein Zeitzeuge den Reporter mit erhobenem Arm und „Heil unserem Führer!“ grüßt.[64])

Trotz dieser Eruption des präsentisch Erinnerten oder auch wegen dieser Rückkehr der Erinnerung: Die Juden werden weiterhin zu Fremden erklärt, ihre Existenz und ihre Kultur gehören eher zu einer Vorgeschichte, zu der keine Verbindungslinie aus unserer Geschichte mehr führt. In Ober-Seemen trifft der Reporter auf einen Baugutachter, der sich um die Sanierung des örtlichen jüdischen Friedhofs verdient gemacht hat. Dieser berichtet, er sei in den Fünfzigerjahren noch in der alten Synagoge unterrichtet worden: „Die Kinder lernten etwas über Steinzeitsiedlungen und Gesteinskunde des Vogelbergs. Sie lernten aber nichts über die jüngste Vergangenheit, auch nicht des Schulgebäudes. Dabei lag es erst gut 15 Jahre zurück, dass der Rabbiner mit den letzten Juden hier noch einmal Gottesdienst feierte.“[65] Wie sehr die jüdische Geschichte vor Ort kollektiv ausgeblendet wurde, aber als verdrängte Historie gleichzeitig so heftig zum Vorschein treten konnte, verdeutlicht die Aussage des Baugutachters über das Beschweigen der Vergangenheit durch die Tätergeneration: Jüdische Geschichte wurde als abgespaltene, in Vorzeiten versetzte behandelt. „Das war für uns wie ein Thema, das hundert Jahre zurückliegt“, und seine Tochter pflichtet ihm bei, wenn sie sagt: „Man sprach über die Zeit der Juden wie über die Zeit der Dinosaurier. Das Thema Judentum ist bis heute keines im Dorf, auch in unserer Generation, da redet niemand drüber.“[66]

„Was zum blinden Fleck wurde, ist das Leben der Juden“,[67] resümiert der *FAZ*-Artikel und fasst zusammen: „Über viele Jahrzehnte war die Synagoge im Ort ein Nicht-Thema, ein Nicht-Ort. Sie war dann eben das Standesamt oder die Fabrik oder die Herberge für verrückte Psycho-Gruppen. Man kann sich vorstellen, wie die Erinnerungen verlorengingen.“[68]

64 Ebenda.

65 Ebenda.

66 Ebenda.

67 Ebenda.

68 Ebenda. Wie das „kommunikative Gedächtnis“ als Generationengedächtnis auch für die Nachgeschichte der Synagogen abgedichtet blieb, wird aus dem Bericht eines Zeitzeugen ersichtlich, der als elfjähriger Junge die Zerstörung und Beraubung der Synagoge 1938 von Achim (bei Bremen) miterlebt hatte: „In der Erinnerung macht es mich auch betroffen, daß – nach meinem Wissen – sich niemand darüber unterhalten hat, was danach mit der Synagoge geschah – es haben die Erwachsenen wahrscheinlich nur darüber gesprochen, wenn keine Kinder dabei waren…“ G. Bartel, Bericht vom Zustand der geschändeten Achimer Synagoge nach der Reichspogromnacht, in: Achimer Geschichts-Hefte (Nov. 1988) 1, S. 16.

„Guter Geschmack" in der Alten Synagoge Essen

Eines der größten und repräsentativsten Synagogengebäude Deutschlands war und ist die Alte Synagoge in Essen. Was mit ihr und in ihr geschieht, hat Relevanz und Wirkung weit über Essen hinaus. Seit 2010 ist sie wiedereröffnet als Haus jüdischer Kultur; sie bietet historische Ausstellungen über das Judentum und informiert über das gegenwärtige jüdische Leben.

Die von mir vertretene These von dem zerstörerischen, unnachsichtigen Angriff in der Nachkriegsgesellschaft auf das deutsch-jüdische Kulturerbe mit dem – eingestandenen oder uneingestandenen – Ziel, zumindest mit dem Effekt, dieses zu eliminieren, kann nicht allein an dem Umgang mit den Synagogen des Landjudentums oder mit jenen in kleineren Orten und mittleren Städten festgemacht werden. Jene muss auch im Hinblick auf den Umgang mit monumentalen Synagogen in großen Städten, wie eben der Alten Synagoge von Essen, überprüft werden.

Deren Architekt Edmund Körner vereinte in seinem Bau verschiedene ikonografische und architektonische Traditionen, darunter neben primär jüdischen auch christliche, und brachte Elemente der Neoromanik und der Moderne in Harmonie. Im Innern war der Bau geprägt vom späten Jugendstil (vor allem mit seinen Ausmalungen, Mosaiken, Glasmalereien). Körners Sakralbau, der in der Geschlossenheit der Form[69] dem spätwilhelminischen Monumentalismus zuzurechnen ist, bildet(e) mit seiner 37 Meter hohen Stahlbetonkuppel einen städtebaulichen Akzent in der schnell wachsenden Großstadt Essen. Zur Einweihung im September 1913 wurde eine Erinnerungstafel angebracht, deren Text die Historie des Baus beschrieb und von dem gewonnenen Selbstbewusstsein der Essener Juden handelt, die mit ihrer Synagoge ihr Ankommen im Zentrum der städtischen Gesellschaft demonstrierten: „In den Tagen Kaiser Wilhelm IIten im 23. bis 26. Jahre seiner Regierung haben wir, die Juden der Stadt Essen – diesen Bau von der Künstlerhand Edmund Körners errichten lassen. Wir legten den Grund am 11. Juli 1911 und durften, von dem Opfersinn vieler gefördert und von der Einmütigkeit Aller getragen, am 25. September 1913 das vollendete Werk dem Dienste Gottes weihen. Mitten hinein in das emsige Schaffen und Treiben der Stadt stellen wir das Heiligtum

69 Daniela Rauhaut, „... Deutschlands glänzendster Synagogenbau!" Die Architektur der Alten Synagoge in Essen. Eine Betrachtung des historischen Bauwerks, in: Stadt Essen, Alte Synagoge Essen – Haus jüdischer Kultur. Die Dauerausstellung, Essen 2016, S. 42–79.

als ein ragendes Denkmal der Ehrfurcht und als einen ewigen Beweis, das [sic] nicht vom Brote allein der Mensch lebt, sondern von allem, was hervorsprießt auf den Schöpferruf Gottes."

Dieser Synagogenbau wurde also von der jüdischen Gemeinde – sie umfasste ungefähr 4500 Mitglieder – selbst als ein architektonisches Statement für Gleichberechtigung und Emanzipation verstanden. Der Essener Gemeinde „gelang es auf diese Weise, sich ein adäquates bauliches Denkmal zu setzen, das als Ausdruck ihrer Selbstvergewisserung, des Zusammenhalts der Gemeinde und ihrer Stellung innerhalb der christlichen Gesellschaft angesehen werden konnte".[70]

„Innerhalb einer christlichen Gesellschaft" – es war die Gemeinde ebenjener Großstadt, die seit dem Wilhelminismus den Ruf hatte, „Waffenschmiede des Deutsches Reiches" zu sein. Über die Krupp-Dynastie pflegte sie enge Verbindungen zu den Herrschern des Wilhelminismus und dann zu den regierenden Verbrechern des Nationalsozialismus. Wilhelm II. ebenso wie Hitler waren gern gesehene Gäste in dem pompösen Familiensitz, der Villa Hügel. Dass die Firma Krupp im Krieg 500 jüdische Mädchen und Frauen, die ihr aus Auschwitz überstellt worden waren und die nach ihrer Zwangsarbeit bei Krupp nach Bergen-Belsen deportiert wurden,[71] „beschäftigt" hatte, führte zu einer Anklage gegen Alfred Krupp vor einem amerikanischen Militärgerichtshof. Im Juni 1948 wurde er wegen „Plünderung besetzter Gebiete" und wegen der „unwürdigen Behandlung von Zwangsarbeitern und Kriegsgefangenen" zu einer zwölfjährigen Gefängnisstrafe und zur Einziehung seines Vermögens verurteilt. Nach fünfeinhalbjähriger Haft wurde Krupp begnadigt und die Beschlagnahme seines Vermögens aufgehoben, sodass er 1953 wieder die Leitung seines Konzerns übernehmen konnte. Dieser hatte die Produktion von Rüstungsgütern eingestellt und verlegte sich mehr und mehr auf die Herstellung

70 Ebenda, S. 71.

71 Daran erinnert in Essen eine Tafel mit dem Text: „Hier befand sich in den Jahren 1944/45 ein Außenlager des Konzentrationslager Buchenwald. Es wurde innerhalb eines bereits bestehenden Lagers für Kriegsgefangene und Zwangsarbeiter errichtet. Die Häftlinge, 520 jüdische Frauen und Mädchen, waren aus ihrer Heimat in Osteuropa nach Auschwitz deportiert worden. Sie entgingen dem Gastod, weil sie für den ‚Arbeitseinsatz' in Deutschland ausgewählt wurden. In Essen lebten sie unter den unmenschlichen Bedingungen eines SS-Lagers und mußten bei der Firma Krupp Zwangsarbeit leisten. Sechs dieser Frauen konnten in einer Bombennacht fliehen. Sie wurden von mutigen Essener Bürgerinnen und Bürgern gerettet. Die anderen wurden im März 1945 in das Konzentrationslager Bergen-Belsen gebracht. Viele von ihnen kamen um. Für die Mehrzahl der Frauen brachte die Befreiung des Lagers Bergen-Belsen durch britische Truppen im April 1945 die Rettung." Puvogel/Stankowski, Gedenkstätten I, S. 545.

von Konsumgütern. Der Industrielle Krupp, zu dem nach 1945 selbst die Stadt Essen zunächst auf Distanz gegangen war, bedurfte – wie sein ganzes industrielles Imperium – dringend der gesellschaftlichen Rehabilitation.

In den gesamten Fünfzigerjahren, in denen Krupp seine Firma neu ordnete und ein neues Image anstrebte, stand die monumentale Synagoge leer – verwüstet im Innern, äußerlich kaum beschädigt. In der Pogromnacht vom 9. auf den 10. November 1938 waren auch hier NS-Täter eingedrungen und hatten einen Brand gelegt. Den Abrissplänen widerstand der massive Stahlbetonbau. 1949 hatte die Stadt Essen einen steinernen Sarkophag vor dem ehemaligen Hauptportal aufstellen lassen mit der Inschrift: „Mehr als 2500 Juden der Stadt Essen mußten in den Jahren 1933–1945 ihr Leben lassen."[72] (Der Text, der weder Tat noch Täter nennt, wurde erst 1981 präzisiert und lautete jetzt: „Zum Gedenken an die / über 2500 Juden der Stadt Essen, / die in den Jahren 1933–1945 vom / Nazi-Regime ermordet wurden."[73]) Eine weitere Gedenktafel, die sich unmittelbar auf die Synagogenruine bezog und diese zum Mahnmal erklärte, wurde in den Fünfzigerjahren angebracht: „Dieses Haus / die ehemalige Synagoge der Jüdischen Gemeinde / ist ein stummer Zeuge eines furchtbaren / Geschehens / das wiedergutzumachen / uns allen / aufgetragen ist."[74] Auf die im beschönigenden Zeitgeist dieses Jahrzehnts in Aussicht gestellte „Wiedergutmachung", die – salbungsvoll – uns allen aufgetragen sei (wobei das so beliebte grammatikalische Passiv in den Reden über den Holocaust auch hier gebraucht wird), soll noch im Falle dieser Synagoge konkret zurückgekommen werden. Anregungen aus Israel, aus der einstigen Synagoge eine Gedenkstätte zu machen, oder von der kleinen jüdischen Gemeinde, das Gebäude für kulturelle Veranstaltungen zur Verfügung zu stellen, wurden in den Fünfzigerjahren jedenfalls nicht aufgegriffen – sieht man von den angebrachten Tafeln ab.

Ein wichtiger Versuch der Stadt Essen, sich nach der erzwungenen Einstellung der Waffenproduktion neu zu erfinden, verlief über das Anknüpfen an Traditionslinien der Moderne, die mit den Folkwang-Konzepten in Kunst und Formgestaltung verbunden waren, Traditionslinien, die durch die NS-Zeit gekappt worden waren. In ebensolchen Projekten sah auch der Krupp-Konzern eine Möglichkeit, sich ein neues Ansehen zu verschaffen. In Essen wurde auf Initiativen auch aus der Firma Krupp und unter Beteiligung der Industrie der

72 Ebenda, S. 539.

73 Ebenda.

74 Ebenda.

Verein *Industrieform* gegründet. „Unerwartet schnell" habe Deutschland nach 1945 „an neuem positivem Ansehen in der Welt [gewonnen]. Eine wichtige Rolle bei diesem Wandel spielte das Thema Form- und Produktgestaltung, nicht zuletzt bei industriellen Gütern."[75] Dass Deutschland während des „Dritten Reiches" von internationalen Trends im Industrial Design abgekoppelt war, mache sich jetzt ökonomisch bemerkbar: „Diese kulturelle Rückständigkeit konnte in einer internationalen Wirtschaft schnell zu einem ökonomischen Hemmfaktor werden."[76]

Treibende Kraft in Essen, dem mit der Gründung von *Haus Industrieform* entgegenzusteuern, war Carl Hundhausen, der seine Karriere bei Krupp schon im Nationalsozialismus begonnen hatte und nun die Abteilung für Presse und Werbung der Firma Krupp leitete – direkt Alfred Krupp und dessen Generalbevollmächtigtem Berthold Beitz unterstellt. „In dieser Funktion stand Hundhausen vor der anspruchsvollen Herausforderung, das negative Image von Krupp vor allem im Ausland wieder ins Positive zu wenden", schreiben Bessen und Wilmer. Er habe mit der Gründung des *Haus Industrieform* geschaffen, „einen wichtigen symbolischen Ort für die Tradition von Firma und Familie Krupp mit neuer, positiver Ausstrahlung und hoher Reputation zu versehen, die Villa Hügel".[77] Der Verein, der sein Domizil im Sitz der Krupp-Dynastie bezog und hier seine Ausstellungen organisierte, war nicht nur wirtschaftsnah, er war die Wirtschaft: In seinem Vorstand und Beirat saßen die Vertreter von Unternehmen, Industrieverbänden, Industrie- und Handelskammern. „Der Ausstellungsort war mit Bedacht gewählt. Die Villa Hügel, die im Ausland vielfach als Symbol des Deutschen Militarismus und der Dominanz der Deutschen Schwerindustrie negative Assoziationen hervorgerufen hatte, sollte Aushängeschild deutscher Modernität und Offenheit werden", heißt es in der „Essener Designgeschichte".[78] Der Plan ging auf: Die Villa Hügel wurde – wie vor 1945 – wieder von Regierungsvertretern, ausländischen Wirtschaftsführern und gekrönten Häuptern aufgesucht. Alle Firmenführungen begannen mit einer Besichtigung der *Industrieform*-Exposition. Ende der Fünfzigerjahre war offenkundig die Neudefinition der Villa Hügel gelungen, der Imageschaden für die Krupp-Dynastie behoben. Die Krupps kündigten 1959 der Industrial-

75 Dorothea Bessen/Christoph Wilmer, Vom Haus Industrieform zum Red Dot Design Museum. Eine Essener Designgeschichte, Essen 2015, S. 22.

76 Ebenda, S. 23.

77 Ebenda, S. 24.

78 Ebenda, S. 26 f.

Design-Ausstellung – 1961 sollte der Auszug beendet sein – und richteten in den Ausstellungsräumen eine eigene Ausstellung ein, die die Firmen- und Familiengeschichte neu interpretierte.

Die vorgenannte Kündigung traf zeitlich mit dem Erwerb der Alten Synagoge durch die Stadt zusammen. Diese bot nun ausgerechnet dem *Haus Industrieform* diesen markanten Synagogenbau als neuen Sitz an. Nach einer kurzen Kontroverse, „ob es pietätlos sei, den sakralen Bau für solche ‚profanen' Themen zu nutzen",[79] gab auch die jüdische Seite das Placet für diese Art der Umnutzung. Aus dem Haus, „stummer Zeuge eines furchtbaren Geschehens, das wiedergutzumachen" sei, wurde ein beredter Zeuge für das Ausmaß des Überschreibens deutsch-jüdischer Geschichte mit anderen Narrativen. Was noch im Innern der ehemaligen Synagoge als Relikt jüdischer Sakralkultur die NS-Verwüstung überstanden hatte, wurde (erst) jetzt herausgerissen, der Thoraschrein verschwand, die Mosaiken wurden von den Wänden geklopft und die Ornamente übertüncht. Unter die großartige Kuppel wurde eine neue Flachdecke gehängt, sodass die Kuppel den Blicken im Innern völlig entzogen war. Zwei Millionen DM wurden investiert, bis das Innere der Synagoge einem modernen Zweckbau gewichen war. Eine Zwischenebene mit Galerien wurde eingezogen, zu denen den Gesamteindruck bestimmende Treppen in modernen Formen führten. Am Sarkophag vorbei, der weiterhin an die ermordeten Juden erinnern sollte, betrat man durch das Hauptportal die Ausstellungshalle. In nüchternen Buchstaben stand der neue Name über diesem Hauptportal: *Industrieform*. Carl Hundhausen wies die Presse an, den Namen „Alte Synagoge" künftig zu vermeiden.[80]

Die Abnahme der zitierten Votivtafel von 1913, auf der über die Baugeschichte, den Stolz der jüdischen Gemeinde und die Würde des Hauses berichtet worden war, vollendete das Ausradieren von Geschichte und das Verschweigen der ursprünglichen Funktion des Synagogenbaus. Ersetzt wurde diese Tafel durch ein in Stein gemeißeltes Goethe-Zitat: „‚Den Geschmack kann man nicht am Mittel gut bilden, sondern nur am Allervorzüglichsten. Ich zeige Ihnen daher nur das Beste, und wenn Sie sich darin befestigen, so haben sie einen Maßstab für das übrige …' (Johann Wolfgang von Goethe an Johann Peter Eckermann)."[81]

79 Ebenda, S. 37.
80 Ebenda, S. 39.
81 Ebenda, S. 40.

Mit einem Goethe-Zitat die jüdische Tafel zur Baugeschichte an einem der zentralen jüdischen Sakralbauten Deutschlands zu überdecken, war Programm einer Neubestimmung des Baus. Die gesamte Goethe-Rezeption der Nachkriegszeit bestand darauf, dass Deutschland mit Goethe einen unantastbaren Schatz über die Nazizeit hinaus bewahrt hatte, der sich als immun gegen den „Ungeist" erwiesen habe. Originale aus Goethes Hand wurden als Belegstücke eines „ewigen", im Kern unzerstörbaren Deutschlands gehandelt. Im nahen Düsseldorf war 1956 ein neues Goethe-Museum eröffnet worden, das Goethe-Handschriften wie Reliquien zelebrierte, und Goethes Geburtshaus in Frankfurt, im Bombenhagel untergegangen, war en detail rekonstruiert worden. Wenige nur – wie Thomas Mann in seinem Roman „Dr. Faustus" – gaben zu bedenken, dass und in welchem Maße die humanistischen Werte der Weimarer Klassiker durch den NS-Völkermord und die Vernichtungskriege desavouiert worden seien. Für die meisten standen Goethes Werke und Werte über den Zeiten, waren ahistorisch. Diese postulierte Geschichtslosigkeit der Klassiker korrelierte völlig mit der Geschichtslosigkeit, die der Alten Synagoge von Essen durch den Umbau aufoktroyiert worden war, und stimmte mit dem, was ausgestellt werden sollte, vollkommen überein: zeitlose Schönheit in maßstabgebenden Formen.

Das in Stein gehauene Goethe-Zitat stand aber in krassem Gegensatz zu der Tafel, die die jüdische Geschichte herausstellte. Ein solches, durch ein Goethe-Zitat legitimiertes Konzept verschloss sich dem Gedenken und Erinnern. Mit der Bildung des Geschmacks am „Allervorzüglichsten" als Ziel des *Haus Industrieform* wurde zudem sinnliche Erfahrung gegen rationale – und das hieß auch: historische – Erkenntnis gestellt.

Das „zeitlos Schöne", das durch Goethe beschworen worden war, wies die Risse aktueller wirtschaftlicher Verwertbarkeit auf: „Schon bei der Gründung des *Industrieform e. V.* hatte die wirtschaftliche Dimension des Designs eine entscheidende Rolle gespielt. Auch am neuen Standort wurden einzelne Unternehmen, die diese Dimension früh erkannt hatten und in ihrer Produktpalette schon eine lange Design-Tradition widerspiegelten, durch Sonderausstellungen hervorgehoben. Die Ausstellung ‚Die gute Form als Geschäftsprinzip' zeigte 1966 beispielhaft verschiedene Objekte der Porzellanfabriken Arzberg und Schönwald [...]."[82] Die repräsentativste und erhalten gebliebene Synagoge in Deutschland war – entkernt vom Thoraschrein, übertüncht und überbaut – nicht nur durch gestaltverändernde Interventionen in die Bausubstanz,

82 Ebenda, S. 41.

sondern auch durch das, was sich in ihr ereignete, (vorläufig) ökonomischen Interessen ausgeliefert worden.

Auch die Erweiterung der Ausstellungspraxis durch ein weiteres Museum, das zusätzlich einzog, konnte dies nicht korrigieren. Im Gegenteil: 1970 fand in der „Alten Synagoge“ eine erste Exposition des „Deutschen Plakat Forums“ statt. 1974 etablierte sich in „thematischer Nähe, aber organisatorischer Unabhängigkeit“[83] das „Deutsche Plakatmuseum“ als Untermieter, ein Untermieter, der die (Design-)Funktionen, die dem einstigen jüdischen Gotteshaus aufgezwungen worden waren, nur noch einmal schärfer konturierte.

Ein großer Brand im Synagogengebäude am 18. Januar 1979 – ausgelöst durch einen Kurzschluss –, dem ein Großteil der Ausstellung zum Opfer fiel, beendete abrupt diese Phase der Nachgeschichte. Eine längst überfällige Diskussion über eine andere Nutzung der Synagoge wurde nun geführt. Die *Westdeutsche Allgemeine Zeitung* schrieb: Es sei „peinlich, auch weiterhin geschmackvolle Duschen, Toilettenbecken und Öfen in der ehemaligen Synagoge auszustellen“.[84]

„Damit“, heißt es in der „Essener Designgeschichte“, „war praktisch das Ende des Verbleibens des *Haus Industrieform* in der Alten Synagoge besiegelt.“[85] Es begann die Rückgewinnung der historischen Bausubstanz und eine würdevolle Nutzung.

„Seine Geschichte und das besondere Flair“: der Tempel in Hamburg-Harvestehude

Die aktuell in Hamburg geführte Debatte um den Wiederaufbau der von einer nationalsozialistisch geführten „Freien und Hansestadt“ bis auf den letzten Stein abgeräumten Synagoge am Bornplatz hat, nicht anders als die Geschehnisse um die Alte Synagoge in Essen, Relevanz für die gesamte Debatte über den heutigen Umgang mit dem jüdischen Kulturerbe – allerdings sind die Antworten, die in Hamburg im Raum stehen, zumindest auf den ersten Blick radikaler als in Essen, weil es hier um die vollständige Rekonstruktion eines niedergelegten Kulturdenkmals geht. (Das Vorhaben in Hamburg wird noch bei den Rekonstruktionsdebatten behandelt werden.) Dass Hamburg einen

83 Ebenda.
84 Zit. nach ebenda, S. 47.
85 Ebenda.

Nachholbedarf an Respektbezeigung gegenüber den jüdischen Sakralbauten an der Elbe hat, steht außer Zweifel. So verantwortete es die Stadt, dass die Ruine der Synagoge in der Poolstraße, die noch als Restbau von der ehemaligen Repräsentativität zeugte, verfallen gelassen und jahrzehntelang als Autoreparaturwerkstatt zweckentfremdet wurde.

Die derzeit zur Rekonstruktion anstehende Synagoge am Hamburger Bornplatz wurde wenige Jahre vor der Essener erbaut, und dennoch liegen zwischen beiden Architekturen fast schon Welten: Während die Essener Synagoge einem Monumentalismus verpflichtet ist, der als ein Weg zur Überwindung des Historismus begriffen wurde (und sich im Innern dem Jugendstil geöffnet hatte), blieb die Hamburger Synagoge (1906) dieser Stilrichtung noch ganz und gar verhaftet. Es handelt sich bei diesem, nun zur Rekonstruktion anstehenden Haus um das Musterbeispiel eines historistischen jüdischen Sakralbaus. Architekturgeschichtlich stellt der neoromanische und neugotische Synagogenbau eine Gegenreaktion auf den „klassizistischen Rundbogenstil" des jüdischen Architekten Albert Rosengarten dar, den dieser bei der Kasseler Synagoge realisiert hatte, ist aber auch eine Antwort auf den „maurischen" Stil, der in der Berliner Synagoge in der Oranienburger Straße als Ausdruck des selbstbewussten Berliner Judentums zur Vollendung entwickelt wurde. Edwin Oppler, der zu den wichtigsten jüdischen Architekten des 19. Jahrhunderts zählt und Hauptvertreter der neugotischen Hannoverschen Architekturschule war, kritisierte vor allem den „neomaurischen" Stil, wie er die Berliner Synagoge bestimmte, „weil er seiner Meinung nach den Verdacht des Separatismus stützen würde und der Emanzipation der Juden im Wege stünde. Mit Rückblick auf mittelalterliche Synagogen, die sich stilistisch nicht von christlichen Bauwerken unterscheiden wollen, plädierte er für den Synagogenbau in ‚deutschem Style', unter dem er besonders romanisierende Architektur verstand [...]."[86] Aus dem gleichen Geiste gebaut, ähnelte dementsprechend die Synagoge am Bornplatz dem von Oppler gebauten Gotteshaus in Hannover. Der Historismus integrierte neue Konstruktionsprinzipien und Materialien, die die Essener Synagoge ausstellte, die die Hamburger aber mit braun gebrannten Ziegelsteinen verdeckte. Wenn die Wiener Architekten, hier nicht zuletzt Alfred Loos, auf ihrem Weg in die Moderne die Authentizität des Materials forderten, verlangten die historistischen Synagogenbauten dessen Verblendung.

86 Rauhaut, „... Deutschlands glänzendster Synagogenbau!", S. 65.

In Hamburg musste das Projekt der Rekonstruktion eines historistischen Synagogenbaus, der stilistisch eine jüdische Selbstvergewisserung in der Phase des Spätwilhelminismus zum Ausdruck bringt, umso diskussionswürdiger erscheinen,[87] als in dieser Stadt ein „Tempel" in ganz anderer Formensprache die Pogromnacht überstanden hatte und bis heute zweckentfremdet wird: das jüdische Gotteshaus an der Hamburger Oberstraße. Bereits 1817 hatte sich in Hamburg ein „Tempelverein" gegründet, der einen reformatorischen Ansatz für den Kultus verfolgte: Deutsch war als Predigtsprache festgelegt, Orgel und Lieder statt längerer Gebete veränderten den Ritus. Mit dem Begriff des „Tempels" (statt „Synagoge") sollte die projektierte Erneuerung angezeigt werden.[88] Vor dem Ersten Weltkrieg wurde beschlossen, der reformatorischen Ausrichtung auch architektonisch Raum zu verleihen. Erst 1929 aber konnte ein Architektenwettbewerb ausgeschrieben werden, den die beiden jüdischen Architekten Felix Ascher (1883–1952) und Robert Friedmann (1888–1940) gewannen.

1931 wurde das Gebäude – als Nachfolger des Tempels in der Poolstraße – seiner Bestimmung übergeben, also ungefähr gleichzeitig mit der Einweihung der oben bereits erwähnten, „an Vorbildern funktional-sachlicher Architektur orientierte[n]"[89] Plauener Synagoge von Fritz Landauer. Der Hamburger Tempel an der Oberstraße zählt damit zu den letzten noch vor dem Holocaust geweihten Synagogen; in Hamburg ist es das letzte jüdische Gotteshaus, das vor der Katastrophe gebaut wurde. Diese Tatsache allein verleiht ihm seine Bedeutung als architektonische Selbstverortung des Judentums und damit seine Bestimmung als Sitz der jüdischen Gemeinschaft in der deutschen Gesellschaft – vielleicht auch der Illusion über diesen Sitz – vor dem Beginn des Terrors. Der Bau selbst, so die Architekten zu ihrem Programm, soll „jede dem Judentum fremde, mystische Wirkung […] vermeiden".[90] Beide Architekten

87 Siehe Kapitel 14.

88 Siehe zum Hamburger Reformjudentum: Andreas Brämer, Judentum und religiöse Reform. Der Hamburger israelitische Tempel 1871–1938 (Studien zur jüdischen Geschichte, Bd. 8), Hamburg/München 2000.

89 Cohen-Mushlin/Thies, Synagoge und Tempel, S. 117.

90 Felix Ascher, Der neue Tempel, in: Bruno Italiener (Hrsg.), Festschrift zum hundertzwanzigjährigen Bestehen des Israelitischen Tempels in Hamburg 1817–1937, Hamburg 1937, S. 40–45. Hier zit. nach Gaby Büchelmaier, Das neue Rolf-Liebermann-Studio: Ein Schmuckstück des NDR, https://www.ndr.de/der_ndr/unternehmen/chronik/Das-neue-Rolf-Liebermann-Studio-Ein-Schmuckstueck-des-NDR,liebermann118.html. Bruno Italiener, der Herausgeber der Festschrift, war der letzte Oberrabbiner des Tempels in der Oberstraße; 1938 musste er in die USA fliehen. Gaby Büchelmaier gibt als Datum der Einweihung der Synagoge den 30. August 1930 an. Ebenda, S. 4.

waren Mitglieder der liberalen Hamburger Kultusgemeinde, und beide hatten sich bereits einen Namen gemacht als prononcierte Vertreter des „Neuen Bauens". Dieser Tempel ist insofern auch Zeugnis des NS-Staatsantisemitismus, als beide Architekten vor den Nazis ins Exil fliehen mussten, Felix Ascher nach London, Robert Friedmann nach Palästina.

Es sind nicht nur die Architekten Ascher und Friedmann, die ihre Vorstellungen vom „Neuen Bauen" bei diesem Tempel umsetzen wollten – es ist die liberale jüdische Gemeinde, die sich deren Ideen zu eigen machte. Die Baukommission des Tempelvereins hatte sich, schreibt Ulrich Knufinke, „entschieden um einen modernen Entwurf bemüht. Die Baukommission war sogar zu Besichtigungen neuer Sakralbauten – offenbar nicht nur neuer Synagogen – durch Deutschland gereist."[91] Knufinke bezieht sich dabei auf einen Artikel in der Festschrift des Tempelvereins von 1937, in der auch Felix Ascher sein Bauprogramm erläutert hatte. Der Artikel „Zur Geschichte des Tempel-Neubaus. Aus den Bauakten"[92] stammt von Siegfried Urias, wahrscheinlich selbst Mitglied der Baukommission.[93] Urias berichtet von den Erfahrungen dieser Reise: „[Die Mitglieder der Baukommission] empfingen [so] den ersten erschütternden Eindruck davon, wie heute insbesondere ein jüdisches Gotteshaus in Schlichtheit und Monumentalität zugleich gebaut werden könnte, wobei die [...] übliche Nachahmung fremder Stile – wie sie bisher für jüdische Sakralbauten gebräuchlich waren – gänzlich verlassen werden konnte."

Mit den „fremden" Stilen, deren Nachahmung beim Hamburger Synagogenneubau vermieden werden sollte, waren der maurische Stil (u. a. bei der Berliner Synagoge in der Oranienburger Straße), der neogotische (realisiert z. B. in der Wolfenbütteler Synagoge, Lessingstraße), der neoklassizistische (z. B. Berlin, Am Fraenkelufer – siehe Kapitel 14), aber eben auch der neoromanische der Hamburger Synagoge am Bornplatz gemeint. Wenn die historistischen Baustile als „fremd" von jüdischer Seite abgelehnt wurden, erfolgte dies deswegen, weil sie „nicht aus jüdischen Traditionen entwickelt worden" seien.[94] Offensichtlich

91 Ulrich Knufinke, Das „Neue Bauen" und die jüdische Architektur. Eine Fotografie des Tempels in der Oberstraße, in: Hamburger Schlüsseldokumente zur deutsch-jüdischen Geschichte, 22. September 2016, https://juedische-geschichte-online.net/beitrag/knufinke-tempel-oberstrasse.

92 Siegfried Urias, Zur Geschichte des Tempel-Neubaus. Aus den Bauakten, in: Italiener (Hrsg.), Festschrift, S. 36. Im Folgenden zit. nach Knufinke, Das „Neue Bauen", S. 3.

93 Siegfried Urias war Rechtsanwalt in Hamburg, bis er 1938 als Jude seine Zulassung verlor. 1939 floh er nach Santiago de Chile.

94 Knufinke, Das „Neue Bauen", S. 3.

auf das Tiefste berührt, „erschüttert", zeigte sich die Baukommission dagegen von den Beispielen des „Neuen Bauens", die „Schlichtheit und Monumentalität" zugleich repräsentierten. „Das ‚Neue Bauen', der auf Dekoration verzichtende, mit funktionaler, schlichter Gestaltung dennoch ‚Monumentalität' erreichende Stil der Zeit um 1930, fand [...] für jüdische und christliche Bauprojekte gleichermaßen Verwendung, und nicht zuletzt weil jüdische Architekten wie Friedmann und Ascher gleichermaßen an seiner Entwicklung teilhatten, konnte er von jüdischer Seite als für ihre Bauten angemessen betrachtet werden."[95]

Auch wenn es nicht korrekt ist, wenn Gaby Büchelmaier feststellt: „[b]is dahin waren fast alle Neubauten jüdischer Gotteshäuser von nicht-jüdischen Architekten entworfen worden",[96] waren doch fast ausschließlich jüdische Künstler an der Ausgestaltung des Hamburger Tempels beteiligt: Naum Slutzky, der 1919 von Walter Gropius ans Weimarer Bauhaus berufen worden war und seit 1927 in Hamburg u. a. als Lichtdesigner arbeitete, bevor er 1933 ins Londoner Exil fliehen musste, schuf die Beleuchtung des Tempels; Friedrich Adler, seit 1927 als Professor an der Kunstgewerbeschule in Hamburg angestellt – 1942 wurde er in Auschwitz-Birkenau ermordet –, gestaltete das Interieur mit. Im Ergebnis entstand in moderner Formensprache ein herausragendes bauliches Zeugnis jüdischer Kultur, dessen Aussagekraft für das Selbstverständnis des Reformjudentums kaum zu überschätzen ist und dessen Wahrung insofern auch als dringendes Postulat hätte erscheinen müssen.

Sieben Jahre nach der Fertigstellung des Tempels und ein Jahr nach der Herausgabe einer jüdischen Festschrift, die den Bau noch einmal feierte, bemächtigte sich der Naziterror der Synagoge. Das „Neue Bauen", in dem die liberale jüdische Gemeinde den Königsweg zu einer sakralen Baukultur gesehen hatte, wurde nun überall von den Nazis als „jüdische Entartung" diffamiert, und das Bauhaus musste über Weimar, Dessau, Berlin seinen Rückzug antreten, bevor es aufgelöst wurde. Der Innenraum der Synagoge wurde geplündert und zerstört, wohingegen das architekturgeschichtlich wertvolle Gebäude aber unversehrt blieb, da ein Brand die eng bebaute Oberstraße in Schutt und Asche gelegt hätte. Gottesdienste durften nach dem 9. November 1938 nicht mehr abgehalten werden. Die hebräische Inschrift („Denn mein Haus soll ein Bethaus genannt werden für alle Völker") wurde überdeckt, der Tempel selbst als Getreidelager zweckentfremdet.

95 Ebenda.

96 Büchelmaier, Das neue Rolf-Liebermann-Studio, S. 3.

Unmittelbar nach Kriegsende begann eine neue, überraschende Nachgeschichte in dem zerbombten Hamburg, dessen Synagogen ebenfalls schwer durch den Krieg getroffen waren. Anstatt alles auf eine wirkliche Restitution zu setzen, bei der auch eine rasche Resakralisierung hätte eingeschlossen werden können, vermietete die Hansestadt Hamburg, die sich 1941 (!) in den Besitz des Tempels gesetzt hatte, die Synagoge an den neu gegründeten Nordwestdeutschen Rundfunk, der sie zu einem großen Konzert- und Sendesaal umbaute. 1953 verkaufte die Jewish Trust Corporation den ehemaligen Tempel der Hamburger Reformgemeinde an den NWDR. Erst 1982 wurde das Gebäude unter Denkmalschutz gestellt, und seit 1983 erinnert ein Denkmal von Doris Waschk-Balz, das einen zerrissenen Vorhang am Thoraschrein und eine herausfallende Thorarolle zeigt, an die Geschichte dieses in vielerlei Hinsicht so aussagekräftigen und wertvollen Hauses.

Der NWDR, dann der NDR, bauten die ehemalige Synagoge zu einem großen Konzertsaal um. Im Innern erinnerte nach dem Umbau nichts mehr an die Funktionen des Gebäudes für die jüdische Reformgemeinde, das nun als „Großer Sendesaal des Funkhauses Hamburg“ oder als „Studio 10“ fungierte: „Bedeutende Konzertreihen […] haben dem Studio einen international herausragenden Ruf in Sachen Neuer Musik eingebracht. […] Jazz aller Stilrichtungen sorgt für ausverkaufte Konzerte und Begeisterungsstürme. Die noch junge Reihe ‚Sonntagsmatineen‘, oft von NDR Kultur und dem NDR Fernsehen live übertragen oder aufgezeichnet, hat mit großen Stars wie Siegfried Lenz oder Wolf Biermann ihr Publikum im Sturm erobert.“[97] Dass man über das Sendehaus ins Schwärmen geraten kann, begründet Büchelmaier auch mit dem „Flair“ und der Vergangenheit des Hauses: „Seine Geschichte und das besondere Flair als Studio tragen zu seiner Attraktivität bei.“[98] Seine Geschichte? Entweder handelt es sich hier um eine selektive historische Wahrnehmung, oder man kann noch der Geschichte von Verfolgung und Zerstörung einen eigenen Reiz abgewinnen.

Der Kunstgenuss im „Studio 10“ wurde weniger dadurch gestört, dass man in einem ehemaligen Tempel, dem die Spuren von 1938 und vom Auslöschen einer Gemeinde anhaften mussten, dem Sinfonieorchester, der Big Band oder dem Chor lauschen konnte, als durch die Tatsache, dass die Sitzreihen zu unbequem waren. Deshalb erfolgte im Jahr 2000 ein erneuter Umbau, der allerdings

97 Ebenda, S. 5.
98 Ebenda.

keine Rekonstruktion der Synagoge im Ansatz suchte, sich einerseits weiter von dem ursprünglichen Zustand entfernte, andererseits aber deutliche architektonische Zeichen des ehemaligen jüdischen Sakralbaus wieder markierte. Heute betritt man das Haus wieder unter dem freigelegten Vers von Jesaja und unter dem Fenster einer stilisierten Menora. Die Umbenennung in „Rolf-Liebermann-Studio“ huldigt zwar einem jüdischen Komponisten und Intendanten nach 1945, unter dessen Leitung der Hauptabteilung Musik des NDR der ehemalige Tempel in den späten Fünfzigerjahre bereits umgenutzt worden war, lässt damit aber gleichzeitig die vorhergehende Geschichte des Hauses als Leerstelle zurück.

Synagoge Neuruppin vor dem Abriss
Foto Museum Neuruppin, Reproduktion

7 Deutsch-demokratische Verantwortungslosigkeit

1953, in einer Zeit, in welcher in der Bundesrepublik eine „Schlussstrich“-Mentalität vorherrschte und diese politisch opportun wurde, in der – ausgehend von antisemitischen Vorfällen in der Sowjetunion und anderen sozialistischen Staaten – auch in der DDR verstärkt antijüdischen Strömungen Raum gegeben wurde, wird in Berlin (DDR) ein Zeichen gesetzt, das trotzdem Hoffnung gibt, dass in diesem Staat das jüdische Erbe gepflegt und gestärkt wird: Im Bezirk Pankow wird die große Synagoge in der Rykestraße wieder eröffnet. Diese Synagoge, ein neoromanischer Ziegelbau, war 1938 im Innern geplündert und verwüstet worden, blieb aber, da in einem Hinterhof gelegen, trotz Brandstiftung erhalten. Von der Wehrmacht zweckentfremdet und u. a. als Pferdestall missbraucht, nahm die Synagoge nach 1945 vor allem osteuropäische Juden auf, die der Mordindustrie entkommen waren. Nun wurde sie restauriert und bildete nach dem Abschluss dieser Restaurierungsarbeiten das Zentrum jüdischen Lebens in Berlin. Damit konnte sie als Aushängeschild und Bestätigung des „antifaschistischen Charakters“ der DDR dienen.

Dieser „antifaschistische Charakter“ gehörte zum nicht hinterfragbaren Selbstverständnis der DDR. Die Wurzeln von Rassenhass und Antisemitismus seien, so die immer wiederkehrenden offiziellen Verlautbarungen, mit dem Sieg der Arbeiterklasse ein für alle Mal ausgerottet, die DDR sei gesicherte Heimstatt der Juden in Deutschland. Die überlebenden und zurückgekehrten Juden wurden als Opfer des Faschismus anerkannt und sozial unterstützt, auch wenn sie in der gesellschaftlichen Wertschätzung nicht nur materiell hinter den sogenannten aktiven Kämpfern gegen den Faschismus zurückgesetzt blieben.

Einer der entscheidenden Geburtsfehler der DDR, die sich anders als die Bundesrepublik zu keinem Zeitpunkt als Nachfolgestaat des „Deutschen Reiches“

begriff, war aber, dass die Restitutionsfrage in der DDR ungeklärt blieb.[1] Die „Entjudung des Grundbesitzes", die nach 1938 immer schneller und rigoroser vorangetrieben worden war, wurde in der DDR nicht nur nicht revidiert, sondern sogar als Vorgriff auf sozialistische Vergesellschaftung von Eigentum umgedeutet.[2] Schon auf der Feierstunde zum 10. Jahrestag des Novemberpogroms im Deutschen Theater in Berlin, organisiert von der „Vereinigung der Verfolgten des Naziregimes" (VVN), hatte der Vorsitzende der Berliner Jüdischen Gemeinde, Heinz Galinski, die Verweigerung der Restituierung in seiner Rede aufgegriffen und heftig kritisiert, dass man sich weigere, „den damals gestohlenen Besitz wieder herauszugeben".[3] Rückgängig gemacht wurden „Arisierungen" allenfalls in den (seltenen) Fällen, dass die wenigen jüdischen Gemeinden Synagogen für ihre Gottesdienste reklamierten. Die in den Westzonen, dann der Bundesrepublik tätigen jüdischen Restitutionsorganisationen fehlten. Für den Erhalt und die Pflege der baulichen Zeugnisse deutsch-jüdischer Geschichte mussten diese Entwicklungen, die die Enteignungen festschrieben, Konsequenzen haben.

Bestimmend für den Umgang mit diesem Erbe, wenn nicht überhaupt mit den Nazi-Verbrechen an den Juden, war die nach wie vor virulente Definition vom Faschismus als „Herrschaft der reaktionärsten und aggressivsten Kreise des Finanz- bzw. des Monopolkapitals" – eine Einschätzung, die für viele DDR-Bürger eine entlastende Funktion haben musste. Nicht einmal Ansätze von

1 Der jüdische Kommunist Julius Meyer, der gemeinsam mit Heinz Galinski den Vorsitz der jüdischen Gemeinde in Berlin übernommen hatte und für den Ostteil verantwortlich war, kam als Führungsmitglied der Vereinigung der Verfolgten des Naziregimes (VVN) in die Volkskammer der DDR. „Obwohl die Stimmung im Osten Anfang der fünfziger Jahre gegen eine gesetzliche Regelung der Opferfürsorge war, trat Julius Meyer in der Volkskammer offen für ein Wiedergutmachungsgesetz ein und machte sich damit Feinde in seiner Partei." Brenner, Zwischen Ende und Anfang, S. 295. Als sich die Situation für die Juden in Ostberlin durch die antisemitischen Anschuldigungen Stalins zuspitzte, organisierte er für viele die Flucht nach Westberlin. Er selbst musste ebenfalls fliehen, wurde aber in der Bundesrepublik nicht als politischer Flüchtling anerkannt und ging daraufhin mit seiner Familie nach Brasilien.

2 Vgl. dazu noch einmal den Ausstellungskatalog „Geraubte Mitte", S. 65. Erst in der Vorbereitung der Gedenkfeierlichkeiten zum 50. Jahrestag der Pogromnacht sprach der Staatssekretär für Kirchenfragen in einem Schreiben an das Politbüro-Mitglied Jarowinsky von „noch zu bereinigenden Fragen hinsichtlich des Grundeigentums der jüdischen Gemeinden". Zit. nach Angelika Timm, Der 9. November 1938 in der politischen Kultur der DDR, in: Rolf Steininger (Hrsg.), Der Umgang mit dem Holocaust: Europa – USA – Israel, Wien/Köln/Weimar 1994, S. 246–262, hier S. 260.

3 Gedenkstunde im Deutschen Theater, in: Der Weg, Nr. 47, 19. November 1948. Hier zit. nach: Timm, Der 9. November 1938, S. 249.

Reedukation, wie sie kurzzeitig in den Westzonen versucht wurde, erschienen da nötig, wo dem Satz Stalins, dass „die Hitler kommen und gehen werden", das deutsche Volk aber bestehen bleibe (Stalin, 23. Februar 1942), nicht energisch widersprochen wurde. Diese darauf basierende Faschismustheorie der DDR zog einen scharfen Trennstrich zwischen dem „Volk" und den NS-Machthabern. Viele Bürger hatten sich in der SBZ in „antifaschistischen Ausschüssen" engagiert und zunächst die „Säuberung der besonders sensiblen Ressorts selbst in die Hand" genommen.[4] Ab Dezember 1946 entschieden Landeskommissionen über die Entlassung belasteter Deutscher aus den Behörden des SBZ, ab Ende 1947 stockte die Entnazifizierung. Im Februar 1948 löste die SMAD (Sowjetische Militäradministration in Deutschland) die Entnazifizierungskommissionen in der SBZ überraschend auf. Damit unterblieb fortan, so Olaf Groehler, „fast jegliche, innere moralische Auseinandersetzung jedes einzelnen mit seinem eigenen Verhalten während der NS-Diktatur".[5] „[P]ersönliche Bewältigung des NS-Regimes war", so ebenfalls Groehler, „in den fünfziger Jahren kein in der DDR erwünschtes Thema mehr, das größere öffentliche Resonanz finden konnte und das auf diese Weise geradezu einlud, das Schicksal der deutschen Juden in die tieferen Schichten des Unterbewußtseins zu verdrängen."[6] Materielle Relikte dieses „Schicksals" mussten als Störfaktoren in diesem gesellschaftlichen Verdrängungsprozess wirken.

Für das Gelingen dieses Prozesses war auch entscheidend, dass die jüdische Kultur unter der SED-Herrschaft nicht als das bestimmt wurde, was der sozialistische Staat prioritär als „nationales" Erbe anzuerkennen und gegen die bürgerlichen, postfaschistischen Gesellschaften zu verteidigen hatte. Die Erbe-Diskussion lässt sich für die deutschen Kommunisten zurückverfolgen bis in die Zwanzigerjahre, und sie erreichte einen ersten heftigen Höhepunkt im Exil (als der Literaturtheoretiker und Philosoph Georg Lukács den Expressionismus vom Erbe ausschloss, den bürgerlichen Realismus ihm dagegen zuschlug). Das normative Erbe changierte bisweilen, blieb in der DDR aber eine für die Geschichtsnarrative wichtige Konstruktion, weil es das Verhältnis zur Vergangenheit regelte. Wenn bis weit in die Siebzigerjahre hinein diskutiert und festgelegt wurde, was aus den vorhergehenden Klassengesellschaften anzueignen sei, so kam dem jüdischen Erbe nie eine essenzielle Bedeutung zu. Dass

4 Brenner, Zwischen Ende und Anfang, S. 255 f.

5 Olaf Groehler, Der Umgang mit dem Holocaust in der DDR, in: Steininger (Hrsg.), Der Umgang mit dem Holocaust, S. 233–245, hier S. 240.

6 Ebenda, S. 240–242.

das deutsch-jüdische Erbe nicht an zentraler Stelle in diese Erbe-Diskussion einbezogen wurde, war ein weiterer Schritt, es dem kollektiven Gedächtnis in der DDR zu entziehen, und bildete damit zugleich die Disposition, vor Ort die letzten Spuren dieses Erbes zu marginalisieren und letztlich zu eliminieren.

In welchem Maße man dieses Erbe zu übergehen willens war, wird vielleicht an zwei Eintragungen (ebenfalls) in Georg Dehios *Handbuch deutscher Kunstdenkmäler* für den Bezirk Halle erkennbar. Wurde einleitend diesem Handbuch für Rheinland-Pfalz und Saarland, ebenso wie für das Rheinland, bereits eine autoritative Funktion bei der Bestimmung des Status als „deutsches Kunstdenkmal" zuerkannt, so übte der DDR-*Dehio* diese Funktion noch weit mehr aus: Es war nämlich die Forschungsabteilung des staatlichen Instituts für Denkmalpflege, die für die Ausgabe von 1976 verantwortlich zeichnet. Zwei Synagogen, die für die deutsch-jüdische Geschichte auf dem Gebiet der DDR von höchster Relevanz sind – auf sie wird zurückzukommen sein –, wurden in dieses Handbuch aufgenommen: zum einen die Synagoge von Gröbzig und zudem die in mehrfacher Hinsicht besondere Synagoge im Wörlitzer Park, von der es bei Cohen-Mushlin und Harmen H. Thies heißt: „Der Bau kann als eines der bedeutendsten noch erhaltenen Synagogengebäude des 18. Jahrhunderts gelten."[7] Die Nationalsozialisten verwüsteten auch hier den Innenraum und benannten die Synagoge offiziell um in „Vesta-Tempel". Das *Handbuch der deutschen Kunstdenkmäler* aus der DDR musste offensichtlich die Spuren deutsch-jüdischer Geschichte negieren, um beide Gebäude als „deutsche Kunstdenkmäler" kanonisieren zu können. So wird die Synagoge von Gröbzig nur als „Heimatmuseum" etikettiert[8] und jene im Wörlitzer Park weiter mit der NS-Umbenennung als „Vesta-Tempel" geführt, womit eine ganz andere, fatale Erbe-Tradition eröffnet wird.[9]

Dass weder die Synagoge von Gröbzig noch diejenige im Wörlitzer Park im *Handbuch* mit einer jüdischen Vergangenheit in Verbindung gebracht wurden, reflektiert allerdings auch den Zustand, in dem sich beide Gebäude in den Siebzigerjahren befanden. Beide hatten weitgehend den Zustand bewahrt, in den sie in der NS-Zeit gewaltsam versetzt worden waren. Während das *Handbuch*

7 Cohen-Mushlin/Thies, Synagoge und Tempel, S. 36.

8 Georg Dehio, Handbuch der deutschen Kunstdenkmäler. Neubearbeitung. Der Bezirk Halle. Bearb. von der Abteilung Forschung des Instituts für Denkmalpflege, Ostberlin 1976, S. 147.

9 Ebenda, S. 518. Vgl. Peter Maser, Juden und Jüdische Gemeinden in der DDR bis in das Jahr 1988, in: Tel Aviver Jahrbuch für deutsche Geschichte, Bd. XX (1991), S. 393–426, hier S. 418.

den jüdischen Kontext des Erbes einfach negierte und dieses so aus dem öffentlichen Bewusstsein entfernte, überschrieb die DDR an anderer Stelle die jüdische Geschichte einfach mit derjenigen der Arbeiterbewegung. Auch dies tilgte die Erinnerung an das jüdische Erbe in Deutschland.

Ein besonders auffälliges Beispiel für eine solche Überblendung fand sich in Walldorf an der Werra (Thüringen). Walldorf besaß keine unbedeutende jüdische Gemeinde, im 19. Jahrhundert hatten jüdische Familien eine starke Stellung im Ort. Die Synagoge stammte schon von 1790. Es waren brutale Angriffe der Nationalsozialisten, denen sich 1938 die dortige jüdische Gemeinde ausgesetzt sah: Es wurde nicht nur die historische Synagoge verwüstet, sondern auch die Häuser der Juden angegriffen, die jungen Mädchen aus den Häusern geholt und vom Mob verprügelt. Anschließend musste die jüdische Gemeinde die Synagoge der politischen Kommune „schenken". Fünf jüdische Männer wurden nach Buchenwald verbracht, und 1942 bis 1944 wurden die letzten Mitglieder der einst großen Gemeinde nach Theresienstadt deportiert. Das Gebäude der Synagoge verfiel; 1948 drohte es einzustürzen, wenn man es nicht rasch umfassend reparierte. Im Geburtsjahr der DDR entledigte man sich seiner durch Abriss. Bereits 1968 wurde am ehemaligen Standort ein Denkmal errichtet, von dem man hätte erwarten können, dass die Geschichte der Walldorfer Juden ins kollektive Gedächtnis zurückgeholt werden müsste. Dies war jedoch nicht der Fall: Das Denkmal hatte offenkundig die Funktion, das Gedenken auf eine andere Opfergeschichte umzulenken. Es enthielt als Inschrift eines der berühmtesten Zitate Karl Liebknechts aus der *Roten Fahne* vom 15. Januar 1919, dem Tag seiner Ermordung: „17. November / 1923–1968 / Und ob wir dann noch leben werden / leben wird / unser Programm / Karl Liebknecht." Die Inschrift besteht aus verwirrenden Zitatfragmenten, ist weder in sich schlüssig noch stiftet sie eine Kohärenz zwischen den angegeben Erinnerungsdaten. Schon gar nicht besteht eine Kohärenz zwischen dem Ort der Synagoge bzw. den hier verübten Verbrechen und dem Denkmal mit seinem Erinnerungstext. Erzeugt wird eine Art Erinnerungsnebel, der die jüdische Geschichte an einem authentischen Ort verhüllt.

Ein problematisches Geschichtsnarrativ wurde in der DDR auch dort etabliert, wo wichtige Fakten der deutsch-jüdischen Geschichte an authentischen Orten unterschlagen wurden. Das gilt auch für Orte, an denen der Samen für den deutschen Antisemitismus, der sich von einem jahrhundertealten Antijudaismus herschreibt, ausgestreut wurde und an denen eine erinnerungspolitische Aufarbeitung des mörderischen Antisemitismus dringend erscheint.

Ein solcher Ort ist Eisleben

Hierher, in seinen Geburtsort, war Luther im Januar 1546 gereist, um die Vertreibung der Juden im Gebiet Albrechts VII. von Mansfeld durchzusetzen. In der dortigen Marktkirche verlas Luther im Anschluss an seine letzte Predigt vor seinem Tod sein Vermächtnis zur Haltung gegenüber den Juden, die „Vermahnung", die nicht nur die antijudaistischen Vorwürfe wiederholte und bündelte, sondern auch zu konkretem Handeln gegenüber den Juden aufforderte. Indem er den Juden nur die Wahl zwischen Taufe und Vertreibung ließ, sprach er ihnen das Existenzrecht in allen evangelischen Ländern ab. Mehr noch, in seiner „Vermahnung" bezichtigte er jene Christen, die die Juden weiter dulden würden, der Mitschuld an allen „Verbrechen" der Juden. So wie Luther 1525 jeden Mord an einem aufständischen Bauern zu einem Gott wohlgefälligen Werk erklärt hatte, wurde nun die Austreibung der Juden zur Pflicht eines jeden „Christenmenschen" erhoben. Diese „Vermahnung" erreichte eine Langzeitwirkung, die sich jene zunutze machten, die im 19. Jahrhundert den Antijudaismus mit dem biologischen Rassekonzept verbanden. „Als sich seit den zwanziger Jahren [des 20. Jahrhunderts] […] die Machtübernahme durch die Nationalsozialisten vorbereitete, orientierte sich das deutsche Volk an einem Bild der Juden, wie es seit Beginn der Neuzeit kein unheilvolleres gegeben hatte"[10] – und für das Luther in Eisleben noch einmal einstand. Insofern hätte ein antifaschistischer Staat hier die Gelegenheit wahrnehmen müssen, in dieser Stadt erinnerungspolitisch eine der Wurzeln des Völkermords aufzudecken bzw. die konfessionelle und ideologische Entwaffnung der evangelischen Christen zu thematisieren.

Es dauerte bis 1983, Luthers 500. Geburtstag, bis in Eisleben die erste Gedenktafel für die verfolgten Juden erschien. Befestigt wurde sie an der Westfront der besagten Marktkirche, etwas abgedrängt vom Kirchenportal. Zu dieser Zeit hatte die DDR eine wesentliche Korrektur an ihrem Erbe durchgeführt: Hatte man sich noch bis in die Siebzigerjahre, gestützt auf Friedrich Engels' Publikation zum *Großen deutschen Bauernkrieg*, auf die „frühbürgerliche Revolution" mit den aufständischen Bauern und Thomas Müntzer als deren revolutionären Repräsentanten als Vermächtnis bezogen und gegen Luthers „Fürstenreformation" gewandt, so änderte sich dies bei den Vorbereitungen zu den Lutherfeiern 1983. Luther und seine Reformation wurden zum Erbe erklärt, Thomas Müntzer spielte keine Rolle mehr. Die Gedenktafel in Eisleben,

10 Goldhagen, Hitlers willige Vollstrecker, S. 105.

auf der Kreuz und Menora sich grafisch übereinanderschieben, erwähnt Luthers antijüdische Predigt und die „Vermahnung“ mit keinem Wort.[11] Die Plakette hat zwei allgemeine biblische Verweise, eine aus dem 5. Buch Moses, eine aus dem Matthäusevangelium und eine Gedenkinschrift: „Dem Andenken der jüdischen Bürger, die in unserer Stadt gelebt und gelitten haben und von 1933–1945 ihr Leben ließen.“[12]

Die fünfzig Juden, die zur Zeit Luthers in Eisleben wohnten, wurden – ein Vorspiel zu späteren Verfolgungen – noch in der Reformationszeit aus der Stadt vertrieben. Erst zu Beginn des 19. Jahrhunderts konnten sie hier eine neue Gemeinde bilden, mit einem Betraum nicht weit von Luthers Geburtshaus, der um die Jahrhundertmitte durch eine große Synagoge (mit Lehrerwohnung und Schule) auf demselben Grundstück ersetzt wurde. Die Aggressionen der Nationalsozialisten richteten sich 1938 gegen die Geschäfte und Wohnhäuser der Juden und ließen die repräsentative Synagoge stehen. In der SBZ wurden Flüchtlinge dort einquartiert, in der DDR bezog eine christliche Adventistengemeinde das Gebäude. Danach begann der Umbau zu einem Wohnhaus. Ein Hinweis auf die einstige Bedeutung und Funktion des Hauses wurde während der gesamten DDR-Zeit nicht gegeben. Auch durch Unterlassung konnte ein „antifaschistischer“ Staat Geschichte verfälscht wiedergeben, indem er weder die Rolle Luthers in die Gedenktafel aufnahm[13] noch die Synagoge als Zeugnis

11 Dieses Unterschlagen von Luthers antijudaistischer Haltung scheint symptomatisch für eine Politik zu sein, wie sie die DDR zum Lutherjahr insgesamt entfaltete: Der Präsident des Verbandes der Jüdischen Gemeinden in der DDR, Helmut Aris, unterließ es nicht, in einem Gespräch im Staatssekretariat für Kirchenfragen am 12. September 1983 „die fehlende kritische Auseinandersetzung mit der Judenfeindlichkeit Martin Luthers, dessen 500. Geburtstag am 10. November 1983 unter großer staatlicher Präsenz gefeiert werden sollte (1983 war als ‚Lutherjahr‘ deklariert worden), anzusprechen.“ Timm, Der 9. November 1938, S. 259.

12 Es handelt sich um einen standardisierten Gedenktext, der die Täter nicht nennt, die Tat umschreibt und das Passiv bevorzugt (vgl. Kapitel 11). So wie Kreuz und Menora sich grafisch ergänzen, werden auch in den beiden anderen Texten Altes und Neues Testament bei der Gedenkplatte für die jüdischen Opfer in Harmonie gebracht. Es handelt sich nach meinen Aufzeichnungen vor Ort um „Höre Israel, der Ewige, unser Gott, der Ewige ist einzig“, 5. Buch Moses 6,4 (in hebräischer und lateinischer Schrift) und MT, 25, 40: „Christus spricht, was Ihr einem von meinen geringsten Brüdern getan habt, das habt Ihr mir getan“ – ein an dieser Stelle viel zu polysemes, die Verbrechen an den Juden verschleierndes Bibelzitat. Die Formulierung „sie ließen ihr Leben“ versetzt die Juden durch ein grammatikalisches Aktiv in einen Subjektstatus, in dem Moment, da sie zu Opfern gemacht wurden. Auch darin liegt eine Beschönigung des Holocaust.

13 Heute fragt das neu inszenierte Museum im angeblichen Sterbehaus Luthers (das authentische existiert nicht mehr) in einer kleinen Abteilung nach Luthers Antijudaismus.

jüdischer Geschichte markierte, einer Geschichte, die für die letzten Mitglieder der Eislebener Gemeinde in Theresienstadt und Sobibor ihr Ende gefunden hatte.

Überall war Eisleben

Peter Maser führt eine weitere Variante für das Überschreiben – ein Überschreiben im wahrsten Sinne des Wortes – von deutsch-jüdischem Erbe in der DDR an. Die Relevanz dieses Beispiels resultiert auch daraus, dass es unmittelbar mit einem Ort jüdischer Emanzipationsgeschichte verknüpft ist, der historischen jüdischen Knabenschule in Berlin. „Bis in die letzten Jahre", heißt es bei Maser, „gab es in der DDR deutliche Hemmungen, Stätten, die in besonderer Weise mit dem Leben und der Geschichte des Judentums verbunden waren, kenntlich zu machen. Allein für Ost-Berlin ließe sich hier eine lange Liste aufstellen. Unzerstört blieb z. B. das Gebäude der Knabenschule der Jüdischen Gemeinde, Große Hamburger Str. 2, in Berlin-Mitte, in dem nach dem Krieg eine Berufsschule für Industriekaufleute eingerichtet wurde. Diese Schule war einst unter dem Einfluß von Moses Mendelssohn und David Friedländer zum Ausgangspunkt der modernen jüdischen Schule in Deutschland geworden. Die verwitterte Inschrift über dem Eingang ‚Knabenschule der Juedischen Gemeinde' hatte sogar die Nazizeit überdauert. Die Behörden der Volksbildung in der DDR verliehen dieser Schule – in deren unmittelbarer Nachbarschaft sich der älteste jüdische Friedhof Berlins mit dem Grab des großen Aufklärers Moses Mendelssohn, die älteste Synagoge Berlins in der Heidereutergasse und das erste jüdische Altersheim in der Großen Hamburger Straße 26, das ab 1942 als sogenanntes ‚Judenlager' diente, von dem aus mehr als 56000 Berliner Juden deportiert wurden, befinden – den Namen ‚Kommunale Berufsschule Prof. Dr. Richard Fuchs'."[14] Ein Hinweis sowohl auf die deportierten Schüler als auch auf den Gründer Moses Mendelssohn fehlte jahrzehntelang. Erst in den Achtzigerjahren wurde eine Gedenkplakette für Mendelssohn angebracht.

Juden, auch den zeitgenössischen, wuchs damit auch in der DDR eine Fremdheit zu, die sie so nie hatten. Peter Maser hat es auf den Punkt gebracht, wenn er schreibt, dass es „über die tatsächliche Situation von Juden und jüdischen Gemeinden in der DDR auch deshalb immer wieder Illusionen geben [konnte], weil sich der staatlich gelenkte Kulturbetrieb der DDR die Pflege des jüdischen Erbes ganz offensichtlich angelegen sein ließ. Diese Feststellung

14 Ebenda, S. 416.

bleibt allerdings nur dann richtig, wenn man genau erfaßt, von welcher Art das ‚Erbe' war. [...] Immer ging es um jenes den Unkundigen exotisch-fremd anmutenden des ‚Ostjudentums', das dem DDR-Bürger als Produkt einer fiktiv-poetischen Welt erscheinen musste, die nicht mehr existierte, wenn es sie denn je überhaupt gegeben hatte. Jeglicher Hinweis auf ein gegenwärtiges und konkretes Judentum hatte zu unterbleiben. Allenfalls als Opfer der Nazibarbarei durften Juden menschliche Anschaulichkeit gewinnen. Aber auch diese Menschen sahen DDR-Bürger ja zumeist als Erscheinungen aus einer anderen und untergegangenen Welt."[15]

Im Umgang der DDR und der Bundesrepublik mit dem materiellen Erbe der jüdischen Geschichte herrschte – bei allen Unterschieden in den Selbstzuschreibungen der beiden deutschen Staaten – kein allzu großer Unterschied. Von dem Postulat, einer „normativen Vergangenheit" gerecht zu werden, ist das Verhältnis zu den „geretteten" architektonischen Zeugnissen auch in der DDR nicht getragen. Und so verwundert es auch nicht, dass die Kategorien ihrer Vernichtung mit denen der Bundesrepublik konvergent sind: Abriss, Umnutzung, Umbau oder Verstümmelung bis zur Unkenntlichmachung. Oder – auch das ähnelt westdeutschen Praktiken – man nimmt diese Relikte nicht mehr wahr, man schaut durch sie hindurch. Mit den Worten der Gedächtnisforschung: Man weigert sich, diese Objekte vom Speichermedium ins Funktionsmedium zu heben und ihnen damit eine präsentische Existenz zu verleihen. Das eklatanteste Beispiel auf dem Boden der DDR hierfür ist das „Übersehen" der ältesten Synagoge Europas in einem Erfurter Hinterhof während der Herrschaft der SED. Was Peter Reichel für ganz Berlin feststellt, lässt sich ohne Weiteres nicht nur auf Ostberlin, sondern die ganze DDR übertragen: „Dem steinernen Gedächtnis der Stadt abhandengekommen waren zunächst auch die Stätten der ausgelöschten jüdischen Gemeinden, insbesondere die großen Synagogen oder was davon nach Pogrom, Deportation und Bombardierung noch übriggeblieben war."[16]

Abbruch und Umnutzung in der DDR

Das Abreißen der genannten Synagoge von Walldorf fällt in die Gründungszeit der DDR, es blieb aber nicht die einzige Dezimierung dieses Baubestands in Thüringen: Im Jahr 1955 folgte der Abbruch der Synagoge von Vacha, die trotz

15 Maser, Juden und Jüdische Gemeinden in der DDR, S. 418.

16 Peter Reichel, Politik mit der Erinnerung. Gedächtnisorte im Streit um die nationalsozialistische Vergangenheit, Frankfurt a. M. 1999, S. 171.

der Beschädigungen 1938 als Bau stehen geblieben war. Den Verlust des Sakralbaus von Bleichenroda (Thüringen) musste man schon in den Fünfzigerjahren beklagen; 1960 verschwand das Synagogengebäude von Suhl-Heinrichs, das – zu dieser Zeit bereits längst säkularisiert – die „Reichskristallnacht“ überstanden hatte. Von der Synagoge im thüringischen Völkershausen ist nur die Mauer in einer Garage übrig geblieben. Der Sakralbau von Forst in Brandenburg existierte bis 1972, ehe er beseitigt wurde.[17] In Frankfurt (Oder) erfolgte der Abriss der nach der Brandstiftung von 1938 noch stehen gebliebenen Bauteile des Synagogengebäudes in den Fünfzigerjahren,[18] die Ruine der großen Synagoge von Potsdam fiel ebenfalls in diesem Jahrzehnt (1955) der Spitzhacke zum Opfer.[19] Ein Jahrzehnt später verschwand die Synagoge von Neuruppin.[20] In Friesack war der Betraum mit seinen Wandmalereien in einem Wohnhaus erhalten geblieben – bis 1975 auch hier das Zeugnis jüdischer Kultur ausradiert wurde.[21]

Auch die Begründungen für den Abriss bzw. für eine unterlassene Restaurierung liegen zwischen Ost und West nicht so sehr auseinander:

Das jüdische Gotteshaus von Sondershausen – um in Thüringen zu bleiben – überstand, verwüstet, das Novemberpogrom und stand als Kriegsruine lange im Ort. Statt die Ruine zu retten, kamen 1960 die Abrissbagger und beseitigte sie als „Sanierungsmaßnahme“. Die jüdische Gemeinde von Schwarza besaß eine repräsentative Fachwerksynagoge mit Walmdach aus dem Jahr 1840, die ebenfalls 1938 geplündert worden war. Die DDR ließ eine jahrzehntelange Vernachlässigung des stattlichen Gebäudes zu, bis es 1980/81 angeblich nicht mehr zu halten war. Das gleiche Schicksal erlitt der Betsaal von Ilmenau, allerdings erst 1987/88 und damit zu einem Zeitpunkt, an dem sich bereits eine gedenkpolitische Neuausrichtung der DDR abzeichnete.

Spektakulär, weil es sich um die einstmals schönste und größte Synagoge Berlins und um ein das Stadtbild bestimmendes Baudenkmal für das jüdische Selbstbewusstsein handelte, war die Sprengung des Hauptbaus der Neuen Synagoge in der Oranienburger Straße im Jahr 1958, nachdem das einstige repräsentative Gotteshaus lange Zeit als Abbruchstelle für Baumaterial diente. Der Sprengung stimmte die jüdische Gemeinde unter der Voraussetzung zu, dass die Teile an der Straßenfront als Mahnmal gegen Faschismus und Krieg

17 Maria Berger u. a. (Hrsg.), Synagogen in Brandenburg. Spurensuche, Berlin 2013, S. 107.

18 Ebenda, S. 110.

19 Ebenda, S. 190.

20 Ebenda, S. 173.

21 Ebenda, S. 120.

erhalten bleiben sollten; der Erhalt dieser Baufragmente ausdrücklich und ausschließlich als Mahnmal gegen Verfolgung und Völkermord an den Juden war offenkundig in diesem Jahrzehnt der DDR-Geschichte nicht möglich.

In historischem Zusammenhang mit der Neuen Synagoge steht der Tempel der Reformgemeinde in der Johannisstraße in Berlin, der 1854 eingeweiht worden war. Auch er wurde 1938 gestürmt und beschädigt; die Schäden konnten allerdings wieder beseitigt werden, sodass er nach Schließung der Synagoge in der Oranienburger Straße 1941 als Ersatz fungieren konnte. Hier folgten auf die Zerstörungen durch die Nazis diejenigen durch Kriegseinwirkung. Was aber die noch stehen gebliebenen Zeugnisse der materiellen jüdischen Kultur für die jüdische Erinnerung bedeuteten, wird an einer Eintragung Victor Klemperers erkennbar. Als dieser 1946 in der Ruine des Tempels stand, notierte er: „Im Haus zur Seite hatte ich Religionsunterricht. Das Haus in Trümmern, die Synagoge selber: ihre Vorderfront ein Schutthaufen. Ihre Mitte ein Nichts, kein Dach, keine Mauer, eine Schuttfläche. Jenseits dieses Nichts, die rückwärtige Schmalmauer u. eine Andeutung der darüber gewölbten Kuppel coulissenartig erhalten. In der Mauer die Altarnische u. über ihr zwei Gesetzestafeln mit hebräischen Lettern. Ich dachte, wie oft habe ich den Vater stehen sehen […].“[22] In den Tempeltrümmern ist für Klemperer die allgemeine und die individuelle Geschichte noch aufbewahrt. Diese Steine zu retten, kam nach 1946 aber niemandem in den Sinn; vielmehr wurde das Grundstück in der Folgezeit von staatlicher Stelle komplett eingeebnet. (Die Gedenktafel mit einem deutschen und englischen Text wurde erst 2006 enthüllt.)

Nur wenige Beispiele sollen das Ausmaß der Übernahme von Sakralbauten zu Wohnungszwecken auch in der DDR skizzieren:

Aus Bibras Synagoge wurde ein bis heute bestehendes Wohnhaus, ebenso wie in Bad Heiligenstadt (1945 profaniert, Wohnhaus bis 2011, siehe Kapitel 16) und Stadtlengsfeld (1945 profaniert, umgebaut zu Wohn- und Geschäftshaus). In Themar wurde im Synagogengebäude zunächst die Schule installiert, ehe aus ihm ein Wohnhaus wurde. Diese Beispiele stammen aus Thüringen, aber auch in Brandenburg, Mecklenburg, Sachsen und Sachsen-Anhalt begann man nach nicht einmal einem Jahrzehnt nach den NS-Verbrechen im November 1938, Synagogen als Wohnstätten herzurichten, so in Bützow, Demin, Stendal. Ihrer baulichen Identität durch den Umbau zum Wohnhaus wurden auch andere Synagogen beraubt, wie etwa diejenige von Rathenow. Der „Antifaschismus“

22 Victor Klemperer, So sitze ich denn zwischen allen Stühlen, Bd. 1, Berlin 1999, S. 273.

eines Bauern unter der NS-Herrschaft in Egeln war offensichtlich rigoroser als derjenige in der „antifaschistischen" DDR: Hier war die Synagoge in ihrer Substanz gerettet worden, weil dieser Landwirt 1938 die Zufahrt zum jüdischen Gotteshaus versperrt hielt; nach Kriegsende wurde diese Synagoge zum Lagerraum, bis ihr durch Umgestaltung zu einem Wohnhaus ihre ursprüngliche Identität endgültig genommen wurde.

Wie in der Bundesrepublik setzten sich auch in der DDR christliche Gemeinden in Besitz ehemaliger Synagogen und beteiligten sich an der Spurenbeseitigung:

Dass der Werdegang der Eislebener Synagoge kein Einzelfall für eine solche Umfunktionierung in der DDR darstellte, zeigte sich an der Synagoge von Dargun in Mecklenburg, die 1938 gut überstanden hatte, 1959 von der dortigen freikirchlichen Gemeinde übernommen wurde, bevor sie 1969 ganz in deren Besitz überging. Die Neuapostolische Kirche errichtete in Haldensleben 1953 dort ihren Altar, wo 15 Jahre vorher noch die Bima stand, und feierte ihre Gottesdienste bis 2002. In Plau am See erwarb die katholische Kirche das ehemalige jüdische Gotteshaus.

Noch in den Achtzigerjahren kaufte die evangelisch-freikirchliche Gemeinde von Schönebeck (Sachsen-Anhalt) die einstige Synagoge auf, eine Synagoge, deren brutale Art der Entweihung in der „Kristallnacht" sich in ihre Mauern unauslöschbar eingebrannt haben musste.[23] Aber was war von einem Staat zu erwarten, der dieselbe Synagoge, bevor sie von der Freikirche erworben wurde, nacheinander bedenkenlos als Arbeitsamt, Museum, Verkaufsstelle und Turnhalle selbst genutzt hatte? Dass dieses intakt gebliebene, nun „christlich" genutzte Synagogengebäude auch einen spezifischen architektonischen Wert

23 In dieser Synagoge hatte 1938 eine Entweihung stattgefunden, die über das ansonsten bereits übliche Maß hinausgehend eine Verhöhnung des Judentums bezweckte, was allein schon Fragen nach einer „geschichtsvergessenen" Nutzung als christliches Gotteshaus aufwirft. Auf der Internetseite „Aus der Geschichte der jüdischen Gemeinden im deutschen Sprachraum / Schönebeck/Elbe (Sachsen-Anhalt)", https://www.jüdische-gemeinden.de/index.php/gemeinden/s-t/1761-schoenebeck-elbe-sachsen-anhalt, ist zu Schönebeck zu lesen: „Einige Rabauken hatten sich Gebetsmäntel umgehängt und latschten über die Thorarollen. Dann kam der vom Sturmbannführer Karpe vorbereitete Höhepunkt: Ein schwarzes ... Schwein wurde in die Synagoge geschleppt und vier seiner Leute umstanden mit Chanukka-Leuchtern in der Hand den jetzt folgenden feierlichen Akt. Dem Schwein wurde das Rabbinergewand umgetan und die Rabbinermütze aufgesetzt und danach an den inmitten der Synagoge hängenden Kronleuchter hochgezogen. Zur Begleitung grölten die Banditen den vorbereiteten Gesang im Kanon ‚Am Leuchter in der Synagoge hängt ein schwarzes Schwein, das wird doch nicht der Rabbi sein'."

im deutsch-jüdischen Kulturerbe besaß, da es sich an der Berliner (teilzerstörten) Oranienburger Synagoge orientiert, sei nur am Rande erwähnt.

Die Synagoge von Berkach, seit 1991 resakralisiert, war bereits kurz nach Kriegsende von der Roten Armee zweckentfremdet worden: Sie installierte hier ihre Kommandantur. Die auf den Auszug der Sowjetarmee folgende Nachgeschichte der Synagoge verlief in vergleichbaren Bahnen wie diejenige vieler westdeutschen Nachgeschichten: Sie wurde Schmiede, Werkstatt und – eine Differenz zu Westdeutschland – zum Lagerraum einer LPG. Dieser Sakralbau steht für viele andere Nachgeschichten, wie etwa für diejenige der Synagoge von Röbel (Müritz), von Schwaan (Mecklenburg), Stavenhagen usw.

Differenzen zu bundesrepublikanischen Nachgeschichten gibt es allenfalls dort, wo eine „zweite" Enteignung stattfand – jetzt im Namen des „antifaschistischen" Staates: Die stattliche Synagoge von Hagenow (mit Mikwe, Religionsschule, Lehrer- und Hausmeisterwohnung) zählte in der DDR zu den seltenen Zeugnissen jüdischer Kultur in West-Mecklenburg. Sie wurde zunächst zur Eierannahmestelle degradiert, dann war sie Sitz der Bäckereigenossenschaft. Das gesamte Gebäudeensemble wurde nach der „Republikflucht" des Eigentümers in das „Eigentum des Volkes" überführt – eigentlich ein guter Zeitpunkt, um über eine würdevolle zukünftige Nutzung nachzudenken, durch die über das beeindruckende architektonische Erbe die Geschichte der mecklenburgischen Juden im kollektiven Gedächtnis hätte verankert werden können. Das Gegenteil geschah: Durch die Enteignung war Platz geschaffen worden für kommunale Einrichtungen und diverse Firmen.

Ein besonderes Beispiel für eine wirtschaftliche Zweckentfremdung, die eine Kontinuität vom Nationalsozialismus bis in die Spätphase der DDR aufweist, findet sich mitten in Berlin: Es handelt sich um das Gotteshaus „Beth Zion"[24] in einem Innenhof der Brunnenstraße, das noch lange nach der sogenannten Wiedervereinigung dem „steinernem Gedächtnis der Stadt abhanden gekommen war", um Peter Reichel zu zitieren. Eingeweiht 1910, wird „nur" das Innere in der Pogromnacht stark zerstört, sodass die benachbarte Pharmazie-Fabrik „Dr. Hugo Remmler" das Gebäude als Lagerhalle übernehmen kann. Dazu wird ein Durchbruch zum benachbarten Fabrikgelände geschaffen, wodurch der Thoraschrein verloren geht. Mit Gründung der DDR wird diese pharmazeutische Fabrik enteignet und von der Kommunalen Wohnungsbaugesellschaft an den VEB Pharmazeutische Werke vermietet. Die Synagoge

24 Synagoge Beth Zion, https://www.anderes-berlin.de/html/synagoge__beth_zion_.html.

bleibt Lagerhalle, auch noch als der VEB Berlin-Kosmetik die Gebäude übernimmt. „Im Jahre 1982 erhält der VEB Berlin Kosmetik schließlich die Erlaubnis, das Innere der Synagoge umzubauen. Eine neuerliche Nutzung des Gebäudes als Synagoge wird dabei offenbar nie in Betracht gezogen."[25] Die Bauarbeiten beginnen 1984. Auf der Höhe der Empore wird, wie so häufig, eine Zwischendecke eingezogen. „Im ehemaligen großen Synagogenraum entstehen nun zwanzig kleine Büros, die in beiden Etagen von einem Mittelgang links und rechts abgehen. Eines der vier im Untergeschoß paarweise mit Rundbögen zusammengefassten Fenster wird durch ein Tor aus Aluminium-Profilen ersetzt."[26] Ironischerweise bleibt nur die Inschrift, allerdings in hebräischen Lettern, über der Eingangstür erhalten: „Das ist das Tor, durch das die Gerechten eintreten werden."[27]

Von der großartigen Synagoge von Rostock, einem Werk des bereits genannten jüdischen Architekten Ludwig Levy, standen nach der Brandstiftung 1938 nur noch die Außenmauern, die im Krieg weiter zerstört wurden. So sah sich die Jüdische Landesgemeinde Mecklenburg als Eigentümerin genötigt, das Trümmergrundstück an einen ortsansässigen Unternehmer zu veräußern, dessen Grundstück, von der DDR zwangsenteignet, zum „Volkseigentum" erklärt wurde, sodass es überbaut werden konnte – mit Wohnblöcken ausgerechnet für das Ministerium für Staatssicherheit, in deren Innenhof die Bezirksverwaltung des MfS untergebracht wurde.

Gröbzig – eine Ausnahme?

Dadurch dass die Zeugnisse dieser Kultur so flächendeckend beseitigt oder unkenntlich gemacht wurden, z. B. Wiederherstellungen wie bei der Synagoge von Wörlitz unterblieben, wurde den Juden ein historischer und gegenwärtiger Sitz im deutschen Leben auch von der DDR abgesprochen, und man überantwortete sie einer längst vergangenen, dem Vergessen schon anheimgegebenen Welt. Nachträglich wurden sie als seit jeher „Fremde" definiert und ihre Bauten nicht als integraler Bestandteil der deutschen Kultur gewürdigt. Umso wichtiger ist es, Initiativen in der DDR zur Wahrung dieses Erbes hervorzuheben, da sie fast schon den Charakter einer subversiven Aktion hatten, indem sie

25 Ebenda.

26 Ebenda, S. 2 f.

27 Ebenda. Erst 1992 gibt der Betrieb den Standort auf, es folgen Jahre des Leerstands.

ein solches, auch in diesem deutschen Staat de facto herrschendes Geschichtsnarrativ unterminierten.

Als große Ausnahme einer Synagogenrestaurierung in der DDR gilt Gröbzig, das oben im Zusammenhang mit dem Verschweigen des jüdischen Kontextes im *Dehio*-Handbuch erwähnt ist. Das Synagogengebäude stammt aus dem 18. Jahrhundert, Mitte des 19. Jahrhunderts kamen An- und Umbauten dazu, und es wurde der Betsaal ausgemalt. Dass dieses Gebäude die NS-Herrschaft und vor allem die Novemberpogrome überstand, hat damit zu tun, dass die jüdische Gemeinde sich schon 1934 gezwungen sah, die Synagoge der Zivilgemeinde zur musealen Nutzung zu überlassen. Obwohl mittlerweile ein „Heimatmuseum“ in ihren Räumen eingerichtet worden war, sollte die einstige Synagoge 1938 beseitigt werden. Dieses Vorhaben wurde ausgesetzt, weil der Bürgermeister sämtliche Gegenstände, die an ein jüdisches Leben in Gröbzig erinnerten, ausgesondert und die hebräischen Inschriften überdeckt hatte (was später als „Rettungsaktion“ der jüdischen Gegenstände ausgegeben wurde). Ausgerechnet in einer Synagoge durfte (paradoxerweise) nichts mehr an Juden erinnern. „Heimat“ war eine Konstruktion ohne Juden; die Juden waren in der Ausstellung bereits expatriiert, bevor die eigentliche Deportation begann. Verantwortlich für die „heimatkundliche“ Exposition, die „Heimat“ als Blut- und Boden-Projekt feierte, war der Gröbziger Heimatverein.

Zwar musste der politisch belastete Heimatverein nach 1945 seine Arbeit einstellen, seine Tätigkeit wurde aber durch die „Heimatfreunde“ der Stadt Gröbzig fortgesetzt, die auch das Heimatmuseum weiterführten. 1949 sollen – die Angaben sind widersprüchlich – die „versteckten“ jüdischen Gegenstände wieder als Exponate zugänglich gemacht worden sein. Eine neuere Untersuchung zweifelt bei den zurückgekehrten Exponaten allerdings das Rettungsmotiv an.[28] 1966 beschloss der Rat der Stadt Gröbzig eine Neugestaltung des Museums, die – und das allein schon ist bemerkenswert – als Anlass den 30. Jahrestag der Pogromnacht 1968 hatte. Mit der Bitte des neuen Museumsleiters an die Fachstelle für Museen des Ministeriums für Kultur um Unterstützung bei der Neuausrichtung der Ausstellung wurde das Gröbziger Projekt auch in seiner allgemeinen Bedeutung für das Geschichtsnarrativ in der DDR bestätigt. Die Fachstelle des Ministeriums schlug vor, eine Arbeitsgruppe zur

28 Anna Georgiev, Thälmanns Turnhose und andere Dinge. Kurze Objektgeschichte antifaschistischer Ausstellungen der DDR, in: Deutschland Archiv, 20. 12. 2019, https://www.bpb.de/themen/deutschlandarchiv/302804/thaelmanns-turnhose-und-andere-dinge/.

wissenschaftlichen Betreuung der Neuausrichtung einzusetzen. Das Konzept eines jüdischen Museums in der Synagoge wurde von der „hochkarätig besetzt[en]“ Arbeitsgruppe[29] bestätigt. „Allerdings“, heißt es bei Anna Georgiev, „gab es dazu ein resolutes Schreiben des Staatssekretariats für Kirchenfragen, welches diese Konzeption für ‚politisch problematisch‘ einstufte.“[30] Politisch problematisch, weil die jüdische Geschichte damit Gefahr laufe, nicht mehr dem „antifaschistischen“ Erbe untergeordnet zu werden. Selbst der Erhalt der Synagoge dürfe nicht losgelöst von diesem Kampf vorgestellt werden. Den Wortlaut der staatlichen Intervention gegen die Einrichtung eines Museums mit einem Bezug zur jüdischen Geschichte in der Synagoge zitiert Georgiev wie folgt: „Eine jüdische Ausstellung sei nur im Rahmen eines Heimatmuseums vertretbar, welches die ‚historischen Traditionen des bürgerlich-demokratischen und des antifaschistischen Befreiungskampfes der örtlichen Entwicklung‘ darstellt und in diesem Zug auf die Rettung der Synagoge eingeht. [...]. Wir bitten zu veranlassen, dass hier keine subjektivistischen Auffassungen einzelner Mitarbeiter bei der Gestaltung eines Heimatmuseums zum Tragen kommen können, sondern daß sowohl die politischen, grundsätzlichen Überlegungen als auch unsere kirchenpolitischen Gedanken beachtet werden.“[31]

Die Intention und das Engagement der Mitarbeiter, in einer Synagoge eine Ausstellung mit jüdischem Fokus, d. h. auch mit einem Schwerpunkt der Judenverfolgung in Gröbzig zu zeigen, war damit als „subjektivistisch“ gebrandmarkt. „Grundsätzliche politische“ Erwägungen hatten es zu Fall gebracht. Damit war auch der geplante Eröffnungstermin zum 30-jährigen Gedenken an die Pogromnacht nicht mehr zu halten: „Offiziell wurde nun aufgrund verzögerter Bauarbeiten eine Eröffnung der Ausstellung zum 20. Jahrestag der DDR im Oktober 1969 angekündigt.“[32] Was den Mitarbeitern entgegen der Richtlinien gelang, war, im Rahmen der Ortsgeschichte, wie sie das Heimatmuseum präsentierte, auch die Alltagskultur der Juden und ihre Verfolgung expositorisch zu erwähnen – sicherlich im Ansatz ein subversiver Akt, mit dem an die jüdische Geschichte Gröbzigs und die ihr inhärente Gewalt erinnert werden konnte.

Als in den späten Siebzigerjahren eine Diskussion „über Tradition und Erbe in der DDR angestoßen wurde“,[33] wirkte sich dies auch auf das Museum

29 Ebenda.
30 Ebenda.
31 Ebenda.
32 Ebenda.
33 Ebenda.

in der Gröbziger Synagoge aus. 1982 begannen Restaurierungen. Diese intendierten allerdings nicht die Wiederherstellung des Originalzustandes, sondern veränderten das Aussehen der Synagoge: Ein glatter Putz wurde aufgetragen, man tünchte die Wände weiß, die Ausmalungen des Jahres 1858 wurden überstrichen.[34] Am 3. November 1988 konnte das Gebäude als „Museum Synagoge Gröbzig" wieder der Öffentlichkeit mit einer Dauerausstellung zugänglich gemacht werden, die immer noch einen Kompromiss zwischen heimatkundlicher Schau und der Exposition zur jüdischen Geschichte darstellte, im Grunde aber die nun stärker fokussierte jüdische Geschichte von der „Heimatgeschichte" trennte: „Gröbziger Heimathistorie und jüdische Geschichte". Damit war der Kampf um die Ausrichtung des Museums keineswegs zu Ende: Auch nach dem Ende der DDR sind die Bruchstellen „Heimatmuseum" oder „Jüdisches Museum" geblieben und haben, nachdem zwischenzeitlich die Exponate des Heimatmuseums ausgelagert wurden, wieder an Bedeutung zugenommen. Inzwischen sind in den Auseinandersetzungen um die Ausrichtung des Museums auch antisemitische Positionen vertreten worden, die sich auf die Museumsgeschichte in der NS-Zeit und der DDR berufen.[35]

34 R. Hammer, Entdeckungen im Alltag der DDR. Das verpflichtende Erbe für unser Heute und Morgen gut bewahren. Wie in Gröbzig ein einmaliges Denkmal gepflegt wird, in: Freiheit. Tageszeitung der SED für den Bezirk Halle, 15. November 1986, S. 3.

35 Zu den politischen Auseinandersetzungen siehe: http://synagoge-groebzig.de/chronik-3, Juni 2017. Im Verlauf des Jahres 2017 wurden vonseiten der AfD in Sachsen-Anhalt mehrere Angriffe gegen die Museumsarbeit der Direktorin und des Vereins geführt, die sich insbesondere gegen die bildungspolitische Arbeit zu den Themen Fremdenfeindlichkeit und Rassismus richteten. Am 20. Juni 2017 wurde von einem ihrer Sprecher im Landtag die Förderung des Vereins der Freunde und Förderer des Museums Synagoge Gröbzig mit der abstrusen Begründung infrage gestellt, der Verein erwecke den Eindruck, „der Holocaust verpflichte uns heute, Masseneinwanderung und Überfremdung widerspruchslos hinzunehmen. Dies ist falsch und missbraucht die Erinnerung an den Holocaust." Der AfD-Sprecher forderte dazu auf, „unseren Trägerverein nicht mehr zu finanzieren". Er müsse vielmehr mit allen politischen Mitteln bekämpft werden. Vgl. AfD-Fraktion Sachsen-Anhalt, Ein Bekenntnis zur Nation muss selbstverständlich sein!, https://www.youtube.com/watch?v=YzJoVbjsghI, September 2017. Mit Schreiben vom 18. September 2017 erhielt der Trägerverein von der Stadt überraschend und ohne nähere Begründung eine „Kündigung der Nutzung des Museumskomplexes" (der nach dem Wortlaut der zugrunde liegenden Vereinbarung gar nicht einseitig kündbar war) sowie die Ankündigung, in Zukunft dem Verein keine Zuwendungen mehr geben zu wollen. Zeit- und wortgleich kündigte auch der Landrat des Landkreises Anhalt-Bitterfeld an, in Zukunft keine Zuwendungen mehr geben zu wollen. Vgl. Cohen-Mushlin/Thies, Synagoge und Tempel, S. 36.

1988 und das Erbe

Dass die Wiedereröffnung von Gröbzig auf den 3. November fiel, hat weniger mit dem 50. Jahrestag des Novemberpogroms zu tun, als mit Veränderungen der Erinnerungspolitik in der DDR. Bereits zum 40. Jahrestag 1978 hatten sich erste Verschiebungen in den offiziellen Geschichtsversionen der DDR angekündigt, die auf eine stärkere Berücksichtigung der Geschichte der deutschen Juden und ihrer Verfolgung und Vernichtung durch den Nationalsozialismus hinausliefen. So war nicht nur die Präsenz der Vertreter des Staates auf den Gedenkfeiern auffallender, sondern der Staatratsvorsitzende Erich Honecker hatte auch erstmals eine Grußbotschaft an den Verband der Jüdischen Gemeinden geschickt.[36] Für die Neuausrichtung des Museums in Gröbzig war wegweisender, dass bereits 1978 das Museum für Deutsche Geschichte, dessen Expositionen die herrschende Geschichtsdeutung widerspiegelten und verstärkten, zwei Ausstellungen zur jüdischen Geschichte organisiert hatte. Bezeichnenderweise fanden beide Ausstellungen nicht in den eigenen Räumen des Museums statt, d. h. das dort dargebotene Geschichtsnarrativ, welches der jüdischen Geschichte nicht den ihr zukommenden Platz einräumte, wurde nicht tangiert. Einer der Ausstellungsräume war die Synagoge in der Rykestraße, die andere Ausstellung war in der Gedenkstätte Sachsenhausen zu sehen, wo traditionell der aktiven Kämpfer gegen den Nationalsozialismus gedacht wurde.

1988 hatte das Politbüro der SED die Initiative zu den Gedenkfeiern selbst ergriffen. Honecker traf sich mit dem Vorsitzenden des Zentralrats der Juden in Deutschland und empfing den neu gewählten Präsidenten des Verbandes der Jüdischen Gemeinden in der DDR, Siegmund Rotstein; zudem besuchte der Präsident des Jüdischen Weltkongresses, Edgar Miles Bronstein, die DDR. Offizielle Vertreter des Staates Israel wurden zu den Gedenkfeierlichkeiten eingeladen, und der Leiter der Gedenkstätte Yad Vashem, Yitzhak Arad, kam in die DDR, welche die Aufnahme von diplomatischen Beziehungen mit Israel in Aussicht stellte. Diese breit angelegt Kampagne hatte aber nur prima vista die Absicht, den Dialog mit den jüdischen Organisationen zu vertiefen und dem jüdischen Leben einen neuen Stellenwert im Leben des sozialistischen Deutschlands einzuräumen. Es waren zwei Ziele, die die wirtschaftlich und politisch bereits am Abgrund taumelnde DDR verfolgte: Honecker wollte als Krönung seiner politischen Karriere unbedingt eine Einladung ins Weiße Haus erhalten,

36 Timm, Der 9. November 1938, S. 257.

und die DDR erhoffte sich durch eine Normalisierung der Beziehungen mit den USA die Gewährung einer Meistbegünstigungsklausel, was aber nur möglich war, wenn das Verhältnis zu den Vertretern des Judentums auf eine neue Grundlage gestellt würde. Vor allem vom Jüdischen Weltkongress erwartete die Führung der DDR eine Fürsprecherrolle bei beiden Zielen.[37] 1988 hatten wir es also nicht mit einer tiefgreifenden Revision der Haltung der DDR gegenüber den Juden zu tun, auch nicht gegenüber ihrer Geschichte, sondern mit einer opportunistischen. Die Juden in Deutschland und ihre Vergangenheit wurden durch die SED funktionalisiert.

Unter diesem Vorzeichen standen die erinnerungspolitischen Aktivitäten zum 50. Jahrestag der Pogromnacht in der DDR. Völlig unabhängig von den Zielen der SED-Führung förderten diese Aktivitäten allerdings das Engagement für Relikte jüdischer materieller Kultur und markierten authentische Orte deutsch-jüdischer Geschichte: Im Vorfeld der Gedenkfeiern war 1987 finanzielle Unterstützung für jüdische Friedhöfe und Museen in Aussicht gestellt worden. Vor allem die Instandsetzung des großen Friedhofs in Berlin-Weißensee, über den noch 1986 – der Beginn der Bauarbeiten – eine große Ausfallstraße stadtauswärts führen sollte, wurde jetzt vorangetrieben. Honecker ließ den Bau der Straße einstellen.

Durch den vor allem außenpolitisch motivierten Politikwechsel der SED gegenüber dem jüdischen Erbe hatten Gedenktafeln Konjunktur: An dem Platz der 1949 abgebrochenen Synagoge von Walldorf, an dem das Denkmal mit dem verqueren Liebknecht-Zitat aufgestellt worden war, wurden nun zwei Tafeln angebracht, von denen eine das Relief der einstigen Synagoge zeigt, die zweite die Information enthält: „Hier stand die 1790 erbaute Synagoge der jüdischen Gemeinde Walldorf, die 1938 geschändet und zerstört wurde", was insofern nicht korrekt ist, als die Jahre nach der Befreiung und ihre endgültige Zerstörung unterschlagen werden. In Rathenow bei Berlin wurde an das Wohnhaus, zu dem die Synagoge umgebaut worden war, eine Plakette angebracht. In Rostock auf dem Gelände des Ministeriums für Staatssicherheit wurde eine Gedenkstele errichtet. In Hagenow, wo die Synagoge wegen Republikflucht des neuen Eigentümers in das „Eigentum des Volkes" übergegangen war, erinnert seit 1988 eine Gedenktafel an die ehemalige Synagoge.

Aber auch der Denkmalschutz wurde nun tätig; wo es zuvor keine Bedenken gab, aus Synagogen Wohnhäuser zu machen, achtete man nunmehr auf das

37 Hierzu siehe ebenda, S. 261.

Vermeiden von Entstellungen: Bützows jüdisches Gotteshaus war 1938 wegen eines Besitzerwechsels erhalten geblieben; als der Besitzer die Fassade verändern wollte, verhinderte dies die Stadt 1987. Die Synagoge von Stavenhagen, die zunächst Werkstatt und Holzlager gewesen war, seit 1986 leer stand und verfiel, wurde nicht nur denkmalgeschützt, sondern es liefen 1988 erste Sicherungsmaßnahmen an. In Mühlhausen begannen ab 1987 erste Bemühungen um Restaurierung des dortigen Sakralbaus, und im thüringischen Aschenhausen, wo die Synagoge im klassizistischen Stil 1843 erbaut wurde und deren Mauern noch standen, fingen Freiwillige 1987 mit Instandsetzungsarbeiten an. Auch Wörlitz kam ins Blickfeld von Restauratoren.

Die Neue Synagoge in der Oranienburger Straße

Durch die SED-Führung wurde im Vorfeld der Gedenkfeiern eine nicht öffentliche Bilanzierung aller auf dem Gebiet der DDR befindlichen Synagogen, jüdischen Friedhöfe, Gedenkstätten, Museen und Gedenktafeln angeordnet. Zugleich sollte der Erhaltungszustand dokumentiert werden. Beauftragt wurde die Stasi-Hauptabteilung XX/4; die 15 Stasi-Bezirksverwaltungen legten im Sommer ihre Bestandsaufnahmen vor (einschließlich „auffälliger" Aktivitäten). Wie detailliert die Übersicht war, dokumentiert das 15-seitige Papier der Abteilung XX der Bezirksverwaltung Berlin, das am 6. Juli 1988 eingereicht wurde.[38]

Das große Projekt aber, mit dem die SED 1988 ihr außenpolitisches Renommee als judenfreundlicher Staat aufbessern und im Ausland den Beweis antreten wollte, dass das jüdische Kulturerbe – und in diesem Fall auch das architektonische Erbe – in ihrem Staat wertgeschätzt und gepflegt werde, war die Wiederherstellung der Neuen Synagoge in der Oranienburger Straße in Berlin. In den Frühzeiten der DDR als nicht restaurierungsfähig weiter abgebaut,[39]

38 Neue Synagoge. Aktion Kristall und ein großer Plan. Einsehbar unter https://www.stasi-unterlagen-archiv.de/informationen-zur-stasi/themen/beitrag/neue-synagoge-aktion-kristall-und-ein-grosser-plan/. Diese Bestandsaufahme stellt eine wichtige Quelle für den Zustand des Kulturerbes und seiner Rezeption in der Endphase der DDR dar. So sind z. B. auch die Umnutzungen dieser Zeit verzeichnet. In den Räumen der jüdischen Gemeindeverwaltung in der Oranienburger Straße 28 waren z. B. das DDR-Zentrum für Kinderliteratur, der VEB Industrie-Kooperation Schiffbau Rostock, Außenstelle Berlin und die Einkaufs- und Liefergenossenschaft des Uhrmacher-, Goldschmiede- und Graveurhandwerkes Berlin untergebracht.

39 Peter Reichel urteilt: „Sie wäre wohl zu retten gewesen. Doch daran bestand zunächst kein politisches Interesse […]." Reichel, Politik mit der Erinnerung, S. 173.

sollte jetzt der Grundstein für eine Wiederherstellung des in der Pogromnacht ausgebrannten, dann von der Wehrmacht genutzten und im November 1943 durch britische Bomberangriffe schwer beschädigten imposanten Gebäudes gelegt werden. Diskutiert wurde in der einberufenen Arbeitsgruppe, inwieweit eine Wiederherstellung des gesamten Synagogenkomplexes möglich oder auch wünschenswert sei. Man entschied sich für eine Lösung, die einen Eindruck von der Pracht des Baus durch Rekonstruktion der Vorderfront vermitteln sollte, bei gleichzeitiger Wahrung des Ruinencharakters, dem die Aufgabe zufiel, die Gewalt, die der Synagoge angetan wurde, zu dokumentieren. Drei Tage dauerten die Gedenkfeierlichkeiten, die am 8. November 1988 mit einer Sondersitzung der Volkskammer mit Ehrengästen begannen, bevor nachfolgend am 9. November ein Empfang bei Honecker stattfand; die Enthüllung der Gedenktafel am 10. November bildete den Höhepunkt. Über alle Teilnehmer und über jeden Schritt der Inszenierung sind wir informiert durch den minutiösen Ablaufplan der Stasi, die mit großem Aufgebot den Ablauf absicherte – unter dem skandalösen Code-Namen für ihre Aktion: „Kristall“.[40]

Die Tafel, die im Beisein von Repräsentanten des Staates, darunter Erich Honecker, von dem Vorsitzenden der Jüdischen Gemeinde Ostberlins, Peter Kirchner, enthüllt wurde, trägt den Text: „50 Jahre nach der Schändung dieser Synagoge und 45 Jahre nach ihrer Zerstörung wird dieses Haus nach unserem Willen mit Unterstützung vieler Freunde in unserem Lande und aller Welt neu entstehen. 9. November 1988 – Jüdische Gemeinde Berlin.“ Es ist eine weiche Formulierung: Weder Täter noch Opfer werden genannt, und auch die Nachgeschichte, die die DDR verantwortet, die ohne wirkliche Notwendigkeit die Synagoge durch Sprengung in Trümmer gelegt hatte, findet keine Erwähnung (siehe Kapitel 11).

Ein Jahr nach der Grundsteinlegung an der Neuen Synagoge beginnt die DDR Geschichte zu werden. Die Bundesrepublik tritt ein doppeltes Erbe an – das Erbe der DDR und das Vermächtnis einer nur mehr rudimentären und zerschlagenen deutsch-jüdischen Kultur auf dem ehemaligen Territorium der DDR.

40 Ebenda.

Synagogenruine Westberlin, Levetzowstraße
Landesarchiv Berlin, F. Rep. 290 Nr. 0044259, Fotograf: Willi Nitschke

8

Westberliner Trümmerbeseitigung

Bleiben wir noch einen Augenblick in dem Berlin, das „Hauptstadt der DDR" war, und seinen jüdischen Bürgern. Bis 1953 gab es in ganz Berlin nur eine Gemeinde, die sich 1953 unter dem Druck zunehmender Repressionen vonseiten der DDR spaltete. Zudem verlor die nun Ostberliner Gemeinde durch Flucht einen Großteil ihrer Mitglieder. Unter dem Druck des spürbaren alten und neuen Antisemitismus sah sich die kleine Gemeinde zu Loyalitätsbezeugungen gegenüber dem sozialistischen Staat genötigt. Fünf Jahre nach der Spaltung der Gemeinde ließ die DDR den Hauptraum der Neuen Synagoge in der Oranienburger Straße sprengen und begann, die Kuppel – bis dahin sichtbarstes Zeichen für die Präsenz einer jüdischen Gemeinde in Berlin – abzutragen. Am stehen gebliebenen Ostturm konnte die jüdische Gemeinde 1966 eine Tafel anbringen, die der Ruine die Gedenkfunktion, „für alle Zeiten eine Stätte der Mahnung und Erinnerung" zu sein, zuschrieb. Allerdings folgte die Tafel der offiziellen erinnerungspolitischen Linie: Es sollte eine Mahnstätte nicht für die ermordeten Juden werden, sondern – entsprechend dem Verständnis der DDR vom „Antifaschismus" – eine Stätte gegen Faschismus und Krieg: „5. September 1866 – 5. September 1966 / Diese Synagoge ist 100 Jahre alt / und wurde am 9. November 1938 / IN DER KRISTALLNACHT / von den Nazis in Brand gesteckt / Während des II. Weltkrieges 1939–1945 / wurde sie im Jahre 1943 / durch Bomben zerstört / Die Vorderfront dieses Gotteshauses / soll für alle Zeiten eine Stätte / der Mahnung und Erinnerung bleiben / VERGESST ES NIE / Jüdische Gemeinde von Groß-Berlin / Der Vorstand / September 1966." 1988 wurde eine zweite Tafel angebracht.

Auf welche Gewalt bezogen sich konkret die Tafeln der DDR-Mahn- und Gedenkstätte „Neue Synagoge"? Der Gewalt der Schändung der Synagoge in der Pogromnacht wird auf beiden Gedenktafeln gedacht. Genauso wird aber auch auf die Kriegsgewalt und die durch sie verursachten Verwüstungen Bezug genommen. Auf der Tafel von 1988 stehen beide Daten, dasjenige der Schändung und das der Bombardierung durch englische Flugzeuge, gleichberechtigt als Erinnerungsdaten nebeneinander. Nicht erwähnt werden dagegen Gewalttaten wie die Zweckentfremdung der Synagoge durch die Wehrmacht in den Kriegsjahren oder auch die Sprengung des Hauptraums der Synagoge durch DDR-Behörden und die Abtragung der beschädigten Kuppel im August 1958.[1] Die Nachgeschichte in der DDR bleibt geschönt.

Sowohl die prunkvoll vergoldete Kuppel als auch das Nebeneinanderstellen der beiden Erinnerungsdaten 1938 und 1943 laufen zudem Gefahr, die ursächliche Gewalt, den Rassenhass der Nationalsozialisten gegen Juden, zu relativieren. Ist eine solche Relativierung an keinem Ort zu ertragen, so schon gar nicht an dieser Stelle mitten in Berlin. Umso mehr ist es geboten, sich den Umgang mit dem baulichen jüdischen Kulturerbe in ganz Berlin anzusehen und darauf zu schauen, wie auch in Ost- und Westberlin mit diesem Erbe nach 1945 verfahren wurde, d. h. wie die Nachgeschichte der jüdischen Kultusbauten bis zur Wiedervereinigung beider Stadthälften verlief. Die Geschichte dieser Stadt verbietet auch den geringsten Zweifel daran, dass der Völkermord an den Juden als ein völlig singuläres Verbrechen erinnert und mit den baulichen Zeugnissen dieser „normativen" Vergangenheit verantwortungslos verfahren wurde und wird. Im kollektiven Bewusstsein zu halten ist, dass in keiner Stadt der Welt ein ähnlich monströses Vergehen gegen die Menschlichkeit geplant, verwaltet und durchgeführt wurde, sodass Berlin immer am Wannsee mit seiner Villa liegen wird.

Zwar wurden die Verbrechen hier initiiert, aber nicht allein in den Lagern in Polen, im Baltikum exekutiert; sie begannen vielmehr vor den Augen der Stadt. Von den 170 000 Berliner Juden überlebten nur 9000 das Hitler-Regime. 61 Osttransporte gingen von hier in die Vernichtungslager, 123 nach Theresienstadt. Bahnhöfe, an denen die Berliner Juden zusammengetrieben wurden, waren vor allem die Bahnhöfe in Grunewald und Moabit. Von den ungefähr 100 jüdischen Gotteshäusern in Berlin waren am Ende 20 übrig geblieben.

Dabei ist die Geschichte des neuzeitlichen Berlin mehr als die jeder anderen deutschen Stadt, mehr als Frankfurt mit seinem Ghetto oder Hamburg mit

1 Mit ihrer rekonstruierten Kuppel, an der an Gold nicht gespart wurde, wirkt die „Neue Synagoge" so, als habe sie eine kompensatorische Funktion für die unterlassene Wahrung des Erbes jüdischer Baudenkmäler. Zudem erscheint sie als Antwort auf die Gedächtniskirche in Westberlin, aber mit einem entgegengesetzten architektonischen Rekonstruktionskonzept.

seinem wohlhabenderen Judentum, von Juden geprägt und mit der deutsch-jüdischen Geschichte verknüpft. Waren es zunächst die römischen Städte Trier und Köln, in denen sich Juden nachweisen lassen – denen im Mittelalter als Zentren jüdischer Gelehrsamkeit die SchUM-Städte, Speyer, Worms und Mainz folgten, dann auch Erfurt, ab dem frühen 15. Jahrhundert Frankfurt am Main als Mittelpunkte des Handels –, war es seit Beginn der Neuzeit Berlin, das für die Geschichte der Juden in Deutschland von besonderer Bedeutung wurde. Mit den „Schutzjuden“ des 17. und 18. Jahrhunderts begann eine neue historische Phase, die mit dem Namen Moses Mendelssohn untrennbar verbunden ist. Mendelssohn steht nicht nur für die jüdische Aufklärung, die Haskala, er steht – damit zusammenhängend – auch für eine Öffnung zur „deutschen“ im Sinne von nichtjüdischer Kultur. Bei der Familie Mendelssohn ist es nicht allein der intellektuelle und kulturelle Einfluss von Juden, der augenscheinlich wird, sondern auch der finanzielle und ökonomische, da schon der Sohn von Moses Mendelssohn, Abraham, als Bankier zu Wohlstand kam.

Mit Lessings „Nathan“, den man als Hommage an Mendelssohn liest, wird auch in der Literatur ein verändertes Bild der Juden entworfen: Dem „Shylock“-Diskurs wird ein neuer entgegengestellt, in dem der Jude weise, gerecht und tolerant ist. Die Freundschaft zwischen Lessing und Mendelssohn ist vorbildhaft; der gesellig-gelehrte Umgang zwischen Juden und Nichtjuden in Berliner Aufklärungszirkeln, die unter anderem durch den Arzt Marcus Herz, Schüler Kants, organisiert wurden, reduzierte die gegenseitige Fremdheit. Diese Form der Geselligkeit, an der Juden und Nichtjuden partizipierten, wurde in den klassisch-romantischen Salons vertieft. Bereits Henriette Herz, die Frau des Kantianers Herz, vertrat in ihrem Berliner Salon ein Programm jüdischer Emanzipation durch Akkulturation. Ihrem Salon folgten als konkrete Utopie eines egalitären Umgangs die Geselligkeit von Rahel Levin-Varnhagen, von Dorothea Veit, der Tochter von Moses Mendelssohn und späteren Frau Friedrich Schlegels, und weiterer jüdischer Salonfrauen. Für jüdische Autoren wie Heinrich Heine aus Düsseldorf und Ludwig Börne aus Frankfurt boten der Salon von Rahel Levin-Varnhagen (Heine) und derjenige von Henriette Herz (Börne) wichtige Sozialisationsinstanzen in Berlin, die jenen den Zutritt zum literarischen Leben erleichterten.

Diese Hochphase der Berliner Salons überschnitt sich weitgehend mit der Epoche der preußischen Reformen, an deren Ende 1812 das sogenannte Judenedikt stand, dem 1869 das Emanzipationsgesetz des Norddeutschen Bundes folgte.

Die ersten Berliner „Schutzjuden“ kamen aus Wien: Rahel Levin hatte einen aschkenasischen Hintergrund, Henriette Herz, geb. de Lemos, entstammte einer sephardischen Familie, die ursprünglich aus Portugal geflohen war. Heine, um es an ein paar Namen festzumachen, brachte Erfahrungen jüdischer Existenz unter dem Code Civil mit sich, Börne diejenigen des Frankfurter Ghettos. Wie viele andere Juden, die kürzer oder länger in Berlin blieben, bereicherten sie das dortige jüdische Leben. Wirft man einen Blick auf die Jahre nach der Jahrhundertwende, so war es die heterogene Gruppe der Ostjuden aus Polen, Russland, Galizien, Ungarn, die nach Berlin kam und einen kulturellen Reichtum des Judentums mitbegründete, wie es in keiner anderen deutschen Stadt möglich war. In den zwanziger Jahren des letzten Jahrhunderts lebten dann 172 000 Juden in Berlin, das war ein Drittel der gesamten jüdischen Bevölkerung des Deutschen Reiches. Solche Bevölkerungszahlen bedingten einen großen Bedarf an Sakralräumen und führten folglich zu neuen Synagogenbauten. Da ein Drittel der Berliner Juden im Westen der Stadt lebte, war hier der Bedarf an weiteren Synagogenbauten besonders hoch. Dazu kam, dass die jüdische Bevölkerung in diesen Stadtteilen dem mittleren und gehobenen Bürgertum angehörte, deren Gemeinden also auch über die materiellen Mittel verfügten, sich große und repräsentative Synagogenbauten leisten zu können. Oder es waren einzelne Geldgeber, die sich beim Bau der Synagogen engagierten. Es entstand der „Friedenstempel“ in der Markgraf-Albrecht-Straße (1922/23); der Synagogenverein Grunewald realisierte einen Ausbau seiner bereits bestehenden Synagoge auf 370 Gottesdienstbesucher. 1930 wurde der Neubau der liberalen Juden in der Prinzregentenstraße mit 2400 Plätzen eingeweiht Der Grundstein für den Bau einer Synagoge, deren Konzeption sich stark am „Neuen Bauen“ orientierte, für die orthodoxe Gemeinde im Hansaviertel wurde noch 1930 gelegt, der Bau selbst dagegen 1932 eingestellt.

Anders war es dagegen in den östlichen Stadtteilen und Berlin-Mitte, wo statt aufwendiger Synagogenbauten nur kleinere Betstuben errichtet werden konnten. So bildeten sich in Berlin mit den gegensätzlichen Lebens- und Wohnverhältnissen unterschiedliche jüdische urbane Zentren heraus, zwischen jüdischen Gemeinden in Wilmersdorf und im Scheunenviertel konnten Welten liegen. Dies alles wirkte sich auch auf die Architektur jüdischer Sakralbauten aus; neoromanische, neoklassizistische, orientalisierende und ihre Mischformen bestanden in großem Reichtum als Baustile nebeneinander, aber auch eine Orientierung am „Neuen Bauen“ zeichnete sich bereits ab, in Berlin allerdings nicht so deutlich wie in Hamburg. Als die Nationalsozialisten an die Macht kamen, wurde dieser reichen jüdischen Geschichte der Stadt ein brachiales Ende bereitet.

Hatte Berlin (Ost) den Bürgern der DDR und ihrer Hauptstadt eine Entlastung von den Verbrechen gegen die Menschlichkeit angeboten, indem der Staat als „antifaschistisch" etikettiert, die Verbrecher auf eine kleine Clique eingegrenzt und damit auch die neue, sozialistische Hauptstadt vom Ballast der Vergangenheit befreit wurde, so fand in Berlin (West) eine völlig andere Umcodierung der ehemaligen Reichshauptstadt statt, die aber ebenfalls zu einer moralischen und mentalen Entlastung beitragen konnte. Berlin, über mehrere Epochen als Hort eines aggressiven preußischen Militarismus definiert, der sich als Steigbügelhalter des Nationalsozialismus erwies, anschließend die Kapitale dieses Regimes, das von hier aus nicht nur den schlimmsten Völkermord befahl und organisierte, sondern zugleich weite Teile Europas mit Vernichtungskriegen überzog, wurde als (Teil-)Stadt nun in einem atemberaubenden Tempo als Verteidigungsbastion westlicher Freiheit und Demokratie ausgerufen. Mit der Berlin-Blockade und den Rosinenbombern kippte die bisherige Stadtsemantik bzw. wurde mit einer neuen Frontstadtsymbolik überschrieben: Aus den Städtebewohnern, die bis zum Schluss als fanatische Verteidiger des nationalsozialistischen Systems angesehen worden waren, wurden gleichsam über Nacht Kämpfer für Freiheit und eine westliche Wertegemeinschaft. Die Völker der Welt hatten, so Ernst Reuter, wieder auf diese Stadt zu schauen.

Dabei lagen die Trümmer und der Schutt, die das alte Regime angerichtet hatten, noch überall in der Stadt – gewaltige Mengen, die auf „55 Millionen Kubikmeter berechnet waren".[2] Zu den Kriegstrümmern zu rechnen sind auch viele der Synagogen, die zwar 1938 überstanden hatten,[3] sich nun aber durch Kriegseinwirkungen in einem mehr oder minder ruinösen Zustand befanden.

Die Synagoge in der Pestalozzistraße (Charlottenburg) hatte sowohl die „Reichskristallnacht" in Berlin wie die Bombenangriffe überlebt. Das Backsteingebäude im neoromanischen Stil war als Privatsynagoge 1912 in einem Hinterhof gebaut worden; die dortige enge Bebauung ließ eine Löschung des Brandanschlags 1938 opportun erscheinen, sodass die Synagoge bald nach dem

2 Jähner, Wolfszeit, S. 31.

3 Vgl. hierzu u. a. Sven Felix Kellerhoff, „Kristallnacht". Der Novemberpogrom 1938 und die Berliner Juden, Berlin 2008.

Pogrom als Wäscherei fungierte. Nach 1945 konnte die Synagoge rasch wiederhergestellt werden, ehe sie bereits 1947 wieder eingeweiht wurde – eine außergewöhnliche Kontinuität einer Synagoge im Trümmerfeld Westberlins.

Eine weitere, in der Pogromnacht nur geringfügig beschädigte Synagoge war diejenige in der Levetzowstraße. Die jüdische Gemeinde konnte nach dem Pogrom hier ihre Gottesdienste für kurze Zeit wieder aufnehmen. In Anlehnung an den damaligen Bezirk wurde das mächtige, vor Beginn des Ersten Weltkriegs geweihte jüdische Gotteshaus mit dem repräsentativen viersäuligen Portikus als „Tiergarten-Synagoge“ bezeichnet. Ihr hatten die Nazis eine besondere Rolle in ihrem Vorhaben, Berlin „judenfrei“ zu machen, zugedacht: Dem jüdischen Gemeindevorstand hatte die Gestapo-Leitstelle befohlen, das Gotteshaus als Sammellager für die Deportationen in die Vernichtungslager herzurichten, d. h. die Gemeindemitglieder hatten das Inventar zu entfernen und für die Nachtlager der Menschen – 2000 fasste das Gebäude –, die immer wieder hier zusammengetrieben wurden, den Boden mit Stroh auszulegen. Betreuung und Verpflegung der eingepferchten Menschen oblagen der jüdischen Gemeinde. 20 000 Berliner Juden wurden von hier zwischen 1941 und 1943 über den Bahnhof Grunewald und den Güterbahnhof Moabit in den Tod geschickt. Im Krieg wurde diese Synagoge, die wie keine andere von Leid und Tod der Berliner Juden berichten konnte, durch Bomben beschädigt. Über ihre weitere Geschichte ist bei Peter Reichel zu lesen, die Synagoge habe den „Krieg als Vollruine überstanden“ und sei 1956 abgerissen worden, „nachdem sich zuvor Berliner Behörden und die Jewish Restitution Successor Organization lange um die Mängelbeseitigung gestritten hatten. Das massive Gebäude war offenbar so gut erhalten, daß mehrfach gesprengt werden mußte, als ob die Synagoge Levetzowstraße, Zeugin jüdischen Lebens und jüdischen Leids seit 1912, sich beharrlich weigerte, ihren Platz zu räumen.“[4] Die vier mächtigen Säulen blieben zunächst stehen und wurden später ebenfalls beseitigt. Über die Nachgeschichte schreibt Reichel weiter: „Wo die Synagoge gestanden hatte, war nun eine Lücke, eine freie Fläche. Sie wurde eingezäunt. Hinter dem meterhohen, engmaschigen Zaun spielten viele Jahre Kinder. Ein Schild davor warnte die Passanten: ‚Betreten bei Schnee und Glätte auf eigene Gefahr!‘ Ein weiteres Beispiel dafür, wie unsensibel, wie ‚vergeßlich‘ mit bürokratischen Vorschriften an Gedächtnisorten hantiert wird.“[5]

4 Reichel, Politik mit der Erinnerung, S. 171.

5 Ebenda, S. 172.

Zweifellos musste sich Westberlin in den Fünfzigerjahren neu erfinden: Es sollte als Vorzeige-Stadt einer zweiten Moderne (nachdem die erste durch den Nationalsozialismus beendet worden war) neu entstehen. Mit dem Kurfürstendamm als neuem Zentrum, das zugleich Aushängeschild einer konsumorientierten westlichen Demokratie war, zog diese Moderne auch architektonisch in die Stadt ein. Die Internationale Bauausstellung 1957 sollte demonstrieren, welche Perspektiven der Städtebau hier hatte. Nicht integrierbare Relikte der Vergangenheit waren nun störende Elemente und wurden beseitigt, zumal wenn sie an die „jüngste Vergangenheit" erinnerten. Es ist kein Zufall, dass in den Jahren um die Internationale Bauausstellung besonders viele der Synagogenruinen den Abrissbaggern zum Opfer fielen und viele Bauten verschwanden, die im jüdischen Berlin Diktatur und Krieg überdauert hatten. Am Ende der Fünfzigerjahre war Westberlin weitgehend „synagogenfrei", und deren Trümmer hatten die Schuttberge noch einmal anwachsen lassen:

Eines der „weiteren Beispiele", die Reichel erwähnt, ist die Synagoge in der Passauer Straße. Ihre Reste wurden schon 1950/51 abgerissen, da das KaDeWe Platz für ein Parkhaus brauchte. Die Erinnerung an die Synagoge war damit getilgt, bis am 9. November 1997 eine – unscheinbare – Gedenktafel am Parkhaus befestigt wurde. 1954 folgte die Beseitigung der Ruine der Synagoge in der Lützowstraße, neben derjenigen in der Levetzowstraße die zweite große Reformsynagoge im Tiergarten. Nachdem das Gebäude 1938 überdauert hatte und im nachfolgenden Krieg von Bomben getroffen worden war, wurde nunmehr das Gelände planiert, da die Stadt es als Baugrundstück für ein neues Umspannwerk benötigte. Mit der Neubebauung war das Gotteshaus ebenfalls aus dem Gedächtnis der Stadt gelöscht, bis im Dezember 1989 eine Plakette enthüllt wurde, die darauf verwies, dass hier vormals eine Synagoge stand. Bei der Schöneberger Synagoge an der Münchener Straße, die von Max Fraenkel erbaut worden war und 1910 geweiht werden konnte, ist der Nachkriegszustand durch eine Fotografie gut dokumentiert. Danach entging das Gotteshaus den Bomben, während das Vorderhaus mit Wochentagsgebetssaal, Rabbinerzimmer, Bibliothek und Schule in Trümmer fiel. Entsprechende Restaurierungsmaßnahmen hätten ein wichtiges Denkmal jüdischer Baukultur und Geschichte retten könne; stattdessen begannen am 4. September 1956 die Abrissarbeiten, und auf dem frei gewordenen Grundstück wurde ein Schulhof eingerichtet. Eine der größten Vereinssynagogen war mit 1450 Plätzen der Wilmersdorfer „Friedenstempel", 1923 eingeweiht und 1938 durch Brand zerstört. 1959 erfolgten die

Beseitigung und die Neubebauung mit einem Wohnhaus. Die letzte Synagoge, die in Berlin noch geweiht werden konnte, war das 1930 von Alexander Beer entworfene, ebenfalls in Wilmersdorf ansässige Gebäude. Trotz Verwüstung und Brandstiftung in der Pogromnacht überstand ihre mächtige Ruine diese Zeit, nicht aber die Fünfzigerjahre des Nachkriegs-Berlin. 1941 hatte die jüdische Gemeinde das Bauwerk an die Stadt abtreten müssen, und die Jewish Trust Corporation erreichte die Rückerstattung nur auf dem Klageweg. Nach einem Vertrag mit der Jewish Restitution Successor Organization fiel das Grundstück wieder an die Stadt, die bald darauf mit der Beseitigung des Gebäudes begann, was wegen des guten Bauzustands mit großen technischen Schwierigkeiten verbunden war. Bei der Sprengung von Kuppelteilen verloren zwei Arbeiter ihr Leben.

Nimmt man auch noch den Abbruch der Kreuzberger Synagoge in der Lindenstraße 1956 und die Beseitigung der Charlottenburger Synagoge in der Schulstraße (jetzt Behaimstraße) 1957 hinzu, fällt die Bilanz in Westberlin, was die Bemühungen um die Rettung und Restaurierung jüdischer Baudenkmäler betrifft, verheerend aus: kaum ein Stadtteil, in dem nicht Zeugnisse jüdischen Lebens gestanden hatten, kaum ein Stadtteil, in dem sie gewahrt worden waren. Die Gedenktafeln, denen das Andenken später anvertraut wird, sind häufig standardisiert und bestätigen nicht selten noch das Umschreiben der Geschichte durch die vielen Abrisse. Im Versagen, was Geschichtsaufklärung angeht, liefert die Plakette am ehemaligen Standort der Synagoge Schmargendorf/Grunewald, die in der Pogromnacht bis auf die Grundmauern niedergebrannt wurde, ein besonders krasses Beispiel: „Hier wurde ein jüdisches Gotteshaus, die Synagoge, die Synagoge Grunewald, am 9. November 1938 durch Unverstand zerstört." Nimmt man den Erinnerungstext ernst, bringt er ein Faschismusverständnis zum Ausdruck, das auch die dogmatische Lesart im Osten vom Faschismus als Herrschaft des Finanzkapitals weit in den Schatten stellt. Die Schuldigen hatten sich aufgelöst in der Kategorie des „Unverstandes", während die Verantwortlichen zur selben Zeit in den Frankfurter Prozessen Namen und Gesicht bekamen.

An dem Ort der Schöneberger Synagoge, die 1956 beseitigt worden war, wurde schon am 8. November 1963 ein Gedenkstein aufgestellt, der weder auf die Geschichte des Gotteshauses unter den Nazis noch auf die Nachgeschichte, die bis 1956 währte, Bezug nahm. Bis in die Achtzigerjahre findet sich vielfach der Hinweis, dass hier „einst" eine Synagoge stand: „An dieser Stelle stand einst / die Synagoge ‚Friedenstempel'[…]" beginnt die Gedenkplakette zum zerstörten jüdischen Gotteshaus in der Markgraf-Albrecht-Straße, und auf der Tafel zum ehemaligen Gotteshaus in der Prinzregentenstraße heißt es in gleicher Formulierung: „An dieser Stelle stand einst / die Synagoge Wilmersdorf [...].“ Es ist eine unbestimmte, ahistorische Zeitangabe, wie sie noch im Kapitel 11 („Gedenktafeln“) zu diskutieren sein wird. Zur Erinnerungstafel für das Gebäude der Tiergarten-Synagoge, von dem aus die meisten Berliner Juden in den Tod geschickt wurden, schreibt Reichel: „Vier Jahre später erinnerte eine Gedenktafel an die zerstörte Synagoge. Sie nahm es allerdings mit der Geschichte nicht so genau und rückdatierte die Zerstörung auf das Jahr 1938, was wohl dem gängigen Geschichtsbild entsprach, aber eben nicht der wirklichen Geschichte.“[6] Auch die offizielle Berliner Gedenktafel für die älteste Charlottenburger Synagoge weiß nur von der Zerstörung im Krieg, nicht aber von ihrem Abriss 1957 zu berichten. Der Text der Erinnerungstafel, die erst 1992 an dem Parkhaus des KaDeWe für die Synagoge in der Passauer Straße enthüllt wurde, lautet: „Hinter diesem Gebäude befand sich / die 1905 erbaute Synagoge des ‚Religionsvereins Westen‘. Passauer Str. 2 / In der Pogromnacht wurde sie von Nationalsozialisten geplündert und zerstört.“ Kein Wort davon, dass die Ruine erst 1950/51 dem Parkhausneubau weichen musste.

In diesen Inschriften wird nur ausnahmsweise der Nachgeschichte der Berliner Synagogen mitgedacht, so auf der Bronzetafel, die 1988 den Text auf dem Gedenkstein der Schöneberger Synagoge so erweitert, dass eine neue Geschichte berichtet wird: „Hier stand von 1909–1956 eine Synagoge. / Sie wurde während der Pogromnacht / am 9. November 1938 wegen ihrer Lage in einem Wohnhaus nicht zerstört. / Nach der Vertreibung und Vernichtung / der jüdischen Mitbürgerinnen und Mitbürger / durch die Nationalsozialisten verlor sie ihre Funktion und wurde 1956 abgerissen.“ So wichtig die Ergänzungen bleiben, die auch Westberlin in die Verantwortung nehmen – die Synagoge hatte auch 1956 ihre Funktion nicht verloren, sondern lediglich verändert: Mahnmal zu sein für die Vernichtung einer Kultur und ihrer Träger. Dass diese, wie regelmäßig, als „Mitbürger und Mitbürgerinnen“ angesprochen werden, lässt auch posthum noch eine Distanz aufscheinen.

Erschreckend wenig hatte also das der Modernisierung verpflichtete Westberlin an jüdischen Bauten stehen lassen, diese vielleicht aber auch schlicht übersehen, weil es sich um Hinterhof-Synagogen handelte, die einer Brandstiftung 1938 nicht zum Opfer gefallen waren. So überdauerte eine intakt

6 Ebenda, S. 171 f.

gebliebene Synagoge in der Charlottenburger Kantstraße in einem Gartenhaus („Marias Gartenhaus"). Es war eine Privatsynagoge für 280 Mitglieder. Ein NSDAP-Funktionär, der im Querhaus wohnte, ließ ein Abbrennen nicht zu. So wurde das Gebäude umgenutzt als Büro- und Lagerraum, im Zeitraum von 1976 bis 2003 wurde die Synagoge Spielstätte des Kulturvereins Charlottenburg, bevor man plante, dass das Depot einer Galerie einziehen sollte. Die neueren Fotos zeigen ein Gebäude ohne Beschädigungen, mit einer desolaten Fassade. Der Öffentlichkeit bleibt das Baudenkmal verborgen.

Die zweite intakt gebliebene Synagoge steht in Steglitz, ebenfalls eine Privatsynagoge in einem Hinterhof. Der jüdische Geschäftsmann Moses Wolfenstein erhielt 1872 die Genehmigung für den Bau eines Wohnhauses mit Geschäftsräumen im Untergeschoss. Die schnell wachsende jüdische Gemeinde in Steglitz – 1915 lebten bereits 700 Juden in dem Stadtbezirk – führte bei Wolfenstein zu dem Entschluss, im hinteren Teil seines Grundstücks eine Synagoge zu errichten, die sogenannte Wolfenstein-Synagoge. Über dem Eingang ist unter Davidstern und Krone noch das Relief mit den beiden Löwen zu sehen, die die Gesetzestafeln halten. Die Bombardierung legte das Vorderhaus in Schutt und Asche, fügte aber der Synagoge nur geringen Schaden zu, der bereits 1946 beseitigt werden konnte: Ein singuläres jüdisches Zeugnis blieb damit erhalten – ohne allerdings wieder als Gotteshaus zu dienen.

Der Fortbestand dieses kulturhistorisch wichtigen Denkmals war damit nicht gesichert. Alexander Glintschert fasst die Nachgeschichte zusammen: „Als jedoch der nahegelegene Hermann-Ehlers-Platz neu gestaltet werden soll und dafür ein städtebaulicher Wettbewerb ausgeschrieben wird, sieht der siegreiche, preisgekrönte Entwurf den Abriß der Synagoge zugunsten einer Ladenpassage vor. In ihrem Kampf um den Erhalt des Synagogengebäudes erreichen die Bezirksverwaltung und die Mitglieder des Vereins ‚Haus Wolfenstein' 1989 den Eintrag des Gebäudes in das Baudenkmalbuch durch den Landeskonservator. Doch erst 1990 kann der drohende Abriß endgültig abgewendet werden."[7]

Anfang der Neunzigerjahre wird das Gebäude vom Eigentümer, in dessen Hinterhof es sich befindet, von Grund auf renoviert, dann aber unzugänglich gemacht: „So bleibt uns leider eines der seltenen erhaltenen Zeugnisse des jüdischen Lebens in Berlin vorenthalten."[8]

7 Alexander Glintschert, Synagoge Steglitz, https://www.anderes-berlin.de/html/synagoge_steglitz.html, S. 2.

8 Ebenda.

Dass die „Wolfenstein-Synagoge“ in ihrer Bausubstanz überhaupt gerettet werden konnte, verdankt sie den mehrfach erwähnten Veränderungen in der Erinnerungskultur insgesamt. Für die meisten baulichen Zeugnisse jüdischer Geschichte in Westberlin kamen diese Veränderungen allerdings zu spät, sie waren unwiederbringlich verloren.

Überlebende des Holocaust in der wiedergeweihten Synagoge von Dieburg 1947
Fotograf: Herbert Hain, Foto: Stadtarchiv Dieburg

9
Eine Stadt löscht die Zeugnisse ihrer jüdischen Geschichte – eine Fotoserie*

Bei dem Beispiel geht es um die hessische Stadt Dieburg mit circa 1500 Einwohnern in der Nähe von Darmstadt. Auch wenn das Beispiel den Namen zahlreicher anderer Städte tragen könnte, weist die jüdische Geschichte Dieburgs, die gleichfalls bis ins Mittelalter zurückreicht, lokale Besonderheiten auf, die nicht zuletzt mit dem Synagogenbau in der Spätphase der Weimarer Republik zusammenhängen. Die Dieburger Synagoge gehört zu den letzten, die erbaut und eingeweiht wurden, bevor ein mörderischer Antisemitismus Staatsdoktrin wurde. Sie war – überraschend für eine jüdische Landgemeinde, zumal für eine orthodoxe – im strengen Stil der Neuen Sachlichkeit an exponierter Stelle eines weitgehend mittelalterlichen, zusätzlich mit barocken Gebäuden umgebenen Marktplatzes gebaut. Schon die alte Synagoge, ein umgebautes Barockschlösschen, war von repräsentativem Charakter und behauptete am Markt ihren prominenten Platz.

In den Zwanzigerjahren drohte die örtliche Baubehörde, die alte Synagoge wegen Baufälligkeit zu schließen, sodass eine neue gebaut werden musste; dies geschah wiederum exponiert am Marktplatz. Die Finanzlage der jüdischen Gemeinde war allerdings Ende der Weimarer Republik und mitten in der Weltwirtschaftskrise schlecht, und nur durch Kreditaufnahmen, u. a. bei der Hessischen Landesbank, konnte der Bau in Angriff genommen werden. Während die Stadt das Bauholz zur Verfügung stellte, waren es darüber hinaus vor allem Spenden aus den USA, mit denen das Bauvorhaben realisiert werden konnte. Architekt des schließlich bevorzugten Plans war Rudolf Joseph

* Diese Bilderserie ist zustande gekommen durch die Mitarbeit von Jona Ostheimer vom Dieburger Stadtarchiv, der auch die zeitliche Zuweisung vorgenommen hat.

Alte Synagoge Marktplatz

aus Wiesbaden (dessen Schwester, Mely, eine bekannte jüdische Künstlerin war, die 1920 freiwillig aus dem Leben schied, während die zweite Schwester, Dora, 1942 nach Theresienstadt deportiert wurde und dort 1944 ihr Leben lassen musste). Rudolf Joseph selbst floh 1934 nach Frankreich, baute u. a. einen Pavillon für die Exposition Internationale in Paris (1937), auf der im Pavillon der Spanischen Republik Picassos „Guernica" gezeigt wurde (und Albert Speer das „Haus" des faschistischen Deutschlands verantwortete). Ende der Dreißigerjahre emigrierte Joseph nach New York City, wo er 1963 starb.

Bereits bei dem ersten Entwurf des Architekten Emanuel Joseph Margold für eine neue Synagoge, der dann nicht verwirklicht wurde, betonte man bei der Vorstellung des Plans in der Zeitschrift *Menorah* das Postulat der „Sachlichkeit": „Es ist selbstverständlich, dass eine derartige Aufgabe nur nach dem Gesetz der Sachlichkeit gelöst werden kann."[1] Den „Schritt zu Moderne"[2] erläuterte Joseph dann selbst in seinem Aufsatz „Zur Einweihung der neuen

1 Menorah, Jg. 1929, S. 279.

2 Hammer-Schenk, Synagogen in Deutschland, Teil I, S. 528.

1929: Abbruch der alten Synagoge am Markt,
um den Blick auf die fast fertiggestellte neue Synagoge
im Hintergrund freizugeben

Die neue Synagoge

Einweihung der neuen Synagoge Dieburg 7. bis 9. Juni 1929

Synagoge zu Dieburg am 7. bis 9. Juni 1929“.[3] Dabei bezieht er sich – unbewusst oder bewusst – auf den Wegbereiter des Neuen Bauens Adolf Loos und dessen bahnbrechenden Vortrag „Ornament und Verbrechen“: „Ungewöhnlich dürfte überhaupt die architektonische Gestaltung des Hauses sein. Da aber der Begriff ‚Synagoge‘ …weiter nichts bedeutet als ‚Versammlungsraum‘, so ging der Verfasser bewußt von der üblichen Art des Kuppelbaus byzantinischer Herkunft ab, und schuf lediglich einen schlichten, aber feierlichen und würdigen Saal, dessen Ausstattung ohne Beschämung an die Not unserer Zeit die künftigen Geschlechter erinnern soll… Formal habe ich versucht, zeitlos und dennoch modern zu bauen. Jedes Ornament ist dem Wechsel der Zeiten unterworfen, darum ließ ich’s weg. Ein Bau hängt in seiner Wirkung niemals vom Zierrat, sondern nur von anständigen Proportionen ab.“[4]

Um der jüdisch-orthodoxen Gemeinde – trotz radikalem Bruch mit den Bauformen eines Synagogenbaus – eine Brücke zur Tradition zu bieten, stattete

3 Starkenburger Provinzial-Zeitung Dieburg, vom 5. Juni 1929, S. 5. Im Folgenden zit. nach Hammer-Schenk, Synagogen in Deutschland, Teil II, S. 650, Anm. Nr. 1130.

4 Zit. nach Hammer-Schenk, Synagogen in Deutschland, Teil I, S. 529.

Joseph das Innere mit einer dunklen Holzvertäfelung aus. „Die orthodoxe Gemeinde konnte damit sowohl Bezüge zum holzvertäfelten Tempel herstellen als auch zur Tradition der hölzernen Synagogen Ostereuropas, in denen man seinerzeit Zeugnisse einer eigenständig entwickelten jüdischen Bautradition sah.“[5] Die zahlreichen Pressestimmen, die Hammer-Schenk im Nachlass von Joseph gesichtet hat, waren in ihrer Kritik eher ratlos. Sie paraphrasierten bisweilen nur die Aussagen des Architekten. Thematisiert wurde in allen Kritiken die Synagoge in ihrer „fast völligen Schmucklosigkeit, mit dem sehr flachen Dach, dem Fehlen von überlieferten Pathosformeln und der widersprüchlichen Einpassung in die städtebauliche Umgebung“.[6] In dieser kleinstädtischen, mittelalterlichen bis barocken Umgebung streifte die jüdische orthodoxe Gemeinde über die Architektur ihres Neubaus zwar die Zuschreibung von einem Verhaftetsein an überlebten (Kultus- und Kultur-)Formen ab, konnte aber nicht einer neuen, in der historischen Situation von 1929 gefährlichen Bestätigung von Fremdheit entgehen.

Eine Ausnahme in einem Jahr, in dem antisemitische Aktionen sich häuften und die NSDAP mehr und mehr die Meinungsführerschaft in dem antisemitischen Diskurs übernahm, stellte auch die Dieburger Einweihungsfeier am 9. Juni 1929 dar: Wie *Der Israelit* am 13. Juni berichtete, „prangte […] der Marktplatz im Fahnenschmuck“ und gaben auch die „nichtjüdischen Häuser in der Nähe auf diese Weise ihrer freudigen Teilnahme am Feste der Juden in Fahnen und Farben Ausdruck“. Bei der Weihe des Baus, der „nach allen Gesetzen der strengen Sachlichkeit und Zweckmäßigkeit von Herrn Architekten Rudolf Joseph ausgeführt“ worden sei, „erlebt man nun ein kleines Wunder. Auf der Kanzel steht ein katholischer Geistlicher, der Dekan der katholischen Gemeinde, ein älterer Herr mit guten Augen, den grauen Kopf mit einem Rabbikäppchen bedeckt, und spricht schlicht und ungezwungen, aber mit ehrlicher Begeisterung vom ‚Festhalten der jüdischen Gemeinde an der Tauroh‘ (er sagt nicht Tora, sondern ‚Tauroh‘).“ Nach ihm sprachen der Pfarrer der evangelischen Gemeinde, ein Vertreter des Kreisschulamtes und einer Loge in Anwesenheit der staatlichen Behörden: „In allen Ansprachen kam das

5 Ulrich Knufinke, Materialikonographie, in: Handbuch Jüdische Kulturgeschichte. http://hbjk.sbg.ac.at/kapitel/materialikonographie/. Eine weitere bauliche Konzession an die orthodoxe Gemeinde war, dass Joseph im Innern der Synagoge den Boden 60 cm unter das Straßenniveau legte, was aus dem Psalm 130 „Aus der Tiefe rufe ich, Herr, zu Dir“ abgeleitet war – eine durchaus konventionelle bauliche Maßnahme beim Synagogenbau.

6 Hammer-Schenk, Synagogen in Deutschland, Teil I, S. 529.

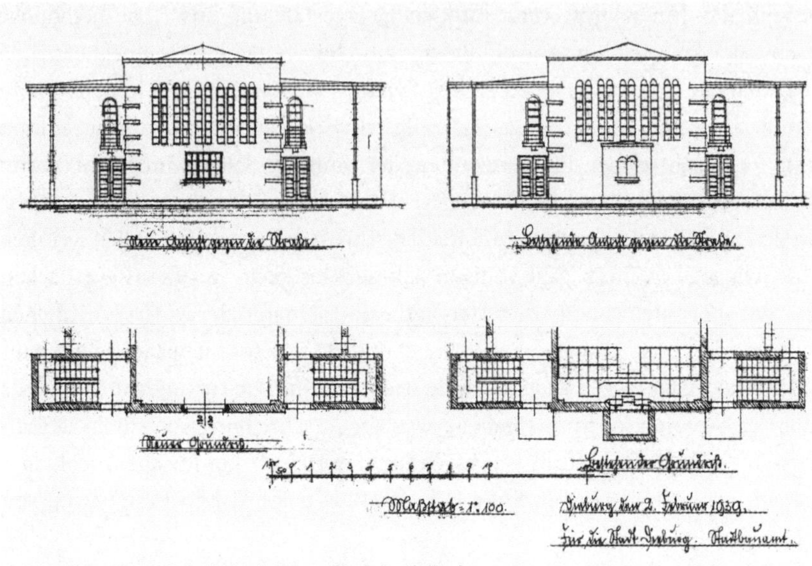

Umbauplan des Stadtbauamtes 1939

außerordentlich gute Einvernehmen der christlichen und jüdischen Bevölkerung zum Ausdruck", heißt es in der Zeitung des „Centralvereins deutscher Staatsbürger jüdischen Glaubens e. V." vom 14. Juni 1929.[7] Nur aus einer für diese Jahre außergewöhnlichen Akzeptanz und Toleranz lässt sich auch das Wagnis der jüdischen Gemeinde erklären, sich durch ein avantgardistisches Bauen ihres Gotteshauses zu exponieren.

Nach 1933 änderte sich die Situation rasch; nachdem die Synagogengemeinde ihre Schulden nicht mehr zurückzahlen konnte und die Stadt gegenüber der Landesbank für die Zinsen aufkommen musste, kam es zur Zwangsversteigerung. Die Stadt eignete sich die Synagoge für nur 2000 Reichsmark an, war also im Novemberpogrom bereits Eigentümer des Gebäudes, sodass die Standarte der SA-Brigade „Starkenburg" die Synagoge „nur" im Innern völlig zerstörte, das Haus selbst aber stehen blieb. Die Stadt verfügte 1939 den Abriss der zum Markt gelegenen Thora-Apsis und die Vernichtung der beiden Gesetzestafeln: Die Synagoge sollte als jüdisches sakrales Haus unkenntlich gemacht werden. Zusätzlich versteckte man sie hinter Pappeln. Ab März bezog

7 Hier zit. nach http://www.alemannia-judaica.de/dieburg_synagoge.htm.

Der Synagogenbau ist weitgehend intakt geblieben.
Vor der ehemaligen Synagoge stehen noch die Pappeln.
Fotograf ist Günter Keim

der Reichsarbeitsdienst das Gebäude, und während des Krieges wurde es weiter als Lager und für Werkstätten umgenutzt.

Im November 1946 erkundigte sich das „Central Committee for liberated Jews in the American Occupied Zone in Germany“ nach verfügbaren Räumen zur Errichtung von gewerblichen Betrieben für jüdische Geflüchtete und Überlebende. Eine Ausreise nach Palästina sollte in diesen Räumen vorbereitet werden. Obwohl das Synagogengebäude weiterhin bestand, beantwortete der Bürgermeister die Anfrage lapidar wie folgt: „Fehlanzeige.“

Im Februar 1947 wird das Gebäude von der UNRRA (der 1943 gegründeten United Nations Relief and Rehabilitation Administration, die in der Betreuung und Repatriierung von KZ-Überlebenden und Zwangsarbeitern ihre Hauptaufgabe sah) übernommen und für die jüdischen Flüchtlinge wiederhergerichtet. In Dieburg besteht zu dieser Zeit ein Lager für circa 800 Displaced Persons, meist Juden. Landrat und Bürgermeister sind ebenso wie die beiden Geistlichen der christlichen Konfessionen bei der feierlichen Einweihung anwesend.

Die Synagoge in Dieburg. Erbaut durch Architekt Joseph/Wiesbaden. Eingeweiht am 7. Juni 1929.

Druckerei Herrmann, Dieburg 7 47 500

JEWISH COMMUNITY
OF
DIEBURG

Dedication
OF
DIEBURG SYNAGOGUE
JULY 29 1947.

RELIGIÖSES AMT VON DIEBURG

Synagogen-Einweihung

29. JULI 1947
12 MENACHEM AW 5707

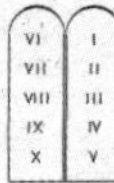

ORDER OF DEDICATION SERVICE:

1) IGDAL - Choir of Wiesbaden,
2) Invocation - Chaplain DALIN,
3) Dedication Address: Judge LEVINTHAL, Advisor to Theater Commander on Jewish Affairs
4) Dedication of Synagogue: Chaplain DALIN, Judge LEVINTAHL, Mr. WERBA,
5) Closing Hymn- En Ke'lohenu - Choir of Wiesbaden,
6) YSKOR,
7) Boalom-Haba - Choir of Wiesbaden.

Greetings:

Rabbi	BLUT,
Rabbi	Dr. THORN,
Colonel	Dr. NEWMAN,
I R O	Representative,
Regional-Committe Representative,	
Rabbi	BERNSTEIN,
A J D C	Representative,
Mr.	WEINROTH,
Landrat	RITZERT,
Bürgermeister	STEINMETZ,
German Clergy	Mr. GEOERG,
German Clergy	Mr. SCHWÖBEL,
Mr.	ZIMMERMANN.

Benediction.

PROGRAMM DER EINWEIHUNG.

1) IGDAL - Chor aus Wiesbaden,
2) Gebet - Chaplain DALIN,
3) Einweihungsrede - Richter LEVINTHAL, Ratgeber beim Chef der amerikanischen Besatzungsarmee für jüdische Angelegenheiten
4) Einweihung der Synagoge: Chaplain DALIN, Richter LEVINTHAL, Herr WERBA,
5) Schluß-Hymne: En Ke'lohenu - Chor aus Wiesbaden,
6) YSKOR,
7) Boalom-Haba - Chor aus Wiesbaden.

Begrüßungen:

Rabiner	BLUT,
Rabiner	Dr. THORN,
Oberst	Dr. NEUMANN,
I R O	Vorsteher,
Vorsteher des Regional-Komitee Frankfurt a.M.,	
Rabiner	BERNSTEIN,
A J D C	Vorsteher,
Herr	WEINROTH,
Landrat	RITZERT,
Bürgermeister	STEINMETZ,
Pfarrer	GEOERG,
Pastor	SCHWÖBEL,
Herr	ZIMMERMANN.

Schluß.

Wiedereinweihung als Synagoge

Das Foto zeigt den US-amerikanischen Soldaten Herbert Hain in der Dieburger Synagoge 1947.

Hain musste als 15-Jähriger aus Dieburg vor den Nazis in die USA fliehen und kam nun als Kriegsberichterstatter in seinen Heimatort zurück. Er steht in seiner ehemaligen Synagoge.

Gottesdienste werden wieder in der resakralisierten Synagoge mit Juden, die den Holocaust überlebt haben, abgehalten.

Sämtliche Fotos mit den Displaced Persons in der Synagoge stammen von Herbert Hain.

In Dieburg befand sich ein Lager für circa 800 Displaced Persons, zumeist Juden.

Das Synagogengebäude als Möbellager …

… als Kino

... dann als Geschäftshaus

1952 kommt es zur erneuten Entweihung der Synagoge und dem Beginn der Nachnutzung als Möbellager. Herr Draut, der Möbelhändler, hatte mehr geboten als die Stadt und übernahm die Synagoge für circa 9000 DM von der Jewish Restitution Successor Organization (JRSO). An die Stelle der Thora-Apsis ist ein Eingangsportal getreten. Der jüdische Kultusbau existiert aber als bauliches Zeugnis jüdischer Geschichte und der Verbrechen an den jüdischen Bürgern gut sichtbar weiter.

In Phase zwei der Umnutzung kommt ein Kino in den Synagogenbau. Die Filmplakate auf der Abbildung links zeigen die Verfilmung von „Ben Hur“ (1959). Die den Marktplatz mitprägende Synagogenfront wird zurückgedrängt und verschwindet mehr und mehr hinter den Filmanzeigen.

Eine neue Phase der Umnutzung beginnt, als aus der ehemaligen Synagoge ein Geschäftshaus wird.

Der Schade-Supermarkt verdeckt jetzt die Vorderfront vollkommen und dominiert den Marktplatz. Vom jüdischen Leben, dessen Mauern noch in Resten vorhanden sind, ist nichts sichtbar geblieben.

Der „Rückbau" geht weiter:
Ein zweiter Supermarkt nutzt jetzt das Synagogengebäude.

Die letzte Phase der zerstörerischen Umnutzung beginnt 1988:
50 Jahre nach der Beschädigung des Innern der Synagoge durch eine SA-Standarte erfolgt ein Neubau der Stadtsparkasse. In der Baugrube verschwinden die letzten Zeugnisse des jüdischen Kultusbaus. Im Fechenbachpark wird gleichzeitig eine Gedenktafel für die jüdische Gemeinde aufgestellt.

Zustand 2022

Ehemaliger jüdischer Friedhof Glessen – Rheinland.
1797 Einweihung des Friedhofs, 1908 letzte Beerdigung
Fotografen: Gisela und Wolfgang Heumann, www.juedische-friedhoefe.info

10
„Dunkelblum" – Störungen der Totenruhe[1]

Friedhofsschändungen im Westen …

„Der Friedhof ist als Ort der ewigen Totenruhe eine der wichtigsten Einrichtungen einer jüdischen Gemeinde. Da nach jüdischer Tradition Gräber nicht neu belegt und Grabsteine nicht entfernt werden dürfen, sind Friedhöfe ein bedeutendes historisches Zeugnis der Entwicklung einer jüdischen Gemeinschaft, ihre Gestalt ist ein Spiegel sozialer und kultureller Wandlungen" – so beginnt Ulrich Knufinke seine Monografie „Bauwerke jüdischer Friedhöfe in Deutschland".[2]

Für die jüdische Gemeinde ist das Vorhandensein eines Friedhofs von größerer Bedeutung als der Bau einer Synagoge. Mit Elfi Pracht ist, was den Zeugniswert betrifft, zu ergänzen: „In erster Linie vermitteln heute die jüdischen Friedhöfe einen Eindruck von der jahrhundertealten Verwurzelung jüdischer Menschen in Deutschland, von den Schwierigkeiten jüdischen Lebens in einer oft feindseligen Umwelt, von frommer Traditionsverbundenheit oder von dem Bekenntnis zur Moderne und zur Reform. Der lange Weg in die bürgerliche Gesellschaft bei Wahrung von Eigenständigkeit ist an der Grabkunst, am Text der Inschriften, aber auch an der Lage und Größe des Friedhofs ablesbar."[3] An der Grabkultur lässt sich auch das hohe Maß

1 *Dunkelblum* ist der Titel des jüngsten Romans von Eva Menasse (Köln 2021), in dem es u. a. um die Sanierung eines jüdischen Friedhofs durch eine Gruppe von angereisten Studierenden geht. Der Friedhof wird aber während der Wiederherstellungsarbeiten erneut geschändet. Ein Massaker soll vertuscht bleiben.

2 Knufinke, Bauwerke jüdischer Friedhöfe, S. 11.

3 Pracht, Jüdisches Kulturerbe I, S. 14.

an kultureller Hybridität und der historische Wandel jüdischer Existenz in Deutschland ablesen.

Eine Inschrift auf einem Grabstein des jüdischen Friedhofs in Beilstein an der Mosel soll beispielhaft die Feststellungen zur jüdischen Sepulkralkultur Prachts und Knufinkes illustrieren. Es ist der Grabstein für Daniel Lipmann (1830–1884). Trotz des Beheimatetseins seiner Familie seit „hunderten von Jahren" an diesem Ort ist das Bekenntnis der Liebe zu diesem Land auf Hebräisch verfasst. Der Tote wird zunächst in seiner jüdischen Identität angesprochen („Herr Gedalja"), seine Lebensdaten richten sich nach mosaischer Zählung; nach der jüdischen Formel „Seine Seele sei eingebunden in das Bündel des Lebens" sind sein „deutscher" Name und seine Lebensdaten in lateinischer Schrift und nach christlichem Kalender eingraviert:

> „Hier ist begraben
> Ein würdiger Mann, Herr Gedalja,
> Sohn des Elieser Liebmann.
> Er wurde geboren 28. Siwan 590
> Und ging hin in seine Welt
> 21. Adar 644 nach kleiner Zählung.
> Sohn einer Familie, die
> Verbunden war in Liebe zu ihrem Land
> Und zu ihren Nachbarn hier am Ort
> – seit hunderten von Jahren. –
> Die Gottesgebote waren ihr Körper,
> Seine Lehre die Leuchte ihres Lebens.
> Seine Seele sei eingebunden in das Bündel
> Des Lebens.
> Daniel Lipmann
> 19. 6. 1830–18. 3. 1884".[4]

Für Pracht verweist der jüdische Friedhof nach 1945 gleichzeitig auf die fortdauernde Gegenwart des durch den Holocaust ungegenwärtig Gewordenen. An der Respektierung der Friedhöfe lässt sich demnach bemessen, inwieweit es gelungen ist, sich dem Antisemitismus in der Nachkriegskriegsgesellschaft

4 Übersetzt von Angelika Schleindl, in: Spuren der Vergangenheit. Jüdisches Leben im Landkreis Cochem-Zell. Hrsg. vom Landkreis Cochem-Zell, Zell/Mosel 1996, S. 54.

entgegenzustellen. „Schließlich“, schreibt sie, „ist das Ende der Gemeinden, die Ermordung der Menschen in der Shoah stets präsent; unbelegte Friedhofsflächen, fehlende Inschriften auf Grabmälern oder Erinnerungstafeln für die in Konzentrationslagern oder Großghettos ermordeten Familienmitglieder halten das Andenken an die vielen Menschen wach, die kein würdiges Grab gefunden haben.“[5]

Die lange historische Spur der Friedhofsschändungen

Sterben, Tod und Beisetzung haben in der jüdischen Kultur und in der jüdischen Gesetzgebung, der Halacha, einen besonderen Rang. Dass die Gräber von ewiger Dauer sind, Umbettungen nur durch außergewöhnliche Ereignisse gerechtfertigt erscheinen, die Grabsteine (Mazewot) bis zum letzten Tag von den Toten künden sollen, lässt umgekehrt auch jede Störung der Totenruhe als Sakrileg erscheinen. Auch wenn Friedhöfe immer wieder die kulturellen Eigenheiten jüdischer Existenz innerhalb der Mehrheitsgesellschaft bis über den Tod hinaus evident werden lassen, symbolisieren sie den jüdischen Anspruch auf eine Zugehörigkeit zu dem Land ihres Begräbnisses, ein ewiges Bleiberecht. Dieser Anspruch mag einer der Gründe gewesen sein, warum die Störung der Totenruhe, die Schändung der Begräbnisplätze stets gewaltsame Manifestationen von Antijudaismus und Antisemitismus waren. An keinem anderen Ort als auf den Friedhöfen findet man so häufig Parolen wie „Juden raus“, Parolen, mit denen der Anspruch auf dieses ewige Bleiberecht verneint werden soll.

Schändungen jüdischer Friedhöfe sind keine neuzeitliche Erscheinung. Schon im Mittelalter mit seinen blutigen Judenverfolgungen hat man jüdische Friedhöfe zerstört. Grabmale, die für andere Bauten genutzt wurden, kennt man aus Rothenburg ob der Tauber (1288), Speyer (1439), Augsburg (1439); jüdische Grabsteine vermauerte man im Mittelalter in Dresden, Erfurt, Mainz und Köln. In Köln existierte bereits 1146 vor dem Severinstor ein jüdischer Friedhof, dessen Unantastbarkeit der dortige Erzbischof 1266 den Juden zusicherte,[6] der aber im Laufe der Pestpogrome 1349 dennoch aufgelöst wurde. Die Grabsteine ließ der Erzbischof Gennep nach Lessenich als Baumaterial für das Kraggesims seiner Burg abtransportieren. Weitere Grabmäler wurden als

5 Pracht, Jüdisches Kulturerbe I, S. 14.
6 Ebenda, S. 281.

Konsolen in der Burg Hülchrath verwandt, wieder andere im Hansasaal des Kölner Rathauses.[7]

Die Spur der Verwüstungen und Schändungen zieht sich bis ins 19. Jahrhundert. Nur einige Beispiele hierfür:

Der Aachener jüdische Friedhof an der Lütticher Straße, 1822 angelegt, wurde 1827, 1828 und 1829 beschädigt (nach 1945 gingen die Zerstörungen weiter, noch 1991 wurden erneut Grabsteine umgestoßen).[8] Der Endenicher Friedhof in Bonn, Begräbnisplatz der Poppelsdorfer Juden, wurde 1861 eingeweiht und 1896 verwüstet. Bleiben wir in der engeren rheinischen Region: In der Nähe von Bonn waren die jüdischen Begräbnisstätten von Flamersheim und Kirchheim 1828 geschändet worden,[9] 1956 wiederholten sich dort solche Ausschreitungen. Mitte Januar desselben Jahres hatte man den Friedhof im rheinischen Kerpen verwüstet. Häufig beklagten die rheinischen jüdischen Gemeinden, man störe die Totenruhe, indem man das Vieh auf die Friedhöfe treibe oder den „heiligen Ort“ durch Abfälle verunreinige. Wie verächtlich man mit der jüdischen Sepulkralkultur umging, belegte ein Braunkohleunternehmen aus Hürth im Erftkreis: Es ließ eine „Luftbahn“, eine Materialseilbahn, quer über den Friedhof bauen, weswegen es 1926 in einem Beschwerdebrief der jüdischen Spezialgemeinde heißt: „Es fallen ganze Wagen Dreck auf den Friedhof.“[10] Da dies unter Maßgabe des im Rheinischen Braunkohlerevier geltenden Bergrechts geschah, war die jüdische Bevölkerung machtlos. 1939 wurde diese Gemeinde gezwungen, ihre Begräbnisstätte an ein Braunkohlewerk zu veräußern; sie mussten ihre Toten exhumieren, um sie auf den Friedhof in Köln-Bocklemünd umbetten zu können. Darüber, ob dies wirklich geschah, gibt es allerdings keine Belege, und der Friedhof in Hürth fiel dem Braunkohletagebau zum Opfer.

Das Überstehen der NS-Diktatur

In der NS-Zeit erlebte diese Schändung und Vernichtung einen bis dahin nicht vorstellbaren Höhepunkt; jüdische Friedhöfe wurden immer wieder verwüstet, die Grabsteine umgestoßen, zertrümmert und häufig zu Straßenschotter verarbeitet, die Gedenkplatten zerbrochen, die Gitter entwendet und einge-

7 Ebenda, S. 281–284.

8 Ebenda, S. 32.

9 Ebenda, S. 351.

10 Ebenda, S. 198.

schmolzen. Dennoch geschah dies weniger systematisch, als man dies annehmen sollte. „Warum waren sie nicht geschlossen und enteignet, entwidmet und aufgelassen worden, wie man es angesichts der antijüdischen ‚Maßnahmen‘ des NS-Regimes eigentlich hätte erwarten können?“,[11] obwohl es, wie Andreas Wirsching in seiner Publikation zu den jüdischen Begräbnisstätten unter der NS-Herrschaft fortfährt, „keineswegs an Stimmen gemangelt habe, die forderten, die jüdischen Friedhöfe müssten ‚als Schandmahl [!] der Kultur unbedingt beseitigt werden‘“.[12] Ausgerechnet jüdische Friedhöfe haben in einer Vielzahl das Zerstörungswerk der Nazis und den Krieg überstanden. Der Zentralrat der Juden zählte 1952 noch 1700 jüdische Friedhöfe in Westdeutschland.[13] Selbst hinsichtlich der Friedhofsbauten, der Taharahäuser zur rituellen Reinigung der Verstorbenen und der Trauerhallen kommt Knufinke in seiner Untersuchung zu Zahlen, die die Aussage Wirschings von den Begräbnisstätten als dem „heute ältesten und geschlossensten Bestand jüdischer Kulturdenkmäler auf deutschem Boden“[14] bestätigen: „Von ungefähr 260 belegten Friedhofsbauten im Jahr 1933 waren 1945 noch rund 206 erhalten. Für etwa 50 Bauten ist belegt, dass sie in der Pogromnacht oder in der Folge zerstört worden sind, wieviele geschändet wurden, ist unbekannt.“[15] So kommt Knufinke zu dem Schluss: „[V]erglichen mit der Zahl der in der Zeit des Nationalsozialismus verwüsteten, niedergebrannten und abgerissenen Synagogen wurden jüdische Friedhofsbauten seltener zum Ziel der Zerstörung.“[16]

Die Frage nach den Gründen für diesen Erhalt jüdischer Begräbnisstätten, wenn auch beschädigt und verwahrlost, versucht Wirsching in seinem umfangreichen Aufsatz zu klären. Für ihn ist dieses Überstehen der NS-Diktatur Ergebnis unterschiedlicher Begehrlichkeiten und einer widersprüchlichen Rechtslage. Ausführlich – und hier nicht im Einzelnen nachzuzeichnen – diskutiert er die verwaltungsrechtlichen und politischen Hindernisse, an denen der Prozess der Auflassung und Übernahme durch die begehrlichen Zivilgemeinden lange Zeit scheiterte, ein Prozess, der nicht vor den letzten Kriegsmonaten zum Abschluss kam. Erst ein Erlass des Reichsministers der Finanzen

11 Andreas Wirsching, Jüdische Friedhöfe in Deutschland 1933–1957, in: Vierteljahrshefte für Zeitgeschichte 50 (2002) 1, S. 1–40, hier S. 2.

12 Ebenda.

13 Ebenda.

14 Ebenda.

15 Knufinke, Bauwerke jüdischer Friedhöfe, S. 310.

16 Ebenda.

vom 6. Januar 1945 öffnete den Zivilgemeinden „endgültig den Weg, die jüdischen Friedhöfe zu erwerben, die Grabstücke abzuräumen und die Grundstücke anderweitig zu verwenden. Dafür aber war es im Januar 1945 zu spät.“[17]

Kontinuität der Schändungen vs. Maßnahmen zum Erhalt

So hatte sich im Nachkriegsdeutschland dieser große und unermesslich wertvolle Kulturschatz einer jahrhundertealten jüdisch-deutschen Geschichte weiterhin konserviert und stellte eine Aufforderung an die deutschen Nachkriegsgesellschaften dar, ihn zu bewahren. Gehandelt wurde allerdings zunächst seitens der Alt- und Neonazis: Bereits Ende der Vierzigerjahre verzeichnete man in Deutschland eine Welle von Schmierereien und Schändungen, die sich in den Fünfzigerjahren fortsetzten und am Ausgang dieses Jahrzehnts weiter intensivierten. Kennzeichnend für die Vorgänge nach 1945 ist die Inschrift auf der Gedenktafel, die an der Mauer des israelitischen Friedhofs von Ansbach (Bayern) angebracht ist:

> „Israelitischer Friedhof
> Errichtet im 19. Jahrhundert.
> Während des Nazireiches dem
> Erdboden gleichgemacht.
> Durch das Staatskommissariat
> Für R.R.P.V. gemeinsam mit
> Dem Stadtrat Ansbach 1946
> Wiederhergestellt. Erneut
> Geschändet in den Jahren
> 1948 und 1950.
> Gebt unseren Toten
> Endlich den Frieden.“[18]

Die Forschung geht dabei von einem hohen Grad an Dunkelziffern aus, sodass das ganze Ausmaß der Schändungen und Zerstörungen schwer abzuschätzen bleibt. Für Julius H. Schoeps stellte jeder dieser Angriffe eine Tat dar, die nicht

17 Wirsching, Jüdische Friedhöfe, S. 31.

18 Puvogel/Stankowski, Gedenkstätten I, S. 114. R.R.P.V. = Rassisch, Religiös und Politisch Verfolgte.

nur die Würde der Toten und Angehörigen verletzt und tief in das religiöse Empfinden eingreift, sondern auch Geschichte umschreiben will: „Es gibt, wenige Bauwerke ausgenommen, kaum noch Zeugnisse jüdischen Lebens in Deutschland. Jede Schändung eines Friedhofs, jede Beschädigung, sei sie noch so belanglos, ist deshalb auch ein weiterer Schritt, die Erinnerung an die gemeinsame Geschichte von Deutschen und Juden endgültig aus dem Gedächtnis zu streichen."[19]

Diese eher permanenten als periodischen Angriffe auf die Begräbnisstätten stehen, unabhängig davon, ob Einzeltäter dingfest gemacht werden konnten, in einem Wechselverhältnis zur politischen Situation, zu einer allgemeinen Kontinuität antijüdischer Denkmuster, antisemitischer Praxis und entsprechender Mentalitäten. Nach 1945 beginnt ein dafür kennzeichnendes würdeloses Geschacher, wer für die Wiederherstellung und die Pflege der großenteils verwaisten Friedhöfe aufzukommen habe. In einigen Orten, so in Gunzenhausen, sahen es Verfolgte des Naziregimes, Zurückkehrende, die den Holocaust überlebt hatten, als ihre Pflicht an, verwüstete Friedhöfe wieder zu rekonstruieren. Nicht zuletzt waren es – häufig jüdische – Besatzungsoffiziere, die die Zivilgemeinden zwangen, die jüdischen Friedhöfe, so gut es ging, wiederherzustellen. In Unkel am Rhein, wo die letzte Beerdigung 1941 stattgefunden hatte, waren ein Jahr später sämtliche Grabsteine beseitigt worden. Besatzungsoffiziere ließen nach den Grabsteinen suchen; von den 47 Gräbern, die es 1940 gegeben hatte, konnten nur noch acht Grabsteine wieder ausfindig gemacht und aufgestellt werden, so eine heutige Gedenktafel. Auch in Morsbach bei Aachen war es ein Offizier der US-amerikanischen Streitkräfte, der anordnete, dass die politische Gemeinde die Begräbnisstätte, auf der in der NS-Diktatur sämtliche Grabsteine umgeworfen worden waren, wiederherrichtete (auch auf diesem Friedhof wiederholte sich später, wie vielerorts, der antisemitische Vandalismus[20]). Auf dem Friedhof des rheinhessischen Jugenheim mussten Bewohner des Ortes ebenfalls, veranlasst durch die Alliierten, umgeworfene Grabsteine wieder aufstellen, was sie taten, ohne darauf zu achten, dass sie diese auf den entsprechenden Gräbern platzierten. (1978 kam es dann erneut zur Schändung

19 Julius H. Schoeps, Sepulcra hostium religiosa nobis non sunt. Zerstörung und Schändung jüdischer Friedhöfe seit 1945, in: Alphons Silbermann/ders. (Hrsg.), Antisemitismus nach dem Holocaust. Bestandsaufnahme und Erscheinungsformen in deutschsprachigen Ländern, Köln 1986, S. 33–39, hier S. 33.

20 Pracht, Jüdisches Kulturerbe I, S. 71.

mit aufgemalten Hakenkreuzen, ebenso wie 1980, als Unbekannte zudem einen Schweinekopf abluden.[21])

Aus Grebenau wird vom dortigen Stadtarchiv die Geschichte von der Wiederherstellung eines Grabsteins durch einen jüdischen US-Soldaten mitgeteilt: Die jüdische Familie Steinberger musste aus Grebenau in die USA fliehen; als Soldat des amerikanischen Militärs kam der Sohn William Steinberger nach Grebenau zurück, wo auf dem dortigen jüdischen Friedhof seine kleine Schwester, die mit sechs Jahren starb, begraben lag. Das Grab wurde – vermutlich – in der Pogromnacht zerstört. „Im Wissen darüber ließ er eine neue Platte fertigen, um ihrer zu gedenken: ‚Hildchen Steinberger, 22. November 1912 – 13. November 1918. Die Inschrift war anders. Wahnsinnige zerschmetterten sie, sollst Du nun ruhen in Frieden, wir vergessen dich nie! Ruhe sanft!‘“[22]

Die politischen Gemeinden, die noch Anfang des Jahres 1945 darauf gedrängt hatten, sich in Besitz dieser jüdischen Immobilien setzen zu können, behandelten die Frage der Verantwortlichkeit in der Regel mit größter Zurückhaltung und Abwehr. Kennzeichnend ist ein Brief, den der Augsburger Oberbürgermeister an den bayerischen Staatskommissar für rassisch, religiös und politisch Verfolgte, Philipp Auerbach, selbst Überlebender des Holocaust und 1952 mit falschen Anschuldigungen in den Selbstmord getrieben, im November 1946 schrieb: „Die rechtliche Verpflichtung zum Schadensersatz [in Bezug auf den jüdischen Friedhof] trifft das Reich (Staat). Soweit eine moralische Verpflichtung in Betracht kommt, obliegt sie jedenfalls nicht der Stadtgemeinde. […] Es ist im Gegenteil bekannt, daß der damalige Oberbürgermeister der Stadt solchen Gewaltakten nicht nur fern, sondern ausgesprochen ablehnend gegenüberstand. Auch hier besteht also für die Stadt weder eine rechtliche noch eine moralische Ersatzpflicht.“[23] Dieser Oberbürgermeister, unter dem man den Friedhof – ebenso wie die Synagoge – geschändet hatte, war Josef Mayr, Freikorpskämpfer, NSDAP-Mitglied seit 1922 (noch vor der Neugründung 1923 also), 1934–1945 Oberbürgermeister und u. a. Gauamtsleiter für Kommunalpolitik. Im April 1945 nahm ihn die amerikanische Besatzungsbehörde fest, er wurde interniert; nach seiner „Entnazifizierung“ wechselte er 1948 in die private Wirtschaft. Mit der Berufung auf diesen „ehrenwerten“ Nationalsozialisten glaubte die Stadt in der Tat, die Kosten für die Instandsetzung des Friedhofs umgehen zu können.

21 Klein, Juden in Jugenheim, S. 38.

22 Notiz von Magdalena Naumann, Stadtarchiv Grebenau, vom 1. Mai 2022.

23 Wirsching, Jüdische Friedhöfe, S. 34, Anm. 155.

Das entstehende föderale System der Bundesrepublik diente zudem als Vorwand für das Hinauszögern der Restaurierungen. Als Kulturdenkmäler fielen die Friedhöfe in die Kulturhoheit der Länder, die allerdings keineswegs willens waren, den Bund aus der finanziellen Verpflichtung zu entlassen.[24] Zu den politischen, rechtlichen und finanziellen Auseinandersetzungen um die Wiederherstellung und den Erhalt jüdischer Friedhöfe hat Wirsching ausführlich recherchiert und Auseinandersetzungen beschrieben, die alles andere als ein Ruhmesblatt in der westdeutschen Nachkriegsgeschichte darstellen, aber in einem Kompromiss endeten: Die Tatsache, dass die Friedhofsschändungen, die in der internationalen Öffentlichkeit wahrgenommen und als Indiz für den Fortbestand eines weiterhin virulenten Antisemitismus gewertet wurden, übte Druck auf die Bonner Regierung aus. Eine Lösung bezüglich der jüdischen Friedhöfe musste das gleichzeitige Bemühen der Bonner Regierung um „Wiedergutmachung" und Aussöhnung mit Israel, Voraussetzung für eine Rehabilitierung deutscher Politik insgesamt, stützen. Der Kompromissvorschlag des damaligen bundesdeutschen Innenministers Gerhard Schröder sah eine Aufteilung der Kosten zwischen Ländern und Bund vor, sodass man Hoffnung haben konnte, durch die bundeseinheitliche Regelung sei der Bestand materieller jüdischer Sepulkralkultur gerettet und die Ruhe und Würde der Toten gemäß ihren religiösen Traditionen gewahrt. Unterschrieben wurde die Vereinbarung am 31. Mai und am 21. Juni 1957 – im Beisein von Vertretern jüdischer Organisationen.[25]

Beseitigung und Aneignung

Nach den akribischen Untersuchungen von Elfi Pracht zu den jüdischen Friedhöfen im Rheinland erwies sich dieser Optimismus als wenig berechtigt: „Auch nach 1945 fielen jüdische Friedhöfe dem Straßenbau und dem Braunkohletagebau zum Opfer; Umwelt- und Witterungseinflüsse tragen heute das ihre zum Zerstörungswerk bei."[26] Zwei Seiten später wird sie noch deutlicher:

24 „Mitte der fünfziger Jahre schien [...] die Frage der dauerhaften Betreuung der jüdischen Friedhöfe in eine Sackgasse geraten zu sein. Während der Bund die Sache vor allem als eine kulturelle Angelegenheit der Länder betrachtete, beharrten diese darauf, es handle sich um eine Wiedergutmachungsleistung, für die allein der Bund zuständig sei. Von der Sache aus geurteilt, war eine solche Blockade freilich nicht nachvollziehbar." Ebenda, S. 37.

25 Vgl. ebenda, S. 39.

26 Pracht, Jüdisches Kulturerbe I, S. 15.

„Das Ausmaß der Zerstörung, die Gleichgültigkeit gegenüber dem Gebot der ewigen Unversehrtheit des Grabes oder auch schlichtweg der Verlust an Pietät gegenüber einem Ruheort für Verstorbene können nur mit Erschütterung wahrgenommen werden."[27]

Der Braunkohletagebau übte tatsächlich eine zerstörerische Wirkung auf das Kulturerbe aus, die sich bereits beim Abriss von Synagogen zeigte. Mitten im rheinischen Braunkohlerevier liegt das idyllische mittelalterliche Kaster, das nicht abgebaggert wurde, angeblich weil das darunter liegende Flöz zu wenig ertragreich schien. Abgebaggert wurde dagegen circa 1974 der alte jüdische Friedhof von Kaster. Dem Tagebau zum Opfer fielen auch die Begräbnisstätten von Glesch (1969) und von Niederaußem, dessen acht noch vorhandene Grabsteine nach Köln-Bocklemünd gebracht wurden. Oder Zülpich: „Als der Begräbnisplatz dem expandierenden Braunkohletagebau der Firma Viktor Rolff im Wege war, wurden im Jahr 1958 225 Grabstätten auf den jüdischen Friedhof in Köln-Ehrenfeld umgebettet. 45 Grabsteine sind dort aufgestellt"[28] – ein Schwund allein an Grabsteinen von über 75 %. Die ungebremste Profitgier der rheinischen Braunkohlegiganten (wobei man sich bei der Kritik an der Profitgier bereits auf Heinrich Bölls Roman „Ansichten eines Clowns" von 1963 berufen kann) hatte es nach der Liquidierung der rheinischen jüdischen Gemeinden offensichtlich leichter, ihre Kulturzerstörung fortzusetzen: Noch 1870 unterlag der Bergbau vor Gericht mit seiner Absicht, den jüdischen Friedhof von Frechen zu beseitigen; nach 1945 verschwand der Friedhof dann – trotz „normativer" Vergangenheit – unter den Schaufelrädern eines Bergwerksunternehmens.[29]

Andere Friedhöfe, wie der von Firmenich-Obergartzem im Rheinland, fielen Ton- und Kiesgruben zum Opfer. Prachts Bericht über ihre Ortsbesichtigung der im frühen 18. Jahrhundert angelegten jüdischen Begräbnisstätte Sinnersdorf bei Pulheim ist die Bestürzung über den Zustand des Friedhofs (auf den noch beim Bau des Kölner Randkanals Rücksicht genommen wurde) anzumerken: „Als jedoch 1968/69 die Zubringerstraße von der A 57 zur Kiesgrube Meller angelegt werden mußte, überbaute man den schon lange verwahrlosten Friedhof. Die bislang verschonten Grabsteine wurden in einem Bruchgelände am Chorbusch abgelagert. Die Gräber sind wohl noch vorhanden. Man

27 Ebenda, S. 17.

28 Ebenda, S. 388.

29 Ebenda, S. 194.

kann heute nicht ohne Erschütterung auf dem asphaltierten jüdischen Friedhof stehen – einem Ort, der uns damit konfrontiert, daß jüdische Denkmäler auch Jahrzehnte nach der Shoah als quantité négligeable betrachtet werden können.“[30]

Trotz der zwischen der Bundesregierung und den Ländern abgesprochenen Schutz- und Konservierungsmaßnahmen kam es nicht nur zur Beseitigung von jüdischen Friedhöfen, sondern auch zu Umnutzungen – also zu Schändungen ohne Hakenkreuzschmierereien. Waren die Synagogen allein schon durch den Akt des Entfernens der Thorarollen profaniert, verloren die Begräbnisstätten keineswegs ihren Status als „heilige Orte“.

Es war folglich ein Sakrileg, als in Fliesteden (Rheinland) nach 1945 der Klärteich an den Friedhof gerückt, diese Begräbnisstätte später als Campingplatz missbraucht und danach als Motocross-Gelände benutzt wurde – ewige Totenruhe? Was von dem im nahen Glessen befindlichen jüdischen Friedhof noch übrig war, wurde schließlich dem Sportplatz eingegliedert. Schon vor 1945 hatte ein Gärtner den Friedhof der Lechenicher Synagogengemeinde erworben, die Grabdenkmäler entfernt und das Grundstück landwirtschaftlichem Nutzen zugeführt. Nach 1945 weigerte er sich lange, den Anbau über den Gräbern zu unterlassen – alles Beispiele aus einem kleinen Gebiet des Rheinlandes, die man bei Elfi Pracht beschrieben findet.

Das einleitend zu diesem Buch genannte Beispiel des jüdischen Friedhofs von Zerf – das letzte verbliebene Zeugnis jüdischer Kultur in diesem Teil des Schwarzwälder Hochwaldes –, um den dichtes Gestrüpp gewachsen war, das ihn den Augen entzog und aus dem regionalen und lokalen Gedächtnis verbannte, wiederholte sich vielfach. Der Bürgermeister von Jugenheim, Petri, berichtete, wie der Friedhof ‚seiner‘ jüdischen Gemeinde, die eine überregionale Bedeutung für das jüdische Leben gehabt habe, zugewuchert gewesen sei und sich niemand mehr an ihn erinnert habe.[31]

Der Vorwurf, die Juden hätten ihre Friedhöfe verwahrlosen lassen, wurde vielerorts erhoben. Dadurch dass diese seit Langem abgeschieden von Besiedlungen angelegt worden waren, mussten sie schon vor 1945 zu Unorten werden, Orten, die allmählich von Unkraut und Sträuchern überwachsen waren: In dem Maße, in dem jüdischen Bürgern die Benutzung von öffentlichen und privaten Verkehrsmitteln untersagt wurde, wurden die fernab gelegenen Friedhöfe

30 Ebenda, S. 213.
31 Telefonat vom 21. August 2021.

unerreichbar und konnten nicht mehr gepflegt werden. Das sollte durch Flucht, Deportation und Genozid weiter zunehmen. Genau das Argument, es kümmere sich niemand mehr um diese „Schandflecke“, wurde nach 1945 perfiderweise vorgebracht, um sich in Besitz der Grundstücke zu bringen. Als Begründung, warum der Friedhof von Mechernich in einem solch desolaten Zustand sei, gab der dortige Amtsvorsteher in einem Brief vom 5. Oktober 1945 an den Landrat in Steinfeld an, „dass die Angehörigen der Toten durch Abwesenheit keine Gelegenheit mehr hatten, sich um die Grabstätten zu kümmern“.[32] Vertreibung, Deportation und Völkermord, umschrieben als „Abwesenheit“ – ein kaum zu übertreffender Zynismus von Amtsträgern in der westdeutschen Nachkriegsgesellschaft. Waren es nicht die Juden selbst, wurde behauptet, es seien die feindlichen Bombenangriffe, die zur Verwahrlosung der Friedhöfe, zum Zerbrechen der Steine und zu ihrem Verschwinden geführt hatten.

Allein die drei Begräbnisstätten der Stadtgemeinde Mechernich in den Ortschaften Mechernich, Bleibuir und Harzheim – die vierte in Firmenich-Obergartzem war nach 1945 von der Tongrube abgebaggert worden –, wurden alle in der Nachkriegszeit als verkommen geschildert: „Das Gelände war mit Unkraut und Gestrüpp völlig überwuchert“, hieß es zu der in Mechernich gelegenen Begräbnisstätte, zu derjenigen in Bleibuir: „Nach 1945 war der Friedhof völlig verwahrlost, wucherndes Gestrüpp machte den Zugang zu der Anlage schier unmöglich, erst nach langem Suchen fand man im Unterholz zwei Grabsteine.“ Beim Friedhof von Harzheim wird angemerkt: „Bevor die Stadt Mechernich die Friedhofsanlage 1982 in Ordnung brachte, war sie als wilde Müllkippe missbraucht worden“[33] – ein Befund, der sich bei weiteren Friedhöfen findet, die als Schuttplatz dienten. So wurde nach 1945 auch auf dem Friedhof von Wessendorf (gelegen im ehemaligen Kreis Ahaus), der nach dem Krieg von Schuttbergen gereinigt werden musste, weiter der Müll entsorgt, sodass nach einem Schreiben des Bürgermeisters an den Landrat „1948 ein Schild ‚Schutt abladen verboten‘ angebracht“ wurde.[34] Dass die Friedhöfe

32 Pracht, Jüdisches Kulturerbe I, S. 366. Dass auch „ein großer Teil der Grabsteine“ auf dem Friedhof umgeworfen worden war, konnte nicht durch die „Abwesenheit“ der jüdischen Benutzer des Friedhofs erklärt werden; wenige Tage nach diesem Brief wurde ein Nazi-Aktivist als Verantwortlicher für die Verwüstungen dingfest gemacht. Ebenda.

33 Alle Hinweise ebenda, S. 366 f.

34 Wolf Stegemann, Jüdische Friedhöfe nach 1945 – So manche Begräbnisstätte diente weiterhin als Müll- und Weideplatz, http://www.dorsten-unterm-hakenkreuz.de/2012/05/28/judische-friedhofe-nach-1945-manche-begrabnisstatte-diente-nach-1945-weiterhin-als-mull-und-weideplatz/.

häufiger unzugänglich blieben, die Wege zugewachsen waren (z. B. in Mertloch bei Münstermaifeld) oder jeder Hinweis auf sie fehlt, lässt sich noch für das groß gefeierte Jubiläumsjahr 2021 feststellen.

Die überwucherten und verkommenen Friedhöfe, deren Zustand als Argument für die Auflassung und Aneignung der Begräbnisstätten diente, können als symptomatisch für die Verdrängung der Tatsache genommen werden, dass es jemals am Ort eine jüdische Kultur gegeben hat. Ein Augenzeuge gab anlässlich einer Gedenkveranstaltung 2001 eine anschauliche Schilderung – die breiter zitiert zu werden verdient – über die Abräumarbeiten des alten, völlig zugewachsenen jüdischen Friedhofs von Detmold in den Fünfzigerjahren:

„Ich beginne mit meinen Erinnerungen an den alten Friedhof. Heute ist dort ein öder Parkplatz. Gegenüber an der Bruchsteinmauer jenseits der Siegfriedstraße weist ein kaum wahrnehmbares Plastikschild auf den früheren Zweck dieses Platzes hin. Nichts kündet mehr von dem ehemaligen Gebrauch. Man kann sich heute nicht mehr vorstellen, wie es dort noch Anfang der 50er-Jahre aussah. [...] Dieser Bergsporn war für uns Kinder ein willkommener Spielplatz, wenn wir von der damaligen ‚Knabenbürgerschule‘, der heutigen ‚Weerthschule‘, nach Hause gingen. Er war total verwildert, und auf ihm befanden sich merkwürdige Steine. Teils waren sie umgestürzt, teils waren sie halb im Boden versunken. Ein richtiger Abenteuerspielplatz war das, im Winter benutzten wir den kleinen Abhang zum Schlittenfahren. Dass es ein jüdischer Friedhof war und dass es sich bei diesen Steinen um Grabsteine handelte, hat uns nie jemand gesagt. Auch an die Beseitigung dieses Bergsporns kann ich mich noch gut erinnern. Auf dem Heimweg von der Schule beobachtete ich für mich Merkwürdiges: Der Berg war von Holz und Unkraut befreit, die Steine waren weg. Arbeiter gruben in dem Berg und harkten die Erde durch und fanden Knochen. Aufgeregt berichtete ich zu Hause davon. Erklärungen bekam ich nicht. Es mag wohl eine Bemerkung gefallen sein wie: ‚Die reißen den alten Judenfriedhof ab.‘ Was Juden waren, wusste ich nicht. Was mit ihnen kurz zuvor geschehen war, schon gar nicht.[...] Es war diese Art des Schweigens oder Nichtdarüberredenwollens, die bis heute anhält.“[35]

(Dass der Zeitzeuge dann doch öffentlich in einer Gedenkveranstaltung darüber redete, hatte mit einer Friedhofsschändung auf dem neuen jüdischen

35 Heinz Lücke, Der jüdische Friedhof in Detmold aus Sicht meiner persönlichen Erinnerung, in: Eugen Heinen, Chottechott, was isser damit!? Zum Leben und Wirken des jüdischen Vortragskünstlers Joseph Plaut aus Lippe-Detmold (1879–1966), Detmold 2004, S. 164–170, S. 165.

Friedhof zu tun, die im Jahr zuvor stattgefunden hatte und bundesweit publik wurde.[36])

Es bedurfte häufig jüdischer Initiativen, nicht zuletzt von israelischen oder amerikanischen Juden, deren Familien in der NS-Diktatur geflüchtet waren und die nach den Gräbern ihrer Vorfahren suchten, um die Friedhöfe wieder ins Bewusstsein zu rücken. Auch reorganisierte jüdische Gemeinden in Deutschland drängten vielerorts darauf, die „heiligen Stätten" und „guten Orte" vom Unterholz zu befreien, freizulegen und damit der Vergessenheit zu entreißen. So wartete die Kölner Synagogengemeinde, die auf einer Wiederherstellung des Friedhofs in Lechenich durch die politische Gemeinde insistierte, hierauf zunächst vergeblich, wie aus einem bei Pracht zitierten Brief des Erftstädter Stadtdirektors an den Kölner Regierungspräsidenten hervorgeht: „Nach Angabe der benachbarten Einwohner befindet sich der Friedhof in der gleichen Fassung wie sie vor dem Jahr 1933 bestand, d. h. daß er völlig vernachlässigt ist und nicht den Eindruck einer letzten Ruhestätte von Menschen macht", sodass man auch gleich die Auflassung beantragen könne – was die Kölner Synagogengemeinde aber ablehnte.[37]

Wie Stegemann schreibt, kamen viele Kommunen der Aufforderung, die Friedhöfe herzurichten, nicht nach: „Obwohl schon Ende 1945 vom Oberpräsidenten der Provinz Westfalen die Bürgermeister angewiesen wurden, die jüdischen Friedhöfe wieder instand zu setzen, blieb der Friedhof Hasselbecke weiterhin verwahrlost. Und andere auch."[38] Über den Friedhof im westfälischen Erle heißt es bei Stegemann: „Gras überwucherte den unzerstörten Friedhof in Erle. Die vier Gräber waren nicht zu sehen. Irrtümlich meldete der Bürgermeister der Regierung, es seien keine Gräber vorhanden."[39] Der Friedhof der

36 Ebenda, S. 164. Aus dieser aktuellen Schändung des zweiten jüdischen Friedhofs resultiert der Bericht des Zeitzeugen über das damalige Planieren des älteren Friedhofs: Entscheidender Anstoß für seine Rede „waren die Ereignisse, die sich Ende Mai des vorigen Jahres auf diesem Friedhof abgespielt haben. / Der Friedhof verwüstet, Grabsteine umgestürzt, Grabplatten zerbrochen, Grabsteine mit grober Gewalt aus ihren Verankerungen gerissen, ein Bild der Verwüstung und Zerstörung. Ich war entsetzt wie viele und machte gleich an den nächsten Tagen Fotos, um die Zerstörung zu dokumentieren." Wie der Staatsschutz der DDR entzog sich der westdeutsche der Verfolgung der Täter, indem er die Schändung als Werk von Kindern ausgab: „Der Staatsschutz vermutete Kinder auf Grund von Fußspuren als Täter. Belohnungen wurden ausgesetzt, Täter wurden bislang nicht gefasst. Wahrscheinlich werden sie auch nie gefasst." Ebenda, S. 164.

37 Ebenda, S. 187.

38 Stegemann, Jüdische Friedhöfe, S. 1.

39 Ebenda, S. 2.

jüdischen Gemeinde des Rheinortes Leutesdorf war mit seiner entfernten Lage in den Weinbergen völlig zugewachsen und aus dem Blick geraten, bis israelische Juden ihn „wiederentdeckten“.

Dass in einigen Fällen nicht einmal mehr die Lage der Begräbnisstätten identifizierbar war, hat einen weiteren Grund in der großflächigen Flurbereinigung der Fünfziger- und Sechzigerjahre, in deren Verlauf Friedhöfe wie der von Rösberg bei Bonn verschwanden. Da die jüdischen Friedhöfe häufig abgelegen waren, weckten die Gelände andere Begehrlichkeiten als die im Siedlungskern gelegenen jüdischen Grundstücke mit Synagogen, Schulen usw. Im Vordergrund stand die landwirtschaftliche Nutzung, oder das Gewinnen von Bauland führte bisweilen zum Abtragen der Gräber und Umzäunungen.

Das Schicksal von Taharahallen

Dort, wo die Friedhöfe eine Tahara-Halle zur Totenwaschung oder Trauerhäuser besaßen, boten sich diese nur bedingt zur Umnutzung an. Entsprechend meint Knufinke: „Ein hoher Anteil der als innerörtliche Immobilien wertvollen Synagogen, die nach 1945 noch bestanden, wurde durch Umbau unkenntlich gemacht. Dagegen blieben die Friedhofsgebäude von dieser Form der ‚Aneignung‘ weitgehend verschont.“[40] Wenn es opportun erschien, hatte man aber keine Hemmungen, auch die Friedhofsbauten in diese „Aneignung“ einzubeziehen: In der ehemaligen Trauerhalle der beseitigten jüdischen Gemeinde von Idar-Oberstein richtete sich eine Autoreparaturwerkstatt ein. Wo sich die jüdischen Trauernden auf dem Nürnberger Friedhof an der Bärenschanzstraße zum letzten Geleit sammelten, baute man Wohnräume. Ebenso war dies der Fall in Erlangen, Gunzenhausen, Rothenburg ob der Tauber und in Treuchtlingen.[41]

Bei Friedhofsbauten schritt man aber auch zur radikaleren Lösung, dem Abreißen. Taharahäuser und Trauerhallen wurden mancherorts nach 1945 dem Verfall überlassen – als ob es nie eine Übereinkunft zwischen Bund und Ländern zur Restaurierung und Konservierung der jüdischen Sepulkralkultur gegeben habe –, sodass man sie abbrechen konnte.

Friedhofsbauten wurden im bayerischen Oberzenn 1960, in Thalmässing (ebenfalls Bayern) 1968 und in Weyhers (Hessen) 1987 abgetragen – „ohne

40 Knufinke, Bauwerke jüdischer Friedhöfe, S. 317.
41 Ebenda.

jede eingehende Dokumentation" der Bauten für die Forschung, wie Knufinke beklagt.[42] Bingen, das bereits mit der großen Synagoge nach 1945 – wie erwähnt – zerstörerisch umgegangen war, beseitigte 1970 in einem Zuge auch den jüdischen Friedhofsbau. Die als Ruine erhalten gebliebene Trauerhalle von Schweinfurt fiel 1951 der Spitzhacke zum Opfer. In Neuwied am Rhein war von dem zuvor überregional wichtigen jüdischen Kulturerbe nur die Trauerhalle – in der NS-Diktatur beschädigt, aber in der Substanz erhalten – übrig geblieben, die, als letztes Zeugnis dieses Kulturerbes, auch zerstört wurde: „Ihr Wert als Baudenkmal von kultur- und architektur-geschichtlicher Bedeutung wurde nicht berücksichtigt oder erkannt", so Knufinke.[43] Ihr Zeugniswert für die „normative" Vergangenheit, so muss ergänzt werden, wurde gänzlich negiert – oder war es gerade dieser Zeugniswert, der zu ihrer Tilgung führte?[44]

Aufschlussreich in diesem Zusammenhang ist eine Notiz auf einem Brief des Hochbauamts der Stadt Celle an das dortige Amt für Stadtplanung und Bauordnung vom 29. Januar 1974, deren Inhalt in einer Anmerkung bei Knufinke wiedergegeben wird: Es bedurfte hier nur einer Uminterpretation des Begriffs „Denkmal" (und damit der Bund-Länder-Vereinbarung aus dem Jahr 1957), um die Vernichtung des jüdischen Kulturerbes voranzutreiben: „[Die] Gebäude [sind] nicht als Baudenkmäler anzusehen […]. Nach Auslegung der Ortssatzung steht nur das Friedhofsgelände (Gräber) unter Denkmalschutz."[45] Ergebnis: Umgehende Beseitigung!

42 Ebenda, S. 316.

43 Ebenda.

44 Einen anders gelagerten Fall von Verschleierung und Erinnerungsbetrug führt Harald Schmid an: „Anhand der Zerstörung des alten jüdischen Friedhofs in Lemgo am 10. November 1938 beschreibt Jürgen Scheffer einen Fall von Täuschung und Verschleierung. Die auf Anordnung des Lemgoer Bürgermeisters erfolgte Verwüstung versuchte man 1948 wieder auszugleichen: mangels der originalen Grabsteine durch Aufstellung von Grabsteinen eines anderen jüdischen Friedhofs. Als dann der alte jüdische Friedhof Lemgos 1992 in die Denkmalliste aufgenommen wurde, war die Erinnerung an den zunächst per Bürgermeister-Order zerstörten und dann mit den Toten einer anderen Gemeinde wiederhergerichteten Friedhof nicht mehr präsent." Schmid, „Beispiellose Tage", S. 626.

45 Knufinke, Bauwerke jüdischer Friedhöfe, S. 315, Anm. 1034.

... wie im Osten
Friedhofsschändungen in einem „antifaschistischen“ Staat?

Die DDR ging einen anderen Weg bei der Sicherung der jüdischen Friedhöfe: Sie gab den jüdischen Gemeinden eine finanzielle Unterstützung für Wiederherstellung und Erhalt. Zum Gedenkjahr 1988, als in der DDR nach dem Bestand gefragt wurde, erhöhte der Staat, wie bereits angemerkt, seine finanziellen Hilfen; besonders Berlin-Weißensee sollte aus diesen Zuwendungen Nutzen ziehen können. So positiv diese Praxis der finanziellen Zuwendungen auf den ersten Blick zu werten ist, so große Probleme, die noch zu erläutern sind, barg sie dennoch.

Betrachtet man die fortlaufenden Schändungen von Friedhöfen auch in der DDR, stellt sich allerdings rasch Ernüchterung ein, was den Respekt in der DDR vor diesen Zeugnissen jüdisch-deutscher Geschichte betrifft. Monika Schmidt hat schon in ihrer 2007 erschienenen Arbeit „Schändungen jüdischer Friedhöfe in der DDR. Eine Dokumentation“ eine Bilanz dieser antisemitischen Angriffe vorgelegt und konnte dabei, allein schon wegen der hohen Dunkelziffer, nicht auf Vollständigkeit zielen. Sie konstatiert einleitend, dass Schändungen „in der SBZ und der DDR im Gegensatz zur landläufigen Meinung kein seltenes oder gar nicht vorhandenes Phänomen [waren]“.[46] Erschreckend ist das Ausmaß an Schändungen, das Schmidt für jede historische Phase der DDR aufdeckt, erschreckend für die ungebrochene Fortexistenz antisemitischer Strömungen in dem Staat, der den „Antifaschismus“ zur Staatsräson erklärt hatte.

Fatal war, wie die DDR mit dieser – mit jeder Tat offenkundiger werdenden – rassistischen Kontinuität umging. Statt die kriminellen Taten aufzuklären und zu ahnden, diese als schockhaften Nachweis zu behandeln, dass der „Schoß, aus dem dies kroch“, auch in der DDR noch fruchtbar war, setzten die Staatsorgane alles daran, die Ausbrüche von Judenhass, der auch hier selbst den Toten das Bleiberecht bestritt, zu bagatellisieren oder zu verschweigen. Für diese Verharmlosung finden sich bei Schmidt zahlreiche Beispiele. Als Berlin Ende der Vierzigerjahre die erste Welle eines neu auflebenden antisemitischen Vandalismus erlebte, legte der Oberbürgermeister der jüdischen Zeitschrift *Der Weg* eine Darstellung der Verwüstungen des Friedhofs Berlin Schönhauser Allee (Juli 1947) nahe, aus der hervorgehen sollte, dass die Vorfälle keinen

46 Monika Schmidt, Schändungen jüdischer Friedhöfe in der DDR. Eine Dokumentation, Berlin 2007, S. 7.

antisemitischen Hintergrund hätten: „Ich freue mich jedenfalls, feststellen zu können, daß irgendwelche Anhaltspunkte für eine ‚Schändung‘ des Friedhofs aus politischen Gründen nicht vorliegen, und ich wäre sehr dankbar, wenn Sie dies zur Beruhigung Ihrer Leser mitteilen wollten.“[47] Entweder wurden Ermittlungen nicht durchgeführt oder so oberflächlich, dass Täter nicht gefunden wurden, oder es wurde angegeben, dass die Täter selbst völlig ohne Arg gehandelt hätten. Bis zum Ende der DDR wurde der Mythos (und die Selbstbeschwichtigung) aufrechterhalten, es habe sich um unbedarftes Rowdytum, dumme Schulbubenstreiche oder Schäden, entstanden bei Kinderspielen auf den Friedhöfen, gehandelt. Insbesondere die Geschichte von den Kinderspielen wurde in der DDR gerne und bis zum Ende wiederholt, obwohl von jüdischer Seite immer wieder darauf aufmerksam gemacht wurde, dass Kinder schon körperlich gar nicht in der Lage gewesen sein konnten, Denkmäler von diesem Gewicht aus ihrer Verankerung zu reißen und mit schwerem Gerät zu zerschlagen.

In den ersten Jahren der DDR wurde nicht zu leugnender antisemitischer Vandalismus mit Hakenkreuzschmierereien auf Grabsteinen und Friedhofsmauern auch als Werk neonazistischer Kräfte aus dem Westen oder von Westagenten ausgegeben, die es darauf anlegten, die DDR als anfällig für Rassenhass zu denunzieren und damit zu destabilisieren. Wenn das Narrativ von der Immunität der eigenen Gesellschaft gegen ein Wiederaufleben des Faschismus galt, so konnten es nur Kräfte aus dem Westen, propagandistisch als Hort von Alt- und Neonazis verschrien, sein, die die Aktionen durchführten. Ein konkreter Beweis für diese Erzählungen wurde jedoch nicht erbracht.[48]

Staatliche Übergriffe

Fügt man auch die niedrigen Strafen für Bagatelldelikte hinzu, scheint der politische Wille der Behörden, die Verbrechen aufzuarbeiten und zu ahnden, eher gering gewesen zu sein. Umgekehrt ließe sich auch argumentieren, dass diese Laxheit des Staates das Umfeld für weitere Schändungen bereitete. Nicht nur, dass der Staat die Störung der Totenruhe und die Angriffe auf die jüdischen Sepulkralkultur zu gering achtete – immer wieder kam es auch zu Fällen, wo

47 Zit. nach ebenda, S. 17 f.

48 Ein Beispiel: „Als im Sommer 1953 der jüdische Friedhof in der Schönhauser Allee in Berlin erneut geschändet wurde, machten ostdeutsche Medien ‚Agenten aus dem Westen‘ verantwortlich.“ Schmidt, Schändungen, S. 21.

sich staatliche Stellen selbst an solchen Zerstörungsakten beteiligten. „Verwahrloste Friedhöfe“, schreibt Schmidt, „wurden unbemerkt abgeräumt, andere wurden als private Gärten vereinnahmt oder auch von offizieller Seite eingeebnet und bebaut.“[49]

Dem Stornieren der Pläne, den Friedhof Berlin-Weißensee mit einer Ausfallstraße zu queren, ging 1974 der Abriss der Trauerhalle (1910) voraus. Ähnliches geschah auf dem Friedhof Schönhauser Allee, wo man 1956 das Friedhofsgebäude von 1892 abtrug und ein barackenartiges Gärtnerhäuschen an seinen Platz stellte.[50] Auch in Eberswalde wurde die „Ruine der 1929 errichteten Trauerhalle, die eine mit Kupfer aus dem nahe liegenden Messingwerk gedeckte und von einem Davidstern geschmückte Kuppel krönte [...] nach dem Krieg abgetragen“.[51] Die Trauerhalle des dritten jüdischen Friedhofs von Halberstadt wurde nach 1981 abgerissen. „Vor allem in den ostdeutschen Bundesländern“, so Knufinke, „war bei der Dokumentation zu beobachten, daß bei manchen Bauten zumindest in den letzten 70 Jahren gar keine erhaltenden Maßnahmen stattgefunden haben. Entsprechend gefährdet ist heute ihr Zustand, der weitere Verluste historischer Bausubstanz erwarten läßt.“[52] Zu diesen gefährdeten jüdischen Bauwerken zählt er diejenigen von Burg, Köthen, Bernburg, Weitersroda und Cottbus.[53]

In Zerbst (Sachsen-Anhalt) veranstaltete die Stadtverwaltung eine Aufräumaktion und ließ von einem Drittel der Friedhofsfläche sämtliche Grabsteine entfernen, die dann teilweise für den Bau eines Einfamilienhauses genutzt wurden, während in Köpenick das geräumte Grundstück überbaut wurde. Dämmig konstatiert einleitend in ihrem Aufsatz zum Umgang mit den Zeugnissen jüdischen Lebens in der DDR: „Das jüdische Erbe fand wenig Beachtung“, und führt als Beispiel den Friedhof von Strausberg an: „Und so verwundert es nicht, dass in der Nachkriegszeit jüdische Friedhöfe verschwanden, als Bauland genutzt oder in Parkanlagen umgewandelt wurden. Ein Beispiel dafür ist der jüdische Friedhof in Strausberg, am Ufer des Straussees gelegen, der aus dem 18. Jahrhundert stammt. Er wurde 1938/39 zerstört, viele der Grabsteine in

49 Ebenda, S. 7.

50 Knufinke, Bauwerke jüdischer Friedhöfe, S. 129.

51 Lara Dämmig, Der Umgang mit Zeugnissen jüdischen Lebens und die Gedenkkultur in der DDR, in: Maria Berger/Uri Faber u. a. (Hrsg.), Synagogen in Brandenburg. Spurensuche, Berlin 2013, S. 49–55, hier S. 50 f.

52 Knufinke, Bauwerke jüdischer Friedhöfe, S. 316.

53 Ebenda.

den See geworfen. In der Nachkriegszeit wurde das Areal beräumt und in den 1960er-Jahren in eine Grünfläche umgewandelt. Als Teil eines Parkgeländes war der Friedhof aus der Topografie Strausbergs verschwunden.“[54] Eine Grünfläche, die 1961 in „Volkseigentum“ überging, wurde gewonnen, indem man die Begräbnisstätte bis zu ihrer Mauerkante aufschüttete. (Erst seit 1988 erinnerte ein Gedenkstein, dass sich hier zwei Meter unter der Grasnarbe der jüdische Friedhof befand.)

So wie in Strausberg wurde auch in Altentreptow auf dem Friedhof eine Grünfläche zur Erholung eingerichtet. Den Friedhof von Wusterhausen/Dosse ebnete man ebenfalls zu DDR-Zeiten ein. Nur wenige Beispiele, die sich bei Schmidt für Eingriffe „offizieller Stellen“ in den Bestand dieses jüdischen Kulturerbes finden, sollen abschließend herausgegriffen werden: Schwerin plante 1949 die Erweiterung der Kläranlage, die nun den jüdischen Friedhof (auf dem noch ein [Unterstreichung P.S.] Jahr zuvor ein Gedenkstein errichtet war) mit einbeziehen sollte. Zu diesem Zwecke wurde zunächst eine Straße quer über den Friedhof gebaut. 1953 und 1955 verkaufte die Stadt das Gelände an eine Privatperson mit dem Resultat: „Ungeklärt ist die genaue Lage und Ausdehnung der alten Gräberfelder des Friedhofs.“[55]

Dass die DDR-Behörden nicht weniger zynisch als ihre westdeutschen Kollegen die Vernichtung der Zeugnisse jüdischer Kultur begleiten konnten, macht das zweite Beispiel aus Seelow/Brandenburg deutlich. Dort hatte das Stadtbauamt 1949 einen Antrag auf Wiederherstellung der jüdischen Begräbnisstätte, auf 1700 Mark veranschlagt, mit dem „in drastischer Weise die nationalsozialistische Judenverfolgung leugnenden Schlusssatz“[56] an den Magistrat weitergeleitet: „Die Instandsetzungskosten sollen von den Angehörigen der auf dem Friedhof Beerdigten getragen werden.“[57] Damit war die Instandsetzung vom Tisch. 1967 wurde das Friedhofsgelände „Volkseigentum“, es wurde asphaltiert und ein betrieblicher Parkplatz.

Seelow ist kein Einzelfall, was die Absicht von staatlichen Stellen der DDR betrifft, über das Tilgen der materiellen Spuren Juden aus dem kollektiven Gedächtnis auszuschließen. Vertreter des Kreises Strausberg stellten, als es um die Existenz eines jüdischen Friedhofs in Alt-Landsberg ging, lapidar fest: Da die Friedhofsstätte „ein sumpfiges Urwaldgelände“ sei, solle man „diesen

54 Ebenda, S. 48 f.

55 Schmidt, Schändungen, S. 33.

56 Ebenda, S. 39.

57 Zit. nach ebenda.

sogenannten Friedhof von dem Nachweis streichen", zumal es in Alt-Landsberg „auch keine jüdischen Bürger oder Verwandte mehr" gäbe.[58] So lässt sich die Argumentationsschraube noch etwas weiter drehen. Ein „sogenannter Friedhof", dem die Juden irgendwie abhandengekommen sind, hat seine historische Existenzberechtigung verloren und kann aus dem „Nachweis", d. h. aus dem Kataster, gestrichen werden. Eine Anerkennung der Schuld deutsch-nationalsozialistischer Täterschaft sieht anders aus; hier wird vielmehr die Verantwortung für die Verbannung der Juden aus dem kollektiven Gedächtnis auf die Juden selbst geschoben. Nicht anders als im Westen wird ihnen die Verwahrlosung der Friedhöfe angelastet: Beim Friedhof von Köpenick, der – wie erwähnt – Ende der Fünfzigerjahre beseitigt wurde, fühlte sich 1956 ein Vertreter des Stadtbezirks berechtigt, darauf hinzuweisen, dass die Begräbnisstätte sich „in einem beschämenden Zustand [befinde]. Die jüdische Gemeinde habe es unterlassen, ihn zu pflegen und zu schützen. ‚*Demzufolge* [Hervorhebung P.S.] wurde derselbe erneut geschändet.'"[59] In Neustrelitz, wo die Vernachlässigung des dortigen Friedhofs durch die jüdische Gemeinde einer Einkaufsgenossenschaft als Argument diente, das Terrain zu bebauen, wurde dieses Ansinnen allerdings abgelehnt.

An diesem Punkt muss man auf die staatlichen finanziellen Zuwendungen an die jüdischen Gemeinden für die Friedhöfe zu sprechen kommen, die einer Vernachlässigung hätten entgegenwirken können. Abgesehen von der zu geringen Bemessung war es für die wenigen, kleinen Gemeinden, die noch existierten, unmöglich, sich um die große Zahl der Begräbnisstätten zu kümmern, die übrig geblieben waren und für das verbreitete jüdische Leben vor 1933 standen. Nur auf den ersten Blick lag in den finanziellen Zuwendungen die Anerkennung des Staates, dass die deutsche Nachkriegsgesellschaft die Verantwortung für die Zeugnisse der „normativen" Vergangenheit trug. Zunächst existierten in der DDR noch 15, später nur noch acht jüdische Gemeinden bei – geschätzt – 300 jüdischen Friedhöfen. Diese Gemeinden setzten sich aus wenigen deutschen Juden, die den Holocaust überlebt hatten, aus Displaced Persons und Juden aus ganz Europa zusammen. Bei vielen Gemeinden waren Erinnerung und Wissen über die deutsch-jüdische Geschichte nicht vorhanden, und sie gründeten nicht auf den Traditionen des deutschen Judentums. Das jüdisch-deutsche Erinnerungskollektiv war so gut wie vernichtet, wohingegen das Erinnerungskollektiv

58 Zit. nach ebenda, S. 125.
59 Ebenda, S. 37.

der nichtjüdischen Deutschen – und das heißt immer auch das Täterkollektiv – fortbestand. Schmidt hat die Situation folgendermaßen zusammengefasst: „Diese abgebrochene Kenntnis der jüdischen Gemeinden über die Friedhöfe war in der deutschen Bevölkerung der jeweiligen Orte zunächst vorhanden, sie wusste von den Friedhöfen und ihrem Zustand. Doch dieses Wissen war verflochten mit einem Komplex aus Schuld und Abwehr.“[60]

Jüdische Friedhöfe als Opfer der DDR-Gedenkkultur

Jedoch griffen nicht nur Schuld und Abwehr der ostdeutschen Bevölkerung tief in die Erinnerungskultur ein und blendeten die jüdische Geschichte vor Ort aus. Die staatliche gelenkte, ausgeprägte Gedenkkultur der DDR, die eine Erinnerung an die jüdische Geschichte und den Holocaust zugunsten der Geschichte der kämpfenden Arbeiterklasse verdrängte, tat ein Übriges; zudem trug jene zur Vernichtung der materiellen sepulkral-kulturellen Relikte ganz konkret bei, indem zahlreiche jüdische Friedhöfe zu Gedenkstätten umgestaltet wurden – unter Beibehaltung der Hierarchisierung der NS-Opfer. Diese Umwandlung von Friedhöfen in Gedenkstätten, bei denen in erster Linie die „antifaschistischen Kämpfer“ geehrt wurden, bedeutete im Grunde die Entehrung der jüdischen Totenstätten. Es kam zu Verkleinerungen der Friedhöfe, bisweilen zu deren völliger Zerstörung. „Manche Stätten waren kaum noch als jüdische Friedhöfe zu erkennen, sondern wurden durch die Zentrierung der Anlage auf einen O.d.F.-Gedenkstein und die Abräumung der alten Grabsteine bzw. deren ornamentale Neuaufstellung zu antifaschistischen Gedenkanlagen umfunktioniert.“[61] Die bei der Herrichtung der Friedhöfe für die DDR-Gedenkkultur übrig gebliebenen Grabsteine wurden zerschlagen und anderweitig verwandt. So entstanden Grünflächen mit einem Gedenkstein für die „antifaschistischen Kämpfer“, die jeder jüdischen Geschichte entleert waren und nun als Bühne für die offizielle Erinnerungs- und Gedenkkultur dienen konnten. In Eberswalde lässt sich dieses Umfunktionieren in eine Gedenkstätte verfolgen: Um die Grünfläche herzustellen, wurden die noch vorhandenen 53 Grabsteine aus den Gräbern gerissen, am Friedhofszaun über Eck aufgereiht

60 Ebenda, S. 23.

61 Monika Schmidt, Die Bedeutung des offiziellen Antizionismus im Umgang mit jüdischen Friedhöfen und Friedhofsschändungen, Teil II, 22. Januar 2019, https://www.bpb.de/themen/deutschlandarchiv/284311/die-bedeutung-des-offiziellen-antizionismus/.

und mit eisernen Stützbändern verbunden.[62] Dämmig zeigt in ihrem Aufsatz ein Foto des „Mahnmals“ auf dem Friedhof von Beeskow.[63]

Aus ihren Untersuchungen zu den radikalen Umgestaltungen der Friedhöfe in Gedenkstätten zieht Schmidt den Schluss: „Die DDR, ein laizistischer Staat, setzte ihre Gedenkkultur autoritär und bewusst auf jüdischen Friedhöfen durch, aber nicht um der jüdischen Opfer des Nationalsozialismus zu gedenken, sondern um sich als antifaschistischer Staat zu legitimieren.“[64] Diese Legitimation erfolgte aber gerade durch einen Rückgriff auf Denkmuster, bei denen eine antisemitische Tendenz latent war. Damit verhielt sich die DDR nicht viel anders als der westdeutsche Staat mit seiner Geringschätzung jüdisch-deutscher Kultur, eine Geringschätzung, die an vielen Orten keinen Stein auf dem anderen ließ und damit die Spuren der Gräueltaten gleich mit entsorgte.

Beide deutsche Staaten erwiesen sich in der Nachkriegszeit an diesem Punkt – bei allen anderen Unterschieden – als Nachfolgestaaten des NS-Regimes, die nicht willens oder fähig waren, den tief sitzenden Antisemitismus aufzulösen. Respekt dem großen jüdischen Kulturerbe der Friedhöfe entgegenzubringen, diese zu schützen und zu erhalten, wäre ein wichtiger Schritt dazu gewesen.

62 Dämmig, Der Umgang mit Zeugnissen jüdischen Lebens, S. 49.

63 Ebenda. „In Alt-Strelitz etwa entstand auf einem Achtel der Friedhofsfläche eine sehr kleine Gedenkanlage mit drei Grabsteinen, der mittlere als Gedenkstein neu beschriftet, umgeben von einigen liegenden Grabsteinbruchstücken. Die Stelen und Obelisken des Friedhofs wurden zerschlagen und im Stadtgebiet wiederverwendet. Präsentiert wurden dagegen gepflegte, ordentliche Anlagen, die als repräsentative Orte offiziellem Gedenken zweckdienlich sein sollten, aber kaum historische Spuren aufwiesen oder eine Würdigung als jüdische Friedhöfe erfuhren.“ Schmidt, Die Bedeutung des offiziellen Antizionismus, S. 4.

64 Ebenda, S. 5.

Gedenkplatte Remagen am „Römerplatz“
Foto: Peter Seibert

11
Gedenktafeln

Der Bundesgerichtshof und die Wittenberger Bodenplatte

Die Brisanz von Gedenktafeln, die an die Geschichte des Antisemitismus bzw. Antijudaismus und den Holocaust als deren furchtbare Konsequenz erinnern wollen, ist im Juni 2022 durch ein Urteil des Bundesgerichtshofs[1] festgestellt worden.

Es ging bei diesem Urteil um die 700 Jahre alte Schmähskulptur der „Judensau“ an der Schlosskirche von Wittenberg, dort also, wo Luther seine Thesen veröffentlicht hatte und predigte. Es handle sich hier, so stellte der Vorsitzende Richter Seiters fest, um einen „in Stein gemeißelten Antisemitismus“.[2] Wenn der BGH dennoch keine rechtliche Handhabe sah, das Relief abnehmen zu lassen, so deshalb, weil durch eine Gedenktafel, die 1988 zur 50. Wiederkehr des Novemberpogroms von der Stadtkirchengemeinde angebracht worden sei, ein „objektiver Gesamteindruck“ entstehe: „Bei unvoreingenommener Betrachtung sei die Distanzierung von der Darstellung erkennbar.“[3] Der BGH vertraut auf die Aussagekraft der Gedenktafel. Damit bleibt man aufgefordert, diese – unvoreingenommen – genauer zu lesen. Es handelt sich um eine Bodenplatte, die allein schon dadurch, dass die Schrift um die Tafel läuft, nur lesbar ist, wenn man mehrmals den Standort der Leserichtung wechselt. Im Mittelfeld ist ein Kreuz angedeutet. Zur „Judensau“ selbst wird keine Verbindung in der Bodenplatte hergestellt, außer zu einem Text, der wohl um 1570, auf eine

1 AZ: VI ZR 172/20.

2 Zit. nach Ursula Knapp, „Objektiver Gesamteindruck“, in: Frankfurter Rundschau, 15. Juni 2022, S. 28.

3 Ebenda.

Schrift Luthers verweisend, über dem Spottrelief angebracht wurde: „Rabini Schem Ha Mphoras" – als hebräischer Verweis auf den unaussprechlichen Namen Gottes in der jüdischen Religion. Der umlaufende Text der Gedenktafel ist deutsch und hebräisch und lautet auf Deutsch: GOTTES EIGENTLICHER NAME / DER GESCHMÄHTE SCHEM-HA-MPHORAS // DEN DIE JUDEN VOR DEN CHRISTEN / FAST UNSAGBAR HEILIG HIELTEN / STARB IN SECHS MILLIONEN JUDEN / UNTER EINEM KREUZESZEICHEN.

Bei allen interpretatorischen Anstrengungen bleibt der schon schwer lesbar angeordnete Text verquast und verworren: Was ist gemeint mit dem Kreuzeszeichen, das christliche Kreuz (was der Kirche Mitverantwortung gerade in Luthers Wittenberg für den Völkermord aufbürden würde) oder das Hakenkreuz? Was meint das „vor"? Die zeitliche Abfolge – das Christentum als Erbe des Judentums? Oder hat „vor" einen qualitativen Sinn? Und wie hängt dies mit dem Völkermord zusammen? Die Fragen lassen sich häufen, Antworten finden sich keine. Eine Gedenktafel, auf der sich gerade an dieser Stelle in Wittenberg die Kirche zu ihrem Erbe bekennen und damit aufklärerisch gegenüber ihrer antijüdischen Tradition wirken würde, ist dies sicher nicht. So haben wir es mit einer Gedenktafel zu tun, durch die alles in den Nebel der Verunklarung, der Abwehr, des „Durchmogelns"[4] getaucht ist. Dies mag auch mit der historischen Situation in der DDR zu tun haben. Aber diese Bodenplatte reiht sich, wie zu beschreiben sein wird, in eine lange Reihe anderer Gedenktafeln ein, die ihrer Aufgabe in der Erinnerungskultur nicht gerecht werden, ja, Geschichte zu verfälschen drohen.

Gedenktafeln – Beispiel Berlin

„Städte sind keine unbeschriebenen Blätter, sondern narrative Räume, in die bestimmte Geschichten, Mythen und Parabeln eingeschrieben sind", heißt es im Aufsatz des Soziologen Rolf Lindner zur „kulturelle[n] Textur der Stadt".[5] Dieser Ausgangspunkt von Lindners stadtsoziologischer Forschungsperspektive

4 Diese Bezeichnung verwendet Pitt von Bebenburg in seinem Kommentar „Judenhass bleibt", Frankfurter Rundschau, ebenda, S. 1. 2017 hatte sich der Wittenberger Stadtrat für den Erhalt der Schmähskulptur ausgesprochen, ließ aber in Absprache mit der Pfarrgemeinde eine Stele mit Erklärtexten auf Deutsch und Englisch errichten, die das Relief in einen historischen Kontext stellten.

5 Rolf Lindner, Die kulturelle Textur der Stadt, in: Schweizerisches Archiv für Volkskunde – Archives suisses des traditions populaires Bd. 104 (2008) 2, S. 137–147, hier S. 137.

lässt sich ohne größere Vorbehalte auch auf die Untersuchung von Landstrichen und Regionen übertragen. Was Lindner „kulturelle Textur“ nennt, besteht nicht nur aus (kultur)historischen Ereignissen, sondern ebenso aus Zuschreibungen an die jeweiligen Räume. Die jeweiligen Städte und Landschaften schreiben zu einem nicht geringen Maße an dieser Textur selbst mit.

Lange Tradition haben bei dieser Praxis Gedenktafeln, die an historischen Stätten, an Bauwerken oder an Stellen, an denen solche Bauwerke standen, angebracht werden (wobei sich bei einer Definition von „Gedenktafel“ bisweilen das Problem einer strikten Abgrenzung z. B. vom Denkmal stellt).[6] Die Städte und Landschaften überziehen sich durch solche Gedenktafeln mit einem Erinnerungsgeflecht, das von Stadt zu Stadt und von Region zu Region unterschiedliche kollektive Gedächtnisse präsentiert und verfestigt.

Ein aufschlussreiches Beispiel stellt Berlin als Erinnerungsraum dar, insofern sich dieser in Gedenktafeln manifestiert. Bezeichnenderweise war es das Stadtjubiläum 1986 – 750 Jahre Berlin –, das eine Normierung der Gedenktafeln für Westberlin brachte. Ab jetzt beriet und entschied in Westberlin eine Historische Kommission über die Anträge für Gedenktafeln. Präzise vorgeschrieben wurden ab jetzt auch Material, Form, Größe, Schrift, Textinformation.[7] Es ist ein sehr weiter Begriff von Gedächtnis, den die Historische Kommission zugrunde gelegt hat (wobei stadttouristische Absichten bei der

6 Holger Hübner, der in seiner Publikation „Das Gedächtnis der Stadt“ (Berlin 1997) 1700 Berliner Gedenktafeln dokumentiert hat, schreibt in seiner „Einführung“: „Eine Tafel an der Wand ist ein klarer Fall. Und wenn das Haus nicht mehr da ist? Wenn die Tafel sich dann zum Beispiel auf einem Stein befindet? Oder wenn sie an einem Denkmal befestigt oder die Inschrift direkt in einen Stein gearbeitet ist? Ist der Friedhofsstein, der daran erinnert, dass dort nach ihrer Erschießung zentrale Akteure des 20. Juli 1944 begraben wurden, bis man ihre Leichname tags darauf exhumierte, verbrannte und die Asche an unbekanntem Ort verstreute, eine Form des Gedenkens, die man [in die Dokumentation] aufnehmen sollte? Wenn ja, wie verhält es sich dann mit anderen Gedenksteinen auf Friedhöfen, z. B. für gefallene sowjetische Soldaten oder für ermordete Familienangehörige? Oder mit den vielen anderen, die der Opfer von Kriegen gedenken. […] Wer zieht die Grenze? Ich weiß es nicht sicher, glaube auch nicht, daß man zur Beantwortung der Frage wirklich befriedigende Kriterien aufstellen kann.“ S. 1–4, S. 2. Thea Altaras fasst in ihrer Dokumentation dagegen „Gedenktafeln“ und „Gedenksteine“ zusammen. Dem soll hier gefolgt werden.

7 Alle genehmigten Tafeln mussten in der Königlichen Porzellan-Manufaktur Berlin aus weißem Porzellan gefertigt worden sein: Im Reich der urbanen Erinnerung sollte absolute Egalität herrschen. Jede porzellanene Gedenktafel, deren Kosten die Antragsteller tragen mussten, war wertvoll und teuer und als KPM-Produkt selbst ein Stück Berliner Geschichte.

Auswahl sicher auch eine Rolle spielten). Wie umkämpft (und kurzlebig) Gedenktafeln sein können, wurde in Berlin nach dem Fall der Mauer offenkundig, als zwei Erinnerungskonzepte aufeinanderprallten. Die Gedenktafeln in Ostberlin waren „Angelegenheiten der Kulturabteilungen von Magistrat und jeweiligem Rat des Stadtbezirks. Sie entschieden über Finanzierung und Realisierung, wobei die Vorschläge von der SED gemacht wurden, aber auch vom Komitee der Antifaschistischen Widerstandskämpfer, von Betriebskollektiven oder von Gremien des Kulturbundes der DDR kommen konnten."[8] „Das Gedenken mit diesen Tafeln", schreibt Volker Hobrack, langjähriger Vorsitzender der Gedenktafelkommission des Bezirks Berlin-Mitte, „war zu jeder Zeit in der DDR durch politische Gremien bzw. staatliche Stellen organisiert und kontrolliert. Es war folglich auch immer eine politisch gelenkte Erinnerung mit dem selbstverständlichen Anspruch auf alleinige historische Wahrhaftigkeit. Die Fortführung dieser ‚antifaschistischen Tradition' im politischen Handeln der Gegenwart war die logische Konsequenz der DDR-Politik. Passanten und Leser der Gedenktafelschriften konnten sich dessen immer gewärtig sein."[9]

Die überwiegende Zahl der Ostberliner Gedenktafeln war dabei normiert; nur herausragende, „verdiente" „Widerstandskämpfer" oder „sozialistische" Persönlichkeiten erhielten besondere, künstlerisch gestaltete Plaketten. Allein schon der Zahlenvergleich, den Hobrack vorlegt, verdeutlicht das Geschichtsverständnis der DDR: Im Bezirk Mitte ließen sich vor 1989 123 Gedenktafeln nachweisen, wovon 38 den „antifaschistischen Widerstandkämpfern" gewidmet waren, wohingegen 14 an Orte des Klassenkampfes, 15 an das „humanistische Erbe" der DDR, elf an Grenzsoldaten und sechs an (vorwiegend marxistische) Philosophen und Ideologen erinnerten. Ganze sechs Gedenktafeln hatten in Berlin-Mitte ein jüdisches Thema.[10] Für die Phase des Vereinigungsprozesses muss Volker Hobrack dann einen hohen Verlust von Tafeln im Ostteil der Stadt beklagen; ein topografisches Erinnerungsraster, das Aufschluss über das Geschichtsnarrativ der DDR gegeben hatte, wurde weitgehend demontiert.[11]

8 Volker Hobrack, Gedenktafeln in Ost-Berlin, https://www.gedenktafeln-in-berlin.de/tafeln_content/user_upload/Volker_Hobrack_2012_Gedenktafeln_in_Ostberlin.pdf, S. 1–9, hier S. 5.

9 Ebenda, S. 7.

10 Ebenda, S. 3.

11 „Leider ist festzustellen, dass die meisten dieser Tafeln abhanden gekommen sind, vor allem in den Monaten vor der Wiedervereinigung am 3. Oktober 1990." Ebenda, S. 3.

Gedenktafeln, die an die Vernichtung jüdischer Existenz erinnern sollen

Gedenktafeln mit Bezug zum Holocaust sollen die Erinnerung an das Menschheitsverbrechen an authentischen Stätten wachhalten. Damit sind Gedenktafeln ein wichtiger Teil einer dezentralen deutschen Erinnerungspolitik – aber sie reflektieren diese auch, indem sie in der Regel an Orten angebracht worden sind, wo sich Leerstellen auftun, sei es, dass dort ein historisches Ereignis (wie eine Bücherverbrennung) stattgefunden hat oder/und ein bedeutungsvolles Gebäude (Synagoge) stand. Sie stellen gewissermaßen – was die beseitigten Synagogen, Mikwen, Schulen usw. betrifft – einen Ersatz dar: Nach dem Abriss kommt häufig die Gedenktafel, in Einzelfällen (siehe Kapitel 15, „Musealisierungen") wird die Tafel schon vor dem Abriss geplant. Gedenktafeln sind weniger Zeugnisse einer jüdischen Kultur als Zeugnisse unseres Umgangs mit dieser. Damit können Gedenktafeln auch eine beschwichtigende Funktion übernehmen: Der respektlose Umgang mit dem jüdischen Erbe vor Ort wird umgewertet; indem man eine Tafel anbringt, wird man von der „zweiten Schuld", diejenigen der bewussten oder fahrlässigen Vernichtung der kulturellen jüdischer Güter nach 1945, freigesprochen. Gedenktafeln können sowohl Wunden offenhalten, sie können aber auch auf Entlastung angelegt sein. Insofern bedarf es bei den Gedenktafeln einer historischen Kontextualisierung, vor allem einer genauen Lektüre der meist formelhaften Texte. Sich den Gedenktafeln zuzuwenden, bedeutet insofern nicht eine Redundanz, sondern die Reflexion der Erinnerungsgeschichte.

Die Geschichte der materiellen Erinnerungszeichen an jüdische Geschichte – und der Kampf um diese Zeichen – beginnt bereits unmittelbar nach dem Sturz des NS-Regimes, zu Zeiten der allgemeinen Schockstarre. Die ersten Erinnerungszeichen für ihre zerstörte Kultur und das jüdische Leben wurden von Juden selbst gesetzt, die entweder die Vernichtungslager überlebt hatten oder in den Armeen der Alliierten gekämpft hatten. Die Materiallage dieser Zeit ließ nur einfache Zeichen zu. Eines der frühesten Erinnerungszeichen, wenn nicht das früheste überhaupt, war keine Gedenkinschrift, sondern ein Baum: Die Synagoge der ehemals größten jüdischen Gemeinde im einstigen Königreich Württemberg, Buchau, war im Pogrom 1938 profaniert und anschließend gesprengt worden. Nach seiner Rückkehr aus Theresienstadt kaufte Siegbert Einstein, ein Großneffe Albert Einsteins, das Gelände der gesprengten Synagoge und pflanzte dort, wo der Thoraschrein gestanden hatte, eine Trauerweide als Baum der Trauer um all die Toten seiner Gemeinde; gleichzeitig erneuerte er damit die jüdische Tradition vom Baum der Trauer und des Lebens.[12] Auf dem jüdischen Friedhof am Haller Weg in Bielefeld stellten unmittelbar nach Kriegsende zwei englische Offiziere eine Gedenkplatte aus einem alten Sandstein auf mit dem Text:

> „In treuem Gedenken
> an unsere 388
> Gemeindemitglieder.
> In den Jahren
> 1933–1945
> Mußten sie ihr Leben
> für unser Judentum lassen."[13]

Offenkundig handelte es sich bei den beiden Offizieren um emigrierte Juden, die das Gedenken an ihre vernichtete Gemeinde aufrechterhalten wollten. Bisweilen erwarben, wie Siegbert Einstein, geflüchtete jüdische Bürger den Platz, auf dem ihre Synagoge gestanden hatte, um ein Ausradieren der Erinnerung z. B. durch Überbauung zu verhindern. Dies geschah etwa im sauerländischen Schmallenberg, wo das Grundstück „nach dem Krieg von einem in die USA emigrierten jüdischen Bürger zurückerworben und mit der Auflage verkauft [wurde], daß dieser heilige Platz nicht bebaut werden darf".[14] Auf diesem leer gebliebenen Platz konnte dann 1988 die Gedenktafel mit hebräischem und deutschem Text enthüllt werden: „Hier stand die / Synagoge / der Jüdischen Gemeinde / Schmallenberg."[15] Es war allerdings keine Selbstverständlichkeit, dass Juden in der Nachkriegszeit durch Gedenkzeichen an ihre Verfolgung und den Völkermord erinnern konnten. In Regensburg wurde beispielsweise „ein Bauantrag der Jüdischen Gemeinde auf ein Mahnmal auf eigenem Grundstück zur Erinnerung an den Holocaust noch abgelehnt mit dem

12 Andernorts übernahm man diesen Brauch. An der Gedenkstätte Friedberger Anlage ließ die „Initiative 9. November" einen Baum für die von den Nazis hingerichtete Rose Schlösinger pflanzen. In Dassel am Solling wurde mit einem Baum der in Plötzensee ermordete Kriegsdienstverweigerer Hermann Stöhr geehrt. Hinzuweisen ist auch auf die „Allee der Gerechten unter den Völkern" in Jerusalem.

13 Puvogel/Stankowski, Gedenkstätten I, S. 495.

14 Ebenda, S. 616.

15 Ebenda, S. 215.

Argument, es entspreche in keiner Weise den künstlerischen und städtebaulichen Erfordernissen".[16]

Auf die zahlreichen Gedenksteine, -tafeln und Kenotaphe auf Friedhöfen, gestiftet von jüdischen Emigranten oder dem Holocaust Entkommenen, soll hier nur anhand zweier Beispiele verwiesen werden. In Sundern/Sauerland lautet die Inschrift: „Dieser Stein wurde von Julius Klein / aus Los Angeles zum Gedenken / an seine Familie errichtet, / die z. Zt. der nationalsozialistischen / Gewaltherrschaft in den Konzentrationslagern / umgekommen ist."[17] 1948 stifteten „ausgewanderte" ehemalige Creglinger jüdische Bürger eine Tafel, die an den Mord an zwei Juden durch die SA erinnern sollte; die Tafel wurde im Rathaus der Stadt aufgehängt.

Erst in die späten Achtzigerjahre datiert Altaras eine deutliche Zunahme von Gedenktafeln.[18] Jedoch liest man bei Pracht, Altaras und bei Projekten im Netz immer noch die Anmerkung „Keine Gedenktafel". Da die „Stolpersteine", so essenziell dieses Projekt für das kollektive Gedächtnis ist, personengebunden sind, können sie diese Defizite nicht ausgleichen. So ist kein Erinnerungszeichen für die 1971 abgerissene Synagoge von Frechen und keines für diejenige in einem Familienhaus verschwundene von Kerpen vorhanden. Auch die Erinnerung an zahlreiche andere ehemals jüdische Häuser wurde stillschweigend oder bewusst „fallen gelassen". Das Fehlen von Gedenkplaketten beruhte häufig auf einem allgemeinen Konsens, wie etwa im hessischen Holzheim, in dem nicht nur die Synagoge abgerissen, sondern auch die Gedenktafel an diese mit der Begründung abgelehnt wurde, es habe im Ort keine Antisemiten gegeben, weswegen das Anbringen eines Erinnerungszeichens für die 1963 abgerissene Synagoge überflüssig sei.[19]

Diese Einstellung, lesen wir bei Altaras, habe sich im Laufe der Jahre „nicht verändert". Im Gegenteil: Mit der Ablehnung einer Gedenkplakette sei

16 Ebenda, S. 185.

17 Ebenda, S. 625.

18 Auch in Kassel als Stadt, in der die Pogrome des Jahres 1938 ihren zeitlichen Ausgangspunkt hatten, geschah dies, ebenso in Essen. Bremen befestigte schwarz-weiße Schrifttafeln an verschiedenen Stätten der NS-Herrschaft. Der Landkreis Emsland betreibt ein Beschilderungsprojekt für das ehemalige Emslandlager. Im Rahmen unserer Untersuchung von besonderer Relevanz ist die Hamburger Erinnerungspolitik, wie sie sich in Gedenktafeln manifestiert: Die Stadt hat ein zentrales Programm für „Stätten der Verfolgung und des Widerstandes 1933–1945" (Tafeln in Schwarz-Weiß) und – davon unterschieden – ein Programm für „Denkmäler und Baudenkmale der Jüdischen Gemeinde Hamburg".

19 Altaras, Synagogen II, S. 104.

die Löschung aller noch vorhandenen Erinnerungsspuren aktiv betrieben worden.[20] Dass auch über solche Erinnerungshinweise vielerorts heftig gestritten wurde, mag ein Indiz sein, dass die an Mauern und Häusern angebrachten Gedenktafeln für das Mahnen an zerstörtes jüdisches Leben und das Ausbilden des kollektiven Gedächtnisses nicht irrelevant waren, ging es bei diesen Texten doch um Nennung der Opfer, das Namhaftmachen oder Verschweigen der Täter und um die Beschreibung ihrer Taten. Letztlich handeln die Tafeln auch davon, wie sich die Gesellschaften, lokale und regionale, dem Holocaust stellten und – implizit – welche Konsequenzen man aus diesem Kapitel deutscher Geschichte zu ziehen gewillt war.

Abwehr von Gedenktafeln

Nach Angaben von Altaras sind die Gedenksteine und Gedenktafel in der Regel zunächst nicht an den innerörtlichen Stätten ausgelöschten jüdischen Lebens errichtet worden, sondern entfernt auf jüdischen, aber auch christlichen Friedhöfen (z. B. in Bad Brückenau[21]). Die Exklusion der Juden setzte sich damit topografisch noch im Gedenken fort.

Ein Beispiel ist Calw, wo zunächst eine Tafel für die Opfer des NS-Regimes prominent am Rathaus befestigt werden sollte: „Doch die Mehrheit des Gemeinderates lehnte diesen Ort ab“,[22] sie kam auf den Friedhof. Andernorts wurde das Gedenkzeichen in der Nähe oder an christlichen Kirchen angebracht bzw. an Pfarrhäusern (wie im bayerischen Kleinlangheim) – was auf ein vereinnahmendes Gedenken durch die christlichen Konfessionen hinauslaufen musste. 100 Meter entfernt vom eigentlichen Standort der vormaligen Synagoge konnte in Weinheim an der Bergstraße eine Plakette angebracht werden, die dennoch behauptete: „Hier stand [...].“ Aidhausen in Unterfranken besitzt zwar noch das erhalten gebliebene Synagogengebäude, die Tafel für dieses befindet sich aber auf einem Felsbrocken gegenüber der Post. In Lingen (Ems) scheiterte das Vorhaben, eine Tafel am Wohnhaus auf dem Synagogengrundstück anzubringen, am Einspruch des Eigentümers; am 15. November 1977 wurde

20 „Im Jahr 2002 war der Ort nur noch anhand von Resten der einstigen Einfriedung aufzufinden, denn man hatte nicht nur die Hausnummer ‚Im Noll 3‘ verändert, sondern auch das angrenzende Gebäude und die Freifläche einer radikalen ‚Modernisierung‘ unterzogen, so dass heute nichts mehr auf die ehemalige Synagoge hinweist.“ Ebenda.

21 Ebenda, S. 117.

22 Ebenda, S. 30.

auf dem Nachbargrundstück schließlich eine Bronzetafel eingeweiht mit dem – falschen – Text: „Hier stand die Synagoge [...]".[23] Ähnliches geschah auch in Mondorf bei Bonn, wo die Tafel – am falschen Haus – in der Vergangenheitsform des Synagogengebäudes gedenkt, das, umgebaut, im Hinterhof steht.

Von exemplarischer Aussagekraft ist die Auseinandersetzung um das Aufstellen eines Gedenkzeichens am Ort der 1939 beseitigten Synagoge von Wanne-Eickel: 1951 war das Synagogengrundstück von der Jewish Trust Corporation an die Bauunternehmung Heitkamp veräußert worden, deren Stammsitz auf dem Nachbarterrain lag. Der frühere Vorsteher der jüdischen Gemeinde regte 20 Jahre später die Errichtung eines Mahnmals bzw. das Anbringen einer Erinnerungstafel am Standort des Gotteshauses an, was die Bauunternehmung ablehnte. Es dauerte bis zum Jahr 1976, ehe der Gedenkstein realisiert wurde, allerdings in einer mehrere Hundert Meter entfernten Grünanlage. Erst als die Bauunternehmung Insolvenz beantragen musste, war die Möglichkeit gegeben, dass die Gedenktafel 2013 statt an ihrem bisherigen Standort, dem Sportpark Wanne-Süd, nunmehr an dem authentischen Synagogenort platziert werden konnte.

Die Dokumentation der „Gedenkstätten für die Opfer des Nationalsozialismus" notiert einen Fall in der rheinhessischen Gemeinde Nieder-Wiesen, wo die Gedenktafel am Eingang der evangelischen Kirche ihren Platz finden musste, „nachdem jahrelange Verhandlungen gescheitert waren, die Tafel am Raiffeisengebäude anbringen zu dürfen, das jetzt auf dem Gelände der ehemaligen Synagoge steht".[24] Der Text der von der Raiffeisenbank abgelehnten und nun am falschen Ort stehenden Tafel lautet: „zur Erinnerung an die / Synagoge, die von 1745 / bis zum 10. November 1938 / an dieser Stelle stand. / In Feuer steckten sie Dein Heiligtum, / zum Erdland preisgaben sie die / Wohnung Deines Namens. Psalm 74,7 / (nach Martin Buber)." So bedurfte es einer Zusatztafel, dass der eigentliche Standort „Kirchgasse 13" sei.

Viele Gedenktafeln, wie die in Nieder-Wiesen, mussten vermerken, dass ihr Standort nicht dem authentischen Platz entspricht; immer wieder finden sich deshalb Standardformulierungen wie „Unweit dieser Stelle stand die Synagoge" (Pforzheim, Bonn-Beuel), „Unweit von hier" (Alzenau), „Hier gegenüber" (Forchheim), „Gegenüber" (Mittelsinn und an vielen anderen Orten). Auf der Erinnerungstafel am Brückensockel der Bonner Rheinbrücke liest man ebenfalls „Nahe dieser Stelle stand die Synagoge" – wobei diese Formulierung verdeckt,

23 Ebenda, S. 433.

24 Ebenda, S. 680. Das folgende Zitat ebenda.

dass es sich um ein ganzes jüdisches Zentrum mit Gemeindehaus handelte, das 1938/39 beseitigt und in den Achtzigerjahren durch Ausgrabungen wieder sichtbar gemacht wurde. Ein langer Kampf um den Erhalt dieser archäologischen Funde[25] beendete die Stadt rigoros, als sie einen großen Hotelbau genau an dieser Stelle genehmigte (vgl. Kapitel 12, „Exkurse zu Kassel und Bonn").[26]

In etlichen, nach 1945 zusammengeschlossenen politischen Großgemeinden, z. B. Babenhausen, Lengfeld und Wachenbuchen, stellte man für alle Synagogen, die sich in der Großgemeinde befanden, nur eine einzige Gedenktafel auf: „Das bedeutet ein Ignorieren der Geschichte und gleichzeitig eine Degradierung des Landjudentums", stellt Altaras fest.[27]

Grellert, der in seiner Untersuchung mit den Kategorien der Gedächtnisforschung – „Speichergedächtnis" und „Funktionsgedächtnis" – arbeitet und zum Speichergedächtnis „all die Bauwerke und Orte [zählt], die von der Gesellschaft ‚vergessen' und ‚verdrängt' sind", geht davon aus, dass selbst „bei völliger Zerstörung" etwas erhalten bleibt: „die geographischen Koordinaten. Der Ort, an dem sie [die Synagogen] standen, ist einmalig und kann als solcher nicht verloren gehen, nur unkenntlich gemacht, überbaut, verunklart werden: Der Ort als geografischer Bezugspunkt hat somit immer die Potenz zum Funktionsgedächtnis."[28]

Diese Potenz wird z. B. durch die Gedenktafel entfaltet – sie schafft den Übergang vom Speichergedächtnis der „geografischen Koordinate" in ein Gedächtnis, das eine lebendige Funktion wahrnimmt in der Erinnerung an jüdische Kultur und jüdisches Leben. Was aber ist, wenn, wie bei den oben genannten Beispielen, immer wieder der authentische Ort verweigert wird, was, wenn das Anbringen der Tafeln abgewehrt, das Funktionsgedächtnis ausgeschaltet bleibt? Die exakte Verortung ist wichtig für das verbindende Wissen, die kulturelle Übereinkunft: Es kann kein „Ungefähr" geben, wie auch die Gräber einen genau bestimmbaren und nicht ungefähren Ort besitzen. Insofern sind die Verschleierung oder Vernichtung des Wissens um den präzisen Ort – d. h. ein Verweisen eines ehemals „heiligen Ortes" ins Ungewisse und Ungefähre – letztlich ein

25 Eine Fotografie der Ausgrabungsstätte, bevor der Hotelneubau begann, findet sich bei Pracht, Jüdisches Kulturerbe I, S. 495.

26 Eines der freigelegten Säulenfragmente wurde gerettet und vor der neuen Synagoge aufgestellt, inzwischen aber an einen anderen Ort verlegt. Aus Ziegelsteinen der abgebrannten Synagoge errichtete die Stadt 1988 ein eher bescheidenes Mahnmal.

27 Altaras, Synagogen II, S. 99.

28 Grellert, Immaterielle Zeugnisse, S. 26 f.

ähnlich zerstörerischer Eingriff wie die gewaltsame Zerstörung der Zeugnisse selbst bzw. vollendet deren Zerstörung. Angaben wie „unweit von hier“, „nahe gelegen“, „in der näheren Umgebung“ nehmen genau diese Zerstörung in Kauf.

Zur „Erinnerung und Mahnung“ war zwar an der stehen gebliebenen Synagoge der unterfränkischen Gemeinde Altertheim eine Tafel korrekt an einem authentischen Gebäude befestigt worden. Das Versprechen der Gemeinde, hier vor Ort der „ehemaligen jüdischen Mitbürger [zu gedenken]“, währte jedoch nicht lange: 1990 beseitigte man den Kultusbau der „jüdischen Mitbürger“ und mit ihm die Gedenktafel.[29] (Bei vielen Tafeln aus rasch verrottendem Holz war die kurze Dauer des „Vergesst nie“ schon vom Material her vorgegeben.)

In Nora Krugs vielfach mit Preisen ausgezeichnetem Buch *Heimat. Ein deutsches Familienalbum* – eine Spurensuche mit Texten, Fotografien und Dokumenten – trifft die Erzählerin in einer Episode einen Bewohner des Ortes, Egon, dessen Vater die Verbrechen an den Juden im Ort Külsheim, Württemberg, miterlebt hat. Von diesem erfährt sie, dass eine Gedenktafel für die abgebrochene Synagoge immer noch verweigert werde: „Der Stadtrat von Külsheim, so erzählt mir Egon, entschied 1988, zum 50. Jahrestag der REICHSKRISTALLNACHT, eine Erinnerungstafel an der Stelle zu errichten, an der einst die Synagoge stand. Aber weil einige Menschen in der Stadt befürchteten, dass die schon existierende Gedächtnistafel für Pater Grimm (der Jesuit, der von den Nazis als Widerstandskämpfer hingerichtet worden war) dann vergleichsweise unbedeutend wirken würde (und überhaupt, wäre es nicht besser, die Vergangenheit ruhen zu lassen?), nahm man von dem Vorhaben Abstand.“[30]

Altaras nennt als Beispiele für Weigerungen, mit einer Tafel der jüdischen Menschen und ihrer Kultur zu gedenken, neben Holzheim die hessischen Gemeinden Wieseck und Bischofsheim. In Wieseck, wo die Besitzer der umgebauten Synagoge Nachkommen des „Erstkäufers“ waren, ging es nicht nur um die Ablehnung der Gedenktafel; die Besitzer weigerten sich auch, die von ihnen gehorteten Kult- und Einrichtungsgegenstände des profanierten Gotteshauses an die jüdische Gemeinde in Gießen zu übergeben.[31] Auch aus dem rheinland-pfälzischen Westerburg wird von der Weigerung berichtet, eine Tafel am ehemaligen noch existenten Synagogengebäude anbringen zu lassen, sodass absurderweise auf der anderswo angebrachten Gedenktafel der eigentliche Standort

29 Puvogel/Stankowski, Gedenkstätten I, S. 112.

30 Nora Krug, Heimat. Ein deutsches Familienalbum, München 2018, Kapitel „Spurensuche“. Unpaginiert.

31 Altaras, Synagogen I, S. 117.

des Gebäudes und der Hinweis, dass das profanierte Gotteshaus immer noch an anderer Stelle vorhanden sei, vermerkt werden musste.[32] Ein weiteres Beispiel kann aus der Gemeinde Wülfershausen an der Saale erwähnt werden, wo in dem Ortsteil Eichenhausen „unter dem Gebäude Ortsstraße 37 noch deutlich ältere Fundamente zu erkennen [sind], die von der früheren Synagoge stammen. Da der heutige Grundstücksbesitzer die Zustimmung verweigerte, wurde eine Gedenktafel vor dem Friedhof angebracht."[33] Nach telefonischer Auskunft des Bürgermeisters des rheinhessischen Jugenheim wird es keine Plakette am Haus in der Hintergasse Nr. 5, am Standort der Synagoge, geben, weil sich die Besitzerin weigert. (Das Haus befindet sich noch in Händen der Familie von Karl Leisenheimer, der selbst am Sturm auf die Synagoge ebenso wie am Verbrennen des Totenwagens aktiv teilnahm.[34])

Noch 2004 muss sich für Altaras bei ihren Beispielen aus Hessen der Eindruck aufdrängen: „Es könnte auch sein, daß die hessische Landbevölkerung ihre Vorurteile gegenüber Juden noch nicht abgebaut hat. Denn wie anders ist die Tatsache zu bewerten, daß sich einige Besitzer ehemaliger Synagogen heute noch weigern, für das Anbringen einer Gedenktafel an den Gebäuden ihre Einwilligung zu geben. Das Anbringen einer Gedenktafel ist nach Meinung der Verfasserin jedoch das Mindeste, was für die ehemaligen Synagogen wie auch für die damaligen deutsch-jüdischen Mitbürger getan werden müßte."[35] Die Vorgänge in Westerburg und Wülfershausen zeigen, wie viele andere Beispiele, dass diese Haltung, die keine Erinnerungswunde und damit keine Aufarbeitung des Antisemitismus zuließ, alles andere als eine nur hessische Erscheinung war.

Umstrittene Texte

Wenn es schon strittig war, ob und wo eine Gedenktafel angebracht werden sollte, um an das jüdische Leben und seine Kultur zu erinnern, war es erst recht der Wortlaut der Texte selbst, der vielerorts Gegenstand von Debatten wurde, da die Texte häufig als unerträgliche Selbstbezichtigung verstanden wurden. (Nicht selten führte dies dazu, dass die Tafeln bald wieder verschwanden, gestohlen oder zerschlagen wurden.) Bisweilen hatte eine – wenn auch noch so

32 „Das Gebäude ist erhalten und befindet sich in der Wilhelm-Straße 4." Zit. nach Puvogel/Stankowski, Gedenkstätten I, S. 693.

33 Ebenda, S. 198.

34 Klein, Juden in Jugenheim, S. 112 f.

35 Altaras, Synagogen II, S. 103.

verklausulierte – Annahme der Schuld zur Konsequenz, dass der Text abgelehnt wurde. In Mechernich im Rheinland wurde nicht einmal der Zerstörung der Synagoge gedacht; die im dortigen Stadtrat vorgeschlagene Zeile „Und vergib uns unsere Schuld" – ein Zitat aus dem „Vaterunser" – konnte anders als an vielen Orten auf der Gedenktafel nicht realisiert werden. Eine Eindeutigkeit im Schuldbekenntnis wollten auch die Vertreter der Stadt Bad Soden unbedingt vermeiden, als 1987 am Standort der früheren Synagoge eine Erinnerungstafel eingeweiht werden sollte. Gegen den Vorschlag einer Initiative bestanden die städtischen Verantwortlichen darauf, dass die Bad Sodener Synagoge von „Nationalsozialisten", aber nicht von „Bad Sodener Nationalsozialisten" geplündert und zerstört worden sei: „Die verantwortlichen Politiker stützten ihre Haltung auf den Einwand, es könne nicht zweifelsfrei nachgewiesen werden, ob die Zerstörungen von örtlichen oder auswärtigen Nazis verübt worden seien. Diese Behauptung wurde jedoch anhand eindeutiger Quellen […] widerlegt."[36] Trotz dieser eindeutigen Beweislage setzte die Stadtverwaltung eine Inschrift durch, die eine Schuldzuweisung an Bürger von Bad Soden vermied: „Hier stand die im Jahr 1846 / erbaute Synagoge der / Jüdischen Gemeinde. / Bereits um 1750 gab es eine / jüdische Gemeinde in Soden. / 1938 wurde die Synagoge von National / sozialisten verwüstet."[37]

In Nidda im Wetterau-Kreis hatte man 1981 eine Gedenktafel an dem zum Mehrfamilienhaus umgebauten Synagogengebäude mit einem Text installiert, der viel an gesicherter historischer, „objektiver" Information zu bieten schien: „Ehemalige Synagoge mit Frauenbad der durch Auswanderung, Deportation und Tod im Jahre 1937 aufgelösten jüdischen Gemeinde von Nidda. Erbaut im Jahre 1877, eingeweiht unter großer Beteiligung der gesamten Niddaer Einwohnerschaft am 26. Oktober 1877, verkauft vom letzten Vorsteher der jüdischen Gemeinde Samuel Eckstein in private Hände im Jahre 1937, 1 Jahr vor der Reichskristallnacht am 9. November 1938. Umgebaut zu Wohnungen in den Jahren 1938/39."[38]

Schon Altaras hat zu dieser Gedenktafel geschrieben: „Auf der *1981 im Dezember angebrachten Gedenktafel* ist die Erinnerung an die jüdischen Mit-

36 Puvogel/Stankowski, Gedenkstätten I, S. 280. Hier heißt es weiter: „Ein Zeitungsartikel berichtete z. B. über einen Prozeß im Juni 1949 vor dem Frankfurter Landgericht gegen namentlich genannte Bad Sodener Bürger und ihre Verurteilung unter anderem wegen ihrer Beteiligung an der Zerstörung der Synagoge."

37 Ebenda.

38 Ebenda, S. 345.

bürger und die Synagoge mit beschönigender Geschichtsschreibung, vieles verschweigend, dargelegt worden."[39] Verschwiegen wird der Zwang des Verkaufs der Synagogen, „verkauft" wurde die Synagoge nicht, „weil es keine Juden mehr in der Stadt gab, sondern [weil] der Terror gegen die Juden von Nidda bereits zwei Jahre vor dem für einen Schleuderpreis erfolgten Zwangsverkauf begonnen hatte".[40] Die gesamte Vorgeschichte Niddas zeichnete sich – dem Wortlaut der Tafel zufolge – durch das Fehlen jeglichen Antisemitismus aus: Die Synagoge sei „unter großer Beteiligung der gesamten Niddaer Einwohnerschaft" eingeweiht worden, in die Pogromnacht scheint Nidda nicht involviert gewesen zu sein, und für die Nachgeschichte der Synagoge (Umbau zu einem Mehrfamilienhaus) trage das Nidda der Nachkriegszeit keinerlei Verantwortung. Aus der Flucht wird eine Auswanderung. Nicht einmal der Name des letzten Vorstehers der Gemeinde wird korrekt wiedergegeben: Es war nicht Samuel Eckstein, sondern Emanuel Eckstein. Dieser wurde – was keinen Platz auf dieser Erinnerungstafel gefunden hat – zwei Jahre, nachdem die Synagoge in „private Hände" gegangen war, vom Mob durch die Straßen Niddas gehetzt und gesteinigt, ehe er ohne Hilfe auf der Straße verblutete.

Gegen diese Form der Aufarbeitung des Holocaust und der Schuld der nichtjüdischen Deutschen wehrten sich die jüdischen Gemeinden Hessens. Der Vorsitzende des Landesverbandes Jüdischer Gemeinden in Hessen „hat diese Inschrift als ‚praktische Geschichtsfälschung' bezeichnet, weil sie in beschönigender Weise die Gewalt gegen Juden verschweigt".[41] Ein amerikanischer Jude, der in der NS-Zeit aus Nidda fliehen musste, regte einen neuen Text an, der vom „Zwangsverkauf" und der Gewalt gegen die Juden in Nidda handeln sollte. Tatsächlich wurde die erste Tafel, ein historisches Dokument des verlogenen Umgangs mit der Vergangenheit, wieder entfernt. Die Stadt rang sich zu einer neuen Tafel durch, die nun folgenden Text aufweist: „Dieses nebenstehende Wohngebäude diente von 1877 bis 1937 der Jüdischen Gemeinde Nidda als Synagoge"[42] – keine Korrektur also, vielmehr ein weiteres Dokument für den Unwillen, sich der „normativen" Vergangenheit zu stellen.

Dass jüdische Gemeinden oder jüdische Bürger gegen diese Form der Ausbildung des kollektiven Gedächtnisses intervenierten, geschah häufiger. Dass sie es immer mit Erfolg taten, lässt sich nicht behaupten; allzu häufig wehrte

39 Altaras, Synagogen I, S. 190. Hervorhebung im Original.
40 Puvogel/Stankowski, Gedenkstätten I, S. 345.
41 Ebenda.
42 Ebenda.

das nichtjüdische deutsche Erinnerungskollektiv, wie in Nidda, die jüdischen Bedenken ab. Nehmen wir als weiteres Beispiel die Auseinandersetzung um die Gedenktafel in Brilon: Als der Jüdische Landesverband Westfalen die Aufnahme des Satzes „Gedenket und vergesset nie“ vorschlug, lehnte die Stadt diesen Zusatz ab.[43] Dass hier zwei Erinnerungskollektive aufeinanderprallten, wurde noch expliziter in Bad Segeberg deutlich. Die Jüdische Gemeinde Hamburg verwahrte sich gegen einen vom Magistrat eingebrachten Gedenktafeltext, dem zufolge in Bad Segeberg während der Pogromnacht keine Zerstörung der Synagoge stattgefunden habe, sondern allenfalls eine Schändung durch „Schmähschriften“. (Das materielle Zeugnis, die Synagoge, war ab 1938 zweckentfremdet und 1962 radikal beseitigt worden.) Die Stadt beharrte auf ihrer geschichtsklitternden Aussage und setzte sich mit ihrem Tafeltext gegenüber der jüdischen Gemeinde durch.[44]

Dort, wo Erinnerungstafeln angebracht werden konnten, zeichneten sie sich also häufig durch einen nichtssagenden Standardtext aus, zumal wenn die Inschriften von anderen Tafeln übernommen waren und ihnen jeder konkrete Bezug fehlt: „Hier stand […] wurde zerstört“ – so lauten viele Tafeln; so einfallslos sie sind, bleiben sie aussagekräftig für die verharmlosende Einschreibung der antisemitischen Gewalttaten in das kollektive Gedächtnis, eine Einschreibung, bei der Tat und Täter ausgeblendet werden. Bei sämtlichen hier zu kritisierenden Gedenktafeln ist das Passiv, das die Benennung des Täters nicht braucht, die grammatische Form, in der die Inschriften gehalten sind. Die Beispiele für den Gebrauch des Passivs, um die Täter zu schonen, die Tat nicht als aktiv betriebenes Verbrechen in Erinnerung zu bringen, sind äußerst zahlreich.

Nur um der Belegpflicht Genüge zu tun, seien aus der Vielzahl von Fällen wahllos herausgegriffen: Köln-Ehrenfeld, Rheydt, Schleiden, Berlin-Schmargendorf (1. Tafel), Eppingen, Laupheim u. v. a. Auch Heidelberg unterschlug die Täter durch das grammatikalische Passiv: „Auf diesem Platz stand das Gotteshaus der / Jüdischen Gemeinde. Im Morgengrauen des / 9. November 1938 wurde es entheiligt und zerstört.“[45] Ebenso hieß es bei der Karlsruher Hauptsynagoge:

43 Ebenda, S. 509.

44 Ebenda, S. 722. In Kamen kam es dagegen zu Absprachen mit der jüdischen Gemeinde. Dort war das Synagogengebäude erst in den Siebzigerjahren beseitigt worden; wenige Jahre später wurde ein Gedenkzeichen gesetzt, das u. a. eine Trennung zwischen (jüdischen) „Mitbürgern“ und Kamener „Bürgern“ vornahm. Diese erneute Exklusion jüdischer Bürger, Grundlage des NS-Terrors, wurde 2015 auf einer neuen Tafel beseitigt (die leider als Jahr der Pogromnacht 1936 enthielt).

45 Ebenda, S. 45.

„Hier stand die Synagoge der / Israelitischen Gemeinde Karlsruhe. / Sie wurde am 10. November 1938 / unter der Herrschaft der Gewalt / Und des Unrechts zerstört."[46] Wortgleich ist in Konstanz, Sigismundstraße, zu lesen: „Hier stand die Synagoge der / Israelitischen Gemeinde Konstanz. / Sie wurde am 10. November 1938 / unter der Herrschaft der Gewalt und des Unrechts zerstört",[47] und in Mönchengladbach/Wickrathberg: „Zur Erinnerung an die zerstörte Synagoge."[48] Die Gedenktafel in Remagen erinnert am Platz der Synagoge: „In der sogenannten ‚Kristallnacht' / am 9. November 1938 brannte sie ab."[49]

Kein Täter, nirgends, als ob Naturgeschehen im Spiel gewesen sei. Zahlreich sind darüber hinaus die Fälle, wo es gelungen ist, auf den Tafeln die verbrecherischen Taten zu verschleiern. Auch hier aus der Fülle der Beispiele sollen nur wenige angeführt werden, die das Pogrom verschweigen: Bad Bocklet, Bayern: „An diesem Platz stand die Synagoge der Jüdischen Gemeinde Steinach."[50] Rahden, Westfalen: „Hier stand von 1852 bis 1938 die Rahdener Synagoge."[51] Ratingen: „Die Synagoge der Jüdischen Gemeinde befand sich von 1817 bis 1938 an der Beckumer Str. Nr. 5." Karlstadt, Main: „In diesem Haus befand sich bis zum 9. November 1938 die Synagoge der ehem. Karlstädter Judengemeinde."[52] Auch Weilerswist kennt keine Tat, erst recht keine Täter und damit keine datierbaren Katastrophen: „Zur Erinnerung / an unsere / jüdischen / Mitbürger / Standort der / früheren Synagoge."

Ähnlich wie die Formulierung „befand" unterschlägt der beliebte Ausdruck, das Haus „diente" der jüdischen Gemeinde als Synagoge, nicht nur das Verbrechen, sondern heftet der Synagoge von vornherein etwas Temporäres an und mindert ihren Status als den Juden eigenes, von ihnen für Gottesdienste erbautes und genutztes Haus. So heißt es in Oberthulba, Bayern: „Dies Gebäude diente unseren ehemaligen jüdischen Mitbürgern bis 1938 als Synagoge und Schule."[53] Ebenso löst die Gedenktafel der unterfränkischen Gemeinde Niederwern, wo im November 1838 die Synagoge verwüstet und die gesamte Inneneinrichtung zerschlagen wurde, das Gedenken gänzlich von einem historischen

46 Ebenda, S. 50.

47 Ebenda, S. 52.

48 Ebenda, S. 601; die Platte datiert aus 1988.

49 Auf der jetzigen Tafel am Platz der Synagoge, der jetzt „Römerplatz" heißt, ist nicht einmal die „Kristallnacht" erwähnt.

50 Puvogel/Stankowski, Gedenkstätten I, S. 117.

51 Ebenda, S. 612.

52 Ebenda, S. 152.

53 Ebenda, S. 182.

Hintergrund ab und suggeriert eine eher zeitweilige Nutzung des beschädigten Hauses als Synagoge: „Dieses Gebäude wurde / 1786 erbaut und diente / der Jüdischen Kultusgemeinde als Synagoge."[54] Unter den Fotos bei Altaras findet sich eine Aufnahme des Gedenkzeichens für das Gotteshaus in Höringhausen mit folgendem Text: „Gedenktafel der ‚Synagoge' [!] Höringhausen. / Bis zu seiner Veräußerung [!] an die Raiffeisenkasse Höringhausen im Jahre 1937 diente das im Jahre 1854 erbaute Gebäude der jüdischen Gemeinde als Synagoge und Schule."[55] Dies sind allesamt Formulierungen, die auf eine Abkehr von historischer und gegenwärtiger Verantwortung zielen und von einer Aufarbeitung der NS-Verbrechen weit entfernt sind.

Am Standort der Synagoge von Bad Bentheim soll eine Inschrift seit 1985 an das ehemalige Gotteshaus bzw. an die Verbrechen an den Juden erinnern. Erinnert sie wirklich daran? Schreibt die Inschrift die bis dahin undenkbaren Verbrechen in unser kollektives Gedächtnis ein? Mehr als Zweifel daran hat auch die von der Bundeszentrale für politische Bildung herausgegebene Dokumentation der „Gedenkstätten": „Das Denkmal ist nur ein sehr versteckter Hinweis auf die Verfolgung der Juden und den Holocaust. Die Inschrift auf dem Sockel gibt keinerlei Hinweise auf die historischen Zusammenhänge. Auch nicht das Datum der Synagogen-Zerstörung wird erwähnt. Der Text lautet nur: ‚Nicht sterb ich, nein, ich lebe!'"[56]

Als letztes Beispiel für das Muster „keine Täter, keine Tat" soll Unsleben in Bayern angeführt werden, wo 1938 das Gotteshaus demoliert und geschändet wurde, aber beim Anbringen der Tafel noch erhalten war. Dennoch liest man auf der Gedenktafel: „An diesem Platz / stand [!] die Synagoge / der Jüdischen Gemeinde Unsleben."[57] Auch hier wird nicht nur die Pogromnacht vollkommen gelöscht; selbst das noch in die Gegenwart ragende, sinnlich erfahrbare Zeugnis jüdischer Kultur wird negiert: Das gesamte Geschehen wird durch den Text zur fernen, diffusen Vergangenheit.

Man schrieb im Grunde an der Unschuldslegende weiter. Wenn die Verbrechen erwähnt wurden, mussten sie auf Befehl ausgeführt worden sein

54 Ebenda, S. 178.

55 Altaras, Synagogen II, Abb. S. 101.

56 Puvogel/Stankowski, Gedenkstätten I, S. 376. Wie auch anderorts sind die Gedenktafeln an Gebäuden eines der großen Gewinner der Pogromnacht, der Raiffeisenbank, äußerst selten aufzufinden (wenn sie überhaupt dort zugelassen waren). In Wächtersbach lautet der Text am Bürohaus der Raiffeisenbank: „Synagoge / 1895–1938". Ebenda, S. 359.

57 Ebenda, S. 169.

(Breisach), oder die „Machthaber“ selbst werden als Akteure genannt (Riedbach). Auf der Synagogentafel in Heilbronn wird zwischen den verbrecherischen Machthabern als direkten Urhebern des Synagogensturms und „unserer“ Stadt deutlich unterschieden: „Das Gotteshaus der Jüdischen Gemeinde / unserer Stadt wurde am 10. November 1938 / von den nationalsozialistischen Machthabern / in Brand gesteckt.“[58] In Meudt wird die salvatorische Formel benutzt: „auswärtige Anhänger“ des Nationalsozialismus seien die Täter gewesen. Um die Täter in nebulöse Ferne zu rücken, wird auf zahlreichen Gedenkplatten eine „frevelhafte Hand“ erfunden, die das „Heiligtum“ in Brand gesetzt habe. Diese ominöse „frevelhafte Hand“, die auch nicht als Metonym bestimmt werden kann, soll laut der Gedenktafeln u. a. in Öhningen am Bodensee, in Rohrbach, in Pforzheim usw. tätig gewesen sein. So erfahren wir auch von der Tafel in Heidelberg, hier habe eine „frevelhafte Hand“ die Vernichtung durchgeführt: „An dieser Stelle stand / die am 10. November 1938 / von frevelhafter Hand / zerstörte Heidelberger / Synagoge […]“[59] – eine problematische Behauptung auch insofern, als „an dieser Stelle“, dem jüdischen Friedhof, nie die Synagoge gestanden hatte und man die offensichtlich störende Tafel vom authentischen Standort in der Stadt auf den Friedhof transloziert hatte.

Allein schon diese immer wieder verantwortlich gemachte „frevelhafte Hand“ assoziiert das Böse, die Auflehnung gegen Gott. Insofern erklärt sich diese Gedenktafelformel aus einer Auffassung vom Faschismus in der frühen Nachkriegszeit, wonach dieser aus einem Abfall von Gott abzuleiten sei (womit man verneinte, dass der Antisemitismus gerade aus dem ‚christlichen Abendland‘ hervorgegangen war und nicht gegen dieses gerichtet war). Auf vielen Gedenktafeln war damit die Schuldfrage geklärt: „Gottlose Menschen / zerstörten am 9. November 1938 / die hier gestandene Synagoge“ (Würzburg, Heidingsfeld).[60] Dass damit vom gottlosen Kommunismus dem gläubigen Abendland neue Gefahr drohte, ist zugleich der Subtext dieser Gedenktafeln. Indem der Holocaust auf diese Weise in eine heilsgeschichtliche Dimension eingerückt wurde, schien es den Nachkriegsdeutschen möglich, dem Holocaust noch Sinn zuzuschreiben. Die Ermordeten des Holocaust wurden – wie es eine Inschrift in Siegen aus dem Jahr 1951 wissen ließ – zu „jüdischen Märtyrern“.[61]

58 Ebenda, S. 47.
59 Ebenda, S. 67.
60 Ebenda, S. 199.
61 Ebenda, S. 618.

Mit unerträglichen Euphemismen beschönigen auch andere Formulierungen das millionenfache Massenmorden. In Schleiden in der Eifel liest man von den Juden, „die in den Jahren der / nationalsozialistischen Gewaltherrschaft ihr Leben verloren haben".[62] Schon seit 1947 wurde in der hessischen Stadt Langen auf die 1938 vernichtete Synagoge hingewiesen, und 1966 wurde mit einer weiteren Tafel an die ermordeten Juden mit folgendem Euphemismus erinnert: „Unseren heimgegangenen jüdischen Mitbürgern / errichtet von der Stadt Langen."[63]

Selbst wenn man konzediert, dass Inschriften auf Gedenktafeln eine spezifische Textsorte darstellen bzw. dass es einen bestimmten Jargon der Gedenktafeln gibt, ist man erschrocken über die Sprachlosigkeit (bzw. die Sprachverrenkungen), wenn es darum geht, die Verfolgung und Ermordung der Juden *nicht* in das kollektive Gedächtnis eindringen zu lassen (und das Anbringen von Gedenktafeln dennoch als eine Art lästige Pflichtübung auszuführen). Auch die ausgeliehenen Texte, die sich als Zitate auf vielen Gedenktafeln finden, sind großenteils Ausdruck von Strategien des Nicht-Sagens.[64] Bisweilen sind die Zitate kryptisch, schwer in ihrer Aussage zum Holocaust entschlüsselbar (siehe Wittenberg). Als Beispiel soll ein Hölderlin-Text für die – offenbar gewollte – Dunkelheit des Zitats eines Klassikers stehen, dessen Rezeption nach 1945 durch die NS-Inanspruchnahme schwierig geworden war: Aschaffenburg hatte am Standort der Synagoge, „die am 9. November / 1938 von Verbrecher- / hand zerstört wurde", folgendes Hölderlin-Zitat angebracht: „Ach töten könnt / Ihr aber nicht / lebendig machen / wenn es die / Liebe nicht tut. Hölderlin."[65]

Die Stuttgarter Erklärung der EKD, die schon 1945 als Schuldbekenntnis weitgehend untauglich gewesen war, hatte als solches 1988, beim 50. Jahrestag des Pogroms, selbst ihren Wert als historische Reminiszenz verloren und verschleierte die Dinge auf einer Gedenktafel, anstatt sie klar auszusprechen: „Zum Gedenken an unsere ehemaligen jüdischen Mitbürger: ‚Wir klagen uns an, dass wir nicht mutiger bekannt, nicht treuer gebetet, nicht fröhlicher geglaubt, nicht

62 Ebenda, S. 615.

63 Ebenda, S. 336.

64 Es finden sich Zitate von Sophokles, Schiller, Romain Rolland, Marie von Ebner-Eschenbach, Freiligrath, Uhland, Goethe, Niemöller, Martin Buber oder aus der Weizsäcker-Rede von 1985. Der Zitatenreichtum, wenn es darum geht, das Geschehen beredt zu verschweigen, scheint endlos. Dass besonders häufig auf Zitate aus den Psalmen und Klageliedern, auf Verse von Jeremia, Jesaja, Hiob, Mose zurückgegriffen wird, auch wenn sie sich nur vermittelt auf den Holocaust beziehen, ist angemessen, wohingegen Zitate aus dem christlichen Neuen Testament, wie etwa Paulus, Römerbrief, diskussionswürdig sind.

65 Puvogel/Stankowski, Gedenkstätten I, S. 115.

brennender geliebt haben.‘ (Stuttgarter Erklärung der EKD, 1945) Reichenberg, den 9. November 1988. Evang.-Luth. Kirchengemeinde Reichenberg.“ Diese Erklärung sollte als präzisierende Ergänzung zu einer ersten Tafel dienen, auf der es, alles verschweigend, heißt: „1797–1938 Synagoge, 1950–1972 Kath. Kirche St. Bonifatius.“

Altaras ist in ihrer knappen Analyse der „Gedenktafeln und Gedenksteine“ zu dem Schluss gekommen: „Wahrscheinlich wird die [mit den Gedenktafeln] verbundene Aufarbeitung der Geschichte nicht als notwendig empfunden, geschweige denn, dass man den Zusammenhang der eigenen Geschichte mit der seiner jüdischen Bürger wahrnehmen will.“[66] Ebenso stellt Bergmann, der hier ähnlich wie Altaras sehr vorsichtig formuliert, zu vielen Gedenktafeln fest: „Schamvoll verschweigen auch Gedenktafeln dergleichen rabiate Entsorgungen. Dabei ist gerade das weitere Schicksal der Synagogen ein sensibler Beleg für die Einstellung von Politik, Verwaltung und Bevölkerung.“[67]

Negieren der Nachgeschichten als Beschönigungsstrategie

Im Allgemeinen sollen Gedenktafeln an die Vergangenheit erinnern; häufig jedoch wird im Falle der Gedenktafeln für das jüdische materielle Erbe durch deren Texte Vergangenheit erzeugt, wird zwischen Juden und die Nachkriegsgesellschaften eine historische Distanz gelegt, die Fremdheit schaffen muss. Der euphemistische Begriff von der „jüngsten Vergangenheit“ findet in den Gedenktafeln nicht immer seine Bestätigung, sondern die „jüngste Vergangenheit“ wird in vielen Fällen zur weit entrückten, zu einer Art dunklen Vorzeit, an der wir keinen Anteil mehr haben. Gedenktafeln wurden bisweilen schon kurze Zeit nach Vernichtung der jüdischen Spuren enthüllt, und teilweise betrug die Frist nur wenige Jahre (in einem späteren Kapitel wird auf ein Beispiel eingegangen, bei dem mit dem Abriss gleich auch das Anbringen einer Gedenktafel geplant wurde). Es ist dies ein Absprechen des Noch-Präsent-Seins jüdischer Kultur, das die Nachkriegsgesellschaft aus ihrer Verantwortung entlassen soll. Formulierungen, die man aus Sagen kennt, wie „Hier stand einst“, „früher“, „einstmals“ (Mittelsinn, Gedenktafel an der Sparkasse) u. ä., bestärken diese Exklusion. Die Fäden, die in die Gegenwart verlaufen, werden weiter gekappt. Die implizite oder explizite Behauptung einer Vernichtung aller materiellen Relikte deutsch-

66 Altaras, Synagogen II, S. 99.

67 Bergmann, Jüdisches Franken, S. 14.

jüdischer Kultur ausschließlich durch den Nationalsozialismus und unter dessen Diktatur stellt sich als selbstbeschwichtigende Geschichtsklitterung heraus.

So wurde zwar eine Gedenktafel für die 1938 und im Krieg beschädigte Synagoge in der Berliner Lützowstraße angebracht, jedoch ist aus ihr nicht zu erkennen, dass deren imposante Ruine erst 1954, als Platz für ein Umspannwerk benötigt wurde, endgültig der Spitzhacke zum Opfer fiel. Ebenso erweckt die Gedenktafel, die 1992 am KaDeWe-Parkhaus für das Schöneberger jüdische Gotteshaus montiert wurde, den Eindruck, als habe dessen Nachgeschichte schon im Nationalsozialismus geendet, während es in Wirklichkeit aber erst für den Neuaufbau Westberlins Anfang der Achtzigerjahre bis auf den letzten Stein verschwinden musste. In Kitzingen, Bayern, informiert eine Platte, dass die Synagoge am 10. November 1938 beschädigt und zerstört worden sei, nicht aber, dass das Gebäude nach 1945 respektlos wiederholt nachgenutzt und umgebaut wurde. Sachlich und glaubhaft lautet die Inschrift auf der Tafel für die ehemalige Synagoge in Philippsburg: „Hier stand die Synagoge der jüdischen Gemeinde. / Sie wurde am 10. November 1938 in der berüchtigten Kristallnacht [!] zerstört / […].“[68] An eine bundesdeutsche Nachgeschichte, die immerhin bis 1981 andauerte – bis dahin wurde das ehemalige jüdische Gotteshaus zu Wohnzwecken umgenutzt, dann wurde es aus dem Stadtbild entfernt –, erinnert die Tafel nicht.

Anzuführen ist auch die Gedenkplatte in Elsdorf, auf der zu lesen ist, dass die Synagoge 1944 vernichtet worden sei, aber nichts davon zu erfahren ist, dass ihr endgültiger Abriss erst zehn Jahre später erfolgte.[69] Die Synagoge in der Levetzowstraße, die als Sammellager für die Deportationen der Berliner Juden in die Vernichtungslager gedient hatte und als massive Ruine den Krieg überstanden hatte (siehe Kapitel 8), wurde – wie bereits erwähnt – 1956 gesprengt und abgetragen; schon vier Jahre später sollte ihrer eine Tafel gedenken: „Sie nahm es allerdings mit der Geschichte nicht so genau und rückdatierte die Zerstörung auf das Jahr 1938, was wohl dem gängigen Geschichtsbild entsprach, aber eben nicht der wirklichen Geschichte.“[70] In Ostberlin vermerkte die Tafel von 1966 ebenfalls nicht die Sprengung der Synagoge in der Oranienburger Straße acht Jahre zuvor (siehe ebenfalls Kapitel 8). Die gesamte, wechselvolle Nachnutzung der Synagoge von Rottweil wurde auf der Gedenktafel mit dem Text „Dieses Haus war 1861–1938 / Synagoge der Juden von Rottweil“[71] unterschlagen: Nach

68 Puvogel/Stankowski, Gedenkstätten I, S. 69.

69 Pracht, Jüdisches Kulturerbe I, S. 181.

70 Reichel, Politik mit der Erinnerung, S. 172.

71 Puvogel/Stankowski, Gedenkstätten I, S. 73.

Nutzung durch unterschiedliche Gewerbe war sie schließlich an den Stadtjugendring vermietet worden. Die Jugendlichen entdeckten Wandmalereien der ehemaligen Synagoge und stellten sie wieder her, ehe der Besitzer das Gebäude in der Folgezeit an eine Fahrschule vermietete. Geschichtsverfälschung durch Nichtbenennung der Nachkriegsgeschichte haftet auch dem Gedenkstein von 1988 für die bereits erwähnte Synagoge von Meimbressen bei Kassel an: Dem Inhalt des Steins zufolge sei das Gotteshaus „am 10. November 1938 durch nationalsozialistische Gewalttäter zerstört" und die „Juden vertrieben, verschleppt und getötet" worden.[72] „Dieses Unrecht wird nicht vergessen", wird in der Inschrift gelobt, wobei allerdings vergessen wird, dass die Synagoge bis 1949 vom Abriss verschont geblieben war und der Schulanbau erst 1970 verschwand.

Wenn man davon ausgeht, dass Gedenktafeln „Faktenlieferanten" sein wollen, ihnen ein Wahrheitsversprechen eingeschrieben ist, muss man auch ein solches „Vergessen" als Bruch dieses Versprechens werten. Dies gilt vor allem dann, wenn die materiellen Spuren vor Ort anderes aussagen. Dies ist z. B. in Sobernheim der Fall, wo die Tafel den Text trägt: „An diesem Platz erbaute die Jüdische Gemeinde im Jahre 1859 eine Synagoge. Diese Tafel soll an die Jüdische Gemeinde erinnern, die zur Zeit des Dritten Reiches vernichtet wurde."[73] Montiert wurde diese Tafel am Lagerraum eines Supermarkts. Bei diesem Raum handelt es sich aber genau um die Synagoge, die, 1938 beschädigt, eine lange Nachgeschichte hatte, die hier zwar mit Händen zu greifen ist, über die aber kein Wort verloren wird.

Wieder nur eine Auswahl von Beispielen: Wie in Sobernheim verhält es sich im bayerischen Bastheim, wo die Synagoge als Kolpinghaus genutzt wird, ohne dass sich die Gedenktafel darüber auslässt. In Kleinheubach, ebenfalls Bayern, mit seiner nicht zerstörten, deutlich als solcher erkennbaren Synagoge (die Ritualien und das Innere wurden 1938 vernichtet) ist eine Hinweistafel rechts vom Tor angebracht: „Hier stand [!] die Synagoge der Jüdischen Gemeinde Kleinheubach." „Alemannia Judaica" vermerkt auf der Seite zu Kleinheubach: „Das Gebäude kam in Privatbesitz, blieb auch nach 1945 bestehen und wird seitdem als Lagerraum verwendet."[74]

Weitere Beispiele sind vorhanden, aber von einer solchen Redundanz, die notwendig ist, um das flächenmäßige Verschleiern deutlich zu machen:

72 https://www.alemannia-judaica.de/meimbressen_synagoge.htm.

73 Puvogel/Stankowski, Gedenkstätten I, S. 688.

74 https://www.alemannia-judaica.de/kleinheubach_synagoge.htm.

Verschwiegen wird auf der Gedenktafel in Bünde, Westfalen, dass erst im Zuge der Stadtsanierung Mitte der Achtzigerjahre die Synagoge verschwand; gelogen wird auf derjenigen in Rust, Baden, wenn man erfährt, dass das jüdische Gotteshaus 1944 durch Kriegseinwirkungen vernichtet worden sei und nicht – wie es tatsächlich war – erst 1964 gegen Widerstand in der Bevölkerung als intaktes Gebäude abgerissen wurde, weil die Raiffeisenbank an dem Standort als Baugrundstück interessiert war. Dass falsche Angaben, um die Nachgeschichte zu beschönigen, nicht nur auf Gedenktafeln für Synagogen gemacht wurden, demonstriert das Beispiel von Neuwied, wo seit 1960 das ehemalige jüdische Schulgebäude eine Plakette zum „mahnenden Gedenken" trug: „In diesem Hause / richtete / die Jüdische Gemeinde / 1894 ihre Volksschule ein. / Die Schule / wurde im November 1938 / gewaltsam geschlossen."[75] Dieses „mahnende Gedenken" währte indes nur bis 1980. Dann war damit Schluss, soweit es mit dem authentischen Gebäude verbunden war, da dieses durch einen Neubau „ersetzt" wurde, an den nun die Tafel von 1960 montiert wurde. Durch diese Wiederverwendung stimmten die Fakten nicht mehr. Benigna Schönhagen hat in den Gedenktafeln am Feuerwehrhaus der Gemeinde Pappenheim, der vormaligen Synagoge, ein Bestreben der politischen Gemeinde erkannt, sich von jeder Schuld auch für die Nachnutzung des Gotteshauses freizusprechen; abweichend von dem tatsächlichen Geschehen im NS-Regime „formuliert der zweimalige Hinweis auf den am Feuerwehrhaus angebrachten Gedenktafeln darauf, dass die jüdische Gemeinde das Gotteshaus an die Stadt verkauft hat, eine Legalisierung des Vorgangs, mit dem man sich seitens der Stadt der Verantwortung an der Geschichte zu entziehen scheint".[76]

Es sind dies alles keine Einzel-, schon gar keine Ausnahmefälle, die auf der Grundlage eines schlechten Gedächtnisses bzw. mangelnden historischen Wissens zu einer problematischen bis *falschen* Erinnerungskultur führen. Es lässt sich vielmehr von einer Tendenz sprechen, über Gedenktafeln zu einem Freisprechen der Nachkriegsgesellschaft von einer Verstrickung in NS-Verbrechen und zugleich von einer zweckentfremdeten Nutznießung und/oder Tilgung nach 1945 beizutragen. Dieses allzu häufige Unterschlagen des barbarischen Umgangs mit den restlichen Zeugnissen jüdisch-deutscher Kultur muss notwendigerweise nicht nur den noch oder wieder erstarkenden Antisemitismus im Nachkriegsdeutschland bestärken – er war selbst dessen Ausdruck.

75 Puvogel/Stankowski, Gedenkstätten I, S. 679.

76 Heimann-Jelinek, Die Synagoge und ihre Metamorphosen, S. 24.

Ein Text von Ernst Bloch

Ein semantisch radikal anderer Textvorschlag existiert seit dem 8. November 1970 auf dem Mahnmal für die Opfer des Nationalsozialismus auf dem Stuttgarter Karlsplatz. Um den Text wurde gerungen. Er nennt ebenfalls keine Täter, sondern nimmt eine strikte Opferperspektive ein, in der nicht zwischen rassisch, religiös, politisch und sexuell Verfolgten unterschieden wird. Die Passivkonstruktionen haben hier einen anderen Zweck: Hier werden die Täter nicht für wert befunden, in einer Inschrift mit ihren Opfern zu erscheinen. In ihren Grausamkeiten, ihrem Sadismus und ihrer Menschenverachtung spiegelt sich allerdings ihre Fratze. Lediglich die Jahresdaten 1933–1945 als Jahre der nationalsozialistischen Diktatur werden genannt, um die Opfer und ihr Leiden zu datieren. Dieses Leiden, dessen nüchterne Auflistung die Empathie der Rezipienten hervorruft, steigert sich in der Reihung der Substantive – von der „Verfemung“ bis zur „Vergasung“. Und die ungefähre Zahl der Opfer wird aufgerufen: „Millionen“. Sie alle beschwören jeden Einzelnen mit der bekannten konsensuellen Formel, alles zu tun, dass solche Verbrechen sich nicht wiederholen:

> 1933–1945
> verfemt verstoßen gemartert
> erschlagen erhängt vergast
> Millionen Opfer
> der nationalsozialistischen Gewaltherrschaft
> beschwören Dich:
> Niemals wieder

Autor dieses Textes ist Ernst Bloch, als Jude und Marxist selbst verfemt und in ein unstetes Exil getrieben.[77]

Kontroversen um Text in einer sich wandelnden Erinnerungskultur

Die obige Beschreibung einer bewussten und unbewussten Absicherung antisemitischer Haltungen über eine fehlgeleitete Gedenkkultur ergäbe ein unvollständiges Bild, wenn man nicht die Veränderungen in der Erinnerungskultur berücksichtigte, die – vor allem durch Impulse aus der Zivilgesellschaft und

77 Der Text Blochs ist mehrfach publiziert, u. a. in Puvogel/Stankowski, Gedenkstätten I, S. 87.

durch bürgerschaftliches Engagement bewirkt – spätestens in den Achtzigerjahren erkennbar wurden und sich auch in den Inschriften der Gedenktafeln und -steine ausdrückten. Kontroversen wurden wieder – auf der risikoreichen lokalen Ebene – entfacht, aber in vielen ging es jetzt um eine konkretere Benennung der Tat, der Täter und ihrer Motive.

So in Emmendingen, wo die Auseinandersetzung über „Schuld" aus dem Stadtrat hinaus in die Öffentlichkeit getragen wurde. Zum 30. Jahrestag der Novemberpogrome war eine Tafel am Standort der ehemaligen Synagoge angebracht worden, auf der zwar der NS-Opfer gedacht wurde, aber die Täter nicht erwähnt wurden. Zwanzig Jahre später initiierte die *Badische Zeitung* eine öffentliche Debatte über diesen Text, mit dem Resultat, dass auf einer zweiten Gedenkplatte jetzt von den „Emmendinger Bürgern" als Tätern gesprochen wird: „Die Synagoge wurde in der Zeit des Nationalsozialismus / am 10. November von Emmendinger / Bürgern demoliert und niedergerissen / Die jüdische Gemeinde wurde ausgelöscht […]."[78] Das ist eine bislang unerhörte Wende des Schuldeingeständnisses und setzt sich in anderen Gedenktafeln fort.

Auf die in Emmendingen wahrgenommene Möglichkeit, mehrere Tafeln anzubringen, die sich gegenseitig kommentieren und Verschiebungen in der Erinnerungskultur lesbar machen, wurde bereits bei den Tafeln der Alten Synagoge in Essen hingewiesen. Häufiger – wie etwa in Emmendingen oder Esslingen – war der 50. Jahrestag Anlass, die ältere Tafel durch eine zweite Tafel zu korrigieren. Bisweilen reichte aber auch der Kommentar durch eine zweite Tafel nicht: Die frühere musste abmontiert werden, da ihr Text so aufschlussreich für ein Beschweigen der Verbrechen bis weit in die Achtzigerjahre noch in dieser Form des Gedenkens war. Beispielsweise musste in Hofheim am Taunus die 1976 angebrachte Tafel schon 1985 wieder abmontiert und ersetzt werden, weil sie nicht aussagekräftig genug war.

Einen bemerkenswerten Fall bilden die beiden Gedenktafeln für die 1938 vernichtete „Neue Synagoge" von Detmold. Auf dem von der evangelischen Kirche überbauten Grundstück dieser Synagoge wurde bereits 1963 auf Anregung der evangelischen und katholischen Gemeinden eine Gedenktafel mit einer Bibelinschrift angebracht, wie sie sich auch auf Gedenktafeln an anderen Orten findet: „Haben wir nicht alle einen Vater. Hat uns nicht ein Gott geschaffen. Warum verachten wir denn einer den andere und entheiligen den Bund mit unseren Vätern gemacht. Maleachi 2, Vers 10 zur Erinnerung an die zerstörte

78 Ebenda, S. 32.

Synagoge 1938. 10. November 1963.“ Dieser Text stieß auf Ablehnung bei der jüdischen Gemeinde Herford-Detmold. Er musste – nicht nur in dem Jahr, in dem die Frankfurter Auschwitz-Prozesse begannen – wie eine erzwungene Versöhnung, aber nicht wie ein Schuldbekenntnis wirken. Die genannte Bibelstelle, aus dem Zusammenhang gerissen, wurde immer wieder „falsch interpretiert“,[79] weil man sie als Beschwörung christlich-jüdischer Gemeinsamkeiten lesen wollte und nicht als Aufruf zur Eintracht der Juden, um die es in dem Vers ging. Auf Initiative der jüdischen Gemeinde wurde 1994 dann eine zweite Gedenktafel mit neuem Text angebracht: „An diesem Ort stand die 1907 erbaute Synagoge. Sie wurde im Novemberpogrom niedergebrannt. Jüdische Gemeinde Detmold 1966 bis 1942, 1946–1970.“ Zwischen beiden Inschriften wurde ein Spalt gebohrt – er sollte „die gebrochene Gesellschaft darstellen. Nach wiederholter Schändung des Denkmals wurden dort Überwachungskameras installiert.“[80]

Mit der sich verändernden Erinnerungskultur wird häufiger auch explizit der Umgang mit dem Erbe nach 1945 benannt und die lang währende Fremdnutzung erwähnt: „Dieses Haus war die letzte Synagoge von Oberwesel. Erbaut 1886 – geschändet 1938 – umgebaut 1957“, heißt es in Oberwesel.[81] Ähnlich in Thalfang, Hunsrück, wo die angegebenen Daten auf der Plakette vom Juni 2010 den Bogen von der Erbauung bis zur endgültigen Vernichtung spannen: „Erbaut 1822, geschändet 1938, abgebrochen 1956.“ Bei der im Krieg beschädigten, in weiten Teilen nicht zerstörten Synagoge in Berlin-Schöneberg wird ebenfalls des Abrisses und damit der Beseitigung dieser wichtigen materiellen Spur jüdischen Lebens in Berlin 1956 gedacht. Diese Bronzetafel wurde am 9. November 1988 enthüllt und „ergänzte“ die Tafel vom 8. November 1963, auf der lediglich – ohne Notiz von dem nur sieben Jahre zuvor erfolgten Abbruch nehmend – vermerkt war: „Hier stand / die 1909 / erbaute Synagoge / der jüdischen Gemeinde.“

Mehr über die fatale Kontinuität der Geschichte des Gebäudes bis in die Achtzigerjahre erfahren wir auf der Gedenkplatte für die Gunzenhäuser Synagoge, die – „aus heutiger Sicht völlig unverständlich“[82] – Anfang der Achtzigerjahre abgerissen wurde: „Zur Erinnerung an die an dieser Stelle in den Jahren 1882–1883 errichtete Synagoge und Schule der ehemaligen israelitischen Kultusgemeinde Gunzenhausen. Nach der sogenannten ‚Kristallnacht‘ im Jahre

79 Jüdische Spuren in Detmold, https://storymaps.arcgis.com/stories/c71f4d1dc5b143e6a882 10a4f974d050, S. 1–35, S. 11.

80 Ebenda.

81 Puvogel/Stankowski, Gedenkstätten I, S. 681.

82 https://www.alemannia-judaica.de/gunzenhausen_synagoge.

1938 wurde die östliche Turmhaube herabgestürzt und das Gebäude profanen Zwecken zugeführt. Die Synagoge und Schule mussten von der Israelitischen Kultusgemeinde Gunzenhausen im Jahre 1938 aus politischen Gründen an die Stadt veräußert werden. In der ehemaligen Synagoge waren 1942–1945 französische Kriegsgefangene untergebracht, von 1947–1949 fand sie als Kaufhalle und von 1953–1980 als Werkhalle Verwendung. Die ehemalige Schule wurde bis 1969 als Wohnhaus und von 1969–1980 als Bürogebäude verwendet. Der Abbruch und die Wiederbebauung erfolgten im Jahre 1981."[83]

Bisweilen sind nur wenige Daten aus der Nachgeschichte eines Synagogenbaus auf neueren Tafeln vermerkt, aber auch diese treffen erhellende Aussagen darüber, was die Missachtung der jüdischen Kulturzeugnisse durch die Nachkriegsgesellschaft, die Leugnung des zerstörten jüdischen Lebens vor Ort, betrifft. So lesen wir auf der Gedenktafel im pfälzischen Lamsheim, dass das Gotteshaus erst 1948 abgerissen und 1975 mit einem Wohnhaus überbaut wurde. Ebenfalls in der Pfalz vermerkt die Tafel von Rheingönheim den 1949 erfolgten Umbau; in Fußgönheim wird darauf hingewiesen, dass das intakt gebliebene Gebäude 1984 bis 1993, bevor es zum deutschen Kartoffelmuseum wurde, als Warenlager herhalten musste. Den Abriss in der Nachkriegszeit erwähnt die Gedenktafel in Rockenhausen.

Mit den Veränderungen in der Erinnerungskultur kommt es nicht nur verstärkt zu einer Thematisierung der Nachgeschichte auf den Gedenktafeln; auch die Frage der Schuld wird anders und konkreter beantwortet. Es ist nicht mehr die „frevelhafte Hand", die Feuer legte, es sind jetzt „Deutsche", die die Verbrechen begingen: „[…] von den Deutschen zerstört", heißt es (in hebräischer Schrift) am Standort der Synagoge von Konstanz,[84] ebenso in Lemgo: „Von Deutschen zerstört. Diese Schuld nicht zu vergessen."[85] Wie auf der zweiten Platte in

83 Ebenda. Nicht minder explizit, bezogen auf die wechselvolle Nachnutzung, ist der Text der Gedenktafel für das jüdische Gotteshaus in Dieburg, dessen Geschichte in der Fotoserie in Kapitel 9 ausführlicher gezeigt wurde: „Nach 1933 ging die Zahl [der Juden] unter dem Druck des Nationalsozialismus / stark zurück. / 1937 Erwerb durch die Stadt Dieburg im Zwangsversteigerungsverfahren. / Vermietung als Verwaltungs- und Lagergebäude. / 29. 7. 1947 / Wiedereinweihung der Synagoge. / 1951 Übertragung des Eigentums auf die Nachfolgeorganisation jüdischer Gemeinden JRSO / nc New York / Frankfurt / 1952 Verkauf, Umgestaltung zum Möbelgeschäft / 1957 Weiterverkauf, Ausbau als Lichtspieltheater. / 1965 Abbruch, Neubau eines Supermarktes. / 1988 Neubau der Sparkasse Dieburg." https://www.alemannia-judaica.de/dieburg_synagoge.htm.

84 Puvogel/Stankowski, Gedenkstätten I, S. 53.

85 Ebenda, S. 595.

Emmendingen werden Mitglieder aus der eigenen Zivilgemeinde für die Verbrechen vor Ort als Verantwortliche genannt, so auch in Schwäbisch Hall: „Haller Nazis plünderten und brandschatzten" das jüdische Gotteshaus.[86] Bemerkenswert ist, dass die Täter nun zu „Mitbürgern" werden (Gütersloh: „Synagoge [...] von Mitbürgern zerstört"[87]), während man umgekehrt jetzt die Bezeichnung „Bürger", die der Fremdheit entgegenwirkt, für Juden kennt (Mosbach[88]). Ebenso werden die Motive klarer ausgesprochen: Antisemitismus (Kronach[89]) oder „Judenhass" (Moers[90]). Auf der Erinnerungstafel der Synagoge von Zweibrücken wird nicht nur auf die Rolle der Feuerwehr 1938 eingegangen, sondern auch darauf, dass das Pogrom nach 1945 nicht geahndet wurde: „Brandstifter unbestraft ... Die Feuerwehr war vor Ort, doch die Synagoge wurde nicht gelöscht. Der Zweibrücker Synagogenprozess von 1951 brachte keine Täter ans Licht."[91]

Diese Erinnerungstafeln, die die Nachkriegsgenerationen nicht aus ihrer historischen Verantwortung entlassen und deren Geschichte in den Zusammenhang mit der jüdischen Katastrophe stellen, sind auch Ergebnis einer lokalen und regionalen Geschichtsforschung, die von zivilgesellschaftlichen Geschichtswerkstätten und dem Engagement neuer Generationen angestoßen und getragen wurde und wird. Von Region zu Region war dieses Engagement sicherlich unterschiedlich stark ausgeprägt, aber es ist wesentlicher Teil einer erinnerungspolitischen Wende, die die „normative" Vergangenheit als solche anerkennt.

Straßenschilder und die (verhinderte) Rückkehr deutsch-jüdischer Geschichte

Ein ergänzender, im Kontext der Intervention in die lokale Erinnerungskultur nicht unbedingt marginaler Punkt: Straßenschilder lassen sich als besondere Form von Erinnerungstafeln lesen. Dies gilt zumindest für alle Straßenschilder, die auf historische Vorgänge oder Personen oder eine topografische historische

86 Ebenda, S. 81.

87 Ebenda, S. 555.

88 Ebenda, S. 61.

89 Ebenda, S. 156.

90 Aus der Geschichte der jüdischen Gemeinden im deutschen Sprachraum, Moers (Nordrhein-Westfalen), https://www.jüdische-gemeinden.de/index.php/gemeinden/m-o/1331-moers-nordrhein-westfalen.

91 Weber, Die Synagogen in der Pfalz, Abb. S. 167.

Ordnung der Stadt Bezug nehmen: Färber-, Leineweber-, Gerber-, Schustergassen ordnen bestimmte Berufsstände ihren jeweiligen Wohn- und Arbeitsstätten zu. Die Erinnerungen, die sie hervorrufen, sind von langer Dauer und reichen bisweilen bis in die mittelalterlichen Zunftgesellschaften zurück. Ebenso geben Straßennamen Auskunft über langjährige jüdische Siedlungsräume in den Städten und Orten. Sie bilden wichtige Quellen, um Aussagen über die Verbreitung des Judentums, seine Stellung in der christlichen Mehrheitsgesellschaft, über soziale und kulturelle Positionen sowie über Segregation und Integration zu machen. In nahezu 300 Orten in Deutschland sind eine Judengasse, eine Judenstraße oder ein Synonym nachgewiesen – dies zu untersuchen, ist ein Desiderat der Forschung.[92]

Viele dieser Straßen und Gassen sind überbaut oder zerstört (wie in Köln, Bonn oder Ahrweiler) und nur noch in alten Katasterplänen aufzufinden, andere sind aber – wie in Trier die mittelalterliche „Judenpforte" als Eingang zur „Judengasse" am Hauptmarkt – immer noch im touristisch erschlossenen Stadtbild markant. Nicht erst 1933 kam es zu Umbenennungen; viele der entsprechenden Straßennamen sind bereits im späten 19. Jahrhundert durch „neutrale" ersetzt worden, so z. B. in Koblenz 1886 oder in Hanau 1898. Mit den alten Straßenbezeichnungen wollten Städte, die sich einer Modernisierung verschrieben hatten, das Image des Verstaubten, Stehengebliebenen abschütteln. Dazu kam eine wachsende rassistische Verunglimpfung der Juden (unabhängig von ihrem Statusgewinn als Staatsbürger), die zu einer Abwertung von städtischen Adressen mit bis dahin jüdischer Konnotation führte. Dass dies weitgehend eine typisch deutsche Angelegenheit war, zeigt bereits ein Blick über den Rhein, etwa nach Straßburg, wo die „Rue des Juifs" die renommierte Einkaufsstraße ist; ebenso ist es in Colmar, in Bouxwiller usw.

Für den Nationalsozialismus war es Programm, durch Straßenumbenennungen die Tilgung der jüdischen Geschichte herbeizuführen und die Juden zu heimatlosen Fremden, die nie in Deutschland verwurzelt waren, zu erklären. Aus der langen Reihe der Umbenennungen soll das brandenburgische Lübben

92 Im Newsletter des Fritz Bauer Instituts Nr. 26, Herbst 2004 weist Roland Kaufhold in der Besprechung mit dem Titel „Vom Verschwinden der Juden" auf den Ansatz der Publikation von Ulrich Völkleins: „Der Judenacker. Eine Erbschaft", Geislingen 2001, hin. Das einführende Kapitel „Das Erbe" handelt davon, dass keine materiellen Überbleibsel mehr am Ort der Untersuchung existieren und einzig und allein ein Feld mit der Bezeichnung „Judenacker" vorhanden ist, die für die Arbeit den Ausgangspunkt für die Rekonstruktion einer ansonsten ausgelöschten Vergangenheit darstellt.

angeführt sein, wo bereits am 13. April 1933 aus der „Judengasse“ die Straße „Zur Bleiche“ wurde. Ebenfalls schon im Jahr des Machtantritts des Nationalsozialismus bekam die „Judengasse“ in Frankental, wo seit 1723 Juden lebten und zur Synagoge gingen, einen neuen Namen. 1934 wurde z. B. auch die „Judengasse“ in der Stadt Ravensburg umbenannt. Der Hinweis auf das ghettoartige Zusammenleben in der „Judengasse“ bleibt bis heute durch die Neubenennung „Grüner-Turm-Straße“ gelöscht.[93]

Was geschah nach 1945? Straßen, die Namen von NS-Größen erhalten hatten, wurden umbenannt, eine Rückkehr zu den alten jüdischen Bezeichnungen stand aber nicht auf der Tagesordnung. Bei Hanno Loewy findet sich ein Beispiel aus Hohenems/Österreich, wo die „Israelitengasse“ 1909 in Brunnenstraße umbenannt wurde, „1938 nach einem nationalsozialistischen Mörder in Friedrich-Wurnig-Straße benannt und nach 1945 als Schweizer Straße ‚neutralisiert‘“ wurde.[94] Auch die DDR tat sich schwer, zu Straßennamen wie „Judengasse“ zurückzugehen, wie das erwähnte Beispiel aus Lübben zeigt, wo der Name „Zur Bleiche“, den die Nationalsozialisten verliehen hatten, während der gesamten DDR-Zeit beibehalten wurde und die Straße erst 1991 wieder die Bezeichnung „Judengasse“ erhielt. Ähnlich in Potsdam: Hier wurde die Straßenbezeichnung „Zum Kupferschmied“, die unter der NS-Herrschaft der damaligen „Ebräerstraße“ gegeben worden war, auch in der DDR weitergeführt und erst 1991 wieder in „Ebräerstraße“ zurückverwandelt.

Im bayerischen Kleinheubach heißt die frühere „Judengasse“ weiterhin geschichtslöschend „Gartenstraße“, und im hessischen Fulda trägt sie bis heute den Namen „Am Stockhaus“. Ebenso wurde die Kennzeichnung als „Judengasse“ in Gaukönigshofen bei Würzburg nach 1945 korrigiert: Hatten zuvor Synagoge und Mikwe in der „Judengasse“ gestanden, so lautet heute ihre Adresse „Am Königshof 22“ bzw. „Am Königshof 16“ – sicherlich eine erhebliche semantische Veränderung und vermeintliche Aufwertung. Befand sich die Synagoge von Mansbach vor 1933 in der „Judengasse“, überschreibt heute die Umbenennung in „Ostweg“ die jüdische Geschichte des Ortes. Ähnliches geschah mit der „Judengasse“ in Vöhl, die „neutral“ zur „Mittelgasse“ wurde – eine Bezeichnung, bei der es ebenfalls bis heute blieb. In Bornheim-Waldorf

93 In Fritzlar wurde dagegen die alte Bezeichnung „Judengasse“ in Klammern unter der Neubezeichnung „Martinsgasse“ angebracht.

94 Hanno Loewy, „Lummerland“ oder „Bilbao“? Ein jüdisches Museum in der globalisierten Peripherie – Hohenems und „sein“ jüdisches Viertel, in: Schönhagen (Hrsg.), Wiederhergestellte Synagogen, S. 79–89, hier S. 89, Anm. 6.

(Rheinland) wurde bereits 1398 die „Juedegaß“ bezeugt. „1937 wurde dieser Hohlweg zwischen Waldorf und Üllekoven in ‚Bergstraße‘ umbenannt“,[95] wie die Straße auch heute noch heißt.

In Mansbach, einem Ortsteil der hessischen Gemeinde Hohenroda, fiel das als Strumpffabrik und Schreinerei zweckentfremdete, aber intakte Synagogengebäude trotz massiven Protests aus der Bevölkerung der Straßenverbreiterung zum Opfer. Dieses Gebäude lag an der „Judengasse“, dem jüdischen Wohngebiet. Nicht nur die Beseitigung der ehemaligen Synagoge, sondern auch die Straßenumbenennung in „Oststraße“ tilgte die Erinnerung an die starke Position der jüdischen Bürger im Leben der Zivilgemeinde, der überdies die Anbringung einer Gedenktafel schwerfällt.

Aussagekräftige – die jüdischen Wohnverhältnisse betreffende – Straßennamen wie „Im Judenecken“ (Thalfang), „Im Judenhof“ (Geroldshausen) oder „Im Judenwinkel“ (Dühren) wurden getilgt und mit ihr die topografische Erinnerung. Eine der ersten Maßnahmen in St. Ingbert/Saar nach der Angliederung des Saargebiets an Hitlerdeutschland 1935 bestand in der Umbenennung der „Synagogenstraße“ in „Staugärtenstraße“ – dabei ist es bis heute geblieben. Aus dem Thalfanger „Judenecken“ im Hunsrück – um ein weiteres Beispiel zu nennen – wurde (und blieb ebenfalls bis heute) ausgerechnet die „Friedhofstraße“. Das Museum im fränkischen Schnaittach wird noch zur Sprache kommen; es wurde bereits in der Nazizeit in der alten Synagoge eingerichtet, durfte aber nicht in der „Judenschulgasse“ liegen, sondern befindet sich nach wie vor in der „Museumsgasse“.

Erst seit der Wende in der Erinnerungskultur finden sich häufiger Rückbenennungen, die an ein jüdisches Leben vor Ort aufmerksam machen. Die dabei offenkundige Scheu vor einer Wiederaufnahme von Bezeichnungen wie „Judengasse“ und ihren Synonymen hängt sicherlich mit einer immer noch tief sitzenden pejorativen Semantisierung von „Jude“ im deutschen Sprachgebrauch zusammen. So wich man gerne eher auf Straßennamen wie „An der Synagoge“ oder Benennungen nach jüdischen Frauen und Männern aus.

Auch damit bleibt der Verweis auf die zerstörte jüdische Existenz am Ort sichergestellt.

95 Pracht, Jüdisches Kulturerbe I, S. 514.

Kassel, Mahnmal für die Opfer des Faschismus
Foto Achim Schmidtke, Kassel

12
Exkurse zu Kassel und Bonn

Exkurs 1: Kassel[1]
„Den Vernichteten"

Eine politische und historische Einordnung der Erinnerungstafeln für ausgelöschte jüdische Kulturbauten bedarf des Vergleichs mit anderen Gedenkzeichen und Denkmälern der Nachkriegszeit, die der schwierigen Konstruktion eines kollektiven Gedächtnisses dienen sollten. In der DDR muss sich dieser Vergleich zunächst auf die Tafeln ermordeter antifaschistischer Widerstandskämpfer beziehen, während es im Westen primär die im Krieg Hitlers getöteten deutschen Soldaten waren, denen mit Denkmälern gedacht werden sollte. Entweder errichtete man den genannten Soldaten neue Denkmäler oder man befestigte an „Ehrenmälern" des Ersten Weltkriegs Tafeln, die neben den Toten 1914–1918 jetzt die Toten von 1939–1945 im kollektiven Gedächtnis der einzelnen Gemeinden verankern sollten. Damit behauptete man eine Kontinuität der Kriege, was der faschistischen Geschichtslüge zumindest sehr nahekam. Beide Kriege hatten – dadurch dass der NS-Krieg als Vernichtungsfeldzug

1 Der Exkurs zu Kassel steht ausdrücklich nicht im Zusammenhang mit der documenta 15 in Kassel und ihrer Diskreditierung als antisemitisch. Anlässlich dieser documenta von einer Tendenzwende in der Geschichte des deutschen Nachkriegsantisemitismus zu sprechen, verkennt, ja, verharmlost dessen Geschichte und sein erschreckendes Weiterwirken in Deutschland nach 1945. Das Ende der documenta insgesamt bzw. ihren „Neustart" in einer anderen Stadt zu fordern (was ebenfalls auf ein Ende der documenta als Ausstellungsinstitution hinauslaufen müsste), ist unangemessen und dient nicht dem Kampf gegen den Antisemitismus. Die Grenzen der Kunstfreiheit enger zu ziehen, wie es hohe Repräsentanten des Staates als Gegenmittel nahezulegen schienen, ist ebenso kontraproduktiv.

gegen die Zivilbevölkerung geführt wurde – nicht nur unterschiedlichen Charakter; die Opfergruppen, die der Krieg Nazideutschlands verursachte und derer hätte gedacht werden müssen, waren von ganz anderen, kaum mehr begreiflichen Dimensionen. Folglich war es auch nur mehr schwer möglich, in Anbetracht dieser Opfer mit der Formensprache traditioneller Kriegerdenkmäler fortzufahren. Die Pathosformeln der alten Denkmäler waren obsolet geworden.

Schon nach dem Ersten Weltkrieg hatte der Versailler Vertrag tief in das Totengedenken in Deutschland eingegriffen. Festgelegt wurde hier u. a., dass den gefallenen Siegern weiße Kreuze und den Unterlegenen nur schwarze vorbehalten waren, oder dass deutsche Angehörige ihre Gräber in Verdun oder auf den Feldern Flanderns lange Jahre nicht besuchen durften. Die bis 1932 währenden Diskussionen um die Aufstellung von Kollwitz' Skulptur „Trauernde Eltern" sind bezeichnend für die Situation. Umso mehr kompensierten martialische Kriegermonumente in Deutschland während der Weimarer Republik und unter der NS-Diktatur diese Einschränkungen, wobei insoweit allen voran die Totenburg des Tannenberg-Denkmals zu nennen ist.

1945 waren die alliierten Siegermächte bedacht, ein Fortleben von Militarismus und Faschismus über bestehende und projektierte Kriegerdenkmäler zu unterbinden bzw. einem Revanchismus vorzubeugen. In der Direktive des Alliierten Kontrollrates vom 31. Mai 1946 heißt es: „Von dem Zeitpunkt des Inkrafttretens dieser Direktive an ist es untersagt und als gesetzwidrig erklärt, die Planung, den Entwurf, die Errichtung, die Aufstellung oder die sonstige Zurschaustellung von Gedenksteinen, Denkmälern, Plakaten, Statuen, Bauwerken, Straßen- oder Landstraßenschildern, Wahrzeichen, Gedenktafeln oder Abzeichen, die darauf abzielen, die deutsche militärische Tradition zu bewahren oder die Erinnerung an die nationalsozialistische Partei aufrechtzuerhalten, oder ihrem Wesen nach in der Verherrlichung von kriegerischen Ereignissen bestehen[, vorzunehmen]."[2] Weiter verlangte die Direktive, entsprechende Denkmäler bis zum 1. Januar 1947 zu entfernen oder zumindest durch Beseitigung militaristischer Zeichen und das Anbringen neuer Inschriften und Symbole zu verändern. Ausgenommen blieben Denkmäler, die in Berlin und auf dem Territorium der DDR für die Soldaten der Roten Armee errichtet wurden.

2 Direktive Nr. 30 des Alliierten Kontrollrates vom 31. Mai 1946. Amtsblatt des Kontrollrates in Deutschland, Nr. 7 vom 31. Mai 1946, hrsg. vom Alliierten Sekretariat Berlin.

Mit der Direktive bahnte sich aber auch eine Spaltung im kulturellen Gedächtnis zwischen Ost- und Westdeutschland an. In der DDR wurden in den Fünfzigerjahren die noch vorhandenen Kriegerdenkmäler mit großer Konsequenz beseitigt oder wenigstens ihrer militaristischen Symbole (Adler, eiserne Kreuze, Schrifttafeln mit Pathosformeln) entblößt. Bei diesem „Bildersturm" wartete man häufig auch nicht die behördlichen Anordnungen ab, sondern ergriff selbst die Initiative. Was die Opfergruppen betrifft, reflektieren die Denkmäler der DDR in den Fünfzigerjahren einen großen, allerdings auch politisch verordneten Konsens, der eine Hierarchisierung und eine Marginalisierung bestimmter Opfergruppen, vor allem der ermordeten und verfolgten Juden, einschloss.

Nehmen wir, als Beispiel für viele, den mit Denkmälern reich bestückten Ort Bischofswerda in der ehemaligen DDR und seine Gedenkzeichen zwischen 1945 und 1989: Hier wurde schon im Mai 1945 ein Ehrenmal der Sowjetarmee mit dem Schriftzug in Russisch errichtet: „Mai 1945 Ewiges Gedenken den Helden, die für die Freiheit und Unabhängigkeit unserer sozialistischen Heimat gefallen sind."[3] 1950 folgte ein Mahnmal, gewidmet „Den Opfern des Faschismus", dessen Symbol, ein rotes Dreieck, den Opferbegriff auf die politischen Häftlinge und Ermordeten einengte; dass dieses Denkmal 1982 umfassend renoviert wurde, demonstriert die Fortexistenz dieses ausgrenzenden Opferbegriffs bis in das letzte Jahrzehnt der DDR. Noch in den Fünfzigerjahren wurde in dem neu angelegten Pionierpark eine Gedenktafel für die Opfer des Faschismus enthüllt; 1958 würdigte man mit einer weiteren Gedenktafel über dem Eingang zum Bürger- und Tourismushaus antifaschistische Widerstandskämpfer und installierte 1959 ein weiteres Gedenkzeichen, wieder für die Opfer des Faschismus. Jüdische Opfer, deren hätte gedacht werden müssen, wurden nicht explizit genannt.

(Allerdings wurde in den späten Jahren der DDR eine Gedenkplatte für die Opfer des Todesmarsches, die im April 1945 auf der Strecke von Schwarzheide nach Theresienstadt auch durch Bischofswerda getrieben wurden, an das Gebäude der Filiale der Staatsbank der DDR am Altmarkt montiert. Diese wurde jedoch – vermutlich auf Wunsch des neuen Hausbesitzers, der Commerzbank – 1995 an ein Eckhaus in der Bahnhofstraße umgehängt. Von dort zog sie, wieder auf Antrag eines Hausbesitzers, an das Gebäude eines Fortbildungswerks in der Neustädter Straße um. Als das Haus abgerissen wurde,

3 https://www.bischofswerda.de/kultur-freizeit-und tourismus.

musste ein neuer Platz gesucht werden, den man an einer nur wenig prominenten Seitenwand des Rathauses fand – ein sozusagen „flüchtiges“ Gedenken also!)

Auch in der Bundesrepublik kam es zur Beseitigung von älteren Krieger-Denkmälern. Selten war dabei aber der Grund ein politischer, wie er der zitierten Direktive zugrunde lag. Zwar mussten auch im Westen die politisch untragbaren Denkmäler für die „Blutopfer“ des Nationalsozialismus bis 1947 abgebaut werden, beispielsweise das Horst-Wessel-Denkmal in der Bielefelder Innenstadt. Häufiger wurden sie aber beseitigt, weil sie in den „autogerecht“ wieder aufgebauten Städten ein verkehrstechnisches Hindernis darstellten oder einfach der Modernisierung im Wege waren. So wurde z. B. in den Fünfzigerjahren die Beseitigung eines Gefallenendenkmals des Ersten Weltkriegs im westfälischen Warendorf mit der Werkserweiterung der Firma Brinkhaus begründet und von der lokalen Presse begrüßt.[4] Dort, wo die Denkmäler versetzt oder neue errichtet wurden, lassen sich topografische Verlagerungen an die Ränder der Gemeinden – verglichen mit der früheren zentralen Platzierung – feststellen. Sabine Behrenbeck sieht in ihrem Aufsatz „Heldenkult oder Friedensmahnung?“ diese allgemeine Auslagerungstendenz in einer Veränderung der gesellschaftlichen Funktion des Gedenkens begründet: „Offenbar sollen die Denkmale für die Kriegstoten weniger öffentliches Aufsehen erregen und [weniger] der politischen Erziehung dienen als vielmehr dem stillen Gedenken und der persönlichen Besinnung des einzelnen. Es ist also eine deutliche Privatisierung bzw. Individualisierung des Gefallenengedächtnisses zu beobachten, die sich von der früheren Kollektivierung und Nationalisierung weit entfernt hat.“[5]

Die Situation in Kassel während der Fünfzigerjahre ist schon insofern beachtenswert, als 1951 mit dem Volksbund Deutsche Kriegsgräberfürsorge e. V. einer der maßgeblichen Organisatoren der Gedenkpolitik ihren Sitz in dieser von Kriegszerstörungen und Nachkriegsaufbau geprägten Stadt nahm. Hinzu kommt, dass sich in Kassel auch bezogen auf die Kriegsdenkmäler das Problem von Kontinuität und „Vergangenheitsbewältigung“ bzw. von Neuanfang

4 Mahnmale und Kriegerdenkmäler in Warendorf, http://www.warendorf-information.de/denkmal.

5 Sabine Behrenbeck, Heldenkult oder Friedensmahnung? Kriegerdenkmale nach beiden Weltkriegen, in: Gottfried Niedhart/Dieter Riesenberger (Hrsg.), Lernen aus dem Krieg? Deutsche Nachkriegszeiten, München 1992, S. 344–364, hier S. 360 f.

und Restauration in spezifischer Weise stellte: Bereits in den Zwanzigerjahren war in den Parkanlagen der Karlsaue eine große Gedenkstätte errichtet worden. Über eine Ehrentreppe steigt man, entlang von Ruhmestafeln für einzelne Regimenter,[6] zu der Steinskulptur eines liegenden, toten Soldaten mit Stahlhelm auf. Der Entwurf der Anlage stammt von Hans Sautter. Auch diese Skulptur in der Formensprache vieler Kriegsdenkmäler der Weimarer Republik hatte der Kasseler Kunstprofessor (und Leiter der Vorgängerinstitution der heutigen Kunsthochschule) geschaffen; sie war als „Sautter-Leiche" in Kassel bekannt. Diesen gefallenen Krieger fanden allerdings die Nationalsozialisten so unheroisch, dass sie die Skulptur für ihre Gedenkfeiern mit einer Bodenplatte verdeckten. Sautter, SPD-Mitglied im Kasseler Stadtrat, wurde 1933 seiner Ämter enthoben und mehrmals inhaftiert. Auf Sautter ist noch zurückkommen.

Politisch nationale Bedeutung erlangte die Anlage, als Hitler hier den Ersten Großdeutschen Kriegertag im Juni 1939 ausrichten ließ, unmittelbar also vor dem Überfall auf Polen und unmittelbar auch der propagandistischen Vorbereitung des Zweiten Weltkriegs dienend – aber auch ein gutes halbes Jahr, nachdem in Kassel das Pogrom des 9. November 1938 mit der Beschädigung des Innern der Synagoge und dem anschließenden Zerstörungszug gegen jüdische Geschäfte und Cafés begonnen hatte.

Die Opfergeschichten, die das kulturelle Gedächtnis der DDR in Mahnmalen wie denen von Bischofswerda aufbewahren sollte, unterscheiden sich schon darin wesentlich von denjenigen im Westen, als es in der Bundesrepublik konkurrierende Erinnerungskollektive und damit auch keine verordnete Einigkeit über die Opfergruppen gab, die man im Denkmal ehren wollte. Für Kassel mit seinen zahlreichen Bombenopfern hieß dies, dass das belastete und monothematische Kriegerdenkmal in der Karlsaue im Grunde obsolet geworden war. Auch ein Überschreiben, wie es die Direktive vom Mai 1946 vorsah, hätte dieses belastete Denkmal für das kulturelle Gedächtnis nicht retten können. (Dies geschieht erst in den Achtzigerjahren mit der Gedenkplatte für Deserteure.) Schon 1947 wurde deshalb vonseiten der Vereinigung der Verfolgten des Naziregimes (VVN) angeregt, eine neue Erinnerungsstätte zu schaffen.

6 „Auf diesen Tafeln steht die Verherrlichung des Kriegstodes im Vordergrund." Hilde Dohmann, Erinnerung braucht einen Ort. „Zum Kasseler Mahnmal für die Opfer des Faschismus", in: Rundbrief Nr. 17 des Fördervereis der Gedenkstätte Breitenau, Kassel 1998, S. 8–14, hier S. 8.

1948 schließlich brachte die SPD-Fraktion im Stadtrat einen Antrag „zur Einrichtung einer würdigen Erinnerungsstätte für die Opfer des Faschismus“[7] ein, der auf Konsens aller dort vertretenen Parteien stieß. Der SPD-Stadtverordnete mit dem Namen Goethe formulierte jedoch – drei Jahre nach Ende der NS-Zeit – unmissverständlich: „Dieser Antrag soll nicht den Zweck haben, die Kluft zwischen den Bürgern der Stadt aufzureißen.“[8] Mit anderen Worten: Das kulturelle Gedächtnis sollte die im Generationengedächtnis virulenten Widersprüche zwischen Tätern und Opfern aufheben.

Um den damit verbundenen Schwierigkeiten, die aus den unterschiedlichen Opferdefinitionen resultierten, aus dem Weg zu gehen, schlug eine Kasseler Baukommission 1950 den Verzicht auf das Denkmal zugunsten des Baus eines Altersheimes vor, in dem Kasseler Täter und Opfer, antagonistische Erinnerungskollektive also, gemeinsam ihren Lebensabend hätten verbringen können. Die SPD hielt einen anderen Weg für gangbar, um das kollektive Gedächtnis konsensuell zu formen, nämlich den Weg einer völligen Entgrenzung des Opferbegriffs, bei dem implizit die im Bombenhagel in Kassel umgekommenen Nazis den Internationalen Brigaden des Spanischen Bürgerkriegs an die Seite gestellt werden konnten. (Die Frauen wurden ebenfalls erwähnt, ihnen zugleich aber der aus patriarchalischer Sicht zustehende Platz zugewiesen.)

Die Frage, welche Opfer gemeint seien, wurde durch den Stadtverordneten Goethe wie folgt beantwortet: „Zu den Opfern des Faschismus gehören die politisch, rassisch und religiös Verfolgten, deren Zahl nach vorsichtiger Schätzung elf Millionen Menschen beträgt. Männer, Frauen und Kinder sind in deutschen Konzentrationslagern [...] hingemordet worden. Es gehören zu den Opfern des Faschismus die Millionen der gefallenen Soldaten aller Länder. Es gehören zu seinen Opfern die Flüchtlinge, die Ausgebombten und die Kriegsgeschädigten, es gehören zu ihnen auch die Männer des 20. Juli 1944 [...]. Es gehören zu den Opfern des Faschismus die gefallenen Helden in Spanien, die dort gegen den Faschismus gekämpft haben, es gehört zu ihnen die Jugend der ganzen Welt [...] Die Opfer der Widerstandsbewegung sind aus den Kreisen aller Deutschen gebracht worden. Beispiele von wirklicher Größe und wahrem Heldentum haben die Frauen der politisch, religiös und rassisch Verfolgten gegeben. Sie haben ihre Männer, Brüder und Söhne mit stolzem Bewusstsein in

7 Ebenda, S. 10.
8 Ebenda.

den Kampf geschickt."[9] Gegen diese Aufzählung, die die Mehrzahl der Kasseler Bevölkerung zu Opfern macht und nicht mehr „die Frage nach Tätern, Mitläufern oder Duldern der verbrecherischen Nazi-Politik" stellt, da praktisch jeder „familiäre und materielle Verluste erlitten" hat,[10] verwahrte sich der Stadtrat Reinbach, Mitglied der KPD und Vorsitzender des VVN. Er wollte – und hier klingt deutlich jene Priorisierung und Exklusion an, wie sie in der DDR dominant wurde – unter den zu ehrenden „Opfern" jene verstanden wissen, „die aus eigener Tatkraft heraus aktiv gegen diesen Faschismus angekämpft haben und nicht die, die durch Zufall zu Opferns dieses Faschismus geworden sind, genauso wie sie Opfer einer anderen Nation in einem anderen Krieg geworden wären".[11] Was auch Reinbach nicht korrigiert, ist das „Vergessen" der jüdischen Opfer: Welche jüdischen Frauen, selbst Opfer des mörderischen Rassismus, hätten „ihre Männer, Brüder und Söhne in stolzem Bewusstsein in den Kampf geschickt"?

Die offizielle Ausschreibung für das Denkmal 1951 kürzte dann diese Liste der Opfergruppen, bestätigte aber die Tendenz einer Entdifferenzierung und Egalisierung, um das kulturelle Gedächtnis, vor allem hinsichtlich der Schuldfrage, spannungsfrei zu gestalten. Die Aufführung auch der „gefallenen Soldaten" in der Ausschreibung der Stadt Kassel schließt das Kriegergedenken bei dem geplanten Denkmal ausdrücklich ein. So heißt es, das Denkmal solle errichtet werden für „diejenigen Kasseler Mitbürger, die während der Herrschaft des Nationalsozialismus aus politisch, rassisch und religiösen Gründen verfolgt wurden und deren Bekenntnis zur demokratischen Freiheit und Friedensliebe im Widerstand gegen Diktatur und Gewaltherrschaft mit dem Tode büßen mussten, insbesondere die Insassen der KZs, die Bombenopfer wie auch die unter die Fahne gezwungenen, gefallenen und verstümmelten Soldaten …"[12] Auch in der Ausschreibung findet damit eine Verdrängung des Holocaust, in dessen Beginn und in den Ausbruch von Gewaltaktionen viele Bürger gerade dieser Stadt als Täter involviert waren, durch Nichterwähnung statt.

Die Ausschreibung gewann wieder Hans Sautter. Dieser stand einerseits für eine Kontinuität der Kasseler Denkmäler, andererseits versprach er als Verfolgter des NS-Regimes und damit Angehöriger eines von dem herrschenden

9 Ebenda, S. 11.
10 Ebenda.
11 Ebenda.
12 Ebenda.

abweichenden Erinnerungskollektivs eine Neuausrichtung der Gedenkkultur. Offensichtlich besaß Sautter deshalb auch genug Autorität, um die von der Stadt diskutierten zentralen historischen und öffentlichen Plätze für das Denkmal zu verwerfen und sich dem erwähnten allgemeinen Trend anzuschließen, das Gedenken an Tod und Opfer aus den im Wiederaufbau begriffenen westdeutschen Städten topografisch abzudrängen. Sautter stellte das Denkmal in die Grünanlagen des Fürstengartens oberhalb des Kasseler Weinberges. Dass dies ein randständiger, versteckter Ort bleiben musste, war den Zeitgenossen durchaus bewusst und wurde auch so kommentiert.

Mit seinem Denkmal, einem nach oben offenen Rundbau aus Bruchsteinen, setzte Sautter bewusst einen Kontrapunkt zum Monopteros, dem „Frühstückstempel“ (1815) auf der gegenüberliegenden Straßenseite. Indem er auf das Rondell als Baukörper zurückgriff, zitierte er die Totenburg, wie sie im Tannenberg-Denkmal als Erinnerungsstätte an die Schlacht Hindenburgs im Ersten Weltkrieg zu einem nationalkulturellen Muster geworden war, aber gerade in diesem Jahrzehnt, nach Sprengung durch die Rote Armee 1945, von Polen endgültig abgerissen wurde. Hielten im Tannenberg-Denkmal zwei überdimensionierte Soldatenskulpturen Wache am inneren Zugang, so schuf Sautter zwei überlebensgroße Steinfiguren, die wie Karyatiden links und rechts den Eingang bewachen. Die beiden Figuren gehören stilgeschichtlich zur abgemilderten figürlichen Moderne, wie sie für die Gedenkkultur der Fünfzigerjahre auf höherem ästhetischen Niveau vor allem Gerhard Marcks („Die Trauernde“) ausgebildet hatte. Beide Figuren sind allegorisch angelegt: Die rechte ist deutlich als Trauernde ausgewiesen, bei der linken wechselt die Bedeutungszuweisung zwischen „Hoffnung“ und „Verzweiflung“. Das Innere des Rundbaus wird beherrscht von einer großen, schmiedeeisernen Dornenkrone mit einem Durchmesser von 2,50 Metern. Indem sich die Kasseler Gedenkstätte mit der Dornenkrone in eine ikonografische Denkmaltradition der Fünfzigerjahre einfügt, partizipiert sie an einer eindeutig christlichen Deutung der Opfer und des Leidens. Sie stellt Krieg und NS-Verbrechen in einen heilsgeschichtlichen Zusammenhang, schreibt Leiden und Tod durch den NS-Staat Sinn zu und verheißt Erlösung. Das heißt aber auch, dass die Dornenkrone als christliches Symbol zuallererst für die ermordeten Juden, dann aber auch für die Gruppe der kommunistischen Widerstandskämpfer einen Ausschlusscharakter haben musste.

Damit ist das Zeichenrepertoire des Denkmals noch nicht erschöpft: Das Sautter-Denkmal inszeniert nämlich auch Texte. Zu diesen gehören vier

Inschriften, drei literarische Zitate und eine Dedikation. Die literarischen Zitate, ohne dass sie als solche aus- und Autoren zugewiesen sind, stammen allesamt aus dem Repertoire der klassischen deutschen Dichtung, jener Literatur, die zur gleichen Zeit in der DDR als humanistisches Erbe hochgehalten, im Westen als durch die Jahre 1933 bis 1945 unangetastetes deutsches Bildungsgut gefeiert wurde. Die hier zitierten, aber nicht namentlich genannten Autoren sind Schiller, Hölderlin, Klopstock und Hebbel. Über dem Eingang, an exponierter Stelle, steht programmatisch für die Funktion dieses Denkmals als Zitat: „DIE LEBENDEN RUFE ICH / DIE TOTEN BEKLAGE ICH." Dieses ist, für die bildungsbürgerlichen Schichten von 1950 leichter noch als heute, identifizierbar als eine der bekanntesten Textstellen deutscher Literaturgeschichte, das Motto von Schillers *Lied von der Glocke*: „Vivos voco, Mortuos plango, Fulgura frango", hier übersetzt und um die letzte Funktion der *Glocke*, dem „Fulgura frango", verkürzt. Schillers Motto hat bekanntlich eine lange, bis ins Mittelalter reichende Geschichte, als es eine häufiger nachweisbare Glockeninschrift war. (Dass auf das „Brechen der Blitze" als dritte Funktion der Glocke verzichtet wurde, liegt angesichts der gerade zurückliegenden Bombennächte auf der Hand.) Festzuhalten ist der Wechsel in dem „lyrischen Ich". Offensichtlich hat eine Übertragung von der Glocke auf das Denkmal stattgefunden, das eben diejenigen Pflichten wahrnehmen soll, die zuvor der Glocke für das Gemeinwesen zugeschrieben worden waren.

Während Schiller trotz seiner Rezeption als „Klassiker in finsteren Zeiten" (um den Titel einer späteren Literaturausstellung zu zitieren) nach 1945 unumstritten blieb, schien der zweite Autor, der im Kasseler Denkmal zitiert wurde, durch die aggressiv nationalistische Vereinnahmung im Nationalsozialismus zunächst gebrandmarkt zu bleiben: Friedrich Hölderlin. Nicht nur Wolfgang Borchert hatte in *Das ist unser Manifest* geschrieben: „Hörst Du Hölderlin noch? Kennst Du ihn wieder, blutberauscht, kostümiert und Arm und Arm mit Baldur von Schirach? Hörst Du das Landserlied?" Auch Günter Eich hatte in seinem Gedicht *Latrine*, einem der Schlüsselgedichte der Nachkriegsliteratur, geschrieben: „Irr mir im Ohre schallen / Verse von Hölderlin" und dabei „Hölderlin" auf „Urin" gereimt.[13]

13 Hölderlin scheint gerade bei den Denkmälern der Nachkriegszeit seine Beliebtheit nicht eingebüßt zu haben. So kann man auf einem Stahlband bei der ehemaligen Synagoge von Hechingen Hölderlins letzte Strophe des „Schicksalsliedes" Hyperions lesen und sich wundern.

An der Innenwand des Kasseler Rundbaus ist eine längere Textstelle angebracht, die – verglichen mit derjenigen des Schiller-Mottos – einen Perspektivwechsel bringt: Im inneren Kreis des Denkmals reden nun die Toten selbst. Hier heißt es: „Der Tod erschreckte uns – er war fürchterlich – wir sehen nur nieder ins Grab – obgleich er uns zur Vollendung führt – aus den Hüllen der Nacht hinüber – in der Erkenntnisse Land." Diese Wandinschrift wandelt Verse ab, die sich unter der Überschrift *Der Tod* in älteren Ausgaben Hölderlins finden: „Es erschreckt uns unser Retter, der Tod. Sanft kommt er, leis im Gewölke des Schlafs, aber er bleibt fürchterlich, und wir sehn nur nieder ins Grab, ob er gleich uns zur Vollendung führt aus Hüllen der Nacht hinüber in der Erkenntnisse Land."

Die Textabweichungen im Kasseler Denkmal sind evident: Der Zeitenwechsel zur Vergangenheit deutet an, dass die Todeserfahrungen zurückliegen; euphemistische Apostrophierungen („sanft", „Schlaf"), wie sie in der Literatur im Zusammenhang mit Todesbildern gebraucht wurden, sind angesichts des Todes in Krieg und Bombennächten nicht mehr statthaft, und formal wird die Rhythmisierung in den ersten drei Zeilen, die die Todeserfahrung thematisieren, zugunsten einer parataktischen Prosa aufgegeben. Erst wenn die Denkmalinschrift zurückfindet zur metaphysischen Sinnstiftung des Todes in den zitierten Versen, übernimmt sie unverkennbar wieder die ursprüngliche, geglättete Rhythmisierung ebenso wie Versbau und Metaphorik („Hüllen der Nacht", „der Erkenntnisse Land"). Was die Erbauer des Denkmals mit „der Erkenntnisse Land" gemeint haben könnten, sei dahingestellt. Zentral ist die Trostbotschaft, die sie für die Erinnerungsgemeinschaft der Fünfzigerjahre bereithalten, eine Botschaft, die noch den erlebten „fürchterlichsten" Tod zur notwendigen Durchgangsstufe zu „unserer" „Vollendung" – auch poetisch – verklärt. Nicht erst im Kasseler Denkmal wurden allerdings die Verse verändert. Hölderlin selbst hat sie aus der Klopstock-Ode *Die Zukunft*, die in den nächsten Zeilen das „Land der Erkenntnis" als „heiteres Wonnegefild" einer „Gesellschaft der Vollkommenen" bestimmt, herausgebrochen und die Kernaussage der zwölfstrophigen Ode durch ihre Fragmentierung so auf das Todesthema zugespitzt, dass er glaubte, seinen Autornamen unter die Verse setzen zu können.

Die zweite Inschrift des Innenraums hat nach der metaphysischen Tröstung durch die zitierten Hölderlin-Verse die Gedenkstätte und die Erinnerungskultur selbst als unmittelbare Referenz. Jene wendet sich dabei an die „Seele" als die für das Totengedenken verantwortliche Instanz: „Seele Seele vergiß sie nicht. Seele vergiß nicht die Toten!" (vgl. auch Mörike: „Denk es, o Seele") Mit diesen beiden Zeilen, in denen ein lyrisches Ich wie in einem Psalm die Seele anspricht – und schon damit dem Erinnern eine religiöse Weihe verleiht –, beginnt Friedrich Hebbels *Requiem* von 1840. Indem Textpassagen aus einem *Requiem* an der Innenwand angebracht sind, d. h. der Beginn der Totenmesse („Requiem aeternam") zitiert wird, wird die geforderte Erinnerung weiter verchristlicht und der Raum der Gedenkstätte zu einem liturgischen überhöht. Das Requiem Hebbels wird in der Mitte des Gedichts wiederholt und bildet den Abschluss. Die beiden ungleich langen Strophen zwischen dem Refrain warnen, dass das Vergessen der Toten deren endgültiges, schreckliches Ende bedeute; dann erst jage sie der „Sturm der Nacht" „mit Ungestüm durch die unendliche Wüste hin" – Erinnern also nicht als gesellschaftliche Aufgabe, sondern als Rettung der Toten vor dem Nichts, der endgültigen Vernichtung.

Dass im Kasseler Denkmal in den Fünfzigerjahren die zentralen Zeilen aus Hebbels *Requiem* angebracht wurden, hängt sicherlich mit dem hohen Bekanntheitsgrad dieses *Requiems* zusammen, der nicht zuletzt aus seiner Vertonungsgeschichte resultierte, seinen musikalischen Adaptionen, von denen vor allem die Komposition von Max Reger (op. 144b) in das kulturelle Gedächtnis eingegangen war. Regers Komposition, die sich in d-Moll auf Mozarts *Totenmesse* bezog, wurde mitten im Ersten Weltkrieg fertiggestellt und 1916 nach Regers Tod uraufgeführt. Dass das *Requiem* die letzte Arbeit des Komponisten war, sicherte ihm eine herausgehobene Stellung in dessen Werk. Von Bedeutung für die Rezeptionsgeschichte bis hin zur Kasseler Inschrift blieb dabei die Widmung Regers, der das *Requiem* explizit mit dem Gedenken an die Toten des Weltkriegs in Zusammenhang gebracht hatte: „Dem Andenken der im Kriege gefallenen deutschen Helden."

Das kleine, wenige Zeilen umfassende literarische Programm des Mahn- und Ehrenmals hinter der Murhard'schen Bibliothek weist, zumal wenn man diese Texte in ihrem Zusammenhang mit dessen Architektur- und Bildprogramm liest, durchaus eine gewisse Komplexität auf. Wenn aber eine Tendenz in den Aussagen des Denkmals dominiert, ist es sicherlich diejenige der metaphysischen Tröstung. Aber genau dieser Tröstung scheint, vom heutigen Standpunkt, die hier noch nicht zitierte Dedikation auf entschiedene Weise zu widersprechen und, wenn wir das gesamte Denkmal als Text lesen wollen, dessen Kohärenz aufzuheben. Gewidmet ist die Gedenkstätte „Den Vernichteten 1933–1945", wie die große Inschrift über dem Eingang verkündet. Hatte man in den drei besprochenen Schrifttafeln die Literatursprache der deutschen Klassik verwandt, so ist es offensichtlich bewusst die Sprache des „Dritten Reiches", in der die Dedikation verfasst ist. Zu zitieren ist insoweit nur aus der berüchtigten Rede Hitlers am 30. März 1941 vor den Generälen der Wehrmacht: „Wir müssen von dem Standpunkt des soldatischen Kameradentums abrücken. Der Kommunist ist vorher kein Kamerad und nachher kein Kamerad. Es handelt sich um einen Vernichtungskampf." „Vernichtung" war ein zentraler Begriff der Lingua tertii imperii, wenn es um den Umgang des NS-Staates mit seinen Gegnern ging, wenn über „Judenvernichtung" oder „Massenvernichtung" gesprochen wurde. Jetzt wurde er aufgegriffen, um den Opfern der NS-Herrschaft das Denkmal zu weihen. Insofern konnte man, indem man das ganze Denkmal unter dieser Widmung „Den Vernichteten" verstand, dieses als Inklusion des Völkermords an den Juden verstehen.

Bei der Einweihung des Denkmals spielte diese Interpretation allerdings keine Rolle. Von einem der Hauptredner, Prof. Brill, wurde ausdrücklich die „Lehre des Nihilismus, die Lehre des Nichts und der Vernichtung" für die Gewaltverbrechen des Nationalsozialismus verantwortlich gemacht. Indem der Abfall von Gott und der Nihilismus als besondere Ausprägung des Atheismus in das kollektive Erinnern der Gewaltverbrechen einbezogen werden, deutet sich auch beim Kasseler Denkmal schon eine Art christliche Totalitarismusthese an, die den Kommunismus als gottlosen Zwillingsbruder des Faschismus interpretiert. Gegen diesen hat das Denkmal die Erinnerungen in der Nachkriegszeit zu mobilisieren. Ein zweiter Redner, Pfarrer Wiegand, der zunächst ausführlich auf die NS-Verbrechen einging, erklärte im Anschluss an diese Beschreibungen: „Der Mensch, der keine Verantwortung vor Gott kennt, kennt auch keine Ehrfurcht vor den Menschen [...] Das Untermenschentum [!] ist also eigentlich gar keine typische deutsche Angelegenheit, sondern eine allgemein menschliche. Was bei uns gestern geschah, kann heute jedem anderen Volke auch geschehen, wenn es reif dafür ist. Ein Blick über die Grenzen beweist dies."[14]

Sabine Behrenbeck hat in ihrem zitierten Aufsatz analysiert, wie sich während der Nachkriegszeit das kulturelle Gedächtnis, soweit es in den Denkmälern sinnlich erfahrbar ist, stabilisiert und die Denkmäler zu Entlastungzeugen der Erinnerung umfunktioniert werden: „Die Denkmale für die eigenen Opfer", schreibt sie, „lenken ab von den Opfern, die man zu verantworten

14 Dohmann, Erinnerung braucht einen Ort, S. 14.

hat. Der im Schatten des Kalten Krieges entstandene neue Mythos vom gemeinsamen Kampf der westlichen Welt gegen den Kommunismus als Wurzel allen Übels hilft in der Bundesrepublik, die Verbrechen der NS-Zeit zu exorzieren."[15]

Voraussetzung hierfür bleibt die im Kasseler Mahnmal - durch die Dornenkrone als christliches Leidenssymbol - vollzogene Exklusion von Opfergruppen, von den Toten des Holocaust, auch den Toten und Gefolterten des kommunistischen und sozialdemokratischen Widerstands. Dass in den Inschriften kein einziger exilierter Schriftsteller, keine exilierte Autorin zu Wort kommt, aber auch kein verfemter jüdischer Schriftsteller, kein Heine, kein Börne, kein Kafka, kein Feuchtwanger usw. zitiert wird, zementiert die mit der Dornenkrone betriebene Exklusion. Wenn man sich die ikonografische Tradition anschaut - es existiert kaum ein Bild der Kunstgeschichte, das auf einen jüdischen Beteiligten bei der Dornenkrönung verzichtet –, konnotiert diese Dornenkrone als Dingsymbol überdies eine Schuld der Juden am Tod von Jesus, eine Schuldzuweisung, die Grundlage des jahrhundertealten Antijudaismus war.

Sollte man nicht im Kasseler Mahnmal die Dornenkrone abnehmen und alle Inschriften einer kritischen und ergänzenden Re-Lektüre unterziehen?

15 Behrenbeck, Heldenkult oder Friedensmahnung?, S. 360.

Bonner Parkplatz auf dem ehemaligen jüdischen Viertel
Foto: Schulz, Stadtarchiv Bonn

Exkurs 2: Bonn
Das „Bundesehrenmal"

Die Bundesrepublik Deutschland begriff sich als Rechtsnachfolgerin des Deutschen Reiches. Als zunächst provisorische Hauptstadt für Neubeginn und Diskontinuität wurde Bonn gewählt: eine mittlere Universitätsstadt, die von der Inanspruchnahme durch den Nationalsozialismus nicht in dem Maße betroffen zu sein schien wie Berlin, die Befehlszentrale für Holocaust und Vernichtungskrieg, München, die „Stadt der Bewegung", oder Nürnberg, Stadt der Reichsparteitage und Rassegesetze. Doch auch Bonn war von dem braunen „Ungeist" rasch befallen worden. Putschartig hatte sich ein Dr. Rickert 1933 zum NS-Oberbürgermeister erklären können. Der Bonner Germanistikprofessor Hans Naumann hielt die Hauptrede bei der Bücherverbrennung am 10. Mai 1933 auf dem Marktplatz und propagierte die „völkische" Literatur als fortan herrschende. Ohne großen Widerstand wurde die Universität von jüdischen Professoren und Studenten „gesäubert". Bonn – eine neue Hauptstadt, in der man sich der jüdischen Geschichte und Katastrophe nicht so stellen musste wie in anderen Städten?

Keineswegs war Bonn eine „Stadt ohne Juden". Sie hat eine lange jüdische Tradition. Schon um 1090 ist der Name eines Bonner Juden, Mar Gadalja, überliefert – bezeichnenderweise allerdings im Zusammenhang mit Mar Gadaljas Ermordung (und derjenigen seiner Familie) durch die Kreuzfahrer.[16] Gerne wird für die spätere Zeit, in der sich die jüdische Gemeinde wieder stabilisierte, das Lob zitiert, das der Rabbi aus der SchUM-Stadt Mainz, Elieser Ben Nathan, den Bonner Talmud-Gelehrten zollte: „Aus welcher Stadt könnte man die Wahrheit künden, wenn nicht durch die Gelehrten in Bonn, von denen die Lehre ausgeht und das Wort Gottes."[17] Das jüdische Bonn gewann mit der Vertreibung der Juden aus Köln nochmals an Zuwachs und Bedeutung. Es würde zu weit führen, die Geschichte der Bonner Hofjuden oder der verschiedenen historischen jüdischen Viertel in Bonn hier nachzuzeichnen. Festzuhalten aber ist, dass bei Machtantritt des Nationalsozialismus mehrere jüdische Gemeinden bestanden und Synagogengebäude in verschiedenen Stadtteilen existierten: in Bonn-Mitte, in Beuel, in Poppelsdorf, in Godesberg und in Mehlem. Dazu kam ein Betsaal polnischer Juden in Graurheindorf. Die große repräsentative Synagoge der liberalen Gemeinde erhob sich im jüdischen Viertel an der Rheinbrücke.

16 Manfred van Rey, Bonn in bitteren Zeiten. 1933–1945, Bonn 2021, S. 148.
17 Ebenda.

Alle diese Synagogen auf dem Gebiet der späteren Bundeshauptstadt wurden am 10. November 1938 angezündet. Der nationalsozialistische *Westdeutsche Beobachter* berichtete einen Tag später: „In den beiden Synagogen [gemeint sind wohl die Gotteshäuser im Zentrum und in Beuel] als auch in Poppelsdorf, die von der Bonner Bevölkerung schon lange als ein Schandfleck empfunden wurden, brachen Brände aus",[18] nicht ohne Zutun von Bonner Bürgern. Die jüdischen Geschäfte wurden völlig ruiniert und geplündert.

Die „Schandflecken" sollten auch in ihrem ruinösen Zustand schnell aus dem Stadtbild verschwinden. Die Kosten für das Abrissunternehmen hatte – wie anderswo auch – die jüdische Gemeinde zu tragen. Am 27. März 1939 waren Synagogen und Gemeindehaus beseitigt worden, die Steine hatte man bei der Befestigung des Rheinufers verbaut, und die Tempelstraße mit ihren Gebäuden existierte nicht mehr. Bei der Poppelsdorfer Synagoge verzögerte sich der Abbruch: Aus einem Beschwerdebrief eines Bonner Immobilienmaklers geht hervor, dass die „jüdischen Schandzeichen zum Deutschen Neujahrfest 1939" noch standen.[19] Eine Anwohnerin verlangte von der Stadt die schnelle Beseitigung der Ruine, da diese einsturzgefährdet sei.[20] 1941 sorgte sich ein anderer Bewohner der angrenzenden Bennauerstraße um die Gesundheit der Nachbarn wegen der Straßenverschmutzung durch die Ruine und der Nutzung des Geländes als Mülldeponie.[21] Zu dieser Zeit war das Grundstück mit den Mauerresten der Synagoge bereits zu einem Schleuderpreis in den Besitz der gegenüberliegenden Schreibwarenfabrik Soennecken übergegangen, deren Arbeiter den Synagogenbrand mitbekommen haben mussten. Diese Firma wollte eine Grünfläche auf dem Grundstück anlegen, um ihren Beschäftigten „in den Werkpausen Sitzgelegenheit zu bieten".[22] In der Grünanlage blieb auch aufgehendes Mauerwerk der Synagoge erhalten: „Da eine Beseitigung der auf dem Grundstück befindlichen Fundamentresten z. Zt. infolge fehlender Arbeitskräfte nicht möglich ist, soll der Gebäudekern als erhöhter

18 Ebenda, S. 173.

19 Ebenda, S. 180.

20 Ebenda, S. 181.

21 Jetzt, da es um den vollständigen Abriss der Synagoge ging, zeigten sich die Anwohner plötzlich aktiv: „Ich habe mich in der Angelegenheit als dem von ihr am meisten Betroffenen zum Sprecher der übrigen Anwohner gemacht, die in Gesprächen mit mir ihrem Unmut des öfteren Luft machten." Ebenda. In den Unterlagen herrsche ab diesem Zeitpunkt „das große Schweigen, das bedrückende ‚Gedächtnisloch'", so der Artikel „Zur Geschichte der Synagoge in Poppelsdorf", in: Signal. Informationen für Poppelsdorf, Nr. 2, 81, S. 10–13, S. 10.

22 van Rey, Bonn in bitteren Zeiten, S. 182.

Sitzplatz stehen bleiben. Die Außenmauern werden lediglich in Erde bebösch und mit Rasen besät, ebenso sollen die Flächen zwischen Einfriedungsmauer und Böschung mit Rasen besät werden. [...] Der [sic] Abschluss nach beiden Seiten bildet die bereits vorhandene 40 cm hohe Sockelmauer."[23]

Damit war zumindest das Bodendenkmal einer Synagoge erhalten geblieben, als die Stadt Bonn ihre neue Rolle als Sitz von Parlament und Regierung erhielt. Ein authentisches Zeugnis der „normativen" Vergangenheit im Zentrum der neuen Republik! Das Terrain mit dem vorerst letzten verbliebenen sichtbaren Relikt jüdischer Kultur ging allerdings an die „Deutsche Wohnen", die alle Spuren beseitigte, das Grundstück einebnete und in der Nachkriegszeit mit Garagen und einem Wohnhaus überbaute.

Dort, wo das jüdische Viertel mit der Hauptsynagoge am Rhein gestanden hatte, fand zunächst keine Überbauung statt. Das planierte, nun kommunale Gelände mitten in der Bundeshauptstadt diente jahrzehntelang als Parkplatz, ohne Hinweis darauf, dass hier das zerstörte Zentrum jüdischen Lebens gelegen war. Die verschiedenen Regierungen kamen und gingen, die Oberbürgermeister der Hauptstadt wechselten, ohne dass irgendjemand auf den Gedanken kam, in der Hauptstadt der Bundesrepublik an diesem Ort der „Vergangenheit" und der von Deutschen vernichteten jüdischen Kultur zu gedenken. Dies änderte sich erst, als 1985 Pläne einer Überbauung durch ein Hilton Hotel bekannt wurden. Nach einer Anfrage der „Grünen" antwortete die Stadt, das Rheinische Amt für Bodenpflege beabsichtige, „vor evtl. Baumaßnahmen eine großflächige und auch intensive Stadtkerngrabung durchzuführen, die in erster Linie der Erforschung des Judenviertels allgemein und der Synagoge im Besonderen gelten soll".[24]

Bei diesen Grabungen 1987 kamen Keller und Fundamente zum Vorschein. Während ungefähr zur gleichen Zeit in Frankfurt nach Ausgrabungen am Börneplatz wenigstens ein Teil des Bodendenkmals konserviert und zugänglich gemacht wurde und bundesweit das Interesse an baulichen Zeugnissen der jüdischen Geschichte zunahm, beschloss die Bundeshauptstadt die endgültige Zerstörung der archäologischen Funde durch den Bau einer Tiefgarage. Zutage gefördert hatte die Grabung die Grundmauern einer Synagoge, der Hammer-Schenk in seiner Monografie einen bedeutenden Platz sowohl für die jüdische Geschichte wie für die Architekturgeschichte der Baugattung Synagoge zugewiesen hat: „Bei wenigen Synagogen ist der Willen so deutlich bekundet wie beim

23 Ebenda.

24 Zit. nach Pracht, Jüdisches Kulturerbe I, S. 475. Vgl. van Rey, Bonn in bitteren Zeiten, S. 179.

Bau der Bonner, einerseits durch baulichen Aufwand ihre ‚Idealität' nachzuweisen und andererseits durch eine orientalische Ausprägung der italienischen Romanik in den Bauformen die gewonnene Eigenständigkeit zu dokumentieren; Eigenständigkeit aber nicht im Sinne einer Desintegration, sondern durch die Anpassung an die Gewohnheiten wohlhabender Bauherren und Institutionen, ihre Bauten mit allen Mitteln historisierender Architektur auszugestalten."[25]

Als Kompromiss wurde vorgeschlagen, auf der ersten Ebene der zu bauenden Tiefgarage die Fundamente der Synagoge nachzuzeichnen, was von der jüdischen Gemeinde mit dem Hinweis der Geschmacklosigkeit zurückgewiesen wurde: Mit Autoabgasen habe schließlich die Massenvernichtung begonnen. Weder aufseiten der Regierung noch der Stadt gab es eine Initiative zur Rettung dieses Erbes am Sitz von Regierung und Parlament. Bonn blieb eine Stadt ohne Zeugnis ihrer jüdischen Vergangenheit, aber auch ohne repräsentative Stelle des Gedenkens an den Völkermord. Die Hauptstadt dieser Republik wurde der ihr zugefallenen politischen und gesellschaftlichen Rolle im Hinblick auf die Erinnerungskultur nicht gerecht.

Dieses Versagen Bonns wird umso deutlicher, als die Stadt andererseits durchaus gewillt war, ihren politischen Anspruch auch denkmälerisch zu untermauern: Dass zu einer richtigen Hauptstadt ein repräsentatives Ehrenmal gehöre, das den Protokoll- und Repräsentationsbedürfnissen des souverän gewordenen Staates genügen könnte, wurde schon in den Fünfzigerjahren geäußert. Umstritten waren – wie in Kassel – nur die „Opfer", deren man gedenken wollte. 1955, nicht zufällig zum zehnjährigen Ende des Zweiten Weltkriegs und rechtzeitig zur Remilitarisierung, verlangte die FDP erstmals ein „Bundesehrenmal" für Bonn. 1961, im Jahr des Mauerbaus und ein Jahr nachdem in den zahlreichen antisemitischen Schmierereien der Neonazismus offenkundig geworden war, rief Bundespräsident Lübke eine „Ehrenmal"-Kommission ins Leben, der Vertreter der Stadt Bonn, der Universität, des Bundes und der Landeskonservator NRW angehörten. Jüdische Verbände und Angehörige der Sinti und Roma waren nicht geladen. Ergebnis war eine bronzene Tafel mit dem über-

25 Hammer-Schenk, Synagogen in Deutschland, Teil I, S. 324. Was mit „Idealität" gemeint ist, erklärte Emanuel Schreiber in seiner Festpredigt zur Einweihung der Synagoge ex negativo: „Eine besondere Bedeutung hat das Gotteshaus in unserer Zeit für die Förderung der Idealität bei den Menschen. Jedes neu erbaute Gotteshaus beweist, daß der Sinn für die Ideale unter Menschen noch nicht geschwunden ist, und je herrlichere Synagogen Israel erbaut, desto besser widerlegt es die Anschuldigungen, als ob es nur auf das Reale Werth lege." Emanuel Schreiber, Das Gotteshaus in unserer Zeit. Festpredigt gehalten bei der Einweihung der neuen Synagoge zu Bonn, Löbau 1879, S. 18.

aus allgemein gehaltenen Text: „Den Opfern der Kriege und Gewaltherrschaft". Die Tafel wurde 1964 zwischen den Freitreppen des „Akademischen Museums" im Bonner Hofgarten, das von Friedrich Schinkel entworfen worden war, aufgestellt. Damit konnte man an die Tradition der ebenfalls von Schinkel stammenden „Neuen Wache" in Berlin anknüpfen, die seit der Weimarer Republik, dann im Nationalsozialismus als offizielles Ehrenmal des Deutschen Reiches diente und mittlerweile von der DDR in gleicher Funktion okkupiert worden war. Dass diese neu errichtete Bundes-Gedenkstätte alles andere als ein Mahnmal für die vernichteten Juden war, wurde bereits bei seiner Einweihung deutlich: Lübke legte am 16. Juni 1964, am Vorabend des Jahrestages des Aufstandes in der DDR, dem „Tag der deutschen Einheit", in Anwesenheit der gesamten Bonner Prominenz den ersten Kranz nieder, auf dessen Schleife stand: „In Gedenken an die Opfer des Volksaufstandes am 17. Juni". Damit wurde evident, gegen welche „Gewaltherrschaft" sich die Bundesrepublik wandte.

Weil die Bronzeplatte im Hofgarten dem Vergleich mit anderen nationalen Gedenkstätten nicht standhielt, ließ Bundespräsident Carl Carstens sie in Absprache mit dem Bonner Stadtdirektor auf den Bonner Nordfriedhof transportieren und dort vor einem 15 Meter hohen Holzkreuz von 1933 neu aufstellen – die Exklusion von jüdischen Opfern ging weiter. Aber auch für Staatsgäste, insbesondere nichtchristliche Staatsmänner, musste das Staatsprotokoll unter dem Hochkreuz eine Zumutung darstellen. Dass sich auf diesem Friedhof neben den Gräbern russischer Kriegsgefangener auch 17 Gräber von Angehörigen der Waffen-SS befanden, dazu das Grab des NS-Oberbürgermeisters Rickert, der die Deportation der jüdischen Bürger in die Vernichtungslager mitverantwortete, nahm bereits vorweg (bzw. stellte auf Dauer), was unter Helmut Kohl und Ronald Reagan in Bitburg geschah.[26]

26 Inzwischen hatte sich eine weitere Gruppe zu Wort gemeldet und machte ihren eigenen Opferbegriff für das Mahnmal geltend. Es war die „Stiftung 20. Juli 1944", die – wie bereits die Jahre zuvor – am 20. Juli 1973 einen „Appell für ein würdiges Ehrenmal in der Bundeshauptstadt Bonn" verfasste (https://www.stiftung-20-juli-1944.de/reden/appell-fur-ein-wurdiges-ehrenmal-in-der-bundeshauptstadt-bonn-fur-die-martyrer-des-widerstandes-gegen-die-hitler-tyrannei-und-die-opfer-der-nationalsozialistischen-gewaltherrschaft-karl-ibach-20071973-1). Schon der Tagungsort machte deutlich, dass das Denkmal eine exkulpatorische Funktion haben sollte: Man tagte mit Repräsentanten des Bundes zum ersten Mal nicht in Bonn wie in früheren Jahren, sondern in München, um diese Stadt von dem Ruf, die Hauptstadt der NS-Bewegung gewesen zu sein, zu entlasten. München sei vielmehr „Stadt der Geschwister Scholl und vieler anderer heldenhafter Widerstandsbewegungen". In Bonn müsse man „noch immer an einem Behelfsdenkmal gedenken. Wir bemühen uns seit vielen Jahren darum, dass die Bundesregierung in Bonn ein würdiges

Vor dem Hintergrund von Kohls konservativer Wende trat der „Bund der Vertriebenen“ mit einem eigenen Vorschlag, ein zentrales „Mahnmal der Vertreibung“ in Bonn zu errichten, an die Kunstkommission der Stadt heran.[27] Gleichzeitig verlangte der damalige Bundestagspräsident Richard Stücklen (CSU) in seiner Rede zum Volkstrauertag ein „Mahnmal als Gedenkstätte für die Millionen deutscher Soldaten [...], die im Osten oder in irgendeiner anderen Himmelrichtung an unbekannten Orten begraben liegen“. Standort sollte in der Rheinaue, mitten im Regierungsviertel, sein. Diese Idee, die auf eine Täterrehabilitation und die Weitererzählung des Narrativs von der „sauberen“ Wehrmacht hinauslief, griff ein „Aide-mémoire“ von „neun, mehrheitlich soldatisch orientierten Verbände[n]“ unter Federführung des „Volksbundes Deutscher Kriegsgräberfürsorge“, mit Sitz in Kassel, auf: „Die Verbände sehen ihre Aufgabe darin, den Kriegstoten des deutschen Volkes ein ehrenvolles Gedenken zu bewahren und dies zu einem ‚Anliegen unseres ganzen Volkes‘ zu machen.“ Es ginge um sieben Millionen „deutsche Menschen“, die im Krieg ihr Leben verloren, und um die „unserem Volke abverlangten Opfer“. Da das deutsche Volk an zentraler Stelle als Volk der Märtyrer inszeniert werden sollte, brachte der Architekt des VdK aus Kassel auch die Idee des „verbindliche[n] Zeichen[s]“ mit: eine „maßstäblich überzogene Dornenkrone, schwebend oder bodennahe“.

Nach Kritik rückte die Regierung 1984 von dem Projekt ab. Immer noch waren weder Vertreter des Zentralrats der Juden noch von Sinti und Roma zu den Beratungen hinzugezogen worden. Es war ja weiterhin nur von deutschen Opfern die Rede. An der exkludierenden überdimensionierten Dornenkrone als „verbindliches Zeichen“ in einer riesigen Trauerhalle in der Rheinaue hielt Kanzler Kohl allerdings fest.[28] Der *Spiegel* apostrophierte den Kohl-Vorschlag als ein „Projekt aus dem Skizzenbuch von Hitlers Architekten Albert Speer“.[29]

Ehrenmal für die Opfer des Widerstands errichtet.“ Ebenda. Juden gehörten offensichtlich nicht zum Widerstand und dessen Opfern, denen man „würdig“ gedenken müsste.

27 Frank Schimmelfennig, Versöhnung für das Bonner Protokoll. Anmerkungen zum Projekt einer Nationalen Mahn- und Gedenkstätte, in: Informationsdienst Wissenschaft und Frieden 4: 3/4, 1986, S. 17–21, S. 20. Die folgenen Zitate ebenda.

28 Wie verbreitet die Dornenkrone – mit ihrer langen antisemitischen Tradition – als Gedenkzeichen für die Opfer des Nationalsozialismus war und wie eindeutig dabei ihre christliche Semantik blieb, belegt die ebenfalls überdimensionierte schwebende Dornenkrone der katholischen „Todesangst-Christi-Kapelle“ auf dem Gelände des ehemaligen Konzentrationslagers Dachau.

29 Mahnmal. Denk mal. Die Bonner Parteien mühen sich um eine „zentrale Mahn- und Gedenkstätte“ in einem deutschen Trauerspiel, in: Der Spiegel, 13. 4. 1986, https://www.spiegel.de/politik/denk-mal-a-e4672983-0002-0001-0000-000013517529.

So blieb ausgerechnet die Hauptstadt der Bundesrepublik Deutschland ohne repräsentatives Mahnmal für die Opfer des Holocaust. Im Juli 1985 veranstaltete die SPD-Fraktionssitzung eine Anhörung zum geplanten Staatsdenkmal, an der zum ersten Mal, vierzig Jahre nach Beendigung der NS-Diktatur, Vertreter der jüdischen Verbände und von Sinti und Roma teilnehmen konnten: „In der Diskussion, bei der sich auch Überlebende aus Konzentrationslagern zu Wort meldeten, wurde vor allem der ‚Opfer'-Begriff kritisiert und erörtert, wen man ehren und wessen man gedenken wolle. In einem ‚kollektiven Ehrenmal' stelle sich ein ganzes Volk als Opfer dar, mithin letztlich auch die Täter: die Frage nach der Verantwortung wurde verschwiegen."[30] Während wenig entfernt vom Bundeshaus die letzten Reste des durch den NS-Antisemitismus vernichteten jüdischen Viertels abgebaggert wurden, hielten die CDU- und FDP-Fraktionen an einem Opferbegriff für das Mahnmal fest, bei dem der Holocaust keine Erwähnung finden sollte.

Helmut Kohls monströse Dornenkrone wurde verhindert, als Bonn seinen Hauptstadtstatus verlor. Dafür konnte sich Kohl nun bei der Neugestaltung der sowieso schon vorbelasteten Neuen Wache in Berlin engagieren. Das Ergebnis ist bekannt: die „aufgeblasene" Kollwitz-Pietà.[31] Dieses Trauerbild der „Schmerzhaften Mutter Gottes" gehört zu den historisch ältesten und häufigsten christlichen Darstellungen des toten Jesus mit seiner Mutter. Die ikonografische Tradition der Pietà ist festgefügt, sie ist wie die Dornenkrone tief eingewurzelt im „christlichen" Bildgedächtnis.

Auch wenn in Berlin die Lage durch das Stelenfeld eine grundsätzlich andere als in Bonn ist, bleibt auch das Berliner Ehrenmal höchst problematisch. Wenn Helmut Kohl gegen den energischen Einspruch von Historikern wie Reinhart Koselleck genau auf diese Pietà-Ikonografie für die zentrale Gedenkstätte in Berlin rekurriert, perpetuiert er die Christianisierung der Gedenkpolitik in der Nachkriegszeit und mit ihr die Ausgrenzung von Opfergruppen, nicht zuletzt der jüdischen Opfer. Kosellecks Einwände haben sich mitnichten erledigt, sie werden vielmehr, zumal in einer postmigrantischen Gesellschaft, dringlicher.

Wäre es nicht an der Zeit, man würde die „Neue Wache" endlich leer räumen oder die Pietà mit einem Betonkubus umgeben?

30 Puvogel/Stankowski, Gedenkstätten I, S. 506.

31 Geht man die Gasse vom Wittlicher Marktplatz Richtung restaurierte Synagoge, kommt man, wie vor 1942 die Juden, immer noch an der in eine Hauswand eingelassenen Pietà vorbei, Sinnbild des Schmerzes über den vom Kreuz abgenommenen Jesus und gleichzeitig ein Fingerzeig auf die nach christlicher Tradition „Verantwortlichen" an diesem Tod.

Kleine Synagoge Erfurt
Fotografin: Alice End, Foto: Stadtverwaltung Erfurt

13
Sanierung der Vergangenheit

Der Wiederaufbau

Der bereits mehrfach angesprochene Wandel in der Erinnerungskultur, wie er sich im Laufe der Achtzigerjahre abzeichnete, hat verschiedene Ursachen und Indikatoren. Beigetragen hat sicherlich ein Generationenwechsel, der eine Verschiebung auch innerhalb der Erinnerungskollektive bedeutete. Das Generationengedächtnis der „Tätergeneration" spielte eine immer geringere Rolle: Die Dominanz dieser Generation schwand durch Tod und Alter. Es war möglich geworden, dass zivilgesellschaftliche Initiativen den Blick auf die deutsch-jüdische Vergangenheit und die deutschen Verbrechen schärften. Dazu gehörten auch lokale und regionale Forschungsanstrengungen, wie sie von den „Geschichtswerkstätten" unternommen und angeregt wurden. Im „Historikerstreit" 1986/87, auch wenn dieser vorwiegend im akademischen Milieu geführt wurde, widersprachen die lokalen Geschichtsinitiativen mit ihren Ergebnissen den „geschichtsrevisionistischen" Positionen. Vorausgegangen war den Debatten der Historiker die Rede des damaligen Bundespräsidenten von Weizsäcker zum 40. Jahrestag des Kriegsendes, die zwar in erster Linie auf eine Neubewertung des 8. Mai 1945 zielte, aber damit zugleich die deutschen Verbrechen verurteilte. Insofern gab diese Rede, aus der auf einigen Gedenktafeln zitiert wurde, den Entwicklungen in der Gedenkpolitik wichtige Impulse. Die zahlreichen Gedenkfeiern zum 50. Jahrestag der „Reichskristallnacht" 1988 – und zwar in West- und Ostdeutschland, wo ebenfalls zivilgesellschaftliche Initiativen entstanden waren – können bereits als bedeutsamer Indikator für diese Entwicklungen beschrieben werden. In der DDR war sichtbarster Ausdruck eines – wenn auch von politischem Kalkül getragenen – neuen Verhältnisses zur deutsch-jüdischen Geschichte die beschriebene (Teil-)Rekonstruktion der Neuen Synagoge in Berlin. Dieser Wandel in der deutschen Erinnerungskultur äußerte sich nicht zuletzt im wachsenden Interesse an den lokalen Überresten der vernichteten Kultur. Beleg für ein neues Interesse an den baulichen Zeugnissen des deutschen Judentums waren in der Bundesrepublik auch die Initiativen zur Rettung der archäologischen Funde des Frankfurter Ghettos, die den sogenannten Börneplatzkonflikt von 1987 auslösten. Dieser bekam bekanntlich bundesweite Aufmerksamkeit.

Knapp drei Jahrzehnte später, 2015, führte das jüdische Kulturmuseum Augsburg-Schwaben in der ehemaligen Synagoge in Kriegshaber ein Symposium mit dem Titel „Wiederhergestellte Synagogen. Raum – Geschichte – Wandel durch Erinnerung“ durch.[1] Es sollte Bilanz gezogen werden, wie sich der erinnerungskulturelle Paradigmenwechsel in der „Rettung“ von Synagogenbauten niedergeschlagen hatte. Ein Jahr später gab Benigna Schönhagen den Tagungsband heraus, in dessen Einführung die Herausgeberin noch einmal die Entwicklung hin zu einem veränderten Verhältnis gegenüber den materiellen Zeugnissen jüdischer Kultur zusammenfasst:

„Lange hat es nach dem Ende des Zweiten Weltkrieges gedauert, bis in Deutschland die wenigen Synagogengebäude und anderen Orte des jüdischen Lebens, die die Zerstörungen der NS-Zeit überdauert hatten, als Erbe wahrgenommen und als Verpflichtung erkannt wurden. Erst in den späten 70er-Jahren[2] setzten Bemühungen um einen verantwortungsvollen Umgang mit den jüdischen Bethäusern ein, deren Beter vertrieben oder ermordet worden waren.

1 Nur vier Monate nach der Augsburger Konferenz veranstaltete das „Institut für jüdische Geschichte Österreichs“ in St. Pölten vom 7. Juli bis zum 10. Juli 2015 die bereits angesprochene, thematisch ähnlich gelagerte Sommerakademie mit dem Titel: „‚Wer kann den Judentempel brauchen?‘ Synagogen in Mitteleuropa nach 1945.“ Dieser Titel zitierte die Überschrift eines Artikels in der Wochenzeitung „Niederösterreichische Nachrichten“ vom 4. März 1975. Die mitteleuropäische Perspektive der österreichischen Veranstaltung stellte den geografischen Kernbereich des NS-Terrors in den Fokus und ermöglichte, was die Nachkriegsgeschichte anbelangt, auch den Vergleich mit dem Umgang mit dem jüdischen Erbe in den sozialistischen Staaten Polen und der Tschechoslowakei. Lind/Mettauer, „Wer kann den Judentempel brauchen?“.

2 Im Klappentext spricht Schönhagen von den frühen 1990er-Jahren, in denen „‚jüdische‘ Gedenkorte in großer Zahl“ entstanden seien. Damit verschiebt sich die bauliche Wiedergewinnung jüdischer Geschichte um ein Jahrzehnt. Von der Anzahl der Initiativen her hat diese Wiedergewinnung das 50. Gedenkjahr und dessen Vorbereitung als Kristallisationspunkt, in: Schönhagen (Hrsg.), Wiederhergestellte Synagogen. Im Folgenden wird kenntlich gemacht, wo Referate der Tagung herangezogen werden.

Nirgendwo hatten die demolierten Gebäude beim Wiederaufbau als bewahrenswert gegolten. Viele von ihnen wurden abgerissen, ihrem Zweck entfremdet oder bis zur Unkenntlichkeit umgebaut, waren sie doch stumme Zeugen einer Vergangenheit, an die man nicht mehr gerne erinnert werden wollte."[3] Wenig später untermauert Schönhagen ihre Aussage vom verantwortungsvoller gewordenen Umgang mit dem Erbe durch Zahlen und hebt dabei das Bewusstwerden auf lokaler Ebene hervor: Allein in Bayern seien bis 2016 30 museale bzw. Gedenkorte mit jüdischem Bezug entstanden, „im benachbarten Baden-Württemberg erinnern heute mehr als die Hälfte der über 70 Gedenkstätten an die jüdische Geschichte des Landes. Mehr als drei Jahrzehnte nach dem Wiederentdecken der ehemaligen Synagogen kann also festgestellt werden, dass diese, wenn auch in unterschiedlichem Maße, zu einem festen Bestandteil der kommunalen Erinnerungskultur geworden sind."[4]

Um diesen Wandel über die von Schönhagen gegebene Statistik hinaus zu veranschaulichen, gehen wir noch einmal zurück zu den Pogromen des November 1938 und grenzen die Beispiele, um wenigstens ausschnittsweise verfahren zu können, auf die kleinere linksrheinische Region der Osteifel ein, ein Gebiet, in dem sich schon früh im Mittelalter Juden niedergelassen hatten. So besaß das mit einer Stadtmauer umgebene Ahrweiler eine mittelalterliche „Judengasse". Für das ebenfalls befestigte Münstermaifeld, Hauptort des fruchtbaren Maifeldes, lässt sich im 15. Jahrhundert eine erste Synagoge nachweisen. Wie überall im Rheinland kam es bei den Pogromen der Pestzeit 1348/49 zur Auslöschung der jüdischen Bevölkerung. Nach einer kurzen Spanne Ende des 14. Jahrhunderts siedelten sich dann aber in dem Landstädtchen an der Ahr wieder jüdische Personen an, darunter bekannte Thoralehrer, jüdische Ärzte, ja, ein jüdischer Dichter. Im 19. Jahrhundert wuchs die jüdische Gemeinde des Ahrtals so an, dass 1894 eine größere Synagoge – es war dort die vierte in historischer Folge – erbaut wurde. Diese wurde, was ebenfalls bereits Erwähnung fand, in der Nacht vom 9. auf den 10. November 1938 gestürmt, das Mobiliar und die Ritualien durch Brand vernichtet und Fenster und Türen eingeschlagen. Wenige Jahre älter als diese Synagoge in Ahrweiler war diejenige, die in Münstermaifeld etwas unterhalb der romanisch-gotischen Stiftskirche errichtet wurde. Brandstiftung vernichtete 1938 Innenausstattung, Frauenempore

3 Schönhagen, Wiederhergestellte Synagogen – Indikatoren der Erinnerungskultur, S. 10.

4 Ebenda, S. 10 f. Sicherlich sind diese Zahlen, die Schönhagen hier wiedergibt, weiter zu differenzieren; zu unterscheiden ist etwa zwischen Gedenkstätten an authentischen Orten und Museen, die unabhängig davon eingerichtet wurden.

und Dachstuhl. Übrig blieb eine Ruine, die jahrzehntelang – von Unkraut überwuchert – sichtbar mitten im Ort stand.

Aus der Vielzahl von Synagogen in den umliegenden Ortschaften lässt sich auf die Dichte der jüdischen Landbevölkerung in diesem Gebiet schließen, aus den 1938 zerstörten Synagogen aber auch auf die hohe Mobilisierung der NS-Gewalttäter:

Von der großen Synagoge von Andernach blieb nur eine Abbruchruine. Zerstört, dann abgetragen wurden die Synagogen von Thür und von Niedermendig. Andere, wie diejenige von Nickenich, entgingen der Brandschatzung nur, weil sie schon zuvor den Besitzer gewechselt hatten. Das Nickenicher Synagogengebäude – als Schmiedewerkstatt fremdgenutzt – fiel 1961/62 der Spitzhacke endgültig zum Opfer. Noch in Sichtweite von Münstermaifeld hatte sich die jüdische Gemeinde von Polch gebildet. Ihre Synagoge war in ähnlicher Bauweise und gleichem Stein wie die Nachbarsynagoge ausgeführt: Die Brandstiftung von 1938 vernichtete auch hier die Frauenempore. Wenige Kilometer entfernt war das Innere des Gotteshauses der jüdischen Gemeinde von Saffig dem Synagogensturm zum Opfer gefallen. Im Nachbarkreis Ahrweiler beteiligten sich nicht nur SA-Männer, sondern auch Schüler am Zerstörungswerk an der Synagoge in Niederzissen.

Sämtliche Gemeinden der Osteifel waren 1942 vernichtet und ihre Mitglieder – bis auf die wenigen, denen die Flucht gelungen war – ermordet worden. Die materielle jüdische Kultur, ob Bauten oder Ritualien, lag in Trümmern oder war geraubt worden. Ruinen oder enteignete und fremdgenutzte Gotteshäuser – in Niederzissen als Schmiede, in Saffig als Schuppen, in Ahrweiler als Raiffeisenkasse, in Polch als Lagerhalle zweckentfremdet – waren letzte Zeugnisse einer alten und reichen jüdischen Kultur.[5]

Ein halbes Jahrhundert später scheint diese Osteifel-Landschaft von diesen Trümmern bereinigt zu sein. Nicht nur das: Wo Trümmer waren, erheben sich wieder Synagogengebäude. Nach Jahrzehnten der Missachtung jüdischer Zeugnisse und nach Vertuschung und Vergessen der Zerstörungen scheinen die Geschichte dieser jüdischen Gemeinden und ihre kulturellen Relikte ins kollektive Bewusstsein zurückgekehrt zu sein. Man erkannte offenkundig eine Verpflichtung an, diese Relikte zu bewahren und, wenn möglich, zu restaurieren.

5 Auf dem Friedhof von Mertloch, der auch der jüdischen Gemeinde von Münstermaifeld als Begräbnisstätte diente, waren die Grabplatten abgeschlagen worden usw. Dass eine Mikwe in Andernach erhalten blieb, hat einen besonderen Grund: Sie befindet sich unter dem Renaissance-Rathaus.

Wegen der Beispielhaftigkeit dieser kleinen Region für die erwachte Erinnerungskultur sei ihre Entwicklung detaillierter beschrieben:

Das zunehmende historische Bewusstsein führte z. B. zu einer Restaurierung des Synagogengebäudes von Polch, das 1940 als Brandruine an die Zivilgemeinde zwangsveräußert werden musste und, wie erwähnt, schließlich als Lagerhalle hergerichtet wurde. Von 1981 bis 1983 wurde der vormalige Zustand (einschließlich der Frauenempore) wiederhergestellt. Nicht nur Polch bekam sein „altes" Synagogengebäude wieder und korrigierte äußerlich Schädigungen im Dorfbild. Seit den Achtzigerjahren hatten sich zivilgesellschaftlich Engagierte in Ahrweiler um den Erhalt der dortigen ehemaligen Synagoge bemüht. 1990 konnte der Abschluss der Restaurierungen feierlich begangen werden. Auch hier ist eine Lücke am zentralen Platz gegenüber dem mittelalterlichen Rathaus wieder geschlossen worden. (Die Flutkatastrophe von 2021 hat dann hier in tragischer Weise neue, immense Schäden und Verwüstungen angerichtet.)

Ebenso wurden in Saffig die Schäden an der Synagoge, die Pogrom und die Indienstnahme durch die politische Gemeinde hinterlassen hatten, behoben, als der „Förderverein Synagoge Saffig e. V." das Gebäude von 1987 bis 1991 restaurierte. Nach langjährigem Leerstand der Synagoge von Niederzissen, in der zuvor eine Schmiede mit schwerwiegenden baulichen Folgen für das Bauwerk eingerichtet worden war, ging es in einem Bürgerbegehren darum, ob man die Synagoge erhalten oder abreißen sollte. Die Befürworter eines Erhalts setzten sich durch. 2011 begannen die Rekonstruktionsmaßnahmen, die das erklärte Ziel hatten, den Zustand vor dem Umbau in eine Schmiede wieder zu erreichen.[6]

Vom Wiederentstehen von Synagogen in dem eingegrenzten Osteifelgebiet kündet schließlich die Rekonstruktionsgeschichte in Münstermaifeld selbst: Noch bis Ende der Achtzigerjahre stand am Platz des ehemaligen Gotteshauses nur die Brandruine, ohne Dach, sodass die Witterung dem Mauerwerk zusetzen musste – bis sich auch in diesem Eifelort ein Umdenken bemerkbar machte. Als Erstes bedurfte es der Sicherungsmaßnahmen an Mauerkrone und Fenstergewänden sowie der Errichtung eines neuen Dachs. 1989 erfolgten diese Maßnahmen; in Zusammenarbeit mit der Behörde für Denkmalschutz entstand das Haus nach historischen Vorbildern bis auf Außenmauern weitgehend neu. Auch die Zwischenempore wurde wieder rekonstruiert und zudem ein Platz

6 Was ein schwieriges Unterfangen war, da die gesamte enge Bebauung der Nachbarschaft durch Fachwerkhäuser (man konnte die Synagoge nur durch ein zwischen Häusern befindliches Tor erreichen) bereits verschwunden war und die Synagoge nun als Solitär völlig frei stand.

angelegt, auf dem Informationstafeln historisches Wissen über die jüdische Gemeinde und ihre Vernichtung mitteilen. Die ehemalige Synagoge wurde als Erinnerungsstätte eingeweiht, in der jeweils am 9. November die beiden christlichen Konfessionen einen Gedenkgottesdienst abhalten.

Beispiele für den Paradigmenwechsel in den Achtzigerjahren kann man nicht nur in der Eifel, sondern an vielen anderen Orten nahezu flächendeckend finden. „Die Fülle solcher Synagogenprojekte ist ein deutsches Nachkriegsphänomen", schreibt Daniela Eisenstein, langjährige Leiterin des Jüdischen Museums Frankfurt am Main.[7] Stellt man Beispiele für einzelne Regionen zusammen, gewinnt man den Eindruck, man habe jetzt retten wollen, was noch an jüdischer materieller Kultur zu retten war. Man hört förmlich in den verschiedenen Regionen das Hämmern und Sägen, das Schmieden neuer Davidsterne oder das Wirken von Glasern beim Ersetzen der eingeworfenen und geborstenen Fensterscheiben.

Im Moselraum, an die Osteifel angrenzend und zum Teil mit ihm identisch, sind es die Synagogen von Wawern, Schweich, Brauneberg, Bernkastel, Bruttig, Zell, schließlich Ediger – allesamt verwüstet 1938, in den Fünfzigerjahren u. a. zu Wohnhäusern umgebaut –, die wiederhergerichtet wurden. Im Bundesland Rheinland-Pfalz wurden allein um Bad Dürkheim die ehemaligen Synagogen von Deidesheim, Fußgönheim, Weisenheim am Berg und Odenbach wiederhergestellt. Ebenso war es im pfälzischen Bad Sobernheim, in Meisenheim am Glan, in Laufersweiler, in Staudernheim und in Mainz-Weisenau – Letzteres ist deshalb besonders erwähnenswert, weil dieses Synagogengebäude in Mainz, zu dessen Sanierung 1992 der Förderverein „Die Synagoge retten" gegründet worden war,[8] heute Teil des Weltkulturerbes der SchUM-Städte ist.

Beispiele aus Hessen sind: Michelstadt, Münzenberg, Roth, Vöhl, Hadamar, Nidda, Auerberg, Klein-Krotzenburg, Gelnhausen und Gudensberg. An wiederhergestellten ehemaligen niedersächsischen Synagogen sollen hier nur Dornum und Stadthagen erwähnt werden. Für die Sicherung des jüdischen Erbes in Bayern in diesen Jahrzehnten stehen u. a. Straubing in Niederbayern, Veitshöchheim in Franken, Hainsfarth, Binswangen, Ichenhausen, Memmelsdorf und Kitzingen; in Urspringen wurden die Renovierungsarbeiten 1991 beendet, und das restaurierte Synagogengebäude von Gaukönigshofen, bis

7 Daniela Eisenstein, Jüdische Museen in historischen Häusern am Beispiel des Jüdischen Museums Franken in Schnaittach, in: Schönhagen (Hrsg.), Wiederhergestellte Synagogen, S. 62–71, S. 62.

8 Böcher, Die Synagoge in Mainz-Weisenau, S. 5–8, S. 8.

dahin Wohnhaus mit angrenzendem Lagerraum, wurde im Oktober 1988 als Gedenkstätte des Landkreises Würzburg für die in der NS-Zeit ermordeten Juden eingeweiht.

Jedes dieser Projekte ist ein Beispiel für einen neuen Umgang mit den jüdischen Sakralbauten, die den Naziterror und den Abriss nach dem Kriege überdauert hatten. Anträgen auf Umnutzung oder Abriss wurde jetzt bedeutend zurückhaltender zugestimmt als Jahrzehnte zuvor, so wie es nunmehr in Fellheim der Fall war, dessen Synagoge in der Pogromnacht stark beschädigt worden war, nach 1945 als Lagerhalle für Flugzeugmotoren genutzt und ab 1950 ohne Weiteres zu einem Wohnhaus umgebaut werden konnte. Anfang der 2000er-Jahre wurde ein Antrag auf Eröffnung einer Gaststätte in der ehemaligen Synagoge gestellt – ein Antrag, der in den Fünfziger- und Sechzigerjahren bedenkenlos genehmigt worden wäre: Jetzt hatte jedoch ein Bewusstwerden in der Gemeinde eingesetzt, was dazu führte, dass die politische Gemeinde Fellheim 2007 die ehemalige Synagoge kaufte und sie zurückbaute, um einen Gedenkort einrichten zu können.

Beispiele aus Baden-Württemberg: Hier wurde z. B. die Synagoge von Leutershausen an der Bergstraße, in der nach 1945 eine Konservenfabrik, ein Lager und eine Druckerei untergebracht worden waren, ab 2000 restauriert. Ebenso geschah es mit den Synagogen von Sulzburg, Sinsheim, Michelbach an der Lücke, Hechingen und Baisingen.

Schließlich ist auf die zahlreichen Projekte in NRW hinzuweisen, die man in diesem Zeitraum „rettete“: Der Synagogenbau von Stommeln war bereits 1983 wieder restauriert und stand nun für Kunstprojekte zur Verfügung. Neheims Synagogengebäude wurde ungefähr zur gleichen Zeit wieder instand gesetzt. 1987 war das jüdische Gotteshaus von Issum, zu dem eine Mikwe und ein erhaltenes Schulgebäude gehören, saniert worden. Zudem ist hier Hülchrath-Grevenbroich zu nennen. Die Stadt Blomberg in Ostwestfalen-Lippe kaufte 1992 die dortige ehemalige Synagoge, renovierte sie und brachte in dem sanierten Gebäude das Stadtarchiv unter. Die Auflistung der Restaurierungen in NRW kann fortgesetzt werden mit Selm, Lommersum, Coesfeld und Meschede, wo die Arbeiten 1986 beendet wurden, und Petershagen, an dessen ehemaliger Synagoge von 1984 bis 2001 Restaurierungen durchgeführt wurden. Selbst die so umkämpfte Synagoge von Padberg (siehe weiter unten) wurde restauriert.

Auch auf dem Gebiet der DDR bzw. demjenigen der neuen Bundesländer erkennt man – auch unter Berücksichtigung der dortigen spezifischen

Bedingungen – eine Zuwendung zum jüdischen materiellen Erbe. Über Gröbzigs wechselvolle Restaurierungsgeschichte ist bereits berichtet worden, ebenso wie über die Synagoge von Wörlitz. Noch zu Zeiten der DDR beschloss die Stadt Krakow am See, die bis 1985 als Turnhalle genutzte einstige Synagoge zu restaurieren und für kulturelle Zwecke zu nutzen, was wegen des Zusammenbruchs der DDR nicht mehr zustande kam. 1991 begannen dann die denkmalpflegerischen Bemühungen, die 1996 zum Abschluss kamen. Ähnliches geschah in Haldensleben: Nach dem Auszug der Neuapostolischen Kirche fand eine Sanierung statt, sodass das ehemals jüdische Haus 2007 als Museum wiedereröffnet werden konnte. Der neoklassizistische Synagogenbau von Görlitz, der einzige, der in Sachsen das Pogrom mit nur leichteren Beschädigungen 1938 sowie den nachfolgenden Krieg überstanden hatte und dem erst in DDR-Zeiten schwere Bauschäden zugefügt worden waren, wurde prachtvoll restauriert.

In Thüringen kam es nach der Wende vor allem zur Wiederentdeckung und Wiederherstellung der alten Synagoge von Erfurt und der dortigen Mikwe, die zu den wichtigsten, weil ältesten Zeugnissen jüdischen Lebens in Deutschland gehören.

Denkmalschutz

Am erinnerungskulturellen Paradigmenwechsel seit den Achtzigerjahren war das Bemerkenswerte, dass dieser in der Regel von lokalen Initiativen aus der Zivilgesellschaft getragen wurde. Von diesen gingen die ersten Schritte zur „Rettung“ der Relikte einer „normativen“ Vergangenheit aus, indem sie darauf drängten, dass der Denkmalschutz sich des „Erbeobjekts“ annahm, es katalogisierte und schließlich in der Liste schützenwerter Denkmäler erfasste.

Dass die verschiedenen Denkmalschutzbehörden bauliche Zeugnisse des jüdischen Lebens überhaupt als schutzwürdig klassifizierten, war dennoch ein langer Prozess. Ein über Jahrzehnte konstatierbares Untätigsein des Denkmalschutzes trägt an der Verantwortung mit, dass diese Objekte in der Nachkriegsgesellschaft respektlos und als überflüssig behandelt und folglich dezimiert wurden. Bis seitens der Denkmalschutzbehörden überhaupt erkannt wurde, dass die ruinierten jüdischen Kulturbauten nach dem Vernichtungswerk der Nazis an den Juden unbedingt und prioritär zu sichern seien, vergingen Jahrzehnte, in denen sich der Antisemitismus in der deutschen Nachkriegsgesellschaft weiter verhärten und die ehemalige Existenz von Juden vor Ort vergessen werden konnte. Ein Ruhmesblatt in der Geschichte des Denkmalschutzes stellte der Umgang mit den baulichen Spuren jüdischen Lebens im Deutschland der Nachkriegszeit wahrlich nicht dar. Die größte Niederlage aber erlitt der Denkmalschutz, als er 1971 den Totalabriss des Raschi-Hauses in Worms hinnehmen musste, worauf im Schlusskapitel noch einzugehen sein wird.

In den Achtzigerjahren lässt sich ein verstärktes und engagierteres Auftreten des Denkmalschutzes für das jüdische Bauerbe feststellen. Wo ein umgenutztes und umgebautes Synagogengebäude auf die Denkmalliste gesetzt wurde, bedeutete dies aber noch nicht zwingend dessen Rettung, zumal dann nicht, wenn denkmalschützerische Maßnahmen mit anderen Projekten bzw. Bau- oder Modernisierungsplänen kollidierten. Beispielhaft sei das damalige Geschehen in Dühren/Sinsheim anzuführen, wo das Landesdenkmalamt Baden-Württemberg bereits 1982 die Synagoge, lange Zeit Heuspeicher, dann Garage, für erhaltenswert erklärt hatte. Diese ehemalige Synagoge bildete mit dem angrenzenden Haus des jüdischen Lehrers und einem Ensemble älterer Häuser den „Judenwinkel". Dieser wurde – einschließlich des Lehrerhauses – erst in den Neunzigerjahren vollständig abgetragen: „Nur noch sie [die Synagoge] erinnert an die frühere Geschichte im ‚Judenwinkel'."[9] Der Verfall dieses längst als Denkmal eingetragenen jüdischen Gotteshauses nahm allerdings ebenso zu, wie sich die Auseinandersetzungen um den Abriss verschärften, wobei die Erteilung der Abrissgenehmigung immer wahrscheinlicher wurde. Dagegen stellte sich noch einmal der Denkmalschutz, sodass die *Rhein-Neckar-Zeitung* am 4. Dezember 2014 schreiben konnte: „Denkmalschutz schiebt Synagogen-Abriss Riegel vor. Auch als Getreidelager ist die Synagoge erhaltenswert." Der marode Zustand des Gebäudes verschlechterte sich rasch, nicht nur, weil man Sicherungsarbeiten unterließ, sondern auch dem Verfall nachhalf, um eine Abrissgenehmigung der geschützten Synagoge zu erreichen. Bereits am 11. Juli 2015 war in der *Rhein-Neckar-Zeitung* zu lesen: „Und dann ging doch alles ganz schnell: Kürzlich noch vom Denkmalschutz als ortsgeschichtlich bedeutsam eingestuft und mit einem Rüffel, man hätte das Gebäude besser erhalten müssen, kam jetzt die Abbruchgenehmigung für die ehemalige Synagoge", eine Genehmigung, die unverzüglich umgesetzt wurde.

Die Spanne zwischen der Eintragung in eine Denkmalliste und den ersten Erhaltungsschritten des Denkmals konnte, wie einzelne Beispiele zeigen, bisweilen Jahrzehnte in Anspruch nehmen, Zeit genug, um den Denkmalschutz wirkungslos werden zu lassen, da der fortschreitende Verfall der ehemaligen

9 https://www.alemannia-judaica.de/duehren_synagoge.htm.

Synagoge deren Ende bereits besiegelt hatte. Beispiele dafür, dass man – wie in Dühren – zwischen der Unterschutzstellung und der beginnenden Bausubstanzsicherung so viel Zeit vergehen ließ, dass sich das Problem des Denkmals „Synagoge" von selbst löste, ließen sich viele anführen, auch noch für die Jahre eines erwachten Interesses an jüdischer Geschichte und ihren Zeugnissen. So dauerte es bei der ehemaligen Synagoge in Waldhilbersheim bei Kreuznach, die 1994 in die Denkmalliste aufgenommen worden war, bis zum Jahr 2020, ehe ein Förderverein erste Gelder für Renovierungsarbeiten zur Verfügung hatte.

Häufig war es dem Insistieren von Fördervereinen zu verdanken, dass der Denkmalschutz seine Maßgaben auch tatsächlich umsetzen konnte. Das jüdische Gotteshaus in Epe in Westfalen war in der Pogromnacht angezündet worden, seine Bausubstanz war aber in einem Zustand, dass die politische Gemeinde es zum Feuerwehrgerätehaus umbauen und über Jahrzehnte als solches nutzen konnte. Erst 2018 wurde die ehemalige Synagoge zum schützenswerten Denkmal erklärt, aber auch nur, weil der 2017 gegründete Förderverein dafür kämpfte und Zuschüsse benötigte. 2020 begannen hier ebenfalls erst die ersten Sicherungsarbeiten – 82 Jahre nach der Pogromnacht!

Auch wenn sich die Denkmalschutzbehörden immer wieder als machtlos gegenüber politischen und ökonomischen Interessen erwiesen, waren und wurden sie wichtige Partner von zivilgesellschaftlichen Initiativen, wie auch umgekehrt. Denkmalschutzrichtlinien und -gesetzen kamen bei der Bestandswahrung des jüdischen baulichen Erbes eine wichtige Rolle zu, als dieses Erbe nach 1980 stärker in das gesellschaftliche Bewusstsein drang.

Ein Musterbeispiel hierfür ist der Kampf um eine der wenigen in NRW erhaltenen Fachwerksynagogen im sauerländischen Padberg.[10] In der Auseinandersetzung um dieses Denkmal zeigte sich, wie tief verwurzelt auch nach der erinnerungspolitischen Wende der Achtzigerjahre noch eine antijüdische Haltung war, auf die der Denkmalschutz stieß. Zusammen mit dem SPD-Ortsvorsteher beschloss fast der ganze CDU-Stadtrat in Marsberg, zu dem Padberg gehört, „zunächst den kompletten Fachwerkbau abzutragen und einzulagern".[11] Dieses erwies sich als unvereinbar mit dem nordrhein-westfälischen Denkmalschutzgesetz, sodass die Denkmalbehörden diesen Plan stoppen konnten. Um das Denkmalschutzgesetz zu umgehen, „verständigte sich die große

10 Weitere Fachwerksynagogen sind als Bauwerk erhalten geblieben in Detmold und Blomberg.

11 Christian Reiermann, Denkmalschutz. Mahnmal der Intoleranz, in: Die Zeit, Nr. 44, 1987, https://zeit.de/1987744/mahnmal-der-intoleranz/komplettansicht.

Koalition der Abreißer darauf, die Synagoge auf ein städtisches Grundstück umzusetzen".[12] Dieser Plan zielte darauf, die mehrere Jahrhunderte alte Synagoge in einer Neubausiedlung wieder aufzubauen, aber – weniger auffällig – in einer zweiten Häuserreihe. Es sollte also eine ganz andere jüdische Geschichte in das kollektive Gedächtnis eingeschrieben werden, und das noch, indem man sich – verlogen – auf die historische „Wahrheit" berief: Durch die Translozierung würde „die Synagoge in die zweite Reihe der Wohnbebauung gerückt, wo sie ursprünglich auch gestanden habe, als die stattlichen Fachwerk-Bauernhäuser sie noch umgaben. Das sei charakteristisch für Dorfsynagogen [...]."[13] Das Veto des Denkmalschutzes gegen die Mehrheit im Stadtrat begründete sich aus dem Zustand der Synagoge, der einen Umzug des Gebäudes nicht zuließe, und aus der Gebundenheit eines Denkmals an seinen authentischen Standort. Die Mittel, die das westfälische Amt für Denkmalpflege jährlich der Stadt Marsberg zur Substanzsicherung bereitstellte, wurden eben wegen der Klausel der Ortsgebundenheit des Denkmals von der Stadt nicht abgerufen. Ziel der Gemeinde war schließlich nicht der Erhalt, sondern der Verfall der Synagoge.[14]

12 Ebenda.

13 Ebenda.

14 Reiermann spricht davon, dass die „Auseinandersetzung um die ehemalige Versammlungsstätte der Padberger Juden [...] über die Jahre groteske Züge" angenommen habe. Die Gewaltandrohungen gegenüber den Befürwortern einer Restaurierung des Gebäudes und seiner Umwandlung in eine Gedenkstätte, von denen Reiermann in der *Zeit* berichtet, lassen allerdings eher an ein Déjà vu der Pogromnacht als an eine Groteske denken: „Beliebtestes Forum [der Auseinandersetzungen um die ehemalige Synagoge in Padberg]: die einzige Kneipe im Ort. Hier stellte Ortsvorsteher Erger den Zapfhahn in den Dienst seiner Überzeugungsarbeit. Eines Abends bot der demjenigen mutigen Padberger 500 Mark, der das Ärgernis durch Brandlegen aus der Welt schaffe. Sein Angebot legte er sogar schriftlich nieder, sinnigerweise auf einen Bierdeckel. Von ähnlichem Feuereifer zeigte sich Marsbergs CDU-Bürgermeister Alfons Scholle beseelt. Auf einer öffentlichen Ratssitzung schlug er vor, das Problem im Rahmen einer Übung der örtlichen Feuerwehr zu beseitigen." Dass öffentlich die Feuerwehr wieder aufgerufen wurde, sich als Brandstifter zu betätigen, zeugt entweder von völliger Geschichtsvergessenheit oder Geschichtsversessenheit des Bürgermeisters und des Stadtrats. Einem für die Synagoge engagierten Bürger kündigte der Bauer, der sich das Synagogengrundstück aneignen wollte, an, „bei seinem nächsten Besuch fließe Blut". Schließlich reiste der Staatssekretär des Düsseldorfer Ministeriums für Stadtentwicklung zu einem Ortstermin an; dazu lud er auch den einzigen im Hochsauerland noch lebenden jüdischen Bürger ein. Dieser wurde „davongejagt; der Staatssekretär war betroffen, konnte aber nichts ausrichten". Erfolg hatte die „Abriss-Koalition" nicht: In den Neunzigerjahren war der politische Druck – auch vonseiten des Ministeriums – so gewachsen, dass aus der ehemaligen Fachwerk-Synagoge eine Gedenkstätte wurde. Ebenda.

Dem engagierten Eingreifen des Denkmalschutzes ist es zu verdanken, dass – bislang – eines der wichtigsten Baudenkmäler in Ostwestfalen-Lippe, wenn auch in einem miserablen Zustand, noch stehen geblieben ist. Es handelt sich um eine Hofsynagoge in Detmold. Sie ist „eine der frühesten freistehenden Synagogen des neuzeitlichen Judentums“[15] und die erste der vier Synagogen in der lippischen Residenzstadt. (Ihr folgten die Alte Synagoge von 1742, die Neue Synagoge von 1905–07, die im November 1938 von der Feuerwehr Detmolds abgebrannt wurde und noch im selben Monat beseitigt wurde, da die NSDAP auf dem Grundstück ihr Parteihaus errichten wollte; 1955 wurde die vierte Synagoge errichtet.) Als die Besitzerin des im Hinterhof eines Hauses gelegenen Synagogenbaus, der bereits seit 1988 als „Gartenhaus um der Zeit 1800“ unter Denkmalschutz stand, diesen im Jahr 2010 abreißen wollte, nahm die Obere Denkmalbehörde in Münster eine Untersuchung vor, die ergab, dass es sich um einen Betsaal handelte, der 110 Jahre als solcher genutzt wurde. Dendrologische Analysen datierten den Bau auf das Jahr 1633, was eine Korrektur der jüdischen Geschichtsschreibung zur Folge hatte, da man bis dahin davon ausgegangen war, dass es zu dieser Zeit keine jüdische Gemeinde in Detmold gegeben habe. Daraufhin nahm die Untere Denkmalbehörde eine Denkmalerweiterung vor, gegen welche – weil die Neubewertung als Denkmal den Abriss verhinderte – die Eigentümerin klagte. Da der Rechtsanwalt der Klägerin einen Befangenheitsantrag gegen Richter und Beisitzer stellte, wurde das Verfahren ausgesetzt, sodass dieses besondere Denkmal deutsch-jüdischer Geschichte derzeit dem Verfall preisgegeben wird.[16]

Besonders ist dieses Denkmal auch deshalb, weil es zu einem Ensemble gehört, das als Erinnerungszeugnis nicht nur der lippischen, sondern der deutsch-jüdischen Geschichte insgesamt gelten muss: Wenige Meter von der Hofsynagoge entfernt wurde 2006 bei Kanalarbeiten die Mikwe „wieder“ entdeckt – die vermutlich aus derselben Erbauungszeit wie der Synagogenbau stammt. Sie wurde nach Abschluss der Straßenarbeiten „leider wieder verschlossen. Forderungen nach einer Bergung, Markierung auf der Straße oder einer Glasplatte wurde nicht nachgegeben.“[17] Diese Mikwe befand sich im bereits im 19. Jahrhundert beseitigten Haus des Begründers der Judaistik

15 Jüdische Spuren in Detmold, S. 3. Die Texte basieren auf: Auf jüdischen Spuren. Ein Stadtrundgang durch Detmold. 3. Aufl., Lage 2020.

16 Bei meiner Ortsbesichtigung konnte ich selbst feststellen, wie gefährdet inzwischen die Bausubstanz ist und wie dringend sie einer Restaurierung bedarf.

17 Jüdische Spuren in Detmold, S. 6.

und Verfechters der Rechte der Juden, Leopold Zunz, der hier 1794 geboren wurde.

Wie wenig es bei dem Streit um die Hofsynagoge allein um dieses Gebäude geht, lassen aufgebrachte Leserzuschriften zu dem Prozess auf der Homepage der *Lippischen Zeitung* erahnen, die sich gegen den Denkmalschutz wenden. So schrieb „Werner" am 9. April 2014: „Denkmalschutz ist gut und schön, aber eine Ruine zum Denkmal zu erheben ist – Verlaub – Schwachsinn. Städte und Dörfer leben seit Jahrhunderten von Veränderung, Abriss und Neubau. Da ist es schwer zu verstehen, wie sich ein Denkmalschützer anmaßen kann, so eine Ruine zum Denkmal zu erklären. Was soll da erhaltenswert sein? Abreissen!!!" Ein „NV" ist ironisch und meint: „Ein ganz tolles Denkmal. Das ist so schön [sic] das will ich man meinen ungcbohrenen [sic] Enkel [sic] zeigen. Und jetzt im Ernst: Weg damit – weitere Diskussionen sind Steuergeldverschwendung!" Der Vorschlag eines „Reinhard Klein", nach Abriss einen Gedenkstein aufzustellen, demonstriert gleichzeitig, dass dies in Wirklichkeit eine Aufforderung zum Vergessen ist: „Abriss, Neubau und ein Gedenkstein, wenn eine Nutzung [als Bethaus] in sehr viel früheren Jahren nachgewiesen werden sollte! Den Gedenkstein kann man immer noch und aus [sic] diversen Freiflächen dieses Grundstücks errichten! Weshalb also der Eigentümerin das Recht des Eigentümers vorenthalten – nur, weil eine Behörde immer Recht hat?" Ähnlich äußert sich zum Prozessauftakt auch „Yvonne": „Wie wäre es [sic] stattdessen das Haus abzureissen und anschließend einen Gedenkstein zu errichten?"[18]

Es wäre für die Wiedergewinnung des jüdischen materiellen Kulturerbes sicherlich aufschlussreich, die Begründungen der verschiedenen Denkmalbehörden für eine Unterschutzstellung zu analysieren und zu historisieren. Dies muss hier ein Desiderat bleiben, das umso mehr zu bedauern ist, als in den Argumenten des Denkmalschutzes nicht nur Veränderungen im gesellschaftlichen Verhältnis zum jüdischen Bauerbe sichtbar werden, sondern weil diese Begründungen Auswirkungen auf die Restaurierungskonzepte und ihre Realisierungen haben. Eine bemerkenswerte Akzentverlagerung – verglichen mit früheren denkmalpflegerischen Stellungnahmen – zeigte sich z. B. schon bei der zitierten Befürwortung der (dann doch nicht gelungenen) Rettung der

18 Sämtliche Kommentare: https://www.lz.de/lippe/detmold/10926321_Haus-an-der-Bruchmauerstrasse-soll-frueher-juedischer-Betsaal-gewesen-sein.html. Zu diesen Lesermeinungen passt, dass bei meiner Ortsbesichtigung an der Hinweistafel zur Mikwe noch deutliche Spuren roter Farbe zu sehen waren, die sich wie Blutspritzer über die Hauswand ausbreiteten.

Dührener Synagoge: „Auch als Getreidelager ist die Synagoge erhaltenswert – unter anderem, weil auch der Umgang mit ihr Geschichte ist.“[19] Damit rückte der Denkmalschutz 2014 nachdrücklich auch die Nachgeschichte und den respektlosen, zerstörerischen Umgang mit diesem Erbe in den Nachkriegsjahrzehnten in den Fokus.[20]

Dühren ist nicht das einzige Beispiel für eine solch qualitative Verschiebung in der Begründung für eine Aufnahme in die Denkmalliste: Die ehemalige Synagoge von Gangelt bei Aachen wurde nach Profanierung und Verkauf Schweinestall, dann Vorkeimraum für Saatgut, schließlich erneut umgebaut für landwirtschaftliche Nutzung; 1986 wurde sie weiterverkauft, es folgten neue Umbauten. Seit dem 8. Dezember 1993 ist die ehemalige Synagoge eingetragenes Denkmal; das „Rheinische Amt für Denkmalpflege“ begründete die Feststellung des Denkmalstatus folgendermaßen: „Die Synagoge, Heinsberger Straße in Gangelt, ist allein als solche von besonderer Bedeutung für die *Nachkriegsgeschichte* [Hervorhebung P.S.] Gangelts, wie auch des Kreises Heinsberg und seiner Bewohner. Als einzige erhaltene Synagoge im Kreis Heinsberg und wegen ihrer trotz zwischenzeitlicher Umnutzung noch immer ausgeprägten Aussagekraft für die Architektur eines jüdischen Sakralbaus liegen künstlerische und wissenschaftliche, insbesondere bauliche Gründe für die Erhaltung und Nutzung der Synagoge vor, die ein öffentliches Interesse nach § 2.2. DSchG NRW begründen.“[21] Damit bestätigt die Denkmalschutzbehörde die Notwendigkeit eines doppelten Blicks auf das Gebäude, der sowohl die architektonische

19 Siehe https://www.alemannia-judaica.de/duehren_synagoge.htm.

20 Um die – auch historische – Differenz von Begründungen des Denkmalschutzes zu illustrieren, sei aus der Argumentation für die Unterschutzstellung des Synagogenbaus von Laufersweiler/Rheinland-Pfalz zitiert. Es ist das ehemalige Gotteshaus, das – nach der Deportation der jüdischen Bevölkerung – lange leer stand, dann als Wäscherei, Kühlraum, Schulsaal und Versammlungsraum genutzt wurde. Im Gemeinderat setzte sich nach kontroverser Diskussion die Ansicht durch, man solle das Gebäude als Denkmal erhalten. Ende April 1985 erfolgte die Eintragung als Denkmal, wonach das „Gebäude […] weder zerstört, abgerissen, beseitigt oder in seinem Bestand verändert werden [darf]“. In der Denkmalsbegründung wird auf diese Nachgeschichte nicht eingegangen; stattdessen spricht man vom Zeugnis einer „vergangene[n] Zeit“, das der „Förderung des geschichtlichen Bewusstseins und der Heimatverbundenheit“ dienen solle – „Heimatverbundenheit“ von wem? Der deportierten und vertriebenen jüdischen Eigentümer der Synagoge, die nur deshalb nicht gebrandschatzt wurde, weil die Nachbarn um ihr Eigentum fürchteten? Der Nachbarn, die die Synagoge schändeten? Siehe Förderkreis Synagoge Laufersweiler e. V., Die Synagoge Laufersweiler als Denkmal, https://www.synagoge-laufersweiler.de/de/die-synagoge-laufersweiler-als-denkmal.

21 Akte „Synagoge Gangelt“ beim Rheinischen Amt für Denkmalpflege, Pulheim-Brauweiler.

und künstlerische Qualität des Sakralbaus in ihrer öffentlichen Bedeutsamkeit erfasst als auch die auf den Bruch mit der Geschichte als Sakralbau folgende Umnutzung in der Nachkriegsgeschichte.

Aus diesen Begründungen des Denkmalwertes eines Hauses ergeben sich Konsequenzen für die praktische Umsetzung des Denkmalschutzes, die insbesondere die Referenzzeiten der Wiederherstellung betreffen.

Vom Schandfleck zum Schmuckstück: die Legende vom Original

Die Umsetzung solcher denkmalpflegerischer Argumente in konkrete Restaurierungsmaßnahmen wurden auch dadurch erleichtert, dass es seit den Achtzigerjahren bei vielen ehemaligen Synagogen zu einem Leerstand gekommen war. Es waren neben politischen, ideologischen und moralischen Beweggründen auch ganz konkrete strukturelle, wirtschaftliche und soziale Veränderungen vor allem auf dem Land, die häufig zu neuen Debatten über die Synagogengebäude führten. Durch die erreichte Technifizierung der Landwirtschaft wurden die Räume ehemaliger Synagogen nicht mehr benötigt; Schmiedewerkstätten, die sich in einigen profanierten Synagogen eingerichtet hatten, standen leer, wie etwa in Niederzissen, wo der Beruf des Dorfschmieds – wie in vielen Dörfern – ausstarb. In Gudensberg bei Kassel benötigte das Bäckerhandwerk das Synagogengebäude nicht mehr und ließ es leer stehen. Das Handwerk der Sargtischler war kaum noch gefragt, was ebenfalls zu Leerständen, z. B. der ehemaligen Synagoge von Bernkastel, führte. Viele Landwirte, die sich einstiger Synagogen bedient hatten, hatten keinen Bedarf mehr an Scheunen und Schuppen, und selbst die Raiffeisenkassen benötigten wegen des Strukturwandels in der Landwirtschaft kaum mehr Lagerhallen, für die sich Synagogengebäude geeignet hatten (z. B. in Ahrweiler). Wegen des Modernisierungsdrucks waren auch zu Wohnhäusern umgebaute Synagogen von Leerstand oder Verfall bedroht, es sei denn, man hatte Gastarbeiter in den zunehmend maroder werdenden Wohnungen, die aus jüdischen Bauten hervorgegangen waren, untergebracht. Dies konnte die Beseitigung der Gebäude nur hinauszögern, nicht verhindern. (Zum ländlichen Strukturwandel siehe auch Kapitel 15 zur Entstehung von Freilichtmuseen.)

In dieser Situation einer geänderten Interessenlage standen viele Gemeinde vor der Entscheidung, die Gebäude aufzukaufen und dann entweder – mit Landes- und Denkmalmitteln – zurückzubauen und zu restaurieren oder aber sie abzureißen. Letzteres war dadurch, dass viele Synagogen inzwischen auf der

Denkmalliste standen, erschwert worden; zudem war es – bei entsprechendem bürgerschaftlichen Engagement – leichter, an Zuschüsse für den Erhalt eines Denkmals zu kommen. Unter diesen Voraussetzungen konnte man sich – nachdem auch die Tätergeneration keine nennenswerte Rolle mehr spielte – für eine Restaurierung entscheiden, z. B. mit dem Ziel der Realisierung einer Gedenkstätte oder – was bei dem Strukturwandel der Dörfer, die mehr und mehr zu Pendlerorten wurden, noch dringender schien – eines Kulturzentrums.

Dass damit zugleich das Image eines Ortes aufpoliert werden konnte, erkannte man auch in dem bereits erwähnten Padberg, dessen Synagoge kurz zuvor noch stark gefährdet war. Die Kommune rettete die dortige Synagoge, indem sie das Gebäude, soweit es möglich war, restaurierte und in altem „Glanz" erstehen ließ: Die Proportionen der Fenster wurden rekonstruiert, ebenso die Frauenempore auf der Grundlage von Restbefunden; die Farbgestaltung des Betraumes wurde „originalgetreu" aufgetragen. Sämtliche Eingriffe in den Bau, die in den letzten Jahrzehnten stattgefunden hatten, wurden wieder rückgängig gemacht – das Gebäude, um dessen Fortbestand vor Kurzem noch heftig gestritten worden war, war als ein wahres Schmuckstück wiedererstanden und konnte 1999 als „Mahnmal für Toleranz und Verständigung" eingeweiht werden.

Damit kam auch an diesem Ort ein Restaurierungskonzept zum Tragen, das sich um die Herstellung eines „Originalzustandes" bemüht. Padberg ist nicht die Ausnahme, es ist die Regel für die über eine lange Zeit und vielerorts gültige Vorstellung und Praxis einer restauratorischen Aneignung des jüdischen Erbes. Der Denkmalschutz griff – allein schon durch die Vergabe von Zuschüssen – unmittelbar in die Konzepte der Restaurierung bzw. der Rekonstruktion ein. So wird in Romrod im Vogelsbergkreis formelhaft festgestellt: „Nach einem Jahrzehnte währenden Dornröschenschlaf [eine euphemistische Umschreibung von Fremdnutzung als Scheune und Abstellschuppen] wurde das Gebäude von der Stadt Romrod erworben und *nach den Grundsätzen des Denkmalschutzes restauriert.*"[22]

Was heißt aber „nach den Grundsätzen des Denkmalschutzes restaurieren"? Falls das Romroder Beispiel zu verallgemeinern ist, bestand über Jahrzehnte eine als gelungen geltende Wiederherstellung auch im Löschen späterer Hinzufügungen und historischer Spuren. Die Bezugszeit und der referenzielle Bauzustand war lange Zeit das Moment vor den Zerstörungen der

22 https://www.romrod.de/kultur-freizeit/geschichte/die-ehemalige-synagoge.html (nicht mehr online verfügbar).

faschistischen Barbarei. Die Restauration sollte jetzt die Synagogengebäude in einer Phase ihrer Vollendung und damit eines kulturellen Reichtums, nicht der Depravationen und Schändungen jüdischen Lebens, wiederbringen.

Berührt wird damit eine denkmalpflegerische Grundsatzfrage. Jedoch stellt sie sich nirgendwo dringlicher als bei den geschändeten Synagogen: Sollte man die „Geschichte eines Baus einfrieren, welchen Bauzustand konservieren? Vor dem Pogrom von 1938 oder danach?“[23] Lieber beseitigte man, wenn man an die Restaurierung ging, die Spuren von Gewalt und Zerstörung, als sie zu dokumentieren.

Selbst Thea Altaras, die als jüdische Architektin und Forscherin bei solchen Zielen sicher nicht den Versuch einer Art „Wiedergutmachung“ durch bauliche Rekonstruktionen gesehen hat, steht diesem Konzept nahe. Bei der Synagoge von Gelnhausen im Main-Kinzig-Kreis – bei der es sich im Ursprung um ein Barockgebäude, das im Gelnhäuser Ghetto erbaut worden war, handelt – widmete sie der Bauhistorie besondere Aufmerksamkeit. Als das Haus, nachdem es lange Zeit als Gastarbeiterunterkunft gedient hatte, von der Kreishandwerkerschaft zu einer überbetrieblichen Ausbildungsstätte umgebaut werden sollte, intervenierte der Landeskonservator und stellte die ehemalige Synagoge unter Denkmalschutz. Zum Ergebnis der Komplettrestaurierung 1986 – selbst der Thora-Schrein wurde wieder aufgestellt, eine Konsole für den Behälter mit dem Ewigen Licht angebracht – äußerte sich Altaras *lobend*: „Dieses Instandsetzen erfolgte mit großem Einsatz und Bemühungen aller Beteiligten, und vieles ist schöner, besser und prunkvoller gemacht worden, als es vor der Zerstörung war […].“[24] Resakralisiert wurde die Synagoge nicht, auch wenn sie den äußeren Eindruck erweckte.

Nicht nur theoretisch befürwortete Altaras solche „schönenden“ Komplettsanierungen; im Falle des Synagogengebäudes von Vöhl in Hessen machte sie selbst Vorschläge für eine Wiederherstellung des Baubestandes des 19. und frühen 20. Jahrhunderts. Die Restaurierung der mehrfach umgenutzten und dann leer stehenden ehemaligen Synagoge war von einem 1999 gegründeten Förderverein in Angriff genommen worden, und Thea Altaras entwarf selbst den Deckenleuchter; die Restaurierungsmaßnahmen dauerten bis 2008, ehe die Synagoge innen und außen vollständig hergestellt war und sie als „re-noviert“ im Wortsinne gelten konnte.

23 Bergmann, Jüdisches Franken, S. 16.
24 Altaras, Synagogen in Hessen I, S. 149.

Eine ähnliche Komplettsanierung trifft man bei der Synagoge von Wohra bzw. Gießen an. Thea Altaras war auch hier als Initiatorin und Planerin maßgeblich beteiligt. Das Außergewöhnliche an diesem Projekt von Altaras ist, dass die Sanierung nach einer Translozierung des Gebäudes von Wohra nach Gießen erfolgte: Die ehemalige Synagoge von Wohra wurde abgebaut – nur eine Gedenktafel erinnert noch an ihrem ursprünglichen Standort an sie; die Rekonstruktion begann Januar 1994: „Diese ehemalige Synagoge ist in ihrer ursprünglichen Fassung, wie sie um die Jahrhundertwende auf dem letzten Standort erstellt wurde, in Gießen wiederaufgebaut worden. Das Fachwerk und die übrigen konstruktiven Bauelemente sind weitgehend übernommen, mit Ausnahme der Dachkonstruktion konnten die Originalteile größtenteils wieder verwendet werden, da das Holzgefüge noch in gutem Zustand und die Sandsteine des Sockels nicht beschädigt waren.“[25] In Gießen wurde das umgesetzte Gebäude – anders als die oben genannten – wieder als Synagoge geweiht. Bei dieser haben wir es nunmehr mit einer bis ins Detail ausgeführten Rekonstruktion des Zustandes um 1900 zu tun – nur an einem anderen Standort als an demjenigen, wo sie sich zu diesem geschichtlichen Zeitpunkt und für die dortige jüdische Gemeinde befand.

Der Umzug der Synagoge von Wohra nach Gießen war bereits deren dritter: Um 1900 musste das Gebäude um zehn Meter versetzt werden, um einem Bauern die freie Zufahrt zu seiner Scheune zu ermöglichen. Dann erst wurde die Empore eingebaut und der Innenraum ausgemalt. 1923/24 wurde das Gebäude erneut baulich stark verändert. Diese Synagoge verfügt damit nicht nur über eine lange Nachgeschichte als erbärmlicher Abstellraum, sondern auch über eine Baugeschichte vor der Profanierung in der „Kristallnacht“. Die realisierte Komplettsanierung konnte also nur einen Moment in ihrer Geschichte aufgreifen und nahm, bei aller historischen Exaktheit der „denkmalpflegerischen“ Renovierung, doch eine einschneidende Veränderung vor, nämlich diejenige einer Translozierung. Dieser Umzug ist nicht nur ein geografischer, sondern auch einer in ein anderes jüdisches Milieu; eine kulturelle bauliche Repräsentation des deutschen Landjudentums wird am Ende zur Synagoge einer jüdischen Stadtgemeinde.

Dieses Beispiel unterscheidet sich von anderen Komplettrekonstruktionen insofern, als es eine jüdische Gemeinde war, die das Projekt betrieb. Sie suchte explizit über Translozierung und Restaurierung der Synagoge von Wohra, wo

25 Altaras, Synagogen II, S. 95–97, hier S. 96.

die Gemeinde ausgelöscht worden war, Anschluss an die Tradition des deutschen Judentums. In einem Exkurs in der posthum erschienenen Auflage von Thea Altaras werden die Ziele, die diesem Projekt zugrunde liegen und es rechtfertigen sollten, beschrieben: „Die Juden in Gießen stammen heute vor allem aus den südöstlichen Ländern Europas. Sie wollen an die so traditionsreiche Vergangenheit der deutschen Landjuden anknüpfen, eine Brücke zu dem geschichtsträchtigen deutschen Landjudentum bauen und nicht zuletzt zu der praktischen Versöhnung zwischen Juden und Deutschen ihren Beitrag leisten."[26]

Ähnliches geschah mit der Fachwerksynagoge von Bodenfelde im niedersächsischen Kreis Northeim, ein fast quadratischer Bau, der bis auf die hohen Fenster der Nachbarschaftsbebauung angepasst war.[27] Die Synagogengemeinde war 1937 zwangsaufgelöst und die Synagoge „arisiert" worden, was die mit Benzinkanistern anrückenden SA-Männer am Niederbrennen in der Pogromnacht hinderte. Das Gebäude ging an einen Schuhmacher, der seine Werkstatt hier einrichtete. Die großen Umbauten setzten erst nach 1945 ein; zwar wurde das ehemalige Synagogenhaus noch in den Siebzigerjahren unter Denkmalschutz gestellt, aber in den Achtziger- und Neunzigerjahren schritt der Verfall rapide fort. Als 1994 die jüdische Gemeinde Göttingen wiedererstand, kaufte ein Förderverein das Bodenfelder Gebäude auf und brachte es 2006 nach Göttingen. Am Chanukka-Fest 2007 wurde Richtfest gefeiert und das Gebäude am 70. Jahrestag des Novemberpogroms 2008 als Synagoge eingeweiht. Mit der Translozierung hatte das bauliche Zeugnis des Landjudentums seinen Denkmalschutz verloren, was begrüßt wurde, weil es damit an die neue Umgebung angepasst werden konnte, so als habe es immer an dem neuen Standort gestanden – eine Kompensation (was durch das Datum der Einweihung noch verdeutlicht wurde) für den Verlust der ursprünglichen Göttinger historischen Synagoge durch die Nazis.

Eine weitere Totalsanierung findet sich auch in Gudensberg bei Kassel: Das Gebäude in Gudensberg war für die Umnutzung durch eine Bäckerei, die es 1938 unzerstört aufgekauft hatte, weitgehend in seiner Bausubstanz geschädigt worden. Als es 1985 unter Denkmalschutz gestellt wurde, hatte man längst die Frauenempore entfernt und zwei Zwischendecken eingezogen, auch einen

26 Ebenda, S. 95.

27 Vgl. für die folgenden Ausführungen Matthias Heinzel, Zehn Jahre Bodenfelder Synagoge in Göttingen, in: Göttinger Tageblatt, 27. Mai 2018, https://www.goettinger-tageblatt.de/Die-Region/Goettingen/Zehn-Jahre-Bodenfelder-Synagoge-in-Goettingen.

Lastenaufzug eingebaut. In die Rückfront war ein großes Garagentor für Lieferwagen gebrochen worden. Die ehemalige Synagoge wurde 1991 von der Zivilgemeinde aufgekauft. Als die Sanierung begann, war der Verfall bereits fortgeschritten, sodass eine grundlegende Wiederherstellung anstand, bei der die schweren Wunden der Nachnutzung nicht im Bau markiert wurden.

Aus Kassel stammte der bereits mehrfach genannte Albrecht Rosengarten, der erste namhafte jüdische Architekt, der sich dem Synagogenbau widmete[28] und der insofern für die Geschichte von „jewish places" von herausragender Bedeutung ist. Er plante und baute mit einem Programm, das die Integration des deutschen Judentums im Baustil aufzeigen und seinem Anspruch auf Gleichberechtigung Ausdruck verleihen sollte. Sein gesamtes Werk, seine großen Synagogen in Hamburg ebenso wie diejenige in Kassel, wurde durch den NS-Terror vernichtet und damit eine große kulturelle Leistung eliminiert; der Name des Architekten sollte in Vergessenheit geraten. Von Rosengartens Synagogenbauten überlebte nur das profanierte Gotteshaus von Gudensberg den Sturm der Nazis. Vor diesem Hintergrund ist zu verstehen, dass in diesem Fall nicht in erster Linie die Verletzungen des Baus ausgestellt werden sollen, sondern mit der Rekonstruktion das verbliebene Werk eines bedeutenden jüdischen Architekten zu würdigen ist. Die Gudensberger Restaurierung, die die Synagoge wieder entstehen ließ, wie sie Rosengarten geplant und gebaut hatte, vereitelt so gleichzeitig die Absichten der Nazis, den Namen Rosengarten dem Vergessen anheimzugeben und den deutschen Juden architektonische Leistungen abzusprechen.

Wir haben es in Gudensberg mit einem Restaurierungskonzept zu tun, das, nachdem es lange Zeit alleinige Gültigkeit zu besitzen schien, in den späten Neunzigerjahren mehr und mehr in die Kritik geriet. So haben auch die Synagogen von Ahrweiler, Niederzissen, Polch, Saffig und Münstermaifeld durch die Restaurierung die Spur der Gewaltgeschichte nach 1945 gelöscht. „Fast originalgetreu renoviert", d. h. ohne die Angriffe der Nachkriegsgesellschaft auf dieses materielle jüdische Erbe kenntlich zu machen, galt als großer Erfolg. Die

28 Hammer-Schenk kennt offensichtlich die Gudensberger Synagoge als Werk von Albrecht Rosengarten nicht, ansonsten hätte er auch an diesem Bau – hier vielleicht weniger ausgeprägt als in Kassel – das Architekturprogramm Rosengartens beschreiben können: „Die Bauform sollte eine Art Konfessionalisierung erreichen, d. h. das Problem von der besonders gefährlichen Nationalitätenfrage auf eine Auseinandersetzung unter Angehörigen der deutschen Nation aber verschiedener Konfession reduzieren." Hammer-Schenk, Synagogen in Deutschland, Teil I, S. 106.

Synagoge von Gaukönigshofen z. B. wurde 1988 „fast original getreu" restauriert (wobei „fast" entschuldigend wirkt). Karlheinz Geppert spricht bei den alten Synagogen von Hechingen und Freudental von einer „schönenden" Restauration, die zwar die Barockmalerei wieder herausgearbeitet habe, aber kein Indiz für die eingreifenden Umnutzungen nach 1945 bereithalte.[29] In Drensteinfurt, lange an einen Elektriker vermietet, rekonstruierte man nach historischen Fotos, ebenso in Veitshöchheim[30]; im Jahr 1985 renovierte man die alte Synagoge von Oerlinghausen wiederum so gründlich, dass dabei die Ausmalungen an den Fenstergewänden verloren gingen.

Wenn das *Handbuch der Deutschen Kunstdenkmäler (Dehio)* die profanierte Synagoge von Stommeln aufnimmt, so widmet es der Restaurierung mehr Platz als dem jüdischen Gotteshaus selbst. Zugleich benennt der *Dehio* hier noch einmal implizit, auf was die Restaurierungskonzepte der frühen Achtzigerjahre ausgerichtet waren: „1981–84 in seiner urspr. Form wiederhergestellt. Fenster und Türen nachgebaut, die Verglasung nach Resten erneuert, Farbfassung des Innenraums nach Befunden. Der an einer Schmalseite in die Wand eingelassene Toraschrank original, die Frauenempore gegenüber rekonstruiert."[31]

Das Ziel einer „vollständigen" Rekonstruktion, also die Wiedererlangung der „ursprünglichen Form", war auch die Richtschnur der Arbeiten in Petershagen und Ermreuth in Franken. Die Synagoge von Ermreuth, 1938 beschädigt und aller Ritualien beraubt, diente der Gemeinde als Streusalzlager, nachdem er als Lagerraum für landwirtschaftliche Geräte herhalten musste und architektonisch verändert wurde: „Im Zuge der Sanierung wurde nicht nur die Eingangsfront rekonstruiert, sondern auch der Hauptraum völlig erneuert und jede Spur der Zerstörung getilgt."[32] Als „vorbildlich" restauriert galten des

29 Geppert, Der Nachhall einer verschwundenen Welt, S. 37.

30 Die Aufnahmen von 1926 sind reproduziert in: Liedel/Dollhopf, Jerusalem liegt in Franken, S. 150. Dazu heißt es als Unterschrift: „Mit Hilfe dieser historischen Fotografien gelang es, die Innenausstattung originalgetreu wiederherzustellen." Damit war 1926 auch als Referenzzeit vorgegeben. Ergebnis: „Ab 1940 diente sie [die Synagoge] als Feuerwehrgerätehaus. Dabei wurde die Inneneinrichtung völlig zerstört und zum Auffüllen des Bodens benutzt, weil er, wie bei Synagogen üblich, unter dem Straßenniveau lag. Bei Bauarbeiten in den achtziger Jahren tauchten im Fußboden Teile von Thoraschrein, Lesekanzel und Reste der Innendekoration wieder auf. Man entschloss sich zur Wiederherstellung als liturgiefähiger Sakralbau im Bauzustand vor 1940, tilgte mit den Zerstörungsspuren aber einen Teil ihrer Geschichte." Bergmann, Jüdisches Franken, S. 17.

31 Dehio, Nordrhein-Westfalen I. Rheinland, S. 1129.

32 Liedel/Dollhopf, Jerusalem liegt in Franken, S. 39; hier wird auf S. 38–45 auch der vorige Zustand und derjenige nach der Rekonstruktion ausführlich fotografisch dokumentiert.

Weiteren die ehemaligen Synagogen von Wawern und Schweich; auf der Website „www.jüdische-gemeinden.de“[33] wird das Synagogengebäude von Neheim, das 1982 als Baudenkmal klassifiziert worden war und deshalb entgegen vorliegender Pläne nicht abgerissen werden konnte, als „umfassend und vorbildlich“ wiederhergestellt eingestuft.

Zu diesem Typus der Wiederherstellung der „ursprünglichen Form“ – Schönhagen spricht von einer „denkmalpflegerische[n] Rekonstruktion eines imaginierten Idealzustands“[34] – zählte früh und beispielgebend für andere Projekte die sanierte Synagoge von Michelbach an der Lücke. Deren Geschichte verlief ähnlich wie diejenige der meisten Nachbarsynagogen: erbaut im späteren 18. Jahrhundert, Mitte des 19. Jahrhunderts renoviert, 1938 beschädigt, die Gemeinde vernichtet. Die Synagoge war nach 1938 als Munitionslager des Flughafens Crailsheim missbraucht und nach 1945 privatisiert und Lagerraum einer Mostkellerei geworden, ehe sie verwahrloste. 1979 wurde sie in das Schwerpunktprogramm „Denkmalpflege“ des Landes Baden-Württemberg aufgenommen. Mit der Aufnahme in das Landesprogramm als „erhaltenswertes Baudenkmal“ war die Restaurierung finanziell abgesichert. Dass ein nach New York emigrierter jüdischer Bürger eine Fotografie des Innenraums besaß, sahen die Restauratoren als glücklichen Zufall an: Die Fotografie ermöglichte es den Projektleitern und Denkmalbehörden, die von Verfall und Abriss bedrohte Synagoge „authentisch“ wieder in den Zustand vor der Zerstörung zu versetzen, ohne die Zerstörung am Bau, geschweige denn die Zeit der „Arisierung“ als Munitionsdepot oder als Mostkellerei, zu thematisieren. Was wir heute in Michelbach an der Lücke finden, ist also eine zur Gänze und im Detail wiedererstandene Synagoge.[35] Es handelt sich um eine „heilende“ Rekonstruktion, als ob es um „Heilung“ im „Sinne der Wiederherstellung eines Zustandes gehen [kann], den es nicht mehr gibt, weil er auf unmenschliche Weise und willentlich zerstört wurde“.[36]

33 https://www.xn--jdische-gemeinden-22b.de/index.php/gemeinden/m-o/1387-neheim-huesten-nordrhein-westfalen. Auf Wikipedia findet sich die aufschlussreiche Formulierung: „Durch die sorgfältige Wiederherstellung des Innenraums sei die wohl besterhaltene Synagoge Westfalens entstanden.“ https://de.wikipedia.org/wiki/Synagoge_(Neheim).

34 Benigna Schönhagen, Wiederhergestellte Synagogen – Indikatoren der Erinnerungskultur, S. 13.

35 Zur Synagoge in Michelbach an der Lücke siehe https://www.alemannia-judaica.de/ichenhausen_synagoge.htm.

36 Eisenstein, Jüdische Museen in historischen Häusern, S. 62.

Die Erfurter „Kleine Synagoge“ gewinnt als Teil des Ensembles von drei Synagogen in dieser Stadt eine besondere Stellung – auch für die Restaurationsgeschichte. In ihren klassizistischen Formen datiert sie aus der Mitte des 19. Jahrhunderts; sie überstand das Pogrom, weil sie schon Ende des Jahrhunderts profaniert und privatisiert, dann umgebaut und u. a. als „Produktionsstätte und Lager für Essenzen und Spirituosen“ genutzt wurde.[37] 1918 erwarb die Stadt das Gebäude und richtete Kleinstwohnungen ein, sodass das Haus bis 1993 bewohnt war, sich allerdings – so Ines Beese – „bereits in einem sehr desolaten Zustand“ befand.[38] Auch ohne die zerstörerischen Gewalthandlungen im Jahr 1938 war die Synagoge durch die Umnutzung völlig verwüstet, und der Verfall dieses wichtigen Erbeobjekts in der DDR fügte dem Haus weitere Schäden zu. Keine dieser historischen Einkerbungen sind noch am rekonstruierten Haus ablesbar, sodass Beese sich zum Prozess der Wiederherstellung wie folgt äußern konnte: „Eine Rekonstruktionszeichnung des Restaurators vermittelte den Eindruck des ursprünglichen Betsaals. Dabei kamen ihm die Befunde der sakralen Nutzungszeit, die durch die Verschalung während der Profanierung zu großen Teilen erhalten blieben, zugute. An dieser Zeichnung orientierte sich die Sanierung. Der eingebaute Tora-Schrein und über ihm ein halbkreisförmiges Sprossenfenster sind heute der Blickfang beim Betreten des ehemaligen Betraums. Die Mesusa mag manchem Besucher suggerieren, dass es sich hier immer noch um eine Synagoge handelt. Die Spuren der Fabrik- und Wohnraumnutzung hingegen wurden komplett entfernt. Betritt man das Haus heute, dann spielt seine wechselvolle Nutzungsgeschichte kaum eine Rolle.“[39]

Auf der Augsburger Tagung sprach Felicitas Heimann-Jelinek über die Wiederherstellung der ehemaligen Synagoge von Ichenhausen.[40] (Dieses Gebäude wurde bereits in anderem Zusammenhang – Gedenktafeln/Feuerwehrhaus – als Beispiel für gravierende kommunale Zweckentfremdung zitiert.) In Ichenhausen, der zweitgrößten jüdischen Gemeinde Bayerns, war im Pogrom das Innere des Gotteshauses völlig verwüstet worden, ebenso wie der jüdische Friedhof. Ichenhausen erlebte einen wahren Gewaltrausch: Hier wütete neben der SS vor allem die Hitlerjugend. Der Pfarrer von Ichenhausen erlebte dort die Novembertage und berichtete, wie die Juden von Ichenhausen

37 Ines Beese, Die Alte und die Kleine Synagoge Erfurt. Sanierung, Nutzung, Verortung im Netzwerk, in: Schönhagen (Hrsg.), Wiederhergestellte Synagogen, S. 52–59, S. 57.

38 Ebenda.

39 Ebenda, S. 58.

40 Heimann-Jelinek, Die Synagoge und ihre Metamorphosen, S. 20–31.

„mit Gummiknüppeln geschlagen, mit den Füßen gestoßen und angespien wurden".[41] Weiter heißt es bei dem Zeitzeugen: „Und was das Häßlichste war: Schulknaben waren dabei, die ihnen nachliefen ... junge Burschen holten alte Juden aus den Häusern und führten sie triumphierend zum Rathaus."[42] 80 bis 100 Menschen wurden ins KZ Dachau „überstellt". Wer nach dem Pogrom nicht fliehen konnte, wurde in die Todeslager deportiert: 122 Juden band man „in drei ‚Aktionen' mit Stricken aneinander wie Vieh und führte sie so zum Bahnhof in die Todeszüge".[43] Die Beteiligung selbst von „Knaben" am Pogrom und die besonderen Grausamkeiten sowohl bei den „Judenaktionen" 1938 und erst recht bei dem letzten entwürdigenden Gang der todgeweihten jüdischen Bürger durch den Ort führten zu einer Tabuisierung der Verbrechen im Ichenhauser Erinnerungskollektiv: „Nicht gern [...] redeten die alten Ichenhauser davon, wie auf Geheiß der NSDAP-Kreisleitung in Günzburg, einer Stadt mit historisch gewachsenem Antisemitismus, nach der Pogromnacht am 9. November 1938 noch am Morgen des 10. der Innenraum der bis dahin unbeschädigten Synagoge zerstört und der jüdische Friedhof geschändet wurden."[44] Im kollektiven Gedächtnis scheint das antisemitische Günzburg für die Gräueltaten verantwortlich gemacht zu werden.

Die „bis dahin unbeschädigte Synagoge" stammte aus dem Jahr 1781 und wurde 1852, in den Neunzigerjahren des 19. Jahrhunderts und schließlich 1929 jeweils renoviert. Nach deren Schändung und Profanierung verlief die Geschichte ähnlich respektlos wie überall gegenüber den jüdischen Kultusbauten: Heulager, Farbendepot der Wehrmacht, von den alliierten Militärbehörden beschlagnahmt und der jüdischen Vermögensverwaltung übergeben. Diese verkaufte das Gebäude wiederum an die Zivilgemeinde, von der die ehemalige Synagoge entstellend umgebaut zu ihrem Feuerwehrhaus wurde: Ein Schlauchturm überragte jetzt das Gebäude, im Innern wurde eine Betondecke eingezogen. Als Feuerwehrhaus diente es bis 1985.

Auch hier bemühte sich seit den Achtzigerjahren ein Aktionskreis engagierter Bürger um einen radikalen Rückbau zur Synagoge. „Dabei wurde das Synagogengebäude als Bauwerk komplett wiederhergestellt."[45] Als Referenzzeit

41 https://www.alemannia-judaica.de/ichenhausen_synagoge.htm.

42 Ebenda.

43 Eva-Elisabeth Fischer, Tote Steine als stumme Zeugen, in: Süddeutsche Zeitung, 11. September 2015.

44 Ebenda.

45 https://www.alemannia-judaica.de/ichenhausen_synagoge.htm.

wurden allerdings die 1890er-Jahre und damit die Situation nach der zweiten großen Restaurierung mit einem imaginierten „Idealzustand" genommen. So richtig es gewesen war, das Gebäude zu restaurieren, so „fragwürdig" sei, kritisiert Heimann-Jelinek, eine Renovierung, die „eine vollständige Rekonstruktion des Gotteshauses war, weil mit ihr eine Geschichte geglättet wurde".[46] Dem ehemaligen Synagogenraum sei durch die Totalrestaurierung, die selbst den Thoraschrein simuliere – er ist als Replik in Trompe-l'œil-Malerei vorgetäuscht mit einem davor platzierten Ewigen Licht –, eine Sakralität verliehen worden, die er gar nicht mehr besitzen könne. Nicht nur die vorgetäuschte Sakralität, auch das gänzliche Vergessenmachen der Nachgeschichte werden von Heimann-Jelinek als „Vergewaltigung" der Identität des Bauwerks gesehen: „Hatte man in den 1930er-Jahren durch die Demolierung des Tora-Schreins und die Schändung der Tora-Rollen die Synagoge profaniert, hatte man in den 1950er-Jahren durch den Zubau des Schlauchturms, das Einziehen einer Betondecke, das Ruinieren der Fundamente die Erinnerung an diese Synagoge so radikal wie möglich eliminiert, so hat man sich der Leerstellen-Identität mit der Wiederherstellung entledigt und mit der Schaffung eines Authentizität simulierenden Gedenkorts ‚Ehemalige Synagoge' die eigene 45-jährige historische Bewusstlosigkeit aus dem Stadtbild gelöscht."[47]

Wo einst Synagogen verwüstet und umgenutzt wurden und nachfolgend verfielen, sind diese nun – in inszenierter Authentizität – wiedererstanden. Was vordem Schandfleck und gleichzeitig Menetekel in den Dörfern und Städten war, scheint jetzt eine wunderbare Verwandlung durchgemacht zu haben. Das Programm „Unser Dorf soll schöner werden" schließt auch die Wiederkehr von Synagogen ein, die nun für den Histourismus bereitstehen können. Folgendes jüngstes Beispiel für eine solche Metamorphose sei genannt: Am 5. Mai 2020 stand in den *MRN-News* der Metropolregion Rhein-Neckar, der Landkreis Landau habe 30 000 € aus dem Dorferneuerungsprogramm des Landes Rheinland-Pfalz für die Sanierung der Dorfsynagoge von Kirrweiler zur Verfügung gestellt. „Ich freue mich, dass wir mit dem positiven Bescheid einen Beitrag zum Erhalt des ehemaligen Gotteshauses und damit zur Verschönerung des Ortes beitragen können", wird der Landrat in dem Artikel zitiert.[48] Ein Jahr später – die Restaurierung scheint ins Stocken geraten zu sein – heißt es in der „Rhein-Pfalz",

46 Heimann-Jelinek, Die Synagoge und ihre Metamorphosen, S. 26.

47 Ebenda.

48 Zit. nach https://www.alemannia-judaica.de/kirrweiler_synagoge.htm.

dass die Arbeiten an der Synagoge fortgesetzt werden können, sodass deren „Erscheinungsbild damit zur Verbesserung des Ortsbildes beitragen" könne.[49]

„Reanimationen", nennt Katrin Pieper solch makellose Wiederherstellungen von ehemaligen Synagogen und sieht in ihnen die Gefahr „einer Verfälschung oder Unsichtbarmachung der Gewaltgeschichte".[50] Den „Reanimationen" ist zugleich die Gefahr inhärent, die deutschen Nachkriegsgesellschaften von den antisemitischen Kontinuitäten freizusprechen, die die Nachgeschichten – auch sie sind Gewaltgeschichten – bestimmen. Dieses „heilende" Wiederherstellen hat damit auch einen psychologischen Effekt: Das Geschehene erscheint revidierbar und wird in den Rekonstruktionen ungeschehen gemacht. Dies vermindert das Schuldgefühl und entlastet.

Die dunklen Vergangenheiten spiegeln sich nicht mehr im Glanz der Rekonstruktionen, die nun sogar ihren Beitrag zur Ortsverschönerung leisten sollen – einer historischen Aufarbeitung stehen Rekonstruktionen, die als solche die Gewaltereignisse vor Ort überdecken, im Wege. „Zu oft", schreibt Heimann-Jelinek, „können wir der Versuchung nicht widerstehen, die offensichtlichen Wunden – und damit meine ich auch topografische und architektonische – durch ‚Schönheitsoperationen' zu schließen. Diese Verlockung ist nicht nur deshalb so groß, weil die Wunde entstellend ist und jeder den ursprünglichen, unverwundeten Zustand wiederherstellen möchte, sondern auch weil jede Operation Heilung verspricht."[51]

Synagogengebäude als Geschichtsbuch

Jede Restaurierung eines jüdischen Gebäudes steht in einem Spannungsverhältnis, wie es Grellert benennt, zwischen „Aufzeigen der Zerstörung und dem Wunsch nach Veranschaulichung des kulturellen Verlustes".[52] Bei den

49 Anke Wagner, Kirrweiler Synagoge wird weiter saniert, in: Rhein-Pfalz, 2. Mai 2021.

50 Pieper, Zeitgeschichte von und in jüdischen Museen, S. 220.

51 Heimann-Jelinek, Die Synagoge und ihre Metamorphosen, S. 26. Eine „Reanimation" stellt auch die Sanierung der ehemaligen Synagoge von Hechingen (Zollernalbkreis) in den Achtzigerjahren dar. Im Pogrom schwer beschädigt, wurde das Gebäude in den Fünfzigerjahren bis 1982 von verschiedenen Gewerben als Lagerhalle missbraucht. Der Konkurs des letzten Eigentümers ermöglichte den Ankauf und die Instandsetzung des Gebäudes (1983–1986) in ihren alten, spätklassizistischen Formen. Im Innern wurden auch alle Schablonenmalereien wieder angebracht. Diese Rekonstruktion galt ebenfalls als vorbildlich und wurde mit einem Denkmalpreis ausgezeichnet.

52 Grellert, Immaterielle Zeugnisse, S. 113.

Komplettrestaurierungen ging es einzig um Letzteres. Dem seit den Achtzigerjahren erwachten Interesse an der „zerstörten Vergangenheit, die aber kaum in ihrer Zerstörung, sondern reanimiert präsentiert wird",[53] folgen seit den Neunzigerjahren Konzepte einer Restaurierung von Synagogen (und anderen ehemaligen jüdischen Bauten), die Katrin Pieper unter dem Begriff der „Exkavation" zusammenfasst. Sie versteht darunter eine kritische „Spurensicherung", durch die „nicht nur die Geschichte eines vergangenen jüdischen Lebens vor 1938 sichtbar gemacht, sondern an Orten ehemaliger Synagogen explizit die ‚Umnutzung' nach Vertreibung und Ermordung und so ein Stück deutscher Nachkriegsgeschichte mit thematisiert wird".[54] Ähnlich argumentiert Grellert, wenn er für ein Restaurierungskonzept der „Differenz" plädiert. Er beschreibt ein Konzept, bei dem eben nicht „das ursprüngliche Erscheinungsbild wieder herzustellen [ist]".[55] Dem auch von ihm als Musterbeispiel einer Komplettsanierung bezeichneten Michelbach an der Lücke stellt er die Restaurierung der ehemaligen Synagoge von Baisingen entgegen und folgt dabei Konrad Pflug: „Sah man anfänglich in einer möglichst vollständigen, sozusagen ‚bezugsfertigen' Rekonstruktion das Ideal (z. B. 1984 in Michelbach a. d. Lücke), also in einer Art ‚baulicher Wiedergutmachung', als könne man jederzeit die Rückkehr der Gemeinde erwarten, so änderten sich die Konzepte zunehmend […]. Alle folgenden Restaurierungen bis zur Lösung in Baisingen (1998) stellten zwar die innere und äußere Architektur wieder her, verzichteten aber auf die Rekonstruktion von Thoraschrein, Almemor und Gestühl."[56]

Für Pflug ist der Verzicht auf die Rekonstruktion des Thoraschreins von zentraler Bedeutung; auch wenn ansonsten eine heilende Restaurierung das Ziel ist, muss zumindest diese Lücke in der Wiederherstellung als Indiz der nationalsozialistischen Verwüstung bleiben: „Meist wurde die Mauernische des Schreins in ihrer seit 1938 bestehenden Zerstörung sichtbar gelassen, vergleichbar einer Wunde in einer ansonsten wieder geschlossenen Form."[57] Dies genügt allerdings nicht, wenn man auch die deutsche Nachkriegsgesellschaft zur Verantwortung für ihren barbarischen Umgang mit dem jüdischen Erbe

53 Pieper, Zeitgeschichte von und in jüdischen Museen, S. 212 f.

54 Ebenda, S. 219.

55 Grellert, Immaterielle Zeugnisse, S. 111.

56 Konrad Pflug, Ehemalige Synagogen als Gedenkstätten, in: Uwe Schellinger (Hrsg.), Gedächtnis aus Stein – Die Synagoge in Kippenheim 1852–2002, Heidelberg/Basel 2002, S. 294–296. Hier zit. nach Grellert, Immaterielle Zeugnisse, S. 111.

57 Ebenda, S. 296.

zur Verantwortung ziehen will. Die Wunden, die der Faschismus geschlagen hat, sind auszustellen, um über seine Verbrechen aufzuklären; die Wunden, die die Nachkriegsdeutschen dem Erbe weiter zugefügt haben, sind aber, wie bei Pieper, im Sinne der Selbstaufklärung der Gesellschaft ebenso baulich vorzuzeigen. Insofern plädiert Pflug für eine „Form, die nicht ‚wiederherstellen', ‚renovieren', sondern das Übriggebliebene bewahren will. Mit der fast unveränderten Konservierung der Verwüstung und Vernachlässigung des Gebäudes sollen das Schicksal seiner Besitzer und Besucher, das Schicksal der jüdischen Gemeinde, die gezielte Schändung durch die Nazis und die anschließende Nutzung als Stall und Scheune nachdrücklich bewusst gemacht werden."[58]

Auf der Augsburger Tagung zu „Wiederhergestellten Synagogen" konzentrierte sich Karlheinz Geppert – wie zuvor Pflug und Grellert – ebenfalls auf die Restaurierung der ehemaligen Baisinger Synagoge. Deren Betsaal war von 70 bis 80 SA-Männern im November 1938 zerstört worden. Die Spuren der Pogromgewalt blieben am Gebäude erhalten. Als im August 1942 die letzten Juden aus Baisingen deportiert wurden, war – 1940 – die profanierte Synagoge bereits an einen Landwirt zwangsverkauft worden, der ein Scheunentor anbrachte, die Fenster vermauerte, im hinteren Teil einen Schweinestall und im Betsaal eine Scheune einrichtete. 1950 wurde das Gebäude restituiert: Derselbe Landwirt kaufte es wieder auf. 1969 erwarb es ein anderer Bauer, der es weiterhin für seine Landwirtschaft nutzte. Schließlich setzte eine Verwahrlosung des Barockbaus mit undichtem Dach und offenen Fenstern ein, was bei den Dorfbewohnern die Forderung nach Abriss laut werden ließ. 1984 wurde das Haus auf die Denkmalliste gesetzt und 1990 als „Kulturdenkmal von besonderer Bedeutung" eingetragen.[59]

Weitere Daten zur Geschichte der ehemaligen Synagoge sind: Erwerb 1988 durch die Stadt Rottweil, 1989 Gründung eines Fördervereins, 1990/1991 Sicherung der Bausubstanz durch ein neues Dach. Gleichzeitig lief eine Diskussion über das Konzept der Denkmalpflege: „Das konservatorische Konzept, nicht den ‚Urzustand' wiederherzustellen, sondern die Zerstörung und Umnutzung zu dokumentieren, stand bald im Focus aller weiteren Planungen."[60] Der leitende Tübinger Denkmalpfleger Hubert Krins fasste das Konzept für Baisingen folgendermaßen zusammen: „Es werden nur diejenigen Bauschäden beseitigt,

58 Ebenda.

59 Siehe hierzu Geppert, Der Nachhall einer verschwundenen Welt, S. 35 f.

60 Ebenda, S. 37.

die als Folge fehlender Bauunterhaltung entstanden sind. Die mutwilligen Beschädigungen von 1938 bleiben sichtbar. Der Bericht über die Zerstörung kann so vom Bau selbst abgegeben werden. […] Das Scheunentor bleibt ebenfalls erhalten."[61] Mit diesem Konzept, das die Gewalt, die dem Gebäude angetan wurde, offenlegte und die ehemalige Synagoge zu einem Denkmal deutscher Verbrechen vor und nach 1945 machte, setzte sich das Projekt in Baisingen von anderen bis dahin wiedererstandenen jüdischen Kultusbauten ab. Oder, wie es Geppert formuliert: „Die Synagoge sollte als eine Art ‚offenes Geschichtsbuch' dienen, in dem ein unbarmherziger Wind gleich mehrere Seiten aufwirbelt und somit eine gleichzeitige Ansicht des Gewesenen ermöglicht."[62]

Konservierend restauriert, sodass die Nachnutzung in der Zeit der Bonner Republik am Bau lesbar blieb, wurde auch die Synagoge in Memmelsdorf.[63] Nach zahlreichen, der Fremdnutzung geschuldeten baulichen Veränderungen nach 1945 konnte ein Förderverein das Gebäude erst Mitte der Neunzigerjahre übernehmen. Nach einem 1999 vom Verein veranstalteten Symposium zum denkmalpflegerischen Umgang mit der baulich verunstalteten ehemaligen Memmelsdorfer Synagoge entschied man sich, „den Synagogenhauptraum in dem Zustand, wie er 1995 übernommen worden wurde, im Wesentlichen zu konservieren und lediglich witterungsbedingte Bauschäden zu reparieren und zu retuschieren".[64] Indem man auch die Spuren von Um- und Erweiterungs-

61 Zit. nach ebenda.

62 Ebenda. Ähnlich verfuhr man auch bei der Restaurierung der Synagoge im mittelhessischen Schupbach. Entsprechend heißt es: „Die Umnutzung seit 1938 hatte freilich auch bauliche Veränderungen zur Folge: Die Synagoge wurde verputzt und im mittleren Bereich vermauert, wodurch im Erdgeschoss Hochrechteckfenster entstanden. Einst besaß der Backsteinbau drei Fensterachsen mit hohen Rundbogenfenstern und Lisenenrahmung. Im Innern befinden sich jedoch immer noch die bemalte Kuppeldecke, der ursprüngliche Dielenboden, die Wandfassung und die Frauenempore. […] Nach zahlreichen Versuchen erschien es am sinnvollsten, Putz und Malereien mit allen Schäden zu konservieren und zu sichern. Dieses Vergehen ermöglicht die Würdigung der architektonischen und historischen Bedeutung. / Geschichte sichtbar machen – dies wird auch bei der Sanierung des Äußeren maßgeblich sein. […] Die Vermauerungen in den Fensterbahnen bleiben erhalten, weil auch sie Teil der Geschichte dieses Synagogen-Gebäudes sind." Julia Greipl, Wieder sichtbar: Jüdische Geschichte in der ehemaligen Synagoge in Schupbach, in: Monumente. Das Magazin der Deutschen Stiftung Denkmalschutz, Februar 2019, https://www.monumente-online.de/de/ausgaben/2019/1/Synagoge-Schupbach.php.

63 Hansfried Nickel, Lernort Synagoge: Spuren erzählen Geschichte – ein Beispiel für das Zusammenwirken von restauratorischem und didaktischem Konzept, in: Schönhagen (Hrsg.), Wiederhergestellte Synagogen, S. 42–51.

64 Ebenda, S. 47.

bauten vor 1938 erkennbar machte und die Gewalteinwirkungen von 1938 und die der Zweckentfremdung nach der Naziherrschaft einsichtig sein ließ, gewann das Gebäude einen mit dem einer historisch-kritischen Ausgabe in der Literatur vergleichbaren Status. „Weil", schreibt Nickel, „diese Spuren erhalten blieben und nun in diesem ‚Entdeckungsraum' aufgespürt werden können, wird die Geschichte der Juden in Memmelsdorf lebendig."[65] Vor allem wird der Finger auf die Zeit nach 1945 gelegt, was im Kontext einer Anklage der deutschen Nachkriegsgesellschaft wegen der impliziten Vollendung des Projekts der Vernichtung der Juden in Deutschland und Europa und ihrer Tilgung aus der kollektiven Erinnerung durch Vernichtung jüdischer baulicher Zeugnisse entscheidend ist.

„Besonders gelungene Beispiele für die konservierende Methode sind selten",[66] heißt es bei Daniela Eisenstein, was weniger an dem baulichen Zustand der ehemaligen Kultusbauten liegt, als an der Leugnung und Verdrängung der Schuld von 1938 und derjenigen der Nachkriegsjahre. Auch in Österreich mit seiner spät erfolgten Übernahme historischer Verantwortung und seinem Abstreifen eines vermeintlichen Opferstatus tendierte man wie in Deutschland zu einer „verschleiernden" Restaurierung. Umso erwähnenswerter ist die Ausnahme, die der frei stehende jüdische Betpavillon im Alten Allgemeinen Krankenhaus Wien darstellt. Nach Diskussionen entschied man sich auch hier gegen eine „Totaloperation".[67] Von dem ursprünglichen Bau waren nach den Beschädigungen im Rahmen des Novemberpogroms und dem nachfolgenden Radikalumbau zu einem Transformatorenhäuschen 1953 nur noch sechs Wände stehen geblieben; Thoraschrein, Eingangsbereich und Dachkonstruktion wurden für diese Fremdnutzung zerstört. Die Universität Wien entschloss sich 2002, die Gewalt, die dem Bau angetan worden war, auszustellen. Diese Eingriffe wurden im wahrsten Wortsinne transparent gemacht: „Die begehbare Fläche besteht aus drei mit 8 Zentimeter Abstand übereinander liegenden Glasschichten, die mit drei Dokumenten bedruckt sind: Die untere Schicht

65 Ebenda, S. 49.

66 Eisenstein, Jüdische Museen, Anm. 17, S. 71.

67 Heimann-Jelinek, Die Synagoge und ihre Metamorphosen. Heimann-Jelinek lehnt die „heilende" Restaurierung, die beim Wiener jüdischen Betpavillon des Architekten Max Fleischer ebenfalls als Lösung im Raum stand, vehement ab: „Die Rekonstruktion des Fleischer-Bethauses auf dem Universitäts-Campus im Eins-zu-eins-Maßstab seiner Errichtung im Jahre 1903 wäre eine ‚Totaloperation' gewesen, die die Zeit von der Devastierung 1938 bis zum beginnenden 21. Jahrhundert genesen machen wollte." Ebenda, S. 26.

zeigt den Architekturplan von Max Fleischer, die mittlere ein Schreiben der Staatspolizei vom 10. November 1938 mit einer Liste von durchgestrichenen, da zerstörten Wiener Synagogen und die obere die Planzeichnungen der Transformatorstation aus dem Jahr 1953. […] Damit wird hier die Gesamtgeschichte vom ursprünglichen Sakralbau über dessen Zerstörung in der NS-Zeit, seiner utilitaristischen Funktionsänderung in der Nachkriegszeit und schließlich bis zur Anerkennung der Verantwortung für diese Stadien erzählt."[68]

Den Typus einer solch „reinen" konservierenden Restaurierung, wie ihn das Wiener Beispiel repräsentiert, erreichen nur wenige „wiedergewonnene" Synagogengebäude. Häufiger hat man es – entsprechend einer widersprüchlichen Interessenlage – mit einem *Restaurierungskompromiss* zu tun. Als Beispiel genannt werden kann hier die fränkische Synagoge von Urspringen, deren Inneres nach den in der Pogromnacht erfolgten Verwüstungen zuerst als Gefangenenlager und später als Lagerhalle genutzt wurde. 1991 erstand das Gebäude wieder: Die Spuren der Nachnutzung nach dem Krieg waren getilgt, wohingegen aber am Thoraschrein die Gewalteinwirkung von 1938 insofern sichtbar blieb, als an den Säulen des nicht restaurierten Schreins die Axthiebe des Pogroms weiterhin deutlich erkennbar waren.

Eine Kompromisslösung stellte auch die Rekonstruktion bei dem Synagogenkomplex von Schnaittach dar. Hier ist, wie bei der Synagoge von Urspringen, zu beachten, welche Spuren erhalten und welche gelöscht wurden. Wenn die Sicherung der Schablonenmalerei des 19. Jahrhunderts das gleichzeitige Überdecken von Indizien der Gewaltgeschichte des 20. Jahrhunderts bedeutet, überlässt man die Erinnerung der Nostalgie. Die Synagoge von Schnaittach war im Novemberpogrom nicht verwüstet worden, weil der damalige Leiter des Heimatmuseums, Gottfried Stammler, schon vor 1938 auf die Vertreibung der Juden spekuliert hatte, um Räume für seine Sammlungen zu gewinnen. Vor allem für seine Ausstellung der – wegen ihres Erwerbs problematischen – Judaica-Sammlung sah er in dem jüdischen Sakralbau das passende Ambiente. Hierfür bedurfte es neuer Türöffnungen und Zugänge, die durch Abriss der alten erstellt wurden. Seine Sammlung christlicher Sakralkunst exponierte er ausgerechnet in der Männersynagoge (wobei er eine Madonnenfigur in die Nische des Thoraschreins stellte). Es war also eine andere Art von Gewalt, die der profanierten Synagoge von Schnaittach angetan wurde. Das Museum überstand den Krieg, und der Museumsleiter behielt sein Amt auch nach dem

68 Ebenda, S. 26–28.

Ende der Naziherrschaft bis hin in die Fünfzigerjahre. Man ehrte ihn als „Retter“ der Synagoge und „Bewahrer“ jüdischer Kultgegenstände; er verkörperte den Mythos von der Kontinuität des Guten, an dem man nur allzu gerne zur Schuldabwehr des Ortes festhalten wollte.

Als Mitte der Neunzigerjahre die Restaurierung der Synagoge anstand, trafen in Schnaittach drei verschiedene Konzepte aufeinander: Während die Zivilgemeinde eine Wiederherstellung des Zustandes vor dem Pogrom befürwortete, wollte das Landesamt für Denkmalschutz eine Restaurierung des Gebäudekomplexes (der sich teilweise bis ins 16. Jahrhundert zurückdatieren lässt) mit dem 19. Jahrhundert als Referenzzeit. Der Museumsleiter, Bernhard Purim, vertrat den Standpunkt, dass auch die Geschichte des Museums und der Sammlung von Judaica ausgestellt werden müssten, d. h. „die Räume [sollten] konserviert werden, um so die Spuren der Fremdnutzung durch den Museumsleiter Gottfried Stammler […] sichtbar zu lassen“.[69] Die letztgenannte Position beabsichtigte, mit dem immer noch virulenten Mythos von der philosemitischen Geschichte und dem „Synagogenretter“ Stammler – der inzwischen mit der Benennung einer Straße geehrt worden war – zu brechen. Der schließlich erzielte Kompromiss erzählt nur noch rudimentär von den Vergewaltigungen des Gebäudes: Die von Stammler zerstörte Türöffnung wurde auf Druck der politischen Gemeinde mit einer Platte geschlossen; der Denkmalschutz erhielt seine Rekonstruktion des Zustandes im 19. Jahrhundert.

Gegen den Willen des Landesamtes für Denkmalschutz wurden aber Thoranische und Almemor nicht wieder erneuert, sodass in der ansonsten „heilenden“ Restaurierung zwei Wunden blieben: „Völlig leer, ist der Raum selbst das zentrale Exponat des Museums. Der leere Thoraschrein steht halb offen. Eindringlicher ist der Verlust jüdischen Lebens nicht darzustellen. Ursprünglich war geplant, den 1995 vorgefundenen Zustand des Raums als Folge der historischen Ereignisse sichtbar zu lassen. Damit wäre das ganze Ausmaß der Verwüstung genauso konserviert worden wie Eingriffe, die auf die Umnutzung als Heimatmuseum ab 1939 zurückgehen. Das erschien dem bayerischen Landesamt für Denkmalpflege zu radikal und es setzte gegen den Widerstand der Museumsleitung einen Teilrückbau durch.“[70] Resigniert kommt die damalige Museumsleiterin Daniela Eisenstein zu dem Ergebnis: „Die Bewahrung der Authentizität des Ortes hätte vor allem auch den Akt der ‚Arisierung‘ und

69 Eisenstein, Jüdische Museen, S. 66.
70 Bergmann, Jüdisches Franken, S. 16.

der Fremdnutzung widergespiegelt und den Rettungsmythos stärker entkräftet. Aber die Beschäftigung mit jüdischer Geschichte in Kultureinrichtungen nach 1945 geschieht in einem spezifischen gesellschaftlichen und politischen Kontext."[71]

So lässt sich selbst in groß angelegten Restaurierungsmaßnahmen wie in Schnaittach, realisiert an der Jahrtausendwende, noch einer Verdunkelung und Vertuschung der Geschichte von Juden in Deutschland nachspüren, einer Vertuschung, die selbst in der intendierten Hinwendung zum materiellen jüdischen Erbe noch Momente der Abwehr von Schuld und Verantwortung betreibt.

71 Eisenstein, Jüdische Museen, S. 69.

Planungen zum Wiederaufbau der Synagoge am Fraenkelufer – Berlin
Foto: D/FORM. Gesellschaft für Architektur und Städtebau

14 Neue Baustellen – neue Paradigmen?

Hamburg

Was in Augsburg noch im kleinen Kreis von engagierten Fachleuten diskutiert wurde, wobei dort keine Stimme mehr zu hören war, die sich für eine „heilende“ Komplettsanierung einsetzte, bekommt nur ein halbes Jahrzehnt später eine bundesweite publizistische Aufmerksamkeit. Grund dafür ist, dass in einigen Großstädten daran gedacht wird, jüdische Gotteshäuser, die in der Nazizeit zerstört und nach 1945 auch in ihren Resten gänzlich beseitigt worden waren, vollkommen neu, aber „originalgetreu“ wieder zu errichten. Offenkundig verspüren diese Städte einen Phantomschmerz, der – je weiter man sich von der Vernichtung des jüdischen Kulturerbes entfernt – nicht abnimmt, sondern heftiger wird. Lücken im Stadtbild, die man selbst gerissen hat, sollen durch Rekonstruktionen endlich wieder geschlossen werden.

Die als potemkinsche Blendfassade auf den ersten Blick in altem Glanz wiedererstandene Neue Synagoge in Berlin soll Nachfolgerinnen bekommen, diesmal aber in einer kompletten Rekonstruktion. Was in Ichenhausen, in Michelbach an der Lücke und anderswo an Remakes entstanden ist – und von den Augsburger Tagungsteilnehmern bezogen auf die Erinnerungskultur skeptisch gesehen wurde –, nimmt sich nur als schwacher Vorversuch einer „Wundheilung“ aus gegenüber dem, was Ende des zweiten Jahrzehnts des 21. Jahrhunderts in Planung kam. Am weitesten fortgeschritten sind zurzeit die Pläne in Hamburg für eine Rekonstruktion der Synagoge am Bornplatz, die die größte Synagoge in Norddeutschland war. Hier hat sich bereits die gesamte Bürgerschaft einstimmig, d. h. mit den Stimmen auch der AfD, für die Kopie ausgesprochen. Der Bürgermeister engagiert sich vehement, ebenso die

Bürgerschaftspräsidentin. Der Bund will 65 Millionen € geben, die bereits vom Haushaltsausschuss freigegeben sind, die Stadt hat die gleiche Summe beschlossen. 600 000 € sind bereits an Bundesmitteln in eine Machbarkeitsstudie geflossen. Bis Januar 2021 bekundeten 100 000 Menschen mit ihrer Unterschrift ihre Unterstützung des Vorhabens.

Initiator der geplanten Komplettrekonstruktion ist der Hamburger Landesrabbiner Shlomo Bistritzky, der sich von der Wiedererrichtung der 40 Meter hohen Kuppel von 1906 verspricht, dass ein im Stadtbild sichtbares Zeichen für die wieder existierende jüdische Gemeinschaft gesetzt wird. Ähnlich argumentiert Philipp Stricharz, der Vorsitzende der Hamburger jüdischen Gemeinde, wenn er, allein schon von der schieren Größe ausgehend, an eine historische Bedeutung des Symbolbaus anknüpfen will: „Das Gebäude war sehr imposant. Ein großer Bau, der Selbstbewusstsein ausstrahlen sollte und der praktisch das Zentrum der Aufmerksamkeit der Hamburger Juden seinerzeit war."[1]

Gegen die Pläne, eine originalgetreue Kopie auf den Bornplatz zu stellen, gab es postwendend Einsprüche. Es war die ehemalige Leiterin des Hamburger „Instituts für die Geschichte der deutschen Juden", Miriam Rürup, jetzt Direktorin des „Moses-Mendelssohn-Zentrums für europäisch-jüdische Studien" an der Universität Potsdam, die energisch gegen das Vorhaben, die Synagoge im alten Stil wiederaufzubauen, Protest einlegte. Im Sommer 2020 sprach sie sich gegen diese Neubebauung des Bornplatzes aus, weil sie darin die Gefahr des Geschichtsrevisionismus sah: „Aus meiner Sicht ist es die Phantasie von einer vermeintlich heilen Welt, zu der man zurück könnte. Zu der man aber nicht zurück kann. Dass man sich dorthin zurückwünscht, finde ich völlig nachvollziehbar. Aber wir können diese Wehmut nicht dadurch überwinden, dass wir es herstellen. Weil es quasi ein Revisionismus ist, auch wenn es ein gut gemeinter Revisionismus ist."[2] Rürup befürchte, so Till Briegleb in der *Süddeutschen Zeitung*, „dass die Wiederherstellung der ursprünglichen Erscheinung der Synagoge einen ‚Schlussstrich' unter die kritische Auseinandersetzung mit der Geschichte, speziell mit dem Holocaust setzen wolle."[3] Dass ein „Schlussstrich gezogen werden sollte", war in der langen Nachkriegszeit der Vorwurf, den jüdische Organisationen der deutschen Gesellschaft machten; jetzt aber

1 Axel Schröder, Debatte um Wiederaufbau der Bornplatzsynagoge. „Der Wunsch der Gemeinde ist sehr klar definiert", in: Deutschlandfunk, 19. November 2021, www.deutschlandfunk.de/debatte-um-wiederaufbau-der-bornplatzsynagoge-der-wunsch-100.html.

2 Zit. nach ebenda.

3 Till Briegleb, Neue Synagoge, alter Stil, in: Süddeutsche Zeitung, 24. Februar 2021.

war es eine jüdische Gemeinde, die diesem Verdacht ausgesetzt wurde. Die Auseinandersetzung spitzte sich zu, als Rürup und neun weitere Autoren ein Kritikpapier verfassten, in dem der Stopp des Rekonstruktionsvorhabens gefordert wurde, weil dieses „das Resultat verbrecherischer Handlungen unsichtbar machen" würde und „die Erinnerung an dieses Verbrechen erschwert" werde.[4]

Während die Gegner der Kopie deren Befürwortern Geschichtsrevisionismus unterstellten, erklärten Letztere diejenigen, die sich gegen diese Pläne aussprachen, zu Antisemiten, was in ihrer Parole zum Ausdruck kam: „Nein zu Antisemitismus – Ja zur Bornplatzsynagoge!" Gegen diese pauschalisierende Parole verwahrten sich auch viele Hamburger jüdische Bürger.

Unterstützung erhielten die Verfasser des Kritikpapiers aus Israel: 45 bekannte Historikerinnen und Historiker, aber auch Künstlerinnen und Künstler, vor allem Israelis, die Nachfahren Hamburger Bürger waren, positionierten sich gegen den originalgetreuen Wiederaufbau. Unter den Unterzeichnern waren auch so prominente Namen wie Avi Primor, der ehemalige Botschafter Israels in Deutschland. Sie wollten an dem Bodenmosaik festhalten, das zum 50. Jahrestag geschaffen und bereits selbst Teil der Erinnerungskultur geworden war: Nachdem die Stadt Hamburg die Synagoge 1939 auf Kosten der jüdischen Gemeinde hatte abreißen lassen, war der Platz bis Mitte der Achtzigerjahre als Parkplatz von Studierenden genutzt worden, blieb aber eine Brache. Erst 1986 begann man in Absprachen mit der jüdischen Gemeinde seine Umgestaltung zu einer Gedenkstätte, die nach dem Entwurf der Künstlerin Margrit Kahl ausgeführt wurde. Schwarze Granitsteine zeichnen seitdem die Grundrisse und das Deckengewölbe der Synagoge auf einem ansonsten leeren Platz, einem ‚Denkraum', nach. Während die Unterstützer einer Rekonstruktion dieses Bodendenkmal als ungeeignet für das Gedenken an die NS-Verbrechen ablehnen,[5] halten die Kritiker nicht nur an dem Bodenmosaik fest, sondern würdigen es als adäquates Mahnmal für den an diesem Platz ausgeübten Terror gegen die Juden.

4 Zit. nach Briegleb, Neue Synagoge.

5 So schreibt auch Briegleb, der für den Wiederaufbau Partei ergreift, zu dem Bodenmosaik: „Nun ist dieses gut gemeinte Kunstwerk ein klassischer Fall von Erinnerungskultur, die ihren Zweck verfehlt. Ohne ausdrücklich darauf gestoßen zu werden, worum es sich dabei handelt, wirkt die horizontale Pflasterung, die keinerlei visuelle Störung an dieser viel frequentierten Stelle im Universitätsviertel herstellt, lediglich wie ein origineller Einfall des Straßenbauamts. Niemand, der an der heute Joseph-Carlebach-Platz benannten Leerfläche vorbeigeht, wird irritiert oder durch die Pflasterung an die furchtbaren Verbrechen erinnert, die mit dieser Arbeit wachgerufen werden sollen. Und diese Steinlinien versprechen nun fruchtbarer für eine gesellschaftliche Diskussion über Faschismus und Holocaust zu sein, als ein Ort der echten Versammlung von lebenden Menschen?" Ebenda.

Auf einer öffentlichen Videokonferenz, die die Patriotische Gesellschaft Hamburgs am 23. März 2021 veranstaltete[6] und auf der u. a. Rürup und Stricharz ihre gegensätzlichen Positionen noch einmal darlegten, ordnete Rürup das Bodenmosaik als repräsentativ für die Gegen-Denkmalbewegung der Achtzigerjahre ein, und einer Rehabilitierung des Bodenmemorials sollte auch ein Symposium Ende September 2021 mit dem Titel „Das Hamburger Synagogenmonument von Margrit Kahl. Seine künstlerische, kunstgeschichtliche und erinnerungskulturelle Bedeutung" dienen. (Teilnehmer dieser Tagung war u. a. auch Horst Hoheisel, einer der prominentesten Künstler des Gegen-Denkmals, der in Kassel den von Nazis zerstörten Aschrottbrunnen umgekehrt in die Erde versenkt und den Vorschlag präsentiert hatte, statt des Stelenfeldes das Brandenburger Tor zu zermahlen und den Sand über Deutschland zu zerstreuen.)

Der Umgang mit dem jüdischen Erbe und der Erinnerungskultur zeigt sich in Hamburg in seinem komplexen Verhältnis, das auch innerhalb der jüdischen Gemeinschaft von Widersprüchen nicht frei ist. Kompliziert wird die Situation noch dadurch, dass die Parteinahme für oder gegen den historisierenden Neubau eine Trennungslinie zwischen der orthodoxen und der liberalen Gemeinde der Stadt widerspiegelt. Auf dem Kolloquium der Patriotischen Gesellschaft hatte schon Rürup die ehemalige Bornplatzsynagoge als Gotteshaus des orthodoxen Judentums vorgestellt, und auch in der augenblicklichen Diskussion ist es die größere orthodoxe Gemeinde, die sich für eine Rekonstruktion ausspricht, während die liberale jüdische Gemeinde (mit 400 Mitgliedern) an diesen Plänen nicht beteiligt ist und sie auch nicht mitträgt.

Komplexer, aber auch grundsätzlicher wird der Streit um das jüdische materielle Erbe aber noch einmal dadurch, dass Rürup und die Unterzeichner des Kritikpapiers die Frage aufwerfen: „In welche Bautraditionen wollen wir [Juden] uns einschreiben, d. h. was wollen wir als unser Erbe annehmen?" Miriam Rürup hat im März hierzu eine klare Position bezogen: Für sie ist die Beerbung eines Baustils, der sich so eindeutig wie die Bornplatzsynagoge an einer wilhelminischen Auffassung von Architekturformen der christlichen Kirchen orientiert, gar eine Rekonstruktion, die diesen Stil noch einmal für die Gegenwart rettet, mehr als problematisch. Vertretbar sei infolgedessen nur ein Neubau in zeitgemäßen, „zukunftsgerichteten" Formen. Briegleb greift in seinem Artikel dieses Postulat an und stellt es in die größere gesellschaftliche

6 Diskussion um Bodenmosaik und Bornplatzsynagoge. Stadtgespräche in der Patriotischen Gesellschaft, 23. März 2021, https://www.youtube.com/watch?v=MBTFmQjWsCU.

Debatte um die Rekonstruktion von Bauerbe – hier ist vor allem an die Rekonstruktion der Berliner Schlossfassade oder an den Neubau der Potsdamer Garnisonkirche zu denken –, wobei er als eigentliches Skandalon dieser Argumentation gegen die Revenue bestimmter (historischer) Baustile eine moralische Bewertung durch die Rekonstruktionsgegner ausmacht: „Bei der anschließenden Frage nach dem richtigen Design eines jüdischen Gotteshauses wird dann eine weitere ideologische Frontlinie offensichtlich, die speziell Deutschland seit Jahren beschäftigt: die selbstverständliche Beschreibung von zeitgenössischer Architektur als positiv und aufklärerisch, wie sie überall zur Ablehnung historischer Bauformen vorgenommen wird. In der Debatte um sehr vereinzelte Wiederaufbauprojekte an geschichtsträchtigen Orten, sei es bei Schlossfassaden, historischen Altstadtvierteln, zerbombten Kirchen oder alten Villen, werden geradezu reflexartig Stilfragen einseitig moralisch wertend benutzt."[7]

Im Kritikpapier, so Briegleb weiter, würden dessen Verfasser das geplante Aussehen der Hamburger Synagoge, im deutschen Kaiserreich im „gängigen Stil für sakrale Bauwerke errichtet", nur als „Ausdruck eines Gehorsamsstaates" sehen, der zwei Weltkriege zu verantworten habe: „Ein ‚Rückgriff auf die wilhelminische Architektur kann kein Maßstab für die Gegenwart sein', heißt es apodiktisch im Papier der Historikergruppe, als drohe mit dem Neubau des Altschönen Kaiser Wilhelm aus der Gruft zu springen."

Was Briegleb in seiner Polemik aber nicht berücksichtigt, ist die Tatsache, dass es für Juden nicht nur um die Adaption von Baustilen ging, sondern um die nach dem Holocaust neu entflammte, auch retrospektiv geführte Diskussion um den Weg zur vollständigen Emanzipation und bürgerlichen Gleichstellung. (Über dem Thoraschrein war in der Potsdamer Synagoge der preußische Adler angebracht!) Hatte sich der Weg einer Akkulturation – und eine solche stellt auch die Adaption „preußischer" Baustile dar –, wie er noch im 19. Jahrhundert als Königsweg gesehen wurde, nicht als Irrweg erwiesen, der zur Vernichtung führte? Und sollte nicht jede Ablehnung dieser Bauformen auch als Kritik an dem Akkulturationsweg im Untertanenstaat gelesen werden können?

Briegleb wirft den Gegnern einer Rekonstruktion der Bornplatzsynagoge vor, die „laut ins Feld geführte Formel: Moderne = gut und fortschrittlich, Historisches = belastet und reaktionär" sei extrem „problematisch". Dabei dreht er, um den Neubau im wilhelminisch-christlichen Stil, das „Altschöne", zu verteidigen, diese Formel einfach um und konstatiert seinerseits moralisch: „Die

7 Briegleb, Neue Synagoge. Die folgenden Zitate ebenda.

größten Apostel der modernen Architektur haben alle mit den Nazis kollaboriert." Und fährt, ohne diese These zu verifizieren, fort: „Das Programm der modernen Architektur, die seit mehr als 100 Jahren in der Welt als die ‚zeitgemäße' gilt, ist nur in Ausnahmen geschichtssensibel gewesen. Die Begründer der modernen Formensprache und Stadtplanung favorisierten bekanntlich die Tabula rasa, die Standardisierung und reinigende Beseitigung des Alten."

Dass in Hamburg die zum Rolf-Liebermann-Studio umgebaute Bauhaus-Synagoge in der Oberstraße als sichtbares Denkmal der jüdischen Präsenz in der Stadt noch steht, deren Umnutzung durch den NWDR bzw. den NDR seit dem Ende des Nationalsozialismus nicht angeklagt und deren Rückgabe an die jüdische Gemeinde während der ganzen Debatte um die Rekonstruktion im Grindelviertel nicht eingefordert wurde, mag auf den ersten Blick überraschen. Es ist aber Indiz dafür, dass es eben nicht nur um das Zeichensetzen, sondern tatsächlich um das Zeichensetzen in der (christlich-sakralen) Formensprache des Wilhelminismus geht, die notwendigerweise auch das Gedenken beeinflussen muss.

Eine Analogie aus dem Spektrum der bereits fertiggestellten historischen Rekonstruktionen, auf die Briegleb hinweist, kann dies verdeutlichen: Abweichend vom Bundestagsbeschluss zum Neubau des Berliner Schlosses setzte man das Kreuz auf dessen Spitze und ließ um die Kuppel den von Friedrich IV. selbst aus Apostelgeschichte und Philipperbrief zusammengeschusterten, antirevolutionären und die Weltherrschaft des Christentums (sprich: Preußentums) verkündenden Spruch in Goldbuchstaben wieder anbringen: „Es ist in keinem anderen Heil, ist auch kein anderer Namen den Menschen gegeben, denn in dem Namen Jesu, zur Ehre Gottes des Vaters. Dass in dem Namen Jesu sich beugen sollen aller deren Knie, die im Himmel und auf der Erden und unter der Erden sind." Abgesehen von dem Affront gegen alle nichtchristlichen Deutschen entwerten Ausstellungen, die unter diesem Spruch, der Missionierung und Kolonisierung theologisch rechtfertigt, stattfinden und einen Status der Dekolonisierung inszenieren wollen, sich selbst.

Wie soll eine Erinnerung an den Holocaust in einem wiedererrichteten Raum stattfinden, der bewusst einer Zeit entlehnt ist, in dem die Grundlagen für Zerstörung und Mord gelegt wurden, und der zugleich die „Fahrlässigkeiten" der Nachkriegszeit verdeckt?

Der Austausch der Positionen in der Hamburger Diskussion ist auch deshalb so wichtig, weil diese exemplarisch und paradigmatisch geführt wird. Schon werden die nächsten Stimmen laut, die weitere originalgetreue Rekonstruktionen von Synagogen planen. In Magdeburg geht es um die Entscheidung zwischen Synagogenneubau oder Rekonstruktion.[8] Hier ist es der Vorsitzende der liberalen Jüdischen Gemeinde, Igor Tokar, der sich für einen historischen Nachbau des 1850 in neo-maurischem, orientalisierendem Stil erbauten Gotteshauses einsetzt. 1938 war dieses verwüstet und 1939 abgetragen worden. Im Unterschied zu der Hamburger Initiative planen die Magdeburger aber nicht ein wieder als Synagoge geweihtes und fungierendes Gebäude, sondern ein Museum. Tokar schreibt in dem Brief, in dem er die Stadt um die Rückgabe des entsprechenden Grundstücks bittet: „Die Zeichnungen und Fotografien der zerstörten Synagoge sind erhalten geblieben. Es ist sowohl eine Ehre als auch eine Pflicht vor unseren Nachkommen, den jüdischen wie den nichtjüdischen, sie als Denkmal und Museum des Magdeburger Judentums wieder aufzubauen."[9] Damit bleiben zwar die Fragen offen, inwieweit eine, wenn auch profane Komplettrekonstruktion die Erinnerung an die NS-Verbrechen besänftigt oder sie stärkt; die Diskussion hat sich aber verlagert auf die Spannung zwischen den geplanten Exponaten und ihren Aussagen und denjenigen des maurischen, musealen Nachbaus, bei dem die historischen Spuren der Zerstörung ausgelöscht wären.

Berlin

In dem von rekonstruktivem Bauen eher geplagten als geförderten Berlin reiht sich ein weiteres Nachbauprojekt in die Reihe anderer repräsentativer Kopien ein, nämlich der geplante Wiederaufbau des Synagogenbaus am heutigen Fraenkelufer. Dieser war mitten im Ersten Weltkrieg errichtet worden. Vom Berliner Architekten Alexander Beer (der auch die 1938 niedergebrannte Wilmersdorfer Synagoge baute) als ursprünglich liberaler Tempel in Neorenaissance-Formen mit Anleihen an mittelalterliche und barocke Architektur entworfen, wurde und blieb er Zentrum der orthodoxen Kreuzberger Gemeinde. Anfang November 2018 verkündete der Berliner *Tagesspiegel*: „In Deutschland ist das Projekt einmalig: Eine von den Nazis zerstörte Synagoge soll neu gebaut werden." Weiter heißt es in dem Artikel: „Seit Ende des Zweiten Weltkriegs nutzt die Gemeinde das schlauchförmige Nebengebäude der einstigen Synagoge, es wurde in der Pogromnacht nur teilweise beschädigt. Während das

8 Martin Rieß, Alte Synagoge in Magdeburg als jüdisches Museum, in: Volksstimme, 14. 2. 2015, https://www.volksstimme.de/lokal/magdeburg/alte-synagoge-in-magdeburg-als-judisches-museum-1840211.

9 Zit. nach ebenda.

Hauptgebäude unnutzbar war und in den 1950er Jahren komplett abgerissen wurde, feierten die Überlebenden der NS-Zeit hier bereits vier Monate nach der Befreiung Berlins ihren ersten Gottesdienst."[10] Auch das Portal „Entwicklungsstadt Berlin. Die Stadt, die immer wird und niemals ist" – in diesem Kontext ein geschichtsunsensibler Titel – schreibt zum geplanten historischen Neuaufbau, dass die Hauptsynagoge „erstaunlicherweise aber erst Ende der 1950er-Jahre"[11] abgetragen wurde (wobei „erstaunlicherweise" nicht geklärt ist). Demnach gab es jedenfalls zwei Zerstörungen der Synagoge am damaligen Kottbusser Ufer, wobei die endgültige Vernichtung des großen Betsaals in die Verantwortung Berlins in der späteren Nachkriegszeit fiel.

Vom SPD-Fraktionsvorsitzenden im Senat, Raed Saleh, stammt die Aussage: „Eine Stadt, die Schlösser aufbaut, sollte auch Synagogen aufbauen."[12] Aber: Warum muss die Stadt Schlösser aufbauen? Und folgt daraus wirklich, dass auch Repliken von Synagogen aufgebaut werden müssen?

Das Kuratorium für das Berliner Projekt ist mit dem vormaligen Bürgermeister (bis 2021) Michael Müller, dem früheren Hamburger Bürgermeister Ole von Beust, Gregor Gysi und der Bezirksbürgermeisterin hochrangig besetzt. Offenkundig herrscht in Berlin ein politischer Wille, stärker als in anderen Städten, Abgründiges der deutschen Geschichte im Stadtbild durch Rekonstruktionen ungeschehen zu machen (wobei offensichtlich auch die Bauten der DDR dazugezählt werden; das Portal „Entwicklungsstadt Berlin" stellt gleich mehrere andere Planungen von Repliken vor). Während in Hamburg über die Konsequenzen des Rekonstruktionsversuch für die Holocaust-Erinnerung heftig gestritten wird, vermeldet Berlin Zustimmung, auch aus Israel.[13]

Wie das Berliner Projekt letztendlich aussehen wird, ist noch nicht entschieden. In der Sendung „DAS!" des Norddeutschen Rundfunks am 25. Mai 2022, 18:45 Uhr, bekräftigte der Vorsitzende der jüdischen Gemeinde ebenso wie der Fraktionsvorsitzende der SPD Berlin, Raed Saleh, den Willen, die Synagoge, „so wie sie einmal aussah", zu rekonstruieren. In der Radiosendung rechtfertigte Raed Saleh die Rekonstruktion am Fraenkelufer mit dem Wiederaufbau

10 Sebastian Leber, Das Lebenszeichen vom Fraenkelufer, in: Der Tagesspiegel, 11.11.2018, https://www.tagesspiegel.de/themen/reportage/wiederaufbau-der-synagoge-in-berlin-kreuzberg-das-lebenszeichen-vom-fraenkelufer/23606228.html.

11 https://entwicklungsstadt.de/kreuzberg-wiederaufbau-der-synagoge-am-fraenkelufer-geplant/.

12 Leber, Das Lebenszeichen vom Fraenkelufer.

13 Ebenda.

der Garnisonkirche in Potsdam: „Wir bauen die Kirche in Potsdam, wo sich Hitler und Hindenburg gleichsam die Hand gereicht haben. Und wir sollen die Synagoge nicht wiederaufbauen. Hallo!" Möchte die Gemeinde ihr „repräsentatives" Zentrum wieder haben, so will Saleh nach eigener Aussage mit dem Wiederaufbau zeigen, dass das Judentum zur „Leitkultur" gehört – ein Begriff, der bei Saleh geradezu als Gegenbegriff zur „Leitkultur" von Friedrich Merz verstanden wird[14] und nirgendwo angebrachter scheint als im multikulturellen Kreuzberg. Dennoch sind auch in diesem Fall die Meinungen über eine historistische Nachbildung in Berlin geteilt. Anders als in Hamburg lässt aber schon die inzwischen eingetretene Veränderung in den Eigentumsverhältnissen einen maßstabgetreuen Nachbau nicht mehr zu. Zudem legt das Rendering des beauftragten Architekturbüros Wert auf das Vorzeigen des historischen Bruchs im rekonstruktiven Bauen. Trotz Rückgriffs auf die historischen Bauformen soll eine Sanierung von Geschichte, wenn man den Plänen des Büros folgt, vermieden werden, indem z. B. schon das (moderne) Baumaterial (Verzicht auf Sandstein) eine Differenz markiert, die durch die Farbgebung (weiß) noch einmal betont wird.

Noch ist die Diskussion in Berlin, an der inzwischen auch andere Architekturbüros beteiligt sind, nicht abgeschlossen, sodass die Aussagen zu diesem Projekt einer Rekonstruktion eines historischen Baukörpers eher einen Zwischenstand wiedergeben.

Angesichts der Hamburger Initiative hat Miriam Rürup in der „Patriotischen Gesellschaft" die Frage aufgeworfen, ob wir nach dem erinnerungskulturellen Paradigmenwechsel der Achtzigerjahre erneut vor einem Paradigmenwechsel stehen.[15] Aleida Assmann hat – nicht aus Anlass des rekonstruktiven Wiederaufbaus der 1938 gestürmten und vernichteten Synagogen, sondern im Zuge der Interpretation des 9. November als deutschem Gedenktag 2021 durch Frank-Walter Steinmeier – diese Frage ebenfalls gestellt: „In den Medien läuft seit Längerem ein erhitzter Streit darüber, ob der Holocaust auch in Zukunft seine zentrale Rolle im Gedächtnis der Deutschen behalten soll. Der Grund dafür ist das Aufkommen weiterer historischer Erinnerungen in der Migrationsgesellschaft. Gibt es noch Platz im Gedächtnis der Deutschen oder bedeutet jede Ergänzung automatisch eine Verminderung der Holocaust-Erinnerung

14 Siehe Raed Saleh, Ich deutsch. Die neue Leitkultur, Hamburg 2017.

15 In ihrem Statement in der „Patriotischen Gesellschaft" hat sie sich deutlich gegen einen Paradigmenwechsel zum jetzigen Zeitpunkt positioniert: „Wir sind noch nicht so weit, dass wir das Mahnmal [gemeint ist das Bodenmosaik] als obsolet betrachten können."

oder gar eine Absage an sie? Manche sprechen schon von einem ‚Abschied von unserer Leiterinnerung' und einem ‚Selbstentkernungsversuch'."[16]

In dieser Situation muss tatsächlich darüber gestritten werden, welche Signale von rekonstruktiven Synagogenvorhaben ausgehen können. Je mehr das Erinnerungskollektiv sich verändert, umso wichtiger sind die materiellen Restbestände von Zeugnissen der von nichtjüdischen Deutschen auf grausamste Weise eliminierten jüdischen Kultur, und umso wichtiger ist auch im Bewusstsein zu halten, dass nach 1945 zwar der Antisemitismus als Staatsdoktrin ausgedient hatte, aber die Respektlosigkeit und die rassistischen Ressentiments gegenüber Juden Bestand hatten. Bei der einzigen Rekonstruktion, die Rürup in der „Patriotischen Gesellschaft" als Beispiel für eine Wiederherstellung einer Synagoge in historischer Gestalt in der Nachkriegszeit anführt, handelt es sich um die von Adenauer protegierte in der Kölner Roonstraße. Der verantwortliche jüdische Architekt Helmut Goldschmidt, Überlebender von Auschwitz und Buchenwald, lehnte, wie oben erwähnt, eine historische Wiederherstellung des Innern der Synagoge ab, um den Riss des Holocaust markiert zu halten. Diese „Differenz" – und das fügt sich ein in andere Überblendungen des von den nichtjüdischen Deutschen verursachten Verlusts – soll nun auch in Köln getilgt werden: 42 Millionen € stellt der Haushaltsausschuss des Bundes bereit, um das Gebäude „in seiner vollständigen ehemaligen Schönheit mit modernen Materialien wiederherzustellen",[17] so die Synagogen-Gemeinde Köln (SGK).

Was in Köln, politisch gewünscht, ansteht, ist bei der Frankfurter Westend-Synagoge bereits vollzogen. Bei dieser Synagoge, in Jugendstilformen ausgerechnet von dem Architekten Roeckle, der sich schon sehr früh zum Nationalsozialismus bekannte, entworfen, hatte im Pogrom der Brand schnell gelöscht werden können, sodass während des Krieges im geschändeten Gebäude die Kulissen des Theaters gelagert worden waren.[18] In dem von den Architekten Hebebrand und Kemper geplanten, vereinfachten und damit die Schändung offenlegenden Interieur wurde bereits 1950 wieder der erste Gottesdienst gefeiert. 1988 bis 1994 erfolgte dann aber die Restaurierung des Originalzustandes durch Henryk Isenberg.

16 Aleida Assmann, Besichtigung einer Gedächtnisausstellung, in: Frankfurter Rundschau, 18. November 2021, S. 29.

17 Constantin von Hoensbroech/Ulrike von Hoensbroech, Starkes Signal zur richtigen Zeit, in: Jüdische Allgemeine, 5. November 2020, https://www.juedische-allgemeine.de/unsere-woche/starkes-signal-zur-richtigen-zeit.

18 Andreas Hartmann/Peter Jülich (Fotos): „Für mich ist es die schönste Synagoge der Welt", in: Frankfurter Rundschau, 7. September 2020, S. D6–D7.

Inwieweit die Migrationsgesellschaft (mit einer Ausdifferenzierung des kollektiven Gedächtnisses) in ursächlichem Zusammenhang mit dem Paradigmenwechsel steht, wäre noch zu überprüfen. Folgt man dieser These Assmanns, ist festzuhalten, dass bei den migrantischen Erinnerungskollektiven auch die jüdischen Zuwanderer aus den osteuropäischen Ländern einen großen Teil (mit anderen und zusätzlichen Verfolgungsgeschichten) ausmachen. Sowohl in Hamburg wie in Berlin begründen die jüdischen Gemeinden ihre Pläne zum historischen Wiederaufbau mit der wachsenden Zahl jüdischer Immigranten, deren Herkunftsland von deutscher jüdischer Gemeinde zu Gemeinde unterschiedlich ist. Für Kreuzberg schreibt *Der Tagesspiegel*: „Die Gemeinschaft, die sich in dieser Festung", der abgeschirmten[19] Synagoge, „trifft, ist in den vergangenen Jahren deutlich gewachsen – und hat sich verjüngt. Das liegt vor allem an den vielen Juden, die aus dem Ausland herzogen, aus USA, Ungarn oder Israel, einige auch aus Lateinamerika. Bei diesen Neuankömmlingen, sagt Dr. Dekel Peretz (einer der Initiatoren), seien logischerweise – wie bei vielen anderen Zugezogenen in ihren Zwanzigern und Dreißigern – Viertel wie Kreuzberg und Neukölln beliebt. Und die Gemeinschaft am Fraenkelufer ist die einzige Anlaufstelle weit und breit. „Dieser Zuwachs bringt uns an den Rand unserer Kapazitäten." Thea Altaras, als Tochter von deutsch-ungarischen Juden in Zagreb geboren und von dort 1965 geflohen, hat mit dem Hinweis darauf, dass die heutigen Gießener Juden „vor allem aus den südöstlichen Ländern Europas" stammen und an die Geschichte des deutschen Landjudentums anknüpfen wollen,[20] den Abbruch der Synagoge von Wohra und deren historischen Wiederaufbau in Gießen ähnlich gerechtfertigt.

Bei allen Debatten um das Für und Wider verschiedener Formen des gedenkenden Umgangs mit den Zeugnissen der deutsch-jüdischen Kulturgeschichte und einer (neuen) Nutzung historischer Sakralbauten ist eines fundamental: Dass die jüdischen Gemeinden völlig selbstbestimmt und unabhängig von der nichtjüdischen deutschen Gesellschaft über ihre Erinnerungskultur – und das heißt auch: über den Umgang mit den materiellen Zeugnissen ihrer reichen Kultur – entscheiden. Eine erneute Enteignung der Erinnerung durch die nichtjüdische Gesellschaft, wie sie über die Nachkriegsjahrzehnte praktiziert wurde, darf es nicht mehr geben.

19 Leber, Das Lebenszeichen vom Fraenkelufer, S. 2.
20 Altaras, Synagogen II, S. 95.

Richtfest beim Wiederaufbau der ehemaligen Synagoge von Allersheim im Fränkischen Freilandmuseum Bad Windsheim
Foto: Fränkisches Freilichtmuseum Bad Windsheim

15 Musealisierungen

Judaica-Ausstellungen bis 1938

In Magdeburg soll die beseitigte Synagoge rekonstruiert werden mit dem Ziel, dort ein Museum zu den Magdeburger Juden einzurichten. „Jüdische" Museen haben Konjunktur: In den letzten zwei Jahrzehnten entstanden in den größeren deutschen Städten wie Berlin, München, Frankfurt und zur Zeit in Köln (im Bau) spektakuläre Museen, in der Regel anknüpfend an authentische Orte jüdischer Geschichte und – ebenso regelmäßig – in großartigen Manifestationen zeitgenössischer Architektur. Bundesweit werden die Eröffnungen wahrgenommen und publizistisch gewürdigt, die Ausstellungen besprochen. Allein die genannten Museen stellen – ebenso wie viele Veranstaltungen des Jubiläumsjahres 2021 und die Aufnahme der SchUM-Städte in das UNESCO-Weltkulturerbe – überzeugende Beweise dafür dar, dass das Projekt des Mnemozids, des Gedächtnismords, an den deutschen und europäischen Juden gescheitert ist. Dass dies so sein würde, war in den ersten Nachkriegszeiten mit ihrer landesweiten Vernichtung der verbliebenen Spuren des materiellen Erbes jüdischer Kultur keineswegs eine ausgemachte Sache.

Aber es sind nicht nur die genannten repräsentativen musealen Erinnerungsräume, die sich gegen den Mnemozid stemmen; es sind auch die vielen kleineren, dezentralen „jüdischen" Museen, auch sie in der Regel errichtet an ehemaligen Stätten jüdischen Lebens, die – in ihren Expositionen sinnlich erfahrbar – Kenntnisse über die Geschichte der Juden vermitteln und für das kulturelle Gedächtnis verfügbar halten. Viele dieser Museen und Ausstellungen sind eingerichtet in wiederhergestellten Synagogen, jüdischen Schulen oder Kantorwohnungen, wobei z. B. die realisierten Restaurierungskonzepte nicht nur als Dispositiv zu den Expositionen wirken, sondern diese gewaltsam profanierten Gebäude selbst die wichtigsten Exponate darstellen.[1] Ausführlicher diskutiert wurde bereits die „Museumsgeschichte" der großen Synagoge in Essen, aber auch das „jüdische" Museum in einem Flügel der wiederhergestellten Augsburger Hauptsynagoge (die ansonsten resakralisiert ist) ist zu erwähnen.

Aus der Vielzahl der regional ausgerichteten Museen könnte man für Norddeutschland Rendsburg, Haldensleben und Hagenow im Osten anführen. In den ehemaligen Synagogen von Nidda und Gudensberg sind Exponate zu sehen; ebenfalls in Nordhessen befindet sich in der Mikwe von Rotenburg an der Fulda ein Museum. Über die Juden im Hunsrück informiert seit einiger Zeit das Museum in Laufersheim, über die Juden der Ostalb dasjenige von Oberdorf. In der ehemaligen Synagoge von Winnweiler gibt es eine Ausstellung zur jüdischen Geschichte der Nordpfalz. Das lange als Schuppen und Lagerraum benutzte Synagogengebäude von Michelstadt im Odenwald beherbergt ein „jüdisches" Museum, das dem Landesrabbiner Dr. E. Lichtigfeld gewidmet ist. Veitshöchheim besitzt in der profanierten und geschändeten Synagoge ein „jüdisches" Kulturmuseum. Das „Jüdische Museum Franken" hat, wie bereits beschrieben, Standorte in Fürth, Schnaittach und Schwabach. Damit ist nur ein Teil der „jüdischen" Museen, die als museale Erinnerungsräume in nahezu allen deutschen Regionen wirken, genannt.

Wenn man die Entstehung und Verbreitung dieser lange Zeit keineswegs selbstverständlichen expositorischen Darstellungen und Erzählungen der deutsch-jüdischen Geschichte datieren will, so ist, was nicht überrascht, auch hier ein zeitlicher und kausaler Zusammenhang mit den Entwicklungen in der deutschen Erinnerungskultur festzustellen. Neben dem Engagement für die baulichen Relikte als Teil des jüdischen Erbes sind jene sogar entscheidender Ausdruck dieser Wende: „Seit den 1980er-Jahren wurden – oft aus bürgerschaftlichem Impuls heraus – jüdische Museen an vielen Orten in (West-) Deutschland aufgebaut", schreibt der Leiter des Jüdischen Museums Westfalen

1 Dass Synagogengebäude zu „jüdischen" Museen wurden, ist eine Tendenz, die sich erst in den Siebzigerjahren zeigte. Hoppe führt als Beispiel die Einrichtung eines „jüdischen" Museums in der restaurierten Synagoge von Michelstadt an; vgl. Jens Hoppe, Jüdische Geschichte und Kultur in Museen. Zur nichtjüdischen Museologie des Jüdischen, Münster 2002, S. 223.

(in Dorsten), Norbert Reichling.[2] Die Bonner Republik im Fokus habend, stellt er weiter fest: „Die bis zu den 1980er-Jahren zaghaften Minderheiten-Versuche, jüdisches Leben und NS-Verbrechen in der Erinnerung zu halten, spiegeln die langsamen Lernprozesse der Bundesrepublik."[3] Ähnlich auch Helmut Hartmann, Vorsitzender der Stiftung Jüdisches Kulturmuseum Augsburg-Schwaben: „In einer Zeit, in der die Auseinandersetzung mit dem jüdischen Erbe und den Verbrechen der Nationalsozialisten gerade zaghaft begann, mussten Möglichkeiten musealer Vermittlung jüdischer Geschichte und Kultur erst ausgelotet werden."[4] Als erstes „jüdisches" Museum nach dem Holocaust bezeichnet er, anders als es die Aussage von Hoppe impliziert, das 1985 eröffnete Museum in Augsburg. Bis dahin war Westdeutschland eine Republik ohne museale Erinnerungsräume für jüdische Kultur und Geschichte und damit für eine Thematisierung von deutscher Schuld in einem Museum gewesen.

Auch die beiden Leiter der Städtischen Museen Recklinghausen hatten schon 1960, zu einem Zeitpunkt, als die Vernichtung auch der Restbestände materieller jüdischer Kultur ungehemmt weiterging, beklagt, dass „es in unserem Lande kein Museum und keine Sammlung jüdischer Kultgeräte und Kunstwerke mehr gibt und eigentlich solche Lücke zu füllen sei".[5] Nun hat die Forschung das „jüdische" Museumswesen relativ gut aufgearbeitet: von den Ansätzen und Museumsprojekten vom Kaiserreich bis zur Weimarer Republik,[6] über Kontinuitäten und Diskontinuitäten bis hin zu den Neuansätzen vornehmlich in den 1980er-Jahren.[7]

2 Norbert Reichling, Jüdische Museen und Erinnerungsorte in NRW – woher und wohin?, 29. Juni 2012, http://www.ns-gedenkstaetten.de/arbeitskreis/aktuelles/detailseite/juedische-museen-und-erinnerungsorte-in-nrw-woher-und-wohin.html.

3 Ebenda.

4 Helmut Hartmann, Vorwort, in: Schönhagen (Hrsg.), Wiederhergestellte Synagogen, S. 6.

5 Thomas Grochowiak/Anneliese Schröder, Bericht der Ausstellungsleitung, in: Synagoga: Kultgeräte und Kunstwerke. Von der Zeit der Patriarchen bis zur Gegenwart. Städtische Kunsthalle Recklinghausen, 3. November 1960–15. Januar 1961, Recklinghausen 1960, unpaginiert.

6 Vgl. Katharina Rauschenberger, Jüdische Tradition im Kaiserreich und der Weimarer Republik. Zur Geschichte des jüdischen Museumswesens in Deutschland, Hannover 2002. Rauschenberger vertritt die These, dass die „Krise der Assimilation" einen „Rückbesinnungsprozess zur Folge [hatte], in dem zunächst von religiöser Seite, später aber auch von wissenschaftlich theologischer und historischer die Frage nach den Eigenarten des Judentums und seiner Identität gestellt wurde", als deren Konsequenz es zu den Museumsprojekten gekommen sei. Ebenda, S. 18.

7 Hierzu die Arbeiten (Auswahl) von Hoppe, Jüdische Geschichte und Kultur in Museen; Felicitas Heimann-Jelinek (Hrsg.), Was übrigblieb: Das Museum jüdischer Altertümer in

Wir sind insoweit daher über die Anfangszeit wie auch über ihren gewaltsamen Abbruch verhältnismäßig gut informiert. Gemeinsam war diesen – wenigen – Anfängen im Bereich des Museumswesens, die 1933 bzw. 1938 gewaltsam beendet wurden, dass sie von jüdischen Gemeinden oder ihnen nahestehenden Institutionen ausgegangen waren. Während in Worms die Judaica in dem Obergeschoss des Synagogenvorraums untergebracht waren, wurden in anderen Städten die Exponate in „neutralen" Räumen gezeigt, was eine Verlagerung der musealen Zuschreibung an das Judentum bedeutete: Wie Hanno Loewy es formuliert, dokumentierten diese Museen den Versuch, „eine partikuläre Tradition als universelle Kultur zu bewahren und zugleich in das kulturelle Erbe der verschiedenen Nationen einzuschreiben".[8] Damit wird als prioritäre Wirkungsrichtung eine innerjüdische gesehen. Dagegen zielte der Breslauer Museumsverein in einer Gründungsbroschüre (1928) vor allem auf einen nichtjüdischen deutschen Rezipientenkreis: Alfred Grotte erläuterte hier die „Richtlinien für den Auf- und Ausbau des Museums"[9] und gab als dessen Intention an: „[E]s wird das Vorurteil zerstören helfen von der materialistischen Einstellung des Judentums, von seiner angeblichen Kunstfeindlichkeit, es wird endlich den Anteil erweisen, den das deutsche Judentum des Ostens in Kultur- und Gemeindeleben unseres engeren Vaterlandes besitzt."[10]

Als die Nationalsozialisten die Jüdische Synagoge von Worms in der Pogromnacht stürmten, gingen viele der wertvollen Judaica, die seit 1912 ausgestellt waren, verloren. Auch das „Museum Jüdischer Altertümer", das in Frankfurt am Main seit 1922 im ehemaligen Rothschild-Palais untergebracht war, fiel dem Pogrom zum Opfer, allerdings ‚sicherte' sich hier das „Historische Museum Frankfurt" 1000 ausgewählte Objekte. Im Berliner Jüdischen Museum, das als letztes nur wenige Tage vor der Machtübernahme der Nationalsozialisten im Januar 1933 eröffnet worden war, beschlagnahmte die Gestapo im November

Frankfurt 1922–1938, Frankfurt a. M. 1988; Felicitas Heimann-Jelinek/Wiebke Krohn (Hrsg.), Das erste jüdische Museum (Ausstellungskatalog), Wien 2005. Wichtig ist auch die theoretisch angelegte Arbeit von Sabine Offe, Ausstellungen, Einstellungen, Entstellungen. Jüdische Museen in Deutschland und Österreich, Berlin 2000.

8 Hanno Loewy, Das Eigene und das Andere. Jüdische Museen als Räume der Mehrdeutigkeit, in: Jüdische Geschichte und Kultur, Nr. 2 (2018), S. 18 f.

9 Alfred Grotte, Was soll das neue Jüdische Museum enthalten?, in: Verein Jüdisches Museum e. V. zu Breslau, Breslau o. J. (1929), S. 11–14, S. 11.

10 Ebenda, S. 14.

1938 die Museumsbestände (von denen lediglich die Gemäldesammlung 1946 wieder aufgefunden und von der JRSO an Museen in Israel und an europäische und amerikanische Museen gegeben wurde).

Alle größeren Museen begannen nach dem Erlass des Reichserziehungsministers vom Juni 1936, wonach die „völkische Idee" oberstes Ordnungskriterium einer Dauerausstellung sein müsse, die jüdischen Abteilungen zu schließen und die Exponate der Öffentlichkeit zu entziehen. Ausnahme (neben Heimatmuseen wie Gröbzig und Schnaittach, wo der Museumsleiter Stammler selbst aus den devastierten Synagogen stammende Ritualien zeigte) war die Jüdische Abteilung des Braunschweiger Landesmuseums (damals Vaterländisches Museum), die 1938 unbehelligt blieb. Dieses Museum datiert seine Ausstellungstätigkeit zurück auf das Jahr 1746 und erhebt damit den Anspruch, weltweit die längste Tradition einer Musealisierung jüdischer Objekte zu haben, war aber nie in jüdischer Trägerschaft. Kernstück war das komplette Innere der Synagoge von Hornburg, die 1924 dort abgebaut, abtransportiert und in der vom Museum genutzten Aegidienkirche wieder aufgebaut worden war. Dass die Braunschweiger Ausstellung zugänglich blieb, lag daran, dass hier der Erlass vom Juni 1936 umgesetzt wurde: Sie wurde antisemitisch codiert. Erhalten hat sich die Schrifttafel von 1937 für die Hornburger Synagoge, aus der die Eingliederung des Exponats in die antisemitische Propaganda deutlich wird: „Synagoge aus Hornburg ein Fremdkörper in der deutschen Kultur. Die äußeren Formen erinnern an heimische Dorfkirchen der Barockzeit. Dahinter steht aber die jüdische Welt des Alten Testaments."[11] Die Exponate sind „nicht mehr Zeugen einer gruppenspezifischen Kultur und Teil gesamtgesellschaftlicher Vergangenheit", sie werden präsentiert als Ausdruck einer „minderwertigen Rasse".[12] „Fremdkörper", Täuschung und „kulturelles Parasitentum", dies sollte die Braunschweiger Ausstellung als „typisch jüdische" Eigenschaften dokumentieren.[13]

11 Hoppe, Jüdische Geschichte und Kultur in Museen, S. 229.

12 Ebenda, S. 24.

13 Dass Ausstellungen zu propagandistischen Zwecken bei der ideologischen Vorbereitung des Holocaust eingerichtet wurden, belegt auch die Ausstellung zum „körperlichen und seelischen Erscheinungsbild der Juden" des Naturhistorischen Museums in Wien 1939.

Das Jüdische Zentralmuseum in Prag – eine Zwischenbemerkung

In die über 40-jährige „Museumslücke" ragt allerdings ein Museum, das sich dem Erlass des Reichserziehungsministers verschrieben und diesen auf denkbar grausamste Weise umgesetzt hat: Der Zusammenhang von Holocaust und Musealisierung, der sich bereits in Braunschweig erkennen ließ, wurde in dem Projekt der deutschen Besatzer von Prag deutlich, an der Moldau ein „Jüdisches Zentralmuseum" zu organisieren. Auch wenn die kenntnisreichen Arbeiten zu „jüdischen Museen" das Prager Vorhaben nicht oder eher am Rande erwähnen, gehört es an vorderster Stelle in die deutsch-jüdische Musealisierungsgeschichte und bildet deren barbarischen Tiefpunkt. Durch die Arbeiten von Dirk Rupnow liegen Informationen zu diesem Projekt vor, wobei Rupnow darauf verweist, dass am Ende der deutschen Besatzung in Prag sämtliche Akten vernichtet wurden und die Rekonstruktionen nur auf einer schmalen Quellenbasis möglich sind.[14] Es lässt sich nicht einmal sagen, ob die ersten Anstöße vonseiten der Jüdischen Kultusgemeinde (JKG) oder von der Prager Außenstelle des Eichmann-Referats im Reichssicherheitshauptamt kamen. Rupnow zufolge teilte Anfang Juli 1942 der spätere Kommandant des Ghettos Theresienstadt, Karl Rahm, der Jüdischen Kultusgemeinde in Prag mit, „dass die Klaus-Synagoge als ‚Jüd. Museum, Abt. Provinz' einzurichten sei und die Frauenbetstube in der Altneu-Synagoge als Museum für Objekte mit Bezug auf diese dienen solle".[15]

Die Ausgangsbedingungen für ein jüdisches Museum unterschieden sich in Prag insofern grundlegend von denjenigen im Deutschen Reich, als es in der Tschechoslowakei bzw. im „Protektorat" keinen Synagogensturm gegeben hatte. Die Synagogen waren einschließlich ihrer Einrichtungen vollständig erhalten geblieben und fielen nun bei der Deportation der Gemeinden in die Hände der Besatzer. Vor dem Transport in die Todeslager hatten die Gemeinden die Kult- und Kunstobjekte zu verpacken und an das „Zentralmuseum" zu schicken. Dass formell die JKG das Museum zu organisieren hatte, verminderte den Widerstand der jüdischen Gemeinden bei der Abgabe ihrer Kultgegenstände. Wie exorbitant die Sammlungen in Prag anwuchsen, spiegelt das

14 Dirk Rupnow, Täter – Gedächtnis – Opfer. Das „Jüdische Zentralmuseum" in Prag 1942–1945, Wien 2000. Rupnow hat seine Arbeit noch einmal zusammengefasst: Endlager und Mahnmal. Das Jüdische Zentralmuseum in Prag, in: Der Deutschunterricht (2004) 3, S. 38–46.

15 Rupnow, Endlager und Mahnmal, S. 38.

Ausmaß und die Systematik der Raubzüge und der Vernichtung: Zu Beginn der Deportationen nach Theresienstadt bestand der Fundus für das zukünftige Museum aus etwa 1000 Objekten; am Ende waren es 200 000 Gegenstände, die im „Protektorat" für das Museum zusammengeraubt worden waren, gestapelt in acht Gebäuden und 50 Warenhäusern.[16]

Die erste Exposition, die schon im November 1942 in der Hoch-Synagoge aufgebaut wurde, war eine Buchausstellung. Gezeigt wurden Hebraica, jüdische Privilegien, Urkunden: „Die SD-Männer scheinen mit der Arbeit zufrieden gewesen zu sein. Objekte, die kaum etwas oder nichts über Assimilation und Zusammenleben aussagen, die Juden vielmehr als das fremde *Volk des Buches* zeigen, wurden so zuerst exponiert."[17] Bei der zweiten Ausstellung, die im März 1943 in der Klaus-Synagoge am Alten Friedhof fertiggestellt worden war – zu einem Zeitpunkt also, da der Raubmord bereits viele Landstriche „judenfrei" gemacht hatte –, war jüdisches Alltagsleben Thema. Hier forderte Rahm Veränderungen: Das Schächten, an dem sich die angebliche Brutalität der Juden im Gegensatz zu den „tierliebenden" Deutschen zeige, sollte ein neues Gewicht in der Ausstellung erhalten. In der Altneu-Synagoge wurde eine Ausstellung mit Bezug zu dem Synagogenbau organisiert. Kein Objekt durfte dabei die Nähe zur Baukunst des „christlichen" Mittelalters demonstrieren; die Altneu-Synagoge wurde ein Exponat dafür, dass die Juden auch im Mittelalter schon ein fremdes Volk waren, das sich allenfalls mit seinen Bauten tarnte. Als Letztes wurde 1944 eine „Ghetto-Ausstellung" im Haus der Beerdigungsgesellschaft eingerichtet – ein jüdisches Leben unter den von den deutschen Besatzern geschaffenen Bedingungen war „nachgebaut" – ein wahrlich perverses Unternehmen.

Nach Rupnow waren es dennoch keine reine Propagandaausstellungen, was zum einen daran lag, dass die Mitarbeiter alle Juden waren (die nach und nach ebenfalls deportiert wurden). Ihre Mitarbeit war von dem Bestreben bestimmt, ein möglichst unverzerrtes Bild des Judentums für die Zukunft zu sichern. Die deutschen Besatzer planten das Museum ebenfalls für die Zukunft, aber als eine Art Epilog auf ein vernichtetes Judentum und nicht mehr als Agitationsinstrument für dessen Vernichtung. Keine der Ausstellungen des „Zentralmuseums" wurde von den Nazis der Öffentlichkeit zugänglich gemacht. Nur SD-Männer bekamen die Ausstellungen zu Gesicht. Es war ein Gespenstermuseum für die

16 Ebenda, S. 42.

17 Ebenda, S. 41.

Zeit nach der „Endlösung", die die Okkupanten zu dieser Zeit noch vorwärtstrieben.

„Musealisierungslücke" und Ausstellungen

Die Nachkriegsgeschichte der jüdischen Museen als Erinnerungsorte verlief in Prag völlig anders als in Deutschland, wo die Täter saßen. Die jüdische Kultusgemeinde entschied sich schon am 13. Mai 1945 – die Niederlage Deutschlands war gerade eine Woche alt – für die Wiederaufnahme der Arbeiten am Zentralmuseum unter ihrer Leitung. Am 26. Juni 1946 wurden die bislang verschlossenen, unter deutscher Besatzung entstandenen Ausstellungen allgemein der Öffentlichkeit zugänglich gemacht: „Wesentliche Änderungen an den Ausstellungen wurden dabei zunächst nicht vorgenommen. Die einzige Überlebende des Wissenschaftlerteams, Hana Volavková, übernahm die Leitung des Hauses."[18] Möglich war dies, weil in Prag nicht nur von jüdischer Seite das Narrativ einer Rettung jüdischer Kulturgüter entstand, sodass die jüdische Mitarbeit an dem nationalsozialistischen „Zentralmuseum" als Widerstandsakt von Todgeweihten gesehen wurde.[19]

Im Land der Täter war diese Erzählung nicht möglich, auch wenn der Schnaittacher Museumsdirektor Stammler sich gerne als Retter von Synagoge und Kultgegenständen, die er im Laufe des Pogroms requirieren konnte, ausgab und die Objekte – ohne Begleittext allerdings – in seinem Museum weiter ausstellte. „Keines der großen Häuser, die vor 1933 jüdische Abteilungen besessen hatten, präsentierte [...] Objekte zur jüdischen Geschichte und Kultur",[20] keines stemmte sich nach dem Holocaust gegen das Vergessen. Man beließ alles in den Magazinen, in denen es nach 1938 versenkt worden war.

Als typisches Beispiel für das aufseiten der Museen erfolgte lange Verschweigen, dass es eine jüdische Kultur gab, die von nichtjüdischen Deutschen zerschlagen worden war, kann das Landesmuseum in Braunschweig gelten. Die

18 Ebenda, S. 44.

19 Ebenda, S. 46.

20 Hoppe, Jüdische Geschichte und Kultur in Museen, S. 24. Der Vollständigkeit halber sei erwähnt, dass 1947 auf Schloss Herrnsheim in zwei Vitrinen Judaica, die aus den Synagogentrümmern von Worms gerettet worden waren, gezeigt wurden. Das Keckenburg-Museum in Schwäbisch Hall stellte ab 1956 wieder die Betraum-Vertäfelung von Unterlimpurg (1934 magaziniert) aus und knüpfte dabei an die Ausstellung im Kaiserreich an. „Die Schoah selbst ist jedoch in keinem der genannten Fälle thematisiert worden." Ebenda, S. 26.

Hornburger Synagoge als Kernstück der jüdischen Abteilung in der Aegidienkirche wurde 1944 abgebaut und mitsamt den anderen jüdischen Exponaten im Museumsdepot verstaut.[21] Die Aegidienkirche, wichtigster Ausstellungsort des Museums, kam als provisorische Pfarrkirche an die katholische Kirche. Gerade in der Zeit der großen Verdrängung der Verbrechen nach 1945 versagten auch die Museen. Ihre Vitrinen blieben leer, als habe es nie eine deutsch-jüdische Vergangenheit gegeben, deren Zeugen man in den Museen präsentieren könnte. Erst ab 1987 waren die Hornburger Synagoge und die anderen Exponate wieder im Braunschweiger Museum zu sehen.

Als der Präsident des Zentralrats der Juden in Deutschland, Dr. Josef Schuster, 2018 die Eröffnungsansprache zu der Münchener Ausstellung „Sieben Kisten mit jüdischem Material" hielt, kam er auch darauf zu sprechen, dass die Nacht des Pogroms auch „die Nacht der Bereicherung an jüdischem Eigentum" war: „Die im Pogrom gestohlenen Kultgegenstände aus den Synagogen und Privathäusern hatten nicht nur die Begehrlichkeit der Gestapo geweckt, die die ‚Beschlagnahme' angeordnet hatte, sondern leider auch die etlicher Museumsdirektoren. Das Raubgut sollte lange in den Magazinen der Museen verschwinden."[22] Die Ausstellung, bei der Schuster das Grußwort sprach, stellte selbst einen Beleg für diese Ausführungen dar, stammten die Exponate doch aus sieben Kisten mit Raubgut, die die Gestapo 1939 dem (damaligen) Mainfränkischen Museum übergeben hatte und die bis dahin unbeachtet im Magazin geblieben waren.

Als sich in den Achtzigerjahren die Erinnerungskultur für die deutsch-jüdische Vergangenheit öffnete, bedeutete dies noch nicht eine Rückkehr der

21 Weitere Fälle, wo nach dem museumsgeschichtlichen „Stubenprinzip" wenigstens Teile von Synagogen übernommen worden waren, um die Exponate in einem Gesamtzusammenhang zu zeigen, finden sich außer in Braunschweig und Schwäbisch Hall in Würzburg, Bamberg und Köln. Die Ausstellungsgeschichte verlief in all diesen Fällen nahezu gleich: Das Luitpold-Museum in Würzburg hatte 1912 eine Synagoge eingebaut, aber ab 1936 nicht mehr gezeigt (1945 wurde sie bei der Bombardierung komplett zerstört). Bamberg hatte die Synagoge von Horb am Main bis 1937 ausgestellt; erst 1960 wurde sie „wiedergefunden" und als Dauerleihgabe an das Israel-Museum in Jerusalem gegeben. Schließlich hatte in Köln das „Rheinische Museum" eine Synagoge des Rheinlandes aufgebaut, die dann ab 1933 nicht mehr zu sehen war (und 1945 im Bombenhagel unterging). Siehe Hoppe, Jüdische Geschichte und Kultur in Museen, S. 170.

22 Grußwort des Präsidenten des Zentralrats der Juden in Deutschland, Dr. Josef Schuster, zur Eröffnung der Ausstellung „Sieben Kisten mit jüdischem Material" im Jüdischen Museum München, 5. November 2018, https://www.zentralratderjuden.de/aktuelle-meldung/artikel/news/sieben-kisten-mit-juedischem-material/.

jüdischen Abteilungen in die „großen Häuser“. Für Hoppe sind diese Jahre bestimmt durch die Auslagerung der jüdischen Exponate aus den historischen Museen. Seit dem Beginn der Musealisierung jüdischer Kultur und Kunst drehte sich die Diskussion um die Frage, ob die Judaica integraler Bestandteil der Museen sein sollten oder separat gezeigt werden müssten und ob die Museen auf ein integratives oder distinktives Narrativ verpflichtet sein sollten. 50 Jahre nach dem Holocaust scheint diese Frage zugunsten der musealen Separierung entschieden, was Hoppe wiederum als eine verstärkte Ausgrenzung der Juden problematisiert.[23] Als Beispiel dient ihm u. a. das Bayerische Nationalmuseum in München, wo die Judaica bis 1985 magaziniert gewesen und danach als Leihgabe an das Augsburger Jüdische Kulturmuseum gegangen waren: „Damit war die jüdische Vergangenheit nicht mehr Teil der bayerischen Landes- und Kulturgeschichte im Münchener Haus.“[24] Sabine Offe sieht diese Auslagerungen ebenfalls sehr kritisch und spricht „von einer räumlichen Isolierung der jüdischen Minderheit durch diese Auslagerungen“.[25]

Museen versagten in der gesamten Nachkriegszeit bei der Schaffung von Erinnerungsräumen für die vernichtete jüdische Kultur und erst recht für den Akt der Vernichtung im Holocaust. Es gab nur zwei große „jüdische“ Ausstellungen, die in Westdeutschland das Thema aufgriffen und sich gegen die im Grunde nicht verantwortbare expositorische Vernachlässigung stellten. Die erste dieser Ausstellungen wurde unter dem Neologismus *Synagoga* (offensichtlich eine Analogbildung zu *documenta*) am 3. November 1960 in Recklinghausen eröffnet und dauerte bis zum 15. Januar 1961. Anschließend wanderte sie nach Frankfurt am Main. Vom 15. Oktober 1963 bis zum 15. Februar 1964 fand in Köln die zweite große Ausstellung in dieser „erinnerungslosen“ Zeit statt, die „Monumenta Judaica“.

Die genannte Recklinghäuser Ausstellung „Synagoga. Kultgeräte und Kunstwerke. Von der Zeit der Patriarchen bis zur Gegenwart“ muss als erster Versuch nach dem Holocaust gewertet werden, über eine groß angelegte Ausstellung das Verdrängen jüdischer Kultur aufzubrechen bzw. dieser Kultur Hochachtung zu zollen. Die Schirmherrschaft hatte der damalige Bundes-

23 Ebenda, S. 29.

24 Ebenda.

25 Sabine Offe, Schaustück und Gedächtnis. Jüdisches im Museum, in: Gottfried Friedl u. a. (Hrsg.), Wie zu sehen ist. Essays zur Theorie des Ausstellens. Wien 1994, S. 27–45, S. 39. Hier zit. nach Hoppe, Jüdische Geschichte und Kultur in Museen, S. 29.

präsident Lübke, und im Ehrenausschuss saßen alle, die in der Bundesrepublik Rang und Namen hatten, angefangen von Bundeskanzler Adenauer über den Bundesminister des Auswärtigen, Brentano, den Bundesminister für Gesamtdeutsche Fragen, Ernst Lemmer, bis hin zu dem Präsidenten des Bundestags Eugen Gerstenmaier. Mitglieder des Ehrenausschusses waren zudem der Bundestagsvizepräsident Carlo Schmid, der Präsident des Bundesrats, der Altbundespräsident Theodor Heuss, verschiedene Ministerpräsidenten, der Präsident des BDI, der Vorsitzende des DGB usw. Unter anderen vertrat Heinz Galinski den Zentralrat der Juden im Ausschuss; dazu kamen Vertreter der Kirchen, der Botschafter Israels ebenso wie Martin Buber. Heinrich Böll wurde als Unterstützer geführt. Auch die Direktoren wichtiger europäischer und amerikanischer Museen waren bei der Eröffnung anwesend, die alle Leihgaben zur Verfügung gestellt hatten. Durch die Rede Lübkes, das Grußwort Adenauers und des israelischen Botschafters geriet die Eröffnung zu einer Art Staatsakt. Wie die Ausstellungsleiter betonten, hätte die Ausstellung ohne die Zustimmung und Hilfe israelischer Regierungsstellen in dieser Form nicht zustande kommen können.

Die „Kultgegenstände und Kunstwerke" waren aus Museen der ganzen Welt zu einer repräsentativen Schau zusammengetragen worden.[26] In seiner Eröffnungsrede wies Lübke darauf hin, dass man auch in Deutschland Relikte der jüdischen Kulturgeschichte gefunden habe, „die man längst für verschollen oder sogar für zerstört gehalten hatte. Gerade diese Gegenstände werden nun in besonderer Weise die ungebrochene Aussagekraft jüdischen Geistes stellvertretend bezeugen."[27]

„Die ungebrochene Aussagekraft des jüdischen Geistes" – das ist für die erste große Ausstellung nach dem Holocaust sehr euphemistisch, zumal dasjenige, wofür diese Gegenstände nach 1945 ebenso stehen, nämlich die andauernden antisemitischen Ausschreitungen in Deutschland, offensichtlich nicht konnotiert war. In diesem Zusammenhang von einzelnen Gegenständen zu sprechen, die man in Deutschland aufgefunden hätte, reduzierte allein in Anbetracht der

26 Um nur eine Auswahl zu nennen: Germanisches Museum Nürnberg, Musée d'Art juif Paris, Louvre, Rijksmuseum Amsterdam, Kröller-Müller Otterlo, Musée de Cluny Paris, Stedely Museum Tel Aviv, Jewish Museum Cincinnati/Ohio usw.

27 Heinrich Lübke, Eröffnungsansprache, in: ders., Zur Einführung in die ‚Synagoga'. Ansprachen zur Eröffnung der Ausstellung am 3. November 1960 in Recklinghausen, München 1960, S. 23–30, hier S. 27.

Synagogengebäude, die gerade zu dieser Zeit der Spitzhacke zum Opfer fielen oder – wie die benachbarte Synagoge in Essen – zur Fremdnutzung umgebaut wurden, die große deutsch-jüdische Kulturtradition auf ein Minimum. Das Judentum wird in dieser Ausstellung nicht mehr in eine gemeinsame deutsch-jüdische Kulturgeschichte eingeschrieben, aber auch nicht in die jüdische Leidensgeschichte in Deutschland. Dass in dieser Ausstellung zur Geschichte der Juden von der „Patriarchenzeit bis zur Gegenwart“ der Holocaust überhaupt keine Rolle spielte und von den Vertretern der Bonner Republik insoweit keine Verantwortung übernommen wurde, weder für die Verbrechen vor 1945 noch für die fortlaufende Zerstörung jüdischen Kulturerbes nach 1945, wurde durch das Ausstellungskonzept ermöglicht, das die „Gegenwart“ 1933 abbrechen lässt. So förderte die Ausstellung eher den deutschen Verdrängungsprozess und ließ das Oberhaupt des Nachfolgestaates des Deutschen Reiches von bislang mangelnder ‚beiderseitiger‘ Toleranz daherreden: „Theologen und Historiker bemühen sich heute gemeinsam, den Religions- und Geschichtsunterricht von manchen Verfälschungen und Verzerrungen zu befreien, die so oft beiderseitiges Verständnis und Toleranz erschwert haben. Die stummen Zeugen der Vergangenheit, die wir in der Ausstellung sehen, werden uns einen beredten Anschauungsunterricht erteilen.“[28]

„Was nach der Schoah blieb, war eine radikalere Heimatlosigkeit, als sie die Museumsobjekte schon vor 1933 kennzeichnete“,[29] schreibt Hanno Loewy. So richtig diese Aussage ist: Ihr wird aber in der Recklinghäuser Ausstellung mit einer Zuschreibung an das Judentum geantwortet, die es aus dem kulturellen Erbe der Nationen weitgehend löst und in einer „partikulären Tradition universeller Kultur“[30] verankert. Das Judentum wird in der Ausstellung dabei auf das Religiöse reduziert: „Kultgegenstände und Kunstwerke“ (z. B. von Chagall) bilden die Exponate der Definition des „Jüdischen“. Damit werden die Juden aber zugleich mit den „heimatlosen Objekten“ der Ausstellung noch einmal expatriiert und erneut als „Fremde“ stigmatisiert. Gerade die Hochachtung, die die Ausstellung dem Judentum zollt, erweist sich als problematisch, zementiert sie doch diese Distanz.

Die zweite große Ausstellung, die in die „Museumslücke“ stieß, war die Kölner Ausstellung „Monumenta Judaica“ vom 15. Oktober 1963 bis zum

28 Ebenda.
29 Loewy, Das Eigene und das Andere, S. 19.
30 Ebenda.

15. Februar 1964. Ab 1963 arbeitete man in den Frankfurter Auschwitz-Prozessen grauenhafte NS-Verbrechen auf. Jüdische Überlebende rangen sich zu erschütternden Zeugenaussagen durch. Zu Beginn desselben Jahres hatte Hochhuths *Stellvertreter* auf der Bühne für eine große Debatte über die Verantwortung auch der Kirche, bislang unangetastete Machtstütze der Restauration unter Adenauer, gesorgt. Eine Ausstellung, wie sie in Recklinghausen und dann in Frankfurt zu sehen gewesen war, schien in diesem historischen Kontext kaum mehr möglich, und eine Rede von beiderseitiger Toleranz hätte nun völlig deplatziert gewirkt. Zwar bezog sich auch die Kölner Ausstellungseröffnung nicht auf den 9. November als Gedenktag (was in den Achtzigerjahren nahezu die Regel wurde und die jeweilige Eröffnung zu einer Gedenkveranstaltung für die Opfer der Pogromnacht machte), aber es gab grundlegende Unterschiede zur „Synagoga":

Schon der Anlass dieser Exposition mit dem Untertitel „2000 Jahre Geschichte und Kultur der Juden am Rhein" verlangte, dass, wie eine zeitgenössische Rezension feststellte, „die Akzente diesmal anders gesetzt"[31] waren. Während der Begriff des Antisemitismus bei der „Synagoga" keine Rolle spielte und diese auch keine explizite Reaktion auf den Antisemitismus darstellte, waren der unmittelbare Beweggrund zur Planung der „Monumenta Judaica" die Hakenkreuzschmierereien an der gerade wieder hergestellten und eingeweihten Kölner Synagoge am 24. Dezember 1959 (denen nach einem Weißbuch der Bundesregierung circa 700 ähnliche Anschläge folgten).[32]

Es waren aber nicht nur „andere Akzente", die mit der monumentalen Ausstellung[33] gesetzt wurden; es war vielmehr eine ganz andere Vorstellung

31 Günter Ott, Monumenta Judaica, in: Aufwärts, Jg. 16, Nr. 11, 15. November 1963, S. 20 f., S. 20

32 „Es ist einige Jahre her, da jugendliche Narren die Kölner Synagoge mit Hakenkreuzen beschmierten. Kurz danach entschloß sich der Kulturdezernent der Stadt Köln, Beigeordneter Dr. Kurt Hackenberg, eine kulturgeschichtliche Ausstellung über das Leben der Juden am Rhein zu organisieren." Ebenda.

33 „Bemerkenswert bei der wirklich ‚monumentalen' Ausstellung mit über 2.238 Objekten (und weiteren Karten, Plänen und Tafeln) war die Fläche von gut 2.000 m2. Da es in Köln zu der Zeit keine zusammenhängenden ausstellungsgeeigneten Räumlichkeiten dieses Formats gab, wurden zu diesem Anlass zwei Museen ausgeräumt: das Kölnisches Museum im Zeughaus und das damals in der anschließenden sogenannten ‚Alten Wache' untergebrachte Römisch-Germanische Museum." museen.koeln, Bild der 41. Woche – 14. Oktober bis 20. Oktober 2013, https://museenkoeln.de/portal/bild-der-woche.aspx?bdw=2013_41. Auch in Köln wurde Lübke als Schirmherr gewonnen, aber es wurde keine Repräsentationsschau des westdeutschen Staates.

von Judentum, das der Kölner „Monumenta Judaica" zugrunde lag. Belegt wird durch die Exponate eine 2000-jährige deutsch-jüdische Kulturgeschichte, die von Annäherungen, Assimilationen und Segregationen, aber eben auch von Gewalt geprägt war. Mit anderen Worten: Es wurden hier nach dem Holocaust (und trotz Holocaust) erstmals die Exponate wieder in ein gemeinsames Kulturerbe integriert. Es ging nicht mehr nur um den Geist des Judentums, sondern es wurde auch der Alltag der Juden in Deutschland von der Geburt bis zum Tod veranschaulicht und auch der Beitrag jüdischer Soldaten in den Kriegen 1870/71 und 1914/18 ausführlich dargestellt. Große Fototafeln, Publikationen usw. bezeugten den Beitrag von Juden zu Philosophie und Wissenschaft, Literatur, Schauspiel, Musik und Kunst und sprachen von der Selbstamputation der deutschen Kultur durch die Verfolgung der Juden. Zudem dokumentierte „eine erdrückende Vielzahl von mittelalterlichen Urkunden den Wechsel von Duldung und Verfolgung des jüdischen Volkes – bis die in bestialischer Form im ‚nationalsozialistischen Einheitsstaat' ihren Tiefpunkt erreicht".[34] „Es war", heißt es in einem Rückblick der Kölner Museen, „den Veranstaltern [...] ein besonderes Anliegen, die kulturellen Gemeinsamkeiten der jüdischen und christlichen Kultur herauszustellen, wobei eben die Geschichte der Ausgrenzung und Vernichtung der Juden ausdrücklich miteinbezogen werden sollte."[35]

Damit erreichte die Kölner Ausstellung eine bislang nicht gekannte Aussagekraft: Der Holocaust wurde erstmals zentrales Thema einer Ausstellung in Deutschland, „Monumenta Judaica" wurde ein expositorischer Begleittext zu den Frankfurter Prozessen. Um das Beschweigen zu brechen, zeigte die Veranstaltung „u. a. Deportationslisten, ein Bild von Vergasten, sowie diskriminierende Plakate und schikanöse Anordnungen".[36] Ott ergänzt in seiner Ausstellungsbesprechung die Liste der Exponate, die in dieser Abteilung zu sehen waren: „Fotokopien von Zeitungsausschnitten, amtlichen Listen, Schreiben, Befehlen, Berichten, Aufrufe, Erlasse, Telegrammen aus der Nazizeit."[37] Unter den Besuchern, die man mit der Ausstellung erreichen wollte, waren, der zitierten Rückschau der Kölner Museen nach, auch diejenigen, die die Zeit des Judenmordens selbst noch erlebt hatten.[38] Günter Ott wird im *Aufwärts* noch

34 Ott, Monumenta Judaica, S. 2 f.

35 museen.koeln, Bild der 41. Woche – 14. Oktober bis 20. Oktober 2013.

36 Ebenda.

37 Ott, Monumenta Judaica, S. 3.

38 museen.koeln, Bild der 41. Woche – 14. Oktober bis 20. Oktober 2013.

deutlicher, wenn er die Besucher differenziert, aber ausdrücklich auch Täter, die Verantwortlichen am Holocaust, als Zielpublikum anvisiert: „Gäbe es nur diesen Teil der Schau, so wär der Zweck der Veranstaltung schon erfüllt. Denn erstens widerfährt dem jüdischen Volk Gerechtigkeit, wenn man will: eine ideale Wiedergutmachung, zweitens sieht die deutsche Jugend ein wahrheitsgetreues Bild der Geschichte, die sie ja nicht erlebt hat, und den Älteren wird ihre Hypothek nochmals vor Augen geführt, die sie – sei es durch Passivität oder aktive Beteiligung, Duldung oder durch die Naivität der Unwissenheit – mit verschuldigt [sic] haben."[39]

Dass die Ausstellung für manche eine Herausforderung war, bei anderen zumindest auf Schwierigkeiten stoßen musste, klingt auch bei dem Rezensenten Ott an, der zum einen schreibt, der „Besucher wird mehr als in anderen Ausstellungen zum ernsten Studium aufgerufen", und zum anderen, sie „erspare […] keinem eine intensive Mitarbeit".[40] Zum 50. Jahrestag der Ausstellungseröffnung heißt es in der Retrospektive der Kölner Museen entsprechend: „Die Schau erreichte in fünf Monaten Laufzeit (15. 10. 1963–15. 3. 1964) eine Zahl von 114 450 Besuchern, was auf den ersten Blick bescheiden anmuten mag, angesichts der anspruchsvollen Ausstellungsthematik rückblickend aber als Erfolg betrachtet werden kann."[41]

„Monumenta Judaica" bedeutete eine avancierte Position in der Anerkennung deutscher Verbrechen wie auch im Respekt vor den Leistungen jüdischer Kultur, die durch ebendiese Verbrechen der Vernichtung anheimgegeben werden sollte. Die Kölner Ausstellung beschwor noch einmal die Idee einer deutsch-jüdischen Symbiose, die den in den Exponaten sichtbar gemachten Reichtum hervorgebracht hatte. Damit nahm sie bereits vieles vorweg, was im Verlauf der Achtzigerjahre in den Museen, die in vielen wiederhergestellten Synagogen eingerichtet wurden – jetzt am authentischen Ort dieser Geschichte und dieser Symbiose –, zur Ausstellung gebracht wurde. Anders als die „Synagoga" setzte sie nicht 1933, sondern 1945 den Schlusspunkt. Der danach fortgesetzte Antisemitismus, auch wenn er tatsächlich der Anlass für die „Monumenta Judaica" gewesen war, geriet damit nicht mehr ins Blickfeld, und Kontinuitäten im Abbau des deutsch-jüdischen materiellen Kulturerbes wurden nicht mehr reflektiert.

39 Ott, Monumenta Judaica, S. 3.

40 Ebenda.

41 museen.koeln, Bild der 41. Woche – 14. Oktober bis 20. Oktober 2013.

Synagogen in Museen

Keineswegs ist es so, als seien die Sechziger- und Siebzigerjahre, die den Strukturwandel und die Modernisierung der Gesellschaft weiter beschleunigten, Jahrzehnte einer allgemeinen Geschichtsvergessenheit gewesen, der auch viele Synagogenbauten endgültig zum Opfer gefallen waren. Auch wenn die großen Museumsbauten und wichtigen historischen Ausstellungen (noch) nicht den Kulturbetrieb bestimmten, zeigte sich an einem Museumstyp, der in dieser Phase seine Ausbreitung erlebte, ein wachsendes Interesse an Vergangenheit bei breiten, vorher museumsabstinenten Bevölkerungsschichten: den Freilichtmuseen.

Die Freilichtmuseen mit ihrem Angebot an – „unpolitischen" – Vergangenheitsexpositionen erlebten eine Gründungswelle und einen rasanten Aufstieg. Die Vergangenheit, die man hier erleben konnte, war aber nur prima vista unpolitisch. War das erste deutsche Museumsdorf, das 1934 eröffnete Museumsdorf bei Cloppenburg, von den Nationalsozialisten als Denkmal des deutschen Bauernstandes vereinnahmt worden, so reflektieren die sieben Freilichtmuseen Baden-Württembergs auf ihrer gemeinsamen Website ihre Funktion nach 1945 folgendermaßen: „Die Gründungen von Freilichtmuseen in der Nachkriegszeit wurden von dem Gedanken der substanzerhaltenden Rettung bestimmt. Das ‚Wirtschaftswunder' der 1950er und 1960er Jahre in Deutschland führte mit dem technischen Fortschritt und modernen Lebensstandards zu entscheidenden Strukturveränderungen. Eine wichtige Rolle bei der Etablierung von Freilichtmuseen spielte der Deutsche Heimatbund (heute Bund Heimat und Umwelt in Deutschland e. V.), eine deutsche Kultur- und Naturschutzorganisation, die sich dem Erhalt von kulturgeschichtlichen regionalen Sitten und Gebräuchen sowie traditionellen Elementen in Landschaft und Bauwesen verschrieben hat. Der Heimatbund sah durch den rasanten Umbruch vom Agrar- zum Industrieland die regionalen Unterschiede und Besonderheiten zunehmend verwischt und befürchtete die endgültige Zerstörung der ländlichen Kultur. Für den Deutschen Heimatbund boten sich die Freilichtmuseen daher als Gedächtnisort an, um die kulturelle Identität der Vergangenheit zu sichern."[42]

42 Die Sieben im Süden – Arbeitsgemeinschaft der Freilandmuseen Baden-Württemberg, Entstehungsgeschichte, https://www.sieben-im-sueden.de/de/Die-AG/Entstehungsgeschichte.

Hinzu kamen in den Sechzigerjahren die politischen Verunsicherungen am Ende der Adenauerzeit, das Eindringen der Verbrechen des Nationalsozialismus in das öffentliche Bewusstsein, das Aufbegehren der Studenten und soziale Verwerfungen, aber auch – mit dem Eintreffen der Gastarbeiter – das Ende der (imaginierten) ethnischen Kohärenz – alles Faktoren, die die Beliebtheit der Freilichtmuseen mit ihren Inszenierungen von ländlichen Haustypen, Handwerkerbetrieben, untergegangenen Berufen usw. begünstigten. Sie boten den Schutzraum einer „guten alten Zeit", in den man noch einmal aus dem beunruhigenden Alltag flüchten konnte, einer Zeit, die man hier ganzheitlich erleben konnte. Die Freilichtmuseen waren in der Regel auch als „lebende" Museen entstanden, in denen heutige Museumsangestellte sich eine lederne Schürze umbinden und Schmied spielen konnten oder sich als Imker verkleidet am Bienenstand zu schaffen machten. Man konnte sich als Besucher der Illusion eines vormodernen, agrarischen Lebens hingeben, bis die Museumstore geschlossen wurden.

So historisierend die Inszenierungen auch waren – sie wirkten wie aus der Geschichte gefallen: Es gab weder Hinweise auf historische Missernten, auf den „Bauernstand", der nach 1933 die jetzt in den Museen wiederaufgebauten Häuser mit Hakenkreuzfahnen geschmückt hatte, noch lagen Zeitungsnachdrucke aus, in denen über Kriegserklärungen oder Teuerungsraten (mit ihren Folgen für die Landwirtschaft) berichtet wurde. Es war eine besänftigte, stillgestellte Vergangenheit, in die man eintauchen konnte. „Nach außen", heißt es auf der zitierten Website der süddeutschen Freilichtmuseen, „ein Monument der bäuerlichen Alltagskultur, nach innen die Kompensation kollektiver Verlusterfahrungen"[43] – an einem Erinnerungsort (um Bloch abzuwandeln), nach dem man sich gerade in Umbruchzeiten sehnte, dessen erinnerte Welt allerdings niemals so war.

Der rasanten Karriere und wachsenden Beliebtheit der Freilichtmuseen konnte auch die an ihnen geäußerte Kritik wenig anhaben. In einem skeptischen Artikel „Volkskultur aus zweiter Hand", erschienen in der Berliner *tageszeitung* vom 5. April 1997,[44] gibt der Verfasser Markus Keller die Polemik des nachmaligen Leiters der Germanischen Nationalmuseums in Nürnberg, Ulrich Großmann, am hessischen Freilichtmuseum in Neu-Anspach wieder: „‚Die Mißachtung der bedeutenden Zeugnisse hessischer Kultur im Hessenpark muß

43 Ebenda.

44 Markus Keller, Volkskultur aus zweiter Hand, in: taz, 5. 4. 1997, https://taz.de/!1406484/.

sofort ein Ende haben!'"[45] Keller zitiert ihn weiter: „Für Großmann drohte im Taunus ‚ein fragwürdiges Disneyland', berichtete damals die *FAZ*."

Schon 1991 gab es eine äußerst kritische längere Auseinandersetzung mit dem „Hessenpark", ebenfalls von Ulrich Großmann: „Der Hessenpark – Freilichtmuseum oder staatlicher Vergnügungspark?"[46] Großmann wendet sich neben der Kommerzialisierung vor allem gegen die Verfälschungen, z. B. gegen Windmühlen, die als landestypisch präsentiert werden: „Ist es womöglich so, dass man glaubte, mit Windmühlen mehr Besucher anlocken zu können als mit Wassermühlen? War vor einigen Jahren die Windmühlenphase, bis vor zehn Jahren die Kirchenphase, soeben die mittelalterliche-Häuser-Phase und demnächst die Synagogenphase (oh je, auch zwei solche entstehen bereits, und die Denkmalpflege hat sie in Groß-Umstadt und in Nentershausen preisgegeben – vielleicht war [!] sie dort nicht so schützenswertes Kulturgut wie irgendwelche Trafohäuschen ...)."[47]

Dass Synagogen vor Ort ein weniger schützenswertes Kulturgut als ein Trafohäuschen bilden könnten, war Sarkasmus: Da dem „Hessenpark" kein translozierbares Trafohäuschen zur Verfügung stand, baute man einfach eines nach. Bei Synagogenbauten[48] war das nicht erforderlich; die genannte Zivilgemeinde Groß-Umstadt stellte „ihre" Synagoge gerne für Translozierung und Wiederaufbau im Museum zur Verfügung. Zur Synagoge von Nentershausen

45 Ebenda.

46 G. Ulrich Großmann, Der Hessenpark – Freilichtmuseum oder staatlicher Vergnügungspark? Wie geht man in Neu-Anspach mit wertvoller Bausubstanz um – ein glossierender Kommentar, in: Architektur-, Kunst- und Kulturgeschichte in Nord- und Westdeutschland 2 (1991) 3, S. 30–50.

47 Ebenda, S. 48.

48 Der Hessenpark besitzt damit mittlerweile drei Synagogenbauten, von denen bislang die zwei genannten der Öffentlichkeit zugänglich sind. Der dritte, eingelagerte Synagogenbau stammt aus Aßlar-Werdorf. Zu den Vorgängen um diesen Bau, die auf eine Lösung ex situ als Rettungsmaßnahme definiert wurden, heißt es bei Hoppe, Jüdische Geschichte und Kultur in Museen, S. 180: „Im September 1979 übermittelte das Hessische Landesamt für Denkmalpflege eine Stellungnahme zum ehemaligen jüdischen Schul- und Bethaus in Aßlar-Werdorf. Darin wurde der Totalverlust der ‚Alten Judenschule' für die nächsten Jahre erwartet. Um diesen zu verhindern, empfahl die Denkmalbehörde eine ‚unverzügliche Translozierung in den Hessenpark'. Ernst [der Museumsleiter] setzte sich für die Übernahme des Gebäudes durch das Freilichtmuseum ein, so daß der Abbau und die Überführung 1980 erfolgen konnten. Zwischenzeitliche Überlegungen, darin eine Töpferausstellung zu zeigen, zerschlugen sich. Diese, der früheren Nutzung sinnwidrige Ausstellungsplanung verdeutlicht die Probleme, die mit dem Wiederaufbau des Gebäudes verbunden sind."

bei Hersfeld merkt Markus Keller an: „Jahrelang als Schweinestall missbraucht und ziemlich heruntergekommen, wurde sie schließlich abgebaut und im Hessenpark wiedererrichtet, wo man sie seit diesem Herbst besichtigen kann. Lokale Heimatforscher waren gegen den Abtransport, der Bürgermeister fand's bedauerlich – doch von allein wären sie vielleicht gar nicht auf die Idee gekommen, eine Restaurierung an Ort und Stelle zu fordern."[49] Wenige Monate, nachdem der Direktor des „Hessenparks" Eugen Ernst 1986 mit dem Besitzer der Nentershäuser Synagoge, der bereits seit 1984 eine Abbruchgenehmigung für das Gebäude hatte, einen Übernahmevertrag abgeschlossen hatte, erfolgten die Bauuntersuchungen. Im November 1987 wurde der (Nicht-)Erhalt dieses ehemaligen jüdischen Gotteshauses vor Ort auf höchster Ebene, dem Hessischen Landtag, auf Grund einer kleinen Anfrage eines CDU-Abgeordneten behandelt: „Die Hessische Landesregierung sah aber keinen Weg, um das Synagogengebäude in situ zu erhalten. Daher stand dem Aufbau im Freilichtmuseum nichts entgegen."[50]

Historische hessische Dörfer zu inszenieren, ohne dass eine Synagoge das Häuserensemble vervollständigt, hätte sicherlich eine Lücke gelassen, wenn nicht eine historische Lüge dargestellt. Das primäre Problem liegt dabei nicht in der Rekonstruktion im Hessenpark (oder den anderen Freilichtmuseen), sondern im Aufgeben und Verschwinden der Synagogen an ihrem authentischen Ort. An diesem haben jahrhundertelang Juden gelebt und bauten und nutzten dort ihre Synagoge. In Nentershausen stammt sie aus dem Jahr 1810; hier wurde sie 1938 vom Mob gestürmt und im Innern vernichtet.[51] Anschließend erfolgte deren Zwangsverkauf für 600 Reichsmark, und der neue Besitzer richtete nicht nur den besagten Schweinestall ein, sondern nutzte das ehemalige Gotteshaus als Abstellraum, Scheune, Werkstatt und Lager, bis er 1985 auf Abbruch drängte, was den Widerspruch von Bürgern aus dem Ort hervorrief. Der Verlust des Originalstandortes – bei Padberg hätte dies bekanntlich die Aberkennung des Denkmalstatus bedeutet – löschte die letzte Spur des jüdischen Lebens in Nentershausen, was seinerseits auf die historische Leugnung einer jüdischen Gemeinde am Ort hinauslief. Für die Grundsteinlegung im „Hessenpark" hatte man sich ausgerechnet den Gedenktag des Pogroms ausgedacht, obwohl nicht der Zustand 1938 mit seinen Zerstörungen hergestellt

49 Keller, Volkskultur, S. 1.

50 Hoppe, Jüdische Geschichte und Kultur in Museen, S. 160.

51 Der Thoraschrein dieser Synagoge ist im United States Holocaust Memorial Museum mit allen Spuren der Gewaltanwendung von 1938 ausgestellt.

werden sollte, sondern derjenige des Jahres 1925 (mit einer Rekonstruktion der Frauenempore). Damit blieb nicht nur die NS-Gewalt am Gebäude (und damit die Gewalt der Gemeinde) außen vor, sondern es wurde auch die Plünderung der Nazis, die zum Verlust der Ausstattung führte, unkenntlich gemacht, indem – im Zuge der Inszenierung der „guten alten Zeit“? – der Gesamtbestand der Judaica und der Zeremonialkunst für die im Freizeitpark ausgestellte Synagoge 1993 von einem Händler erworben wurde, um die Reinszenierung perfekt zu gestalten.[52] Dadurch dass die Geschichte des Holocaust nicht mehr als Raub- und Vernichtungszug anschaulich gemacht wurde, blieb die Geschichte besänftigt und wurden Risse im Schonraum „Freilichtmuseum“ gekittet, durch die die historische Wahrheit hätte eindringen können.[53]

Das – oben bereits kurz genannte – weitere in dieses Freilichtmuseum translozierte und wiederaufgebaute Synagogengebäude kam aus dem Landkreis Darmstadt-Dieburg: Es war 1979 in Groß-Umstadt abgebaut und zunächst im Freilichtmuseum Neu-Anspach eingelagert worden, bevor es dort von 1983 bis 1988 wieder aufgebaut worden war. Fotos zeigen, dass die Synagoge in Groß-Umstadt in der Nähe von Nachbarhäusern stand, worunter 1938 auch das Haus des nationalsozialistischen Bürgermeisters war, der das Haus erwerben wollte (und erwarb) und das Abbrennen deshalb zu verhindern wusste. Jüdische Einwohner hatte es in Groß-Umstadt seit dem 16. Jahrhundert gegeben, und die Synagoge, ein massiver Bau aus Bruchsteinen mit drei Rundbogenfenster an jeder Traufseite, war bereits die zweite nachgewiesene und wurde 1874 eingeweiht. 50 Jahre vor Abschluss der Rekonstruktion im „Hessenpark“ überfielen die Nazis mit ihren Helfershelfern die Synagoge, zertrümmerten den Innenraum und verbrannten die Thorarollen. Nach Recherchen eines „Vereins zur Bewahrung der Groß-Umstädter Synagoge“ beteiligte sich die halbe Stadt an der Hetzjagd auf die jüdischen Bürger.[54] Die beschädigte Synagoge wurde zweckentfremdet und nachfolgend dem Verfall preisgegeben. Ende der Siebzigerjahre bot der Sohn des ehemaligen Bürgermeisters das Gebäude der Stadt zum Kauf an, den diese immer weiter hinauszögerte, bis 1981 die Stadtverordnetenversammlung beschloss: „Der Aufbau einer

52 Vgl. Hoppe, Jüdische Geschichte und Kultur in Museen, S. 180.

53 Eine Besänftigungsfunktion kommt nicht nur im Datum der Grundsteinlegung im „Hessenpark“ zum Ausdruck, sondern auch im Text, den Eugen Ernst in die Kassette des Grundsteins legte: „der Wiederaufbau sollte ein Zeichen der Erhaltung sein, ‚wo andre zerstört haben‘.“ Hoppe, Jüdische Geschichte und Kultur in Museen, S. 160.

54 http://www.alemannia-judaica.de/gross-umstadt_synagoge.htm.

Synagoge im Stadtgebiet wird von Groß-Umstadt nicht weiterverfolgt. Der Kulturausschuss wird beauftragt, einen Vorschlag für den Standort und die Gestaltung eines Mahnmals zu erarbeiten“[55] – eine Gedenktafel für eine Synagoge, bevor sie abgerissen war. Aus erinnerungskultureller Sicht in ebenso fataler Weise entgegnete die Stadt den Initiativen, die die Synagoge am Ort erhalten haben wollten: „Hier gibt es doch keine Juden mehr, was wollt Ihr mit einer Synagoge?“ Der Verein wolle mit einer Restaurierung die Stadt „finanziell ruinieren“,[56] lautete der Vorwurf.

Seit 1978 war allerdings der Besitzer schon in Verhandlungen mit den Verantwortlichen des „Hessenparks“, die schnell zugriffen und mit dem Abbau begannen, wobei die „Originalsteine nicht nummeriert wurden, ein originalgetreuer Wiederaufbau war damit fast unmöglich geworden“[57] – wenn er jemals angestrebt war. Wie zur Bestätigung wird auf der offiziellen Website des Museums nur von einem „Nachbau“ gesprochen.[58] Schon an der unterschiedlichen Grundfläche wird der „Nachbau“ deutlich: An seinem authentischen Standort betrug die Grundfläche 110 m², im Hessenpark ist sie auf 140 m²angewachsen. „Die Synagoge“, heißt es auf der zitierten Website des Museums, „wurde baulich leicht verändert […] wiedererrichtet“, und für „den Wiederaufbau im Freilichtmuseum stand nur ein Teil der originalen Bausubstanz zur Verfügung“.[59] Die Synagoge von Groß-Umstadt scheint auf dem Transport nach Neu-Anspach halb verloren gegangen zu sein. Dass es sich hier um eine andere Art von Respektlosigkeit gegenüber jüdischen historischen Dokumenten handelt, muss nicht ausgeführt werden, ganz zu schweigen von bei einem Museum zu erwartender wissenschaftlicher Genauigkeit und auch davon, dass – wie bei der wiederhergestellten Synagoge von Nentershausen im Zustand von 1925 – bei diesem Nachbau die Gewaltgeschichte vor und nach 1945 nicht abzulesen ist. Von 1988 bis 2012 fand sich bezeichnenderweise für den Nachbau in der Baugruppe Hessen-Süd keine andere Verwendung als zuvor: Sie wurde Abstellhalle des Freilichtmuseums.

55 Ebenda, S. 14. Vgl. Kapitel 11.

56 Vgl. Lena Schipper, Das Ende eines langen Kampfes, in: Frankfurter Allgemeine Zeitung, 9. Juli 2013, https://www.faz.net/aktuell/rhein-main/alte-synagoge-im-hessenpark-das-ende-eines-langen-kampfes-12277157.html.

57 Ebenda.

58 https://www.hessenpark.de/lexikon/historische-gebaeude/baugruppe-suedhessen/synagoge-aus-gross-umstadt/.

59 Ebenda.

Eine Museumsbesucherin, deren Artikel in der *Frankfurter Allgemeinen Zeitung* 2013 erschien, beschreibt den Gang zu dieser ehemaligen Synagoge: „Der Weg zur Groß-Umstädter Synagoge führt durch den Wald. Der Besucher passiert kapitale Hirsche aus Pappe und ein hängendes Glockenspiel, mit dem man die unterschiedlichen Klänge von Kiefern- Buchen- und Lindenholz erforschen kann. Wo sich die Bäume lichten, stapelt sich am Wegrand Holz, das Dächer aus Wellpappe gegen den Regen schützen. Hinter dem letzten Holzstapel macht der Weg eine Kurve und gibt den Weg frei auf ein einfaches Gebäude aus hellem Sandstein, über dessen Eingangstür eine hebräische Inschrift in den Stein graviert ist. Erstes Buch Moses, Vers 28: ‚Wie ehrfurchtgebietend ist diese Stätte, hier ist nichts anderes als das Haus Gottes, und hier ist die Pforte des Himmels.'"[60] Von dieser Stätte gehe es dann rechts zu den Bienenstöcken und dem geologischen Lehrpfad.

Hirsche aus Pappe und Glockenspiel bilden hier also die Rezeptionsdisposition für die rekonstruierte Synagoge: Sie wird eingegliedert in ein Retroland, in dem alles zur Kulisse verkommen ist, eine Kulisse auch für Aufführungen des „lebenden Museums". Zur Wiedereröffnung des Gebäudes war ein echter Rabbi aus England angereist, der abends nicht wie die Schäfer, Bauer, Schmied oder Bäcker spielenden Angestellten des Museums seine Montur auszog. Warum nicht auch ein Schauspieler? Zu einem „echten" lebenden Museum fehlten lediglich die Komparsen, die in SA-Uniform die Knüppel schwangen – hätte man auf die Gewalt von 1938 Wert gelegt.

Lässt man die Polemik beiseite, wird ein Problem deutlich, das nicht nur den „Hessenpark", sondern auch andere Freilichtmuseen betrifft. Auch im Freilichtmuseum Detmold sollte, nachdem man hier lange die jüdische Geschichte „vergessen" hatte, eine Synagoge wiedererrichtet werden. Projektiert war die Translozierung der ehemaligen Synagoge von Borgholz aus dem Jahr 1838. Auch sie war im Pogrom 1938 gestürmt und teilweise zerstört worden. In der Zeit der Bonner Republik wurde sie als Garage und Abstellraum zweckentfremdet. Mitte der Neunzigerjahre sollte sie umgesetzt werden, was im Ort ebenfalls eine Debatte über Erhalt in situ oder Wiederaufbau im Museum hervorrief. Daraufhin erwarb die Gemeinde 1995 das Gebäude und restaurierte es selbst. Was im Detmolder Freilichtmuseum des „Landschaftsverbandes Westfalen-Lippe" seit 2007 stattdessen zu sehen ist, ist ein „jüdisches" Haus aus Ovenhausen, Kreis Höxter: An den Rand des zusammenmontierten

60 Schipper, Das Ende eines langen Kampfes, S. 1.

„Paderborner Dorfes“ wurde das Wohn- und Geschäftshaus „Uhlmann“ transferiert. Erbaut kurz nach 1800 von dem jüdischen Händler Soistmann Berend (der Mord an seinem Vater wurde in Droste-Hülshoffs *Judenbuche* aufgegriffen), war es bis 1941 von jüdischen Familien bewohnt. 1938 kam es zu gewaltsamen Übergriffen auf das Haus, und seine letzten Bewohner, nach denen das Exponat benannt ist, wurden 1941 nach Riga, dann Auschwitz deportiert, wo sie ermordet wurden. Das Haus wurde enteignet und das Inventar im Dorfgasthaus versteigert. 1953 hatte es ein Nachbar im Zuge des „Wiedergutmachungsverfahrens“ erworben, der es an einen Friseur vermietete. Ab 1960 stand das Haus leer und verfiel.

Nur die Spur einer Mesusa zeugt noch davon, dass dieses Haus fast anderthalb Jahrhunderte von jüdischen Bürgern bewohnt war. Bei dem Wiederaufbau einigte man sich, das Haus im Zustand von 1932 wiederherzustellen. Die Geschichte von Verfolgung und Mord, für die das Haus in situ hätte stehen können, wird am Bau nicht ablesbar, und durch die Translozierung hat es zudem als Menetekel für das Gedächtnis des Ortes seine Wirksamkeit verloren. Die Gemeinde kann den Abtransport als Entlastung wahrnehmen.

Im Museum kommt es bei den Synagogengebäuden wie bei dem „Uhlmann“-Haus zu einer Angleichung ihrer Geschichte mit derjenigen der anderen Exponate. Die Singularität des Holocaust wird damit zur Disposition gestellt. Was die anderen Häuser im Freilichtmuseum zeigen, ist eine durch die Modernisierung abgestorbene, zwangsläufig aufgegebene Lebenskultur, der wir uns mit dem nostalgischen Vergnügen nähern, dass hier noch einmal eine scheinbar weniger entfremdete Welt der Vormoderne zu erleben ist. Darin besteht allerdings die unüberbrückbare Differenz zu den anderen ausgestellten baulichen jüdischen Zeugnissen: Diese stehen für keine im Zuge der Modernisierung aufgegebene Welt; kein struktureller Umbruch verantwortet den Untergang der deutschen und europäischen Juden, sondern die brutale Umsetzung einer Staatsdoktrin, die sich die „Endlösung“ auf ihre Fahnen geschrieben hatte. Welche „kollektiven Verlusterfahrungen“ sind hier zu kompensieren? Aber auch bei dem „Uhlmann“-Haus gilt, dass ein Teil seiner Aussagekraft verloren geht, wenn man es aus seinem Kontext entfernt, „was kaum mehr durch kontextualisierende Texte kompensiert werden kann“.[61]

61 Vgl. Johanna Blokker, Denkmalsturz und Denkmalschutz. Positionen der Denkmalpflege zum Umgang mit Denkmälern des Kolonialismus, in: Aus Politik und Zeitgeschichte, 1. 10. 2021, https://www.bpb.de/apuz/geschichte-und-erinnerung-2021/341137/denkmalsturz-und-denkmalschutz. Blokker bezieht sich auf die aktuelle Debatte zu den

Nachtrag zu einem aktuellen Projekt

Seit Anfang 2021 wird in der „Baugruppe West“ des fränkischen Freilichtmuseums die aus dem fränkischen Allersheim stammende ehemalige Synagoge wiederaufgebaut, sodass das Ergebnis noch nicht vorliegt. Das Gebäude lässt sich auf die Mitte des 18. Jahrhunderts datieren, diente aber nur bis 1911, als kein Minjan mehr zustande kam, als Gotteshaus. Anschließend wurde es an einen Landwirt verkauft, der es zu einem Wohnhaus umbaute, wobei er viel an Baumaterial der alten Synagoge verwendete – ein Glücksfall, weil dadurch die Rekonstruktion wesentlich erleichtert wurde.

Im Gedenkjahr 1988 wurde das Gebäude, das für die Allersheimer nicht mehr als jüdisches Gotteshaus im Bewusstsein war, als eine der wenigen erhaltenen einfachen fränkischen Landsynagogen unter Denkmalschutz gestellt. 2010 beantragte der Besitzer den Abriss; der Bau- und Umweltausschuss stimmte ohne Gegenstimme zu, gab aber zu bedenken, dass eine Gedenktafel für die Synagoge zur Auflage gemacht werden könnte.[62] Mit dieser Auflage konnte sich der Bürgermeister anfreunden, wie die *Main-Post* am 20. März in ihrem Artikel „‚Typische Landsynagoge‘: Schandfleck mit Geschichte“ vermeldete: „Für Eidel, den Bürgermeister, ist das Haus schon weg. Er halte einen Gedenkstein ‚an geeigneter Stelle für angebracht‘, sagt er, ‚weil ganz unter den Teppich kehren sollte man diesen Aspekt der Allersheimer Geschichte nicht‘.“[63] Das Denkmalamt ließ, bevor der Abriss erfolgen sollte, eine Bestandsaufnahme des Baus durchführen, die im November vorlag. Gleichzeitig kam die Nachricht, dass der Bau ins fränkische Freilichtmuseum umgesetzt werden sollte. 2014 begann der Abbruch und 2021 der Wiederaufbau.

„Die beste Lösung wäre der Erhalt vor Ort“,[64] gab der Leiter des Museums selbst zu bedenken. So richtig diese Feststellung war, ist die Ausgangslage bei diesem Gebäude für einen Umzug in ein Freilichtmuseum jedoch eine andere als in Nentershausen oder Groß-Umstadt: Die Synagoge von Allersheim, die der Gewaltgeschichte entgangen ist, steht nicht für die „normative“ Vergangenheit, sondern metonymisch für das fränkische Landjudentum, das durch

Denkmälern des Kolonialismus – eine Debatte also, die sich, was den Gegenstand betrifft, spiegelverkehrt zur Debatte über die Umsetzung der Synagogen verhält.

62 Siehe auch hier Kapitel 11 und die Ausführungen dazu, dass bisweilen beim Abriss von Synagogen Gedenktafeln eingeplant wurden.

63 https://www.alemannia-judaica.de/allersheim_synagoge.htm.

64 Ebenda.

Landflucht, Emigration und Strukturwandel nach und nach seine Bedeutung einbüßte. Das macht es verständlich, wenn anerkannte Leiter von jüdischen Museen wie Bernhard Purim (München) oder Daniela Eisenstein (Jüdisches Museum Franken) diesem aktuellen Musealisierungsprojekt aufgeschlossen gegenüberstehen.[65]

65 Ebenda.

Zerstörung des Synagogenbaus von Flehingen 2016
Foto: U. Coulmann, Museumsprojekt in der alten Synagoge Flehingen beim Museumsverein Flehingen-Sickingen

16

Offener Schluss

Von den vielen Beispielen des fortgesetzten barbarischen Vorgehens gegen die baulichen Zeugnisse jüdischer Existenz in Deutschland – ob es sich nun um Vernichtung durch Abriss, durch Unkenntlichmachen zum Zwecke der Umnutzung, durch Überbauung oder durch Okkupation seitens Banken, Gemeinden, Kirchen, Einzelpersonen handelt – ist jeweils nur ein Bruchteil aufgeführt. Die Belege für die Geringschätzung dieser materiellen Relikte sind erdrückend, und die hier vorgenommene Auflistung kann nur eine Ahnung davon vermitteln. So gewinnt man den Eindruck, als habe man das Projekt der Auslöschung von Spuren, das noch in der Rassenpolitik des Naziregimes wurzelt, nach 1945 zu Ende bringen wollen.

Beispiele auf Beispiele zu türmen mag ermüdend sein, war aber notwendig und ist in sich schon aufschlussreich. Sicherlich hätte man die Geschichte des zerstörerischen Umgangs mit jüdischen Bauten, die den Genozid überdauerten und nun einem Mnemozid anheimfallen sollten, auch an einem einzigen Beispiel demonstrieren können, so wie das Luf-Schiff im Humboldt-Forum als „Aufhänger" für eine Geschichte des deutschen Kolonialismus genommen worden ist.[1]

Als ein solches illustratives Beispiel hätte sich das Raschi-Haus in Worms angeboten, das seit 2021 zentraler Bestandteil des UNESCO-Weltkulturerbes der SchUM-Städte ist. Es ist zu bezweifeln, dass ohne dieses Haus, das an die Lehrstätte des Rabbi Schelemo ben Jizchaki, genannt Raschi (1040–1105), erinnert, eine UNESCO-Anerkennung überhaupt hätte erfolgen können. Raschi schuf Grundlagen des aschkenasischen Judentums. Erst er machte aus

1 Vgl. Götz Aly, Das Prachtboot, Frankfurt a. M. 2021.

Warmaisa (Worms) das weit ausstrahlende Zentrum jüdischer Gelehrsamkeit. Das heutige Gebäude, dessen Kellergewölbe bis ins Mittelalter zurückgehen, steht in vermuteter unmittelbarer Nähe eines älteren Hauses, das von der Wormser jüdischen Gemeinde im Laufe der Jahrhunderte als Tanz- und Hochzeitssaal genutzt wurde. 1623/24 war dieses durch die Stiftung eines Joseph Oppenheim an der Stelle eines mittelalterlichen Bauwerks neu errichtet worden und erlitt dann durch die französischen Armeen Ende des 17. Jahrhunderts einen erheblichen Brandschaden. Im 19. und 20. Jahrhundert beherbergte das Vorläufergebäude des jetzigen Hauses Spital und Altenhaus der jüdischen Gemeinde. Nach den Vernichtungen von Synagoge und Mikwe in der Pogromnacht missbrauchten die Nationalsozialisten dieses jüdische Haus 1942, um hier die Juden vor ihrer Deportation zusammenzutreiben. Eine fast tausendjährige Geschichte und die Zerschlagung der jüdischen Gemeinde waren bis 1945 mit diesem Haus verbunden.

Wo wäre, nachdem die deutschen Verbrechen des Holocaust der Welt bekannt geworden waren, Respekt angebracht gewesen, wenn nicht vor dem Raschi-Haus? Noch am 5. November 1968 hatte das Landesamt für Denkmalschutz sich gegenüber dem Oberbürgermeister von Worms gegen den Totalabbruch des Gebäudes gestemmt: „Der Keller des Gebäudes stammt noch aus romanischer Zeit, wohl aus dem 11. Jahrhundert, ist also älter als die dem 12. Jahrhundert angehörige Synagoge, und gehört mit den ursprünglichen Bauteilen des Domes zu den ältesten erhaltenen baulichen Zeugnissen des mittelalterlichen Worms. Dieser Keller ist der Rest des Lehrsaalgebäudes, in dem Raschi (1040–1105) um 1060 bei Rabbi Isaak studierte. Das aufgehende Mauerwerk der beiden unteren Geschosse gehört überwiegend noch der gotischen Zeit, also des 14. Jahrhunderts an, als das Gebäude Hörsaal der Jüdischen Hochschule war. Das Haus war also bis 1615 das geistliche Zentrum der Jüdischen Gemeinde von Worms."[2] Es überstand zwar den NS-Rassenwahn, aber nicht die Nachkriegsgesellschaft. Auch diesem geschichtsträchtigen jüdischen Bau widerfuhr nach 1945 dieselbe Verachtung wie Dutzenden von Synagogen, Lehrhäusern, rituellen Tauchbädern und anderen jüdischen Bauten: Man tat nichts gegen seinen Verfall, bis das Haus 1971 abgerissen wurde! Am 7. Juli dieses Jahres berichtete das Landesamt für Denkmalpflege Rheinland-Pfalz der Bezirksregierung von

2 Archivaliensignatur: Stadtarchiv Worms, 022,348/Digitalisiert: https://www.archivportal-d.de/item/I7I2NEVUZ53B4I4Y725R6OVN64ZEZNNA?offset=0&rows=20&viewType=list&hitNumber=3.

einer Ortsbesichtigung am 1. Juli 1971: „Dabei musste festgestellt werden, daß dieses für die Geschichte der jüdischen Gemeinde in Worms so außerordentlich bedeutende Gebäude mit Ausnahme des Kellers abgebrochen war und die Trümmer z. Zt. des Ortstermins abgefahren wurden."[3] Nach dem Hinweis, dass „der Totalabbruch erfolgte ohne Genehmigung der Aufsichtsbehörde", schloss der Brief an die Bezirksregierung Rheinland-Pfalz mit der Bitte, eine Stellungnahme der Stadt Worms einzufordern: „Angesichts der Tatsache, daß gerade in Deutschland jüdischen Kulturdenkmälern gegenüber, insbesondere aber solchen von so weitreichender Bedeutung wie dem Wormser Lehrhaus, besondere Sorgfalt angemessen ist, bitten wir, die Stadtverwaltung Worms dringend zu einer Stellungnahme zu diesem Verfahren zu veranlassen, das sämtliche vorherige Verhandlungen als sinnlos erscheinen läßt."[4]

Ein Jahrzehnt später entstand ein Neubau für das Stadtarchiv, der 1982 eingeweiht wurde. Der Neubau, der heute als „Nachbau" des historischen Hauses ausgegeben wird, entstand in den architektonischen Formen der frühen Achtzigerjahre. Was an ihm authentisch ist, ist folglich die Authentizität dieser Achtzigerjahre. So legt das Haus, das nun Weltkulturerbe ist, eher Zeugnis ab von einem fatalen Umgang der Nachkriegsgesellschaft mit dem jüdischen Kulturerbe als von diesem selbst.

Sich auf ein Beispiel, das des Raschi-Hauses, zu konzentrieren, hätte aber das überwältigende Ausmaß jüdischer Bauten und ihre bestürzende flächendeckende Vernichtung nach 1945, von der hier lediglich Ausschnitte zu zeigen waren, verfehlt. Indem man zusammenträgt, an wie vielen Orten sich Juden in ihren Bethäusern in Deutschland getroffen hatten und wie gründlich diese Baudenkmäler beseitigt wurden, wird erst erkennbar, welch einen integralen Bestandteil das Judentum in unserer Kultur darstellte und welch eine kulturelle Selbstamputation mit diesem barbarischen Zerstörungswerk stattgefunden hat. Das betrifft nicht nur die Synagogengebäude, sondern auch die Mikwen, die Schulen usw. In dem Abriss noch des kleinsten Bethauses in einem abgelegenen Dorf lebte der Antisemitismus wieder auf, und in der großflächigen Tilgung der materiellen Zeugnisse zeigt sich, dass dieser Antisemitismus kein örtlich begrenzter oder individueller war, sondern als struktureller weiterwirkte. In jeder Vernichtung von Bauten manifestierte er sich wieder, aber jede Vernichtung ist nicht nur Ausdruck dieses Antisemitismus, sondern auch dessen

3 Ebenda.

4 Ebenda.

Bestärkung, weil jede Spurenlöschung die Juden weiter exkludiert, zu Fremden macht und damit die Geschichte verzerrt bzw. eine gemeinsame Geschichte leugnet.

Bei aller Neuausrichtung der Gedenkpolitik und der Erinnerungskultur lassen sich auch im Anschluss an diesen Wandel zahlreiche Beispiele für andauernde oder geänderte Zweckentfremdung sowie für Umbau und Abriss benennen.[5] Eklatant erscheint das Beispiel der Synagoge von Heidenheim in Franken, der allgemein eine besondere architekturgeschichtliche und stilbildende Wirkung zugeschrieben wurde: Im Erinnerungsjahr 1988, als vielerorts Synagogen rekonstruiert worden waren, wurde ungeachtet dieser historischen Bedeutung der Bau abgerissen.[6] Der Grund: Eine Bank benötigte einen Parkplatz. Erinnert sei auch daran, dass – ebenfalls in Franken – noch 1998 in die ehemalige Synagoge von Zirndorf Mietwohnungen eingebaut wurden.

Wie wenig man sich der Illusion hingeben kann, dass sich die Haltung gegenüber dem Erbe der Juden in Deutschland seit den Achtzigerjahren grund-

5 Eines von etlichen Beispielen befindet sich in Unterleinach im Kreis Würzburg, wo im Gedenkjahr 1988 die profanierte Synagoge als noch vollständig erhalten beschrieben worden war. 1991 wurde sie abgerissen, und ihre Steine wurden für die Gartenmauer gebraucht. In Lülsdorf bei Schweinfurt fristet das vor sich hin verfallende Synagogengebäude weiterhin sein Dasein als Scheune. Am ehemaligen jüdischen Gotteshaus von Bobenheim-Roxheim, einer Zivilgemeinde zwischen Mainz und Mannheim, zeigt sich, dass es nicht genügt, bestimmte Stätten unter UNESCO-Schutz zu stellen, wenn gleichzeitig anderswo oder gar in der Nähe die Zerstörung ihren Fortlauf nimmt: „Das Gebäude der ehemaligen Synagoge war das letzte Zeugnis einer Synagoge im nördlichen Rhein-Pfalz-Kreis und östlichen Teil des ehemaligen Landkreises Frankenthal. Obwohl es sich mit seinem steilen Giebel, den erhaltenen Bogenfenstern und einem Rundfenster schon äußerlich um ein markantes Gebäude im Ort – in Sichtverbindung zur katholischen Pfarrkirche St. Maria Magdalena – handelte, ist die Unterschutzstellung des Bauwerks, auch in Teilen, bereits 1985 gescheitert. Vor November 2017 wurde das Gebäude abgebrochen. An seiner Stelle wurde ein Einfamilienhaus erstellt" (https://www.alemannia-judaica.de/roxheim_synagoge.htm). In Herschberg wurde die ehemalige Synagoge 1999 abgebrochen. Weiter wohnt man ebenfalls in der Region der SchUM-Städte in umgebauten ehemaligen Synagogen (Edesheim, Esingen, Kirrweiler, Kirchheim); fremdgenutzt bleiben hier auch z. B. die Gotteshäuser von Freinsheim (Vereinsheim des Männergesangvereins) und Fußgönheim (zunächst Bankfiliale, dann „Deutsches Kartoffelmuseum"). Bis heute stellt in der noch gut als solcher erkennbaren ehemaligen Synagoge von Hessloch (im Landkreis der SchUM-Stadt Worms) ein Landwirt seine Geräte unter – es ist nur eine Frage der Zeit, bis dieses Gebäude in sich zusammenfällt.

6 Architekt war der in der Nachfolge des bayerisch-königlichen Baumeisters Friedrich von Gärtner stehende Baumeister Eduard Bürklin, der hufeisenförmige Fensteröffnungen verwendete und damit wesentlich zur Entwicklung der orientalisierenden Synagogenkultur beitrug.

legend verändert hat, macht die Vernichtung der ehemaligen Dorfsynagoge von Flehingen im Kraichgau besonders bewusst. Alle Aspekte des respektlosen und verhängnisvollen Umgangs mit diesem Erbe, die bereits zur Sprache gebracht wurden, kamen hier noch einmal zur Geltung: eine antijüdische Gesinnung, ein Versagen des Denkmalsschutzes und der politischen Kommunen, Abriss und Umnutzung des Terrains, Museumspläne, kompensatorische Funktionen einer Gedenktafel, Tilgung letzter topografischer Erinnerungsspuren durch Straßenumbenennung usw., aber auch das letztlich erfolglose Engagement einer Bürgerinitiative. Dass hier ein Landesparlament – statt nachgeordneter Behörden oder Kommunen – das letzte Wort hat, macht dieses Beispiel so bemerkenswert.

Sieht man von dem zivilgesellschaftlichen Engagement einzelner Gruppen ab, scheint sich seit der Nachkriegszeit nichts an der Missachtung gegenüber materiellen Zeugen der jüdischen Geschichte verändert zu haben. Dabei war es in Flehingen das steinerne Andenken an eine beeindruckende jüdische Geschichte, das 2016 gelöscht wurde. Die jüdische Gemeinde hatte im 19. Jahrhundert über 160 Mitglieder und umfasste damit 15 % der Gesamtbevölkerung des Ortes. Es bestand infolgedessen die Notwendigkeit der Errichtung einer neuen, größeren Synagoge, die 1874 eingeweiht werden konnte. Diese, selbstbewusst in der Nachbarschaft von Schloss und Rathaus erbaut, wurde am Morgen des 10. November 1938 von SA und SS gestürmt und niedergebrannt. Die Brandruine wurde 1940 abgetragen.

Erhalten blieb der Vorgängerbau, der an das Haus des jüdischen Gemeindevorstehers angebaut war und von einer jüdischen Familie weiter genutzt worden war, ehe es 1897 in die Hand eines nichtjüdischen Besitzers übergegangen war. An dem Haus des Gemeindevorstehers war bei der Errichtung eine Segenstafel in hebräischen Lettern angebracht worden: „Gebaut von Gemeindevorsteher Mosche Bierig und seiner Frau Keile. ‚Es werden deine Scheunen voll und deine Kelter von Wein überlaufen.‘ 1852.“ Seit 1988 stand das inzwischen denkmalgeschützte Gebäude leer und war Wind und Wetter ausgesetzt: 1999 deckte der Orkan Lothar das Dach ab, und der Orkan Kyrill zerfetzte 2007 auch die Reste der Notbedachung, sodass das Gebäude dem Verfall preisgegeben war. In dieser Situation kaufte 2009 die Kommune das Gebäude auf, und gleichzeitig bildete sich als zivilgesellschaftliche Initiative ein „Museumsverein“ mit dem Ziel der Restaurierung des Gebäudes, um dort ein Museum einrichten zu können. Der Ortschaftsrat Flehingen befürwortete diese Pläne einstimmig, der Rat der Gemeinde Oberderdingen, zu der Flehingen gehört, lehnte sie ab. In der

Gemeindebevölkerung machten sich zudem Ressentiments gegen eine Konservierung des „Judenhauses“ breit: Man wollte „keine Gedenkstätte, die sie an die während der Nazizeit ermordeten Flehinger Bürger jüdischen Glaubens erinnert“, und so forderte man „den Abriss. Schandfleck sagen sie. Wirtschaftlicher Unsinn, Geld in ein altes, unwichtiges Bauernhaus zu stecken.“[7] Überdies wurde die Expertise der Denkmalschutzbehörden, wonach es sich bei dem Haus eindeutig um eine Synagoge handele, angezweifelt.

Die Oberderdinger Gemeindeverwaltung hatte zu dieser Zeit längst geplant, durch Abriss der alten Synagoge Garagenplätze zu schaffen, nachdem sie bereits das Nachbarhaus – ebenfalls ein „Judenhaus“ – aufgekauft und abgerissen hatte.[8] Nur der Denkmalschutz verhinderte, dass zu diesem Zeitpunkt auch die alte Synagoge abgerissen wurde. Der „Museumsverein“ wandte sich an den Petitionsausschuss des baden-württembergischen Landtags. Nach einem Ortstermin entschied das Parlament am 15. Oktober 2013 endgültig über Erhalt oder Vernichtung der Synagoge, und zwar genau dasjenige Parlament, vor dem Aleida Assmann in ihrer Rede zum Holocaust-Gedenktag im Jahr zuvor den Schutz der „baulichen Relikte des Megaverbrechens“ als essenziell für unsere Erinnerungskultur angemahnt hatte.

Was vom Parlament als „Kompromiss“ deklariert wurde, war eine kaum verklausulierte Genehmigung zum Abbruch: „Der Kompromiß sieht folgendes vor: Eine Erhaltungsverfügung gibt es nicht, aber ein Abbruchantrag wird nur unter erheblichen Auflagen und Bedingungen genehmigt werden.“[9] Zu diesen „erheblichen Auflagen“ zählt: „So erhält der Museumsverein vorher die Gelegenheit zu einer Bauaufnahme, d. h. der Dokumentation und Vermessung“, „Teile des Gebäudes“ – was immer darunter zu verstehen ist – „sollen dem Museumsverein überlassen werden“.[10] Schon als das Gebäude noch steht,

7 Siehe hierzu: Ute Coulmann, Das Museumsprojekt in der alten Synagoge in Flehingen, https://www.museumsverein-flehingen-sickingen.de/das-museumsprojekt-in-der-alten-synagoge-in-flehingen/.

8 „Aber die Gemeindeverwaltung hat andere Vorstellungen, was das Grundstück betrifft. Sie kauft zunächst 2008 das intakte Nachbarhaus, auch im Ursprung ein Judenhaus, und reißt es unmittelbar nach dem Erwerb ohne ersichtlichen Grund ab. So ist Platz geschaffen für ein großes Mehrfamilienhaus. Garagenplätze werden gebraucht. Die Fa. Südbau stellt entsprechende Pläne für das Gesamtgrundstück vor. Die Eigentumslage bleibt allerdings unübersichtlich: Kleine, wenige Quadratmeter große Gärten liegen dazwischen und gehören Anwohnern und anderen Bürgern. Die ersten tauschen ihre Grundstücke gegen besser erschlossene oder verkaufen die Gärten.“ Ebenda.

9 Ebenda.

10 Ebenda.

trifft der Landtag bereits eine Entscheidung über eine zukünftige Gedenktafel: „An einem nachfolgenden Gebäude wird eine Informationstafel angebracht."[11] Grenzt es da nicht an Zynismus, wenn der Landtag in seiner kaum verdeckten Abrissgenehmigung „ausdrücklich" festhält, „daß das Gebäudeensemble kulturhistorisch wichtig und bedeutend ist und die Synagogeneigenschaft [...] bestätigt"[12] wird?

Von den „erheblichen" Bedingungen für Abbrucharbeiten wurde im Übrigen keine eingehalten. Im Februar 2016 veröffentlichte der „Museumsverein" Fotos auf seiner Homepage, die diese Arbeiten zeigen. Unter die Fotos schrieb die Synagogeninitiative betroffen: „Baugitter verwehrten den Zugang schon länger. Neues Absperrband kündigte das Unheil an. In der Frühe kamen die Bagger und stießen ihre Metallschaufeln in das Haus – Schränke flogen auf, der Herd stürzte um und die letzten Bilder wurden von der Wand gerissen. Eines der letzten Gebäude, die von der reichen und bewegten jüdischen Geschichte hätten erzählen können, wurde dem Erdboden gleichgemacht. Zeit für eine Evakuierung der zugesagten Gegenstände wurde dem Verein nicht gewährt. Bis heute ist das Gelände ungenutzt und dient als Abstellfläche für PKW und Container."[13] Der Segenstein war vom Museum wenige Tage vor dem Abriss der beiden Häuser gerettet und in Sicherheit gebracht worden. Dafür bekam der Verein von der Gemeinde Oberderdingen eine Anzeige wegen Sachbeschädigung und Diebstahl und musste die Tafel herausgeben.[14] Nicht einmal im Straßennamen hat die Gemeinde die Erinnerung an die jüdische Geschichte dieses Ortes gewahrt. Die „Judengasse" wurde zur Samuel-Friedrich-Sauter-Straße, einem in Flehingen geborenen Schriftsteller einer Epoche, die nach Parodisten seiner poetischen Verrenkungen ihren Namen erhielt: „Biedermeier".

Hatten die Denkmalschutzbehörden sich in Flehingen als machtlos erwiesen, um den Synagogenabriss zu verhindern, so leisteten sie im thüringischen Heilbad Heiligenstadt direkte Beihilfe. Dabei war der bestehende Denkmalschutz der dortigen Synagoge – abgesehen davon, dass ihr die Gewaltgeschichte gegen die jüdische Gemeinde Heiligenstadts eingeschrieben war – schon allein baugeschichtlich in besonderer Weise begründet: Diese Synagoge in der Stubenstraße galt wegen der Anlehnung an die Fassade der unmittelbar nach

11 Ebenda.

12 Ebenda.

13 Ebenda, S. 1. Heute soll der Platz überbaut sein.

14 „Wo sich das Original befindet, wissen wir nicht." Schriftliche Mitteilung von Ute Coulmann, Museumsverein, 5. Mai 2022.

der Pogromnacht beseitigten wichtigen Kasseler Synagoge Rosengartens als deren „kleine Schwester“. Zudem war der Heiligenstädter Bau an sich, da er in eine Häuserzeile eingebaut war, 1938 unversehrt geblieben, sodass er ab 1940, zwangsverkauft, zu Wohnzwecken diente. Von der Gemeinde wurden nach dem Novemberpogrom acht jüdische Männer ins KZ Buchenwald verschleppt; die Gemeinde wurde 1942 deportiert und – bis auf eine einzige Überlebende – vernichtet. Immerhin brachte man noch zu DDR-Zeiten an dem Gebäude eine Tafel an, die auf seine frühere Funktion hinwies und zu „ehrendem Gedenken“[15] aufforderte.

Mit dem „ehrenden Gedenken“ war es wie mit dem Gebäude selbst 2011 vorbei. Ein Investor plante eine Neubebauung des Geländes durch eine städtische Passage.[16] Die Pläne, die 2008 bekannt wurden, sahen eine Abtragung der ehemaligen Synagoge und eine dem „Original“ nachempfundene Synagogenfassade vor. Damit der Totalabriss erfolgen konnte, musste eine Streichung der früheren Synagoge aus der Denkmalliste des Freistaates Thüringen erfolgen. Dies geschah am 30. August 2011, und am 7. September war der Synagogenbau bereits Geschichte. Die barbarische Zerstörung ist durch ein Video bei YouTube dokumentiert, das man sich anschauen sollte, um das rabiate Geschehen in Heiligenstadt zu erfassen.[17]

Die Vertreter der Stadt, die den Abriss gebilligt hatten, gaben sich überrascht vom Abbruch und äußerten eine Bestürzung, deren Verlogenheit sich schon in der Formulierung zeigte: „Es sei allen in der Heiligstädter [christdemokratischen] Union und auch dem Heiligstädter Initiativkreis klar gewesen, dass mit dem als Synagoge von 1873 bis 1940 genutzten [Wohnhaus] [...] etwas geschehen müsse, so Christian Stützer“, stellvertretender CDU-Vorsitzender von Heiligenstadt.[18] Und weiter: „Doch die jetzt an den Tag gelegte Art und Weise ist so nicht hinnehmbar und widerspricht der Pflege des kulturellen

15 Text auf der DDR-Gedenktafel: „Ehemalige Synagoge / Am 10. 9. 1873 geweiht / Am 9. 11. 1938 geschändet / Ehrendes Gedenken / den vom Faschismus vertriebenen und ermordeten jüdischen Bürgern.“

16 Die Passage erhielt den Namen Stormpassage zur Erinnerung an den Aufenthalt Theodor Storms in Heiligenstadt 1856–1864: Wie wenig später in Flehingen überschrieb man die Erinnerung an die jüdische Geschichte durch eine literarhistorische.

17 Siehe Video: Abriss der Heiligenstädter Synagoge, https://www.youtube.com/watch?v=o7QSqyFPkPM.

18 https://meinanzeiger.de/heiligenstadt/erinnerung-wach-halten-christian-stuetzer-nach-dem-abriss-der-alten-synagoge-ist-eine-gedenkstaette-in-der-stubenstrasse-unerlaesslich/ (nicht mehr online verfügbar).

Erbes unserer Heimat."[19] Die Muster der Selbst-Entschuldung, des Abschiebens von Schuld, scheinen 2011 die gleichen geblieben zu sein wie Jahrzehnte zuvor: „Jedoch", äußert sich Stützer laut *meinanzeiger* vom 17.Oktober 2011, „sei es gleichfalls nicht hinnehmbar, in der Öffentlichkeit nur die Schuldigen vor der eigenen Haustür zu suchen"[20] – eine Invektive gegen einen SPD-Vertreter, der von einer „Schande für Heiligenstadt" gesprochen hatte.[21] In Heiligenstadt war die Abrissfraktion so unverfroren, sich selbst als Verfechter von Erinnerungskultur hinzustellen[22] und zu fordern, dass nach Abriss der „alten Synagoge" „eine Gedenkstätte in der Stubenstraße unerlässlich" sei.[23]

Nach der Beseitigung der „authentischen" materiellen Spuren jüdischen Lebens und der Gewalt an Juden kann man also offensichtlich, wie dieses Beispiel und andere zeigen, sofort dazu übergehen, Erinnerungsdenkmäler zu errichten. Notwendigerweise muss dabei die Erinnerung deformiert bleiben. Vor der „falschen" Fassade wird am Gedenktag des Pogroms Klezmer-Musik gespielt: folkoristische Versöhnung mit der Vergangenheit statt Vergegenwärtigung des Terrors, der an diesem konkreten, für sie heiligen Ort auf Juden ausgeübt wurde! So wirft das Heiligenstädter Beispiel ein bezeichnendes Licht auf die Hohlheit, die wohlfeile Erinnerungskultur haben kann.

Vernichtung der Spuren als Sieg des offenen Antisemitismus

Dass der Kampf um die endgültige Beseitigung des jüdischen Kulturerbes (und damit um die Erinnerungskultur) auch von offen antisemitischer, neonazistischer Seite betrieben wird, veranschaulichen die aktuellen Bestrebungen zum Abriss der ersten nachgewiesenen Synagoge Nordwestdeutschlands

19 Ebenda.

20 „Nach mehreren Gesprächen mit den Verwaltungen der Stadt Heilbad Heiligenstadt, des Landkreises Eichsfeld und weitere [sic] Beteiligten steht fest, dass dieser nun erfolgte Totalabriss erst durch die Streichung der Synagoge aus der Denkmalliste des Freistaates Thüringen ermöglicht wurde. Aus diesem Grund werde man sich in einem Brief an die zuständigen Stellen in Erfurt richten und um Aufklärung bitten." Ebenda.

21 Jürgen Backhaus/Heinz Funke (SPD), Abriss der Synagoge ist Schande für Heiligenstadt, in: Thüringische Landeszeitung, 29. September 2011.

22 „Die CDU Heilbad Heiligenstadt wird sich auch in den kommenden Jahren für das jüdische Erbe in ihrer Heimatstadt einsetzen, und dies nicht nur bei den Bürgerinnen und Bürgern der Stadt, sondern auch des gesamten Eichsfeldkreises tun." https://meinanzeiger.de/heiligenstadt/erinnerung-wach-halten-christian-stuetzer-nach-dem-abriss-der-alten-synagoge-ist-eine-gedenkstaette-in-der-stubenstrasse-unerlaesslich/ (nicht mehr verfügbar).

23 Ebenda.

in Detmold. Hier führen die Spuren unmittelbar „in die rechte Szene von Ostwestfalen-Lippe". Bei dem Eigentümer, der sich selbst als Anwalt vor Gericht vertritt und die Beseitigung des „Schandflecks", wie er in nazistischem Jargon schreibt, erstreiten will, handelt es sich „um einen Juristen aus dem Kreise Lippe, der von Beobachtern als rechter Szeneanwalt beschrieben" wird und selbst „wegen Volksverhetzung vorbestraft ist. Er vertrat in der Vergangenheit unter anderem bekannte Rechtsextreme aus OWL, wie etwa den rechtsextremen Youtuber Tim K. aus Lippe. Zudem begleitete er einen Brieffreund von NSU-Terroristin Beate Zschäpe und mutmaßliches Mitglied der rechtsextremen Organisation ‚Combat 18' als juristische Unterstützung zum NSU-Untersuchungsausschuss."[24]

Wie unmittelbar solch eine zeitgenössische, barbarische Vernichtung des jüdischen Kulturerbes mit einem fortdauernden Antisemitismus zusammenhängt, demonstriert nicht nur das Detmolder Beispiel. Es wurde auch evident, als 2005 die niedersächsische Stadt Osterholz-Scharmbeck die dortige Synagoge, nach ergebnislosen Verhandlungen über eine Entschädigung, kurzerhand abreißen ließ. Dies wurde von Neonazis prompt als Triumph gefeiert: Noch in der ersten Nacht des begonnenen Abrisses erschienen Nazischmierereien am Trafohäuschen unmittelbar an der Abbaustelle mit Hakenkreuz, SS-Runen und Sieg-Heil-Parolen.[25] Was andernorts nach 1988/89 vielleicht verdeckt blieb, die Verbindung der Vernichtung jüdischer Kultur und die gleichzeitige Stärkung neonazistischer Kräfte – trat es hier nicht augenscheinlich zutage?

Wenn man heute immer noch auf bauliche Relikte dieses Erbes stößt (wie es aktuell der Fall ist bei der Münchener Bauhaussynagoge, „Reichenbachschul", von 1931 oder der barocken Hofsynagoge von Detmold), weil sie einfach „übersehen", umgenutzt oder vergessen wurden, dann gilt es jetzt, alles zu tun, um diese zu schützen und zu bewahren. Es ist dringlich!

Um das zu erreichen, bedarf es politischer und organisatorischer Maßnahmen, die über den üblichen Denkmalschutz hinausreichen. Immer noch erweist dieser sich als ohnmächtig, wenn es darum geht, die jüdischen Baurelikte zu sichern.[26] „Der Denkmalschutz", schreibt Bergmann in der Einleitung zur

24 Zitate aus: Lukas Brekenkamp, Streit um historische Synagoge, in: Lippische Landes-Zeitung, 21./22. Mai 2022.

25 Harald Goergens, Die Synagoge von Scharmbeck-Osterholz von 1965, in: haGalil, 29. 9. 2005, https://www.hagalil.com/deutschland/nord/osterholz-syn.htm, S. 1–5, S. 4 (Foto).

26 Die Ohnmacht des Denkmalschutzes zeigt sich bis ins 21. Jahrhundert nicht nur an der Missachtung der Synagogenbauten; jene betrifft ebenso den Erhalt anderer jüdischer

fotografischen Dokumentation *Jerusalem lag in Franken*, „entdeckte die Bauten spät, meist zu spät. Längst nicht alle sind inventarisiert, längst nicht alle stehen unter Denkmalschutz, längst nicht alle geschützten bleiben bestehen."[27] Da der Holocaust ein Menschheitsverbrechen war, ist der Schutz der materiellen Dokumente dieser „normativen" Vergangenheit auch Angelegenheit internationaler Organisationen wie der UNESCO und sollte Verpflichtung der deutschen UNESCO-Kommission werden. Die Bundesregierung hat in ihrer Verlautbarung vom 10. Mai 2022 zugesagt, die Sanierung „denkmalgeschützter Synagogen" finanziell zu fördern.[28] Das genügt nicht. Wäre es nicht vielmehr geboten, dass die deutsche Kulturstaatsministerin die Sicherung dieses Erbes an sich ziehen und ein entsprechendes Referat einrichten würde, das gemeinsam mit jüdischen Organisationen, den Bundesländern und der UNESCO-Kommission die Verantwortung für die noch vorhandenen historischen Zeugnisse unserer „normativen" Vergangenheit übernehmen könnte?

Damit die Geschichte nicht verleugnet und verfälscht wird und die deutsche Gesellschaft dem weiterhin in ihrer Mitte grassierenden Antisemitismus an einer weiteren Stelle entgegentreten kann.

Bauwerke. In dem bereits genannten nordsaarländischen Sötern, in dem die Synagoge als Tankstelle umgenutzt wurde und bis heute als Bankfiliale und Wohnung fungiert, wurde die gut erhaltene Mikwe, ein frei stehendes kleines Haus mit der Traufseite zur Straße, das als Abstellraum und Stall gedient hatte, 1989 unter Denkmalschutz gestellt, bevor es 2005 abgetragen wurde: Kein Zeugnis erinnert mehr an die lange jüdische Geschichte des Ortes im Hunsrückvorland.

27 Bergmann, Jüdisches Franken, S. 14.

28 https://www.bundesregierung.de/breg-de/mediathek/fotos/bund-foerdert-erhaltung-von-synagogen-2007802.

Dank

Dieses Buch hat es mir ermöglicht, in Kontakt zu vielen engagierten Menschen zu treten, die wissenschaftlich-publizistisch die deutsch-jüdische Vergangenheit aufarbeiten und/oder in zivilgesellschaftlichen Initiativen der Erinnerungskultur aktiv sind und sich um die Rettung von Zeugnissen unserer „normativen" Vergangenheit bemühen. All diesen Menschen müsste man danken, hier kann ich es nur beispielhaft.

Der Dank geht zunächst an die Archivar:innen, die mit mir nach Material gesucht haben. Ich nenne hier stellvertretend Karin Kloos vom Stadtarchiv Homburg/Saar, Tim Glander vom Stadtarchiv Bonn, Katharina Pecht von den Geschichtsmuseen Erfurt und Martin Lang vom „Bürgerarchiv" Merzig. Über Magdalena Naumann, Stadtarchiv Grebenau, habe ich Informationen zu einem Foto eines jüdisch-amerikanischen Soldaten erhalten. Viele der Fotos, die ich erhielt, z. B. aus Achim, Echzell, Forst u. a., habe ich gar nicht verwenden können – trotzdem haben sie den Blick auf den schmählichen Umgang mit dem jüdischen Kulturerbe geschärft. Der Berliner Architekt Kilian Enders hat mir, was keineswegs selbstverständlich ist, das Rendering des geplanten Neubaus der Synagoge am Fraenkelufer überlassen. Bedanken möchte ich mich auch bei Thomas Abel von der Berliner Initiative „Gleis 69". Besonderer Dank geht an Otmar Weber, der nicht nur ein wichtiges Buch über die ehemaligen Synagogen in der Pfalz vorgelegt hat, sondern auch am Bewahren des noch Verbliebenen in dieser Region Deutschlands großen Anteil hat. Herr Joachim Hahn von „Alemannia Judaica" hat mir ohne Zögern beim Beschaffen von Fotomaterial geholfen. Danken möchte ich auch Gisela und Wolfgang Heumann, die eine Initiative zur Dokumentation jüdischer Friedhöfe leiten. Bei Karsten Porezag ist es seine Leistung als Privatgelehrter und Lokalhistoriker, von der ich zehren durfte. Mein großer Dank gilt Ute Coulmann vom „Museumsprojekt in der alten Synagoge in Flehingen“, das trotz Denkmalschutz und Petition im Landtag den Kampf um die dortige Synagoge 2016 verloren hat. Zu Dank verpflichtet bin ich auch dem Archivar des Stadtarchivs Dieburg, Jona Ostheimer, ohne dessen Kooperation das Fotokapitel zu Dieburg nicht realisiert worden wäre. Ebenso wichtig für mich war Frank Budde, Detmold, der mir das jüdische Detmold erklärte. Er steht mit anderen noch im Kampf um den Erhalt der barocken Synagoge von Detmold, der ältesten verbliebenen in Nordwestdeutschland. Möge diese Initiative und die vielen anderen von Erfolg gekrönt sein.

Dass das Buch in dieser Form seine Leser finden kann, ist schließlich dem großen Engagement von Ilka Wonschik bei Lektorat und Korrektorat zu verdanken. Fritz Veitl und Nicole Warmbold gebührt mein Dank, dass sie dieses Buchprojekt in das Programm des Metropol Verlags aufgenommen haben.

Angela, Dir sei Dank, dass Du dieses Projekt als Dein eigenes begriffen und mitgetragen hast. Ohne Deine Unterstützung wäre das Buch nicht zustande gekommen.

Auswahlbibliografie

Alicke, Klaus-Dieter, Lexikon der jüdischen Gemeinden im deutschen Sprachraum, 3 Bde., Gütersloh 2008.

Altaras, Thea, Synagogen in Hessen – Was geschah seit 1945?, Königstein i. T. 1988.

– Synagogen und jüdische Rituelle Tauchbäder in Hessen – Was geschah seit 1945? Aus dem Nachlass herausgegeben von Gabriele Klempert und Hans-Curt Köster, Königstein i. T. 2007.

Alte Synagoge Essen – Haus jüdischer Kultur. Die Dauerausstellung, Essen 2016.

Assmann, Aleida/Ute Frevert, Geschichtsvergessenheit. Geschichtsversessenheit. Vom Umgang mit deutschen Vergangenheiten nach 1945, Stuttgart 1999.

Bartetzko, Dieter, Das simulierte Ghetto als altväterliche Idylle, in: Frankfurter Rundschau, 7. 9. 1987.

Becker-Jákli, Barbara, Das Jüdische Köln. Geschichte und Gegenwart. Ein Stadtführer, Köln 2013.

Beese, Ines, Die Alte und die Kleine Synagoge Erfurt. Sanierung, Nutzung, Verortung im Netzwerk, in: Benigna Schönhagen (Hrsg.), Wiederhergestellte Synagogen. Raum – Geschichte – Wandel durch Erinnerung, Berlin 2016, S. 52–59.

Berger, Maria u. a. (Hrsg.), Synagogen in Brandenburg. Spurensuche, Berlin 2013.

Bergmann, Rudolf Maria, Die zweite Zerstörung. Schicksale von Synagogen in der deutschen Provinz seit 1945, in: Frankfurter Rundschau, 25. 10. 1997, S. 6.

– Der Bank fehlte ein Parkplatz. Vor 60 Jahren brannten die Synagogen, doch nach Kriegsende gingen die Zerstörungen weiter, in: Rheinischer Merkur, 6. 11. 1998, S. 21.

Birkmann, Günter u. a., Bedenke vor wem Du stehst. 300 Synagogen und ihre Geschichte in Westfalen und Lippe, Essen 1998.

Böcher, Otto, Die Synagoge in Mainz-Weisenau, in: Beiträge zur Jüdischen Geschichte und zur Gedenkstättenarbeit in Rheinland-Pfalz 3 (1994) 8, S. 5–8.

Brämer, Andreas, Judentum und religiöse Reform. Der Hamburger israelitische Tempel 1871–1938 (Studien zur jüdischen Geschichte, Bd. 8), Hamburg/München 2000.

Brenner, Michael, Nach dem Holocaust. Juden in Deutschland nach 1945–1950, München 1995.

Brenner, Wolfgang, Zwischen Ende und Anfang. Nachkriegsjahre in Deutschland, München 2016.

Brocke, Michael (Hrsg.), Zerstörte Synagogen 1938. Nordrhein-Westfalen, Bochum 1999.

Büttner, Ursula, Not nach der Befreiung. Die Situation der deutschen Juden in der britischen Besatzungszone 1945–1948, Hamburg 1986.

Cohen-Mushlin, Aliza/Thies, Harmen H. (Hrsg.), Synagoge und Tempel. 200 Jahre jüdische Reformbewegung und ihre Architektur, Petersberg 2012.

Dämmig, Lara, Der Umgang mit Zeugnissen jüdischen Lebens und die Gedenkkultur in der DDR, in: Maria Berger u. a. (Hrsg.), Synagogen in Brandenburg. Spurensuche, Berlin 2013, S. 49–55.

Dubiel, Helmut, Niemand ist frei von der Geschichte. Die nationalsozialistische Herrschaft in den Debatten des Deutschen Bundestages, München 1999.

Eisenstein, Daniela, Jüdische Museen in historischen Häusern am Beispiel des Jüdischen Museums Franken in Schnaittach, in: Benigna Schönhagen (Hrsg.), Wiederhergestellte Synagogen. Raum – Geschichte – Wandel durch Erinnerung, Berlin 2016, S. 52–59, 62–71.

Geppert, Karlheinz, Der Nachhall einer verschwundenen Welt. Die Gedenkstätte Synagoge Baisingen, in: Benigna Schönhagen (Hrsg.), Wiederhergestellte Synagogen. Raum – Geschichte – Wandel durch Erinnerung, Berlin 2016, S. 32–40.

Gerhart, Ute/Karlauf, Thomas (Hrsg.), Nie mehr zurück in dieses Land. Augenzeugen berichten über die Novemberpogrome 1938, Berlin 2011.

Goldhagen, Daniel Jonah, Hitlers willige Vollstrecker. Ganz gewöhnliche Deutsche und der Holocaust, München 2000 (dt. Erstausgabe Berlin 1996).

Grellert, Marc, Immaterielle Zeugnisse. Synagogen in Deutschland. Potentiale digitaler Technologien für das Erinnern zerstörter Architektur, Bielefeld 2007.

Groehler, Olaf, Der Umgang mit dem Holocaust in der DDR, in: Rolf Steininger (Hrsg.), Der Umgang mit dem Holocaust: Europa – USA – Israel, Wien/Köln/Weimar 1994, S. 233–245.

Grübel, Monika/Mölich, Georg (Hrsg.), Jüdisches Leben im Rheinland. Vom Mittelalter bis zur Gegenwart, Köln/Weimar/Wien 2005.

Grütter, Heinrich Theodor, Vom Haus Industrieform zum Red Dot Design Museum. Eine Essener Designgeschichte, Essen 2015.

Hammer-Schenk, Harold, Synagogen in Deutschland. Geschichte einer Baugattung im 19. und 20. Jahrhundert (1780 – 1933), Teil I u. II, Hamburg 1981.

Heimann-Jelinek, Felicitas, Die Synagoge und ihre Metamorphosen. Gotteshäuser – Leerstellen –Gedenkstätten, in: Benigna Schönhagen (Hrsg.), Wiederhergestellte Synagogen. Raum – Geschichte – Wandel durch Erinnerung, Berlin 2016, S. 20–31.

Hoppe, Jens, Jüdische Geschichte und Kultur in Museen. Zur nichtjüdischen Museologie des Jüdischen, Münster 2002.

Jähner, Harald, Wolfszeit. Deutschland und die Deutschen 1945–1955, 11. Aufl., Berlin 2020.

Joseph, Detlef, Die DDR und die Juden. Eine kritische Untersuchung, Berlin 2010.

Kellerhoff, Sven Felix, „Kristallnacht". Der Novemberpogrom und die Berliner Juden, Berlin 2008.

Keßler, Mario, Die SED und die Juden. Zwischen Repression und Toleranz. Politische Entwicklungen bis 1967, Berlin 1995.

Klein, Wolfhard, Juden in Jugenheim. Zur Erinnerung an eine 500-jährige Geschichte, Jugenheim 2020.

Klemperer, Victor, So sitze ich denn zwischen allen Stühlen, Bd. 1, Berlin 1999.

Knufinke, Ulrich, Bauwerke jüdischer Friedhöfe in Deutschland, Petersberg 2007.

Krins, Hubert, Auch Spuren der Verwüstung bewahren. Denkmalschutz für die Zeugnisse jüdischen Lebens, in: Dieter Planck (Hrsg.), Vom Vogelherd zum Weißenhof. Erbe und Verpflichtung. Kulturdenkmäler in Württemberg, Stuttgart 1997, S. 219–226.

Kunst- und Ausstellungshalle der Bundesrepublik Deutschland (Hrsg.), Synagogen in Deutschland. Eine virtuelle Rekonstruktion. Ausstellungskatalog, Bonn 2000.

Landesamt für Denkmalpflege Rheinland-Pfalz (Hrsg.), „… und dies ist die Pforte des Himmels". Synagogen. Rheinland-Pfalz – Saarland, Mainz 2005.

Liedel, Herbert/Dollhopf, Helmut, Jerusalem lag in Franken. Synagogen und jüdische Friedhöfe. Mit einem Textbeitrag von Rudolf Maria Bergmann über das jüdische Franken, Würzburg 2006.

Loewy, Hanno, „Lummerland“ oder „Bilbao“? Ein jüdisches Museum in der globalisierten Peripherie – Hohenems und „sein“ jüdisches Viertel, in: Benigna Schönhagen (Hrsg.), Wiederhergestellte Synagogen. Raum – Geschichte – Wandel durch Erinnerung, Berlin 2016, S. 79–89.

– Das Eigene und das Andere. Jüdische Museen als Räume der Mehrdeutigkeit, in: Jüdische Geschichte und Kultur, Nr. 2 (2018), S. 18–19.

Longerich, Peter, Antisemitismus. Eine deutsche Geschichte. Von der Aufklärung bis heute, München 2021.

Maser, Peter, Juden und Jüdische Gemeinden in der DDR bis in das Jahr 1988, in: Tel Aviver Jahrbuch für deutsche Geschichte XX (1991), S. 393–426.

Nentwig und Stiftung Stadtmuseum Berlin (Hrsg.), Geraubte Mitte. Die „Arisierung“ des jüdischen Grundeigentums im Berliner Stadtkern 1933–1945. Ausstellungskatalog, Berlin 2013.

Nickel, Hansfried, Lernort Synagoge: Spuren erzählen Geschichte – ein Beispiel für das Zusammenwirken von restauratorischem und didaktischem Konzept, in: Benigna Schönhagen (Hrsg.), Wiederhergestellte Synagogen. Raum – Geschichte – Wandel durch Erinnerung, Berlin 2016, S. 42–51.

Obst, Dieter, „Reichskristallnacht“. Ursachen und Verlauf des antisemitischen Pogroms vom November 1938, Frankfurt a. M. u. a. 1991.

Offe, Sabine, Schaustück und Gedächtnis. Jüdisches im Museum, in: Gottfried Friedl u. a. (Hrsg.), Wie zu sehen ist. Essays zur Theorie des Ausstellens, Wien 1994, S. 27–45.

Pracht, Elfi, Jüdisches Kulturerbe in Nordrhein-Westfalen. Teil I–V, Köln 1997–2005, Teil I Regierungsbezirk Köln, Köln 1997.

Puvogel, Ulrike/Stankowski, Martin, Gedenkstätten für die Opfer des Nationalsozialismus. Band I: Eine Dokumentation, 2. Aufl., Bonn 1995.

Raim, Edith, Der Wiederaufbau der Justiz in Westdeutschland und die Verfolgung von NS-Verbrechen 1945–1949, in: Hans Braun/Uta Gerhardt/Everhard Holtmann (Hrsg.), „Die lange Stunde Null“. Exogene Vorgaben und endogene Kräfte im gesellschaftlichen und politischen Wandel nach 1945, Baden-Baden 2007, S. 141–174.

Rauhaut, Daniela, „... Deutschlands glänzendster Synagogenbau!“ Die Architektur der Alten Synagoge in Essen. Eine Betrachtung des historischen Bauwerks, in: Stadt Essen – Alte Synagoge Essen, Essen 2016, S. 42–79.

Rauschenberger, Katharina, Jüdische Tradition im Kaiserreich und der Weimarer Republik. Zur Geschichte des jüdischen Museumswesens in Deutschland, Hannover 2002.

Reichard, Robert/Heidenblut, Thomas, Synagogen im Landkreis Trier-Saarburg, Trier 2000.

Reichel, Peter, Politik mit der Erinnerung. Gedächtnisorte im Streit um die nationalsozialistische Vergangenheit, Frankfurt a. M. 1999.

Ridder, Thomas, Synagogen in Westfalen, in: Westfalen im Bild. Reihe Westfälische Kulturgeschichte 17 (2000).

Rupnow, Dirk, Täter – Gedächtnis – Opfer. Das „Jüdische Zentralmuseum" in Prag 1942–1945, Wien 2000.

Schipper, Lena, Das Ende eines langen Kampfes, in: Frankfurter Allgemeine Zeitung, 9. 7. 2013.

Schmid, Harald, „Beispiellose Tage der deutschen Geschichte". Der nationalsozialistische Überfall auf die deutschen Juden im November 1938, in: Archiv für Sozialgeschichte 49 (2009), S. 615–632.

Schmidt, Monika, Schändungen jüdischer Friedhöfe in der DDR. Eine Dokumentation, Berlin 2007.

Schönbach, Peter, Reaktionen auf die antisemitische Welle im Winter 1959/1960, Frankfurt a. M. 1961.

Schönhagen, Benigna (Hrsg.): Wiederhergestellte Synagogen. Raum – Geschichte – Wandel durch Erinnerung, Berlin 2016.

– Wiederhergestellte Synagogen – Indikatoren der Erinnerungskultur, in: dies. (Hrsg.), Wiederhergestellte Synagogen. Raum – Geschichte –Wandel durch Erinnerung, Berlin 2016, S. 10–19.

Schoeps, Julius H., Sepulcra hostium religiosa nobis non sunt. Zerstörung und Schändung jüdischer Friedhöfe seit 1945, in: Alphons Silbermann/ders. (Hrsg.), Antisemitismus nach dem Holocaust. Bestandsaufnahme und Erscheinungsformen in deutschsprachigen Ländern, Köln 1986, S. 33–39

Schwierz, Israel, Zeugnisse jüdischer Vergangenheit in Thüringen. Eine Dokumentation, Erfurt 2007.

Steinweis, Alan E., Kristallnacht 1938, Cambridge (Massachusetts)/London 2009.

Stern, Frank, Dann bin ich um den Schlaf gebracht. Ein Jahrtausend jüdischdeutsche Kulturgeschichte, Berlin 2002.

Stiftung für die ermordeten Juden Europas und Ostpreußisches Landesmuseum (Hrsg.), „Alles brannte!" – Jüdisches Leben und seine Zerstörung in den preußischen Provinzen Hannover und Ostpreußen, Berlin 2014.

Strathmann, Donate, Auswandern oder Hierbleiben – Jüdisches Leben in Düsseldorf und Nordrhein 1945–1950, Essen 2003.

Timm, Angelika, Der 9. November 1938 in der politischen Kultur der DDR, in: Rolf Steininger (Hrsg.), Der Umgang mit dem Holocaust: Europa – USA – Israel, Wien/Köln/Weimar 1994, S. 246–262.

van Rey, Manfred, Bonn in bitteren Zeiten 1933–1945, Bonn 2021.

Waldow, Anne, Die Wörlitzer Synagoge – zwischen architektonischer Einmaligkeit und rituellen Traditionen, München/Ravensburg 2007.

Weber, Otmar, Die Synagogen in der Pfalz von 1800 bis heute. Unter besonderer Berücksichtigung der Synagogen in der Südpfalz, hrsg. von der Gesellschaft für Christlich-Jüdische Zusammenarbeit Pfalz in Landau, Landau 2005.

Wirsching, Andreas, Jüdische Friedhöfe in Deutschland 1933–1957, in: Vierteljahrshefte für Zeitgeschichte 50 (2002) 1, S. 1–40.

Zieher, Jürgen, Von der „Liquidationsgemeinde" zur Aufbaugemeinde? Jüdisches Leben in Dortmund und Düsseldorf in den 1950er Jahren, in: Monika Grübel/Georg Mölich (Hrsg.), Jüdisches Leben im Rheinland. Vom Mittelalter bis zur Gegenwart, Köln/Weimar/Wien 2005, S. 263–285.

Online-Ressourcen

Alemannia Judaica. Arbeitsgemeinschaft für die Erforschung der Geschichte der Juden im süddeutschen und angrenzenden Raum, https://www.alemannia-judaica.de/

Aus der Geschichte der jüdischen Gemeinden im deutschen Sprachraum, https://www.jüdische-gemeinden.de/

ViLE – Lern- und Kompetenz-Netzwerk!, Jüdische Friedhöfe in Deutschland und angrenzenden Ländern. Ein kulturelles Mitmach-Projekt, www.juedische-friedhoefe.info

Projekt segu, selbstgesteuert-entwickelnder Geschichtsunterricht, Synagogen | zerstört? – vergessen? | Spurensuche „vor Ort", https://segu-geschichte.de/synagogen/

Personenregister

Adams, Myrah 71
Adenauer, Konrad 11, 96 f., 103, 338, 351, 353, 357
Adler, Friedrich 163
Albrecht VII. 172
Altaras, Thea 13, 17, 38 f., 79, 81, 83, 92, 106, 115, 123 f., 126, 128–131, 133, 243, 247 f., 250–253, 257, 260, 311–313, 339
Arad, Yitzhak 184
Arendt, Hannah 12, 61 f.
Aris, Helmut 173
Arnold, Hermann 92
Arnold, Karl 99 f.
Arnsburg, Paul 98
Arntz, Hans-Dieter 122
Ascher, Felix 161–163
Assmann, Aleida 12, 79, 101–103, 106, 113, 125, 337, 339, 372
Auerbach, Philipp 224

Bach, Johann Sebastian 9
Bader, Karl Siegfried (Oberstaatsanwalt) 68
Baruch, Simon 114
Bebenburg, Pitt von 242
Beer, Alexander 196, 335
Beese, Ines 317
Behrenbeck, Sabine 276, 284
Beitz, Berthold 156
ben Jizchaki, Schelemo (genannt Raschi) 47, 303, 367–369
Ben Nathan, Elieser 287
Berend, Soistmann 363
Bergmann, Rudolf Maria 15 f., 80, 111, 260, 376
Bessen, Dorothea 156
Beust, Ole von 336
Bierig, Keile 371
Bierig, Mosche 371
Biermann, Wolf 164
Bischoff, Friedrich 138
Bischoff, Johann Gottfried 138
Bistritzky, Shlomo 330
Bloch, Ernst 264, 357
Blokker, Johanna 363
Blücher, Heinrich 62
Böll, Heinrich 101, 226, 351
Boos, Reinhard 77
Borchert, Wolfgang 281
Börne, Ludwig 191 f., 285
Brecht, Bertolt 55 f.
Brentano, Heinrich von 351
Briegleb, Till 330–334
Brill, Hermann 284
Brinkhaus (Firma) 276
Bronstein, Edgar Miles 184
Brücher, Ernst 101

Buber, Martin 249, 259, 351
Bubis, Ignatz 17
Büchelmaier, Gaby 161, 163 f.
Bürklin, Eduard 370

Carstens, Carl 291
Chagall, Marc 352
Chmelnyckyj, Bohdan 82
Cohen-Mushlin, Aliza 92, 170

Dämmig, Lara 235, 239
Darré, Walther 141
Dehio, Georg 43–45, 170
Draut (Möbelhändler) 213
Droste-Hülshoff, Annette von 363
Dubiel, Helmut 8 f.

Ebner-Eschenbach, Marie von 259
Eckermann, Johann Peter 157
Eckstein, Emanuel 253 f.
Eichendorff, Joseph von 9
Eich, Günter 281
Eichmann, Adolf 100, 346
Eidel (Bürgermeister von Allersheim) 364
Einstein, Albert 245
Einstein, Siegbert 245 f.
Eisenstein, Daniela 300, 324, 326, 365
Engels, Friedrich 172
Erger (Ortsvorsteher von Padberg) 305
Ernst, Eugen 359 f.

Fässler, Hans 141
Feuchtwanger, Lion 285
Fischbach, Stefan 14
Fleischer, Max 324 f.
Fraenkel, Max 195
Freiligrath, Ferdinand 259
Friedländer, David 174
Friedmann, Robert 161–163
Friedrich IV. 334
Fromm (Familie) 104
Fuchs, Richard 174

Gadalja, Mar 287
Galinski, Heinz 168, 351
Gärtner, Friedrich von 370
Gebauer, Dr. Horst (Bürgermeister von Bingen) 109
Gennep, Wilhelm von 219
Georgiev, Anna 182
Geppert, Karlheinz 315, 322 f.
Gerstenmaier, Eugen 351
Glintschert, Alexander 198
Goethe, Johann Wolfgang 9, 62, 157 f., 259
Goethe (SPD-Stadtverordneter in Kassel) 278
Goldhagen, Daniel 27 f.
Goldschmidt, Helmut 95–97, 338
Götten, Josef 108, 110
Grellert, Marc 13, 15, 26, 80, 250, 320–322
Grimm, Alois 251
Groehler, Olaf 169
Gropius, Walter 163
Großmann, Ulrich 357 f.
Grotte, Alfred 344
Gysi, Gregor 336

Hackenberg, Kurt 101, 353
Hain, Herbert 200, 209 f.
Hammer-Schenk, Harold 24, 29, 205, 289, 314
Hartmann, Helmut 343
Hebbel, Friedrich 281, 283
Hebebrand, Werner 338
Heidecke, Günter (Regierungspräsident) 117
Heidenblut, Thomas 13
Heimann-Jelinek, Felicitas 135, 317, 319 f., 324
Heimerich, Hermann 85
Heine, Heinrich 191 f., 285

Heitkamp (Bauunternehmen) 249
Herder, Johann Gottfried 9
Hero, Katharina 17
Herz, Henriette (geb. de Lemos) 191 f.
Herz, Marcus 191
Heuss, Theodor 9, 351
Hindenburg, Paul von 280, 337
Hitler, Adolf 9, 21, 26, 48, 138, 154, 169, 190, 273, 277, 284, 292, 337
Hobrack, Volker 244
Hochhuth, Rolf 100, 353
Hoheisel, Horst 332
Hölderlin, Friedrich 259, 281 f.
Honecker, Erich 184 f., 187
Hoppe, Jens 342 f., 350, 358
Hübner, Holger 243
Hundhausen, Carl 156 f.

Isaak(Rabbi) 368
Isenberg, Henryk 338
Italiener, Bruno 161

Jacoby, Alfred 51
Jähner, Harald 12, 61
Jarowinsky, Werner 168
Joseph, Dora 202
Joseph, Mely 202
Joseph, Rudolf 201 f., 205

Kafka, Franz 285
Kahl, Margrit 331 f.
Kaltenborn, Wilhelm 140
Kant, Immanuel 9, 191
Karpe (Sturmbannführer) 178
Kaufhold, Roland 269
Keim, Günter 207
Keller (Familie) 104
Keller, Karl 101
Keller, Markus 357–359
Kemper, Max 338
Kirchner, Peter 187
Klein, Julius 247
Kleist, Heinrich von 9
Klemperer, Victor 177
Klopstock, Friedrich Gottlieb 281 f.
Knufinke, Ulrich 162, 217 f., 221, 231 f., 235
Kohl, Helmut 291–293
Kollwitz, Käthe 274, 293
Körner, Edmund 153
Koselleck, Reinhart 293
Krause-Vilmar, Dietfrid 30
Krins, Hubert 322
Kröner, Edmund 153
Krug, Nora 251
Krupp, Alfred 154–156

Landauer, Fritz 91, 161
Lassaulx, Johann Claudius 94
Lazarus, Max 87
Leibniz, Gottfried Wilhelm 9
Leisenheimer, Karl 252
Lemmer, Ernst 351
Lenz, Siegfried 164
Lessing, Gotthold Ephraim 191
Levi, Bernhard 116
Levin-Varnhagen, Rahel 62, 191 f.
Levy, Abraham 11
Levy, Ludwig 33, 109, 180
Lichtigfeld, Isaak Emil 342
Liebermann, Rolf 165, 334
Liebknecht, Karl 171, 185
Liebmann, Elieser 218
Lindner, Rolf 242 f.
Lipmann, Daniel 218
Loewy, Hanno 270, 344, 352
Longerich, Peter 15 f.
Loos, Alfred 160, 204
Lübke, Heinrich 290 f., 351, 353
Lukács, Georg 169
Lukas (Familie) 104
Luther, Martin 28, 172 f., 241 f.

Maier, Reinhold 58
Mainzer, Udo 45

Mann, Thomas 158
Marcks, Gerhard 280
Margold, Emanuel Joseph 202
Maser, Peter 174
Mayr, Josef 224
Menasse, Eva 217
Mendelssohn, Abraham 191
Mendelssohn, Moses 174, 191, 330
Merz, Friedrich 337
Meyer, Julius 168
Meyerstein, Gustav 91
Mörike, Eduard 283
Mozart, Wolfgang Amadeus 283
Müller, Bertha 76
Müller, Jakob 134
Müller, Michael 336
Müntzer, Thomas 172
Murhard, Friedrich 283
Murhard, Karl 283

Naumann, Hans 287
Nickel, Hansfried 324
Niemöller, Martin 259
Nitschke, Willi 188

Obst, Dieter 64
Offe, Sabine 350
Oppenheim, Joseph 368
Oppler, Edwin 160
Ott, Günter 354 f.

Pascher 75
Petri, Herbert(Bürgermeister von Jugenheim) 227
Peretz, Dekel 339
Petzet, Michael 44 f.
Pflug, Konrad 321 f.
Picasso, Pablo 202
Pieper, Katrin 320–322
Pracht, Elfi 14, 86, 88, 92 f., 104, 106, 117, 122, 149 f., 217 f., 225–227, 230, 247
Primor, Avi 331
Pünder, Hermann 117
Purim, Bernhard 326, 365

Rahm, Karl 346, 347
Raiffeisen, Friedrich Wilhelm 140 f.
Raim, Edith 67
Rath, Ernst vom 75
Rauschenberger, Katharina 343
Reagan, Ronald 291
Reger, Max 283
Reh, Carl 147
Reichard, Robert 13
Reichel, Peter 175, 179, 186, 194 f., 197
Reichling, Norbert 343
Reiermann, Christian 305
Reinbach (Stadtrat in Kassel) 279
Remmler, Hugo 179
Reuter, Ernst 193
Rickert, Ludwig 67, 287, 291
Roeckle, Franz 338
Rolff, Viktor 226
Rolland, Romain 259
Rosengarten, Albrecht (auch Albert, eigtl. Abraham) 29, 35, 160, 314, 374
Rosenzweig, Franz 29
Rotstein, Siegmund 184
Rudolf, Gabi 80
Rupnow, Dirk 346 f.
Rürup, Miriam 330–332, 337 f.

Saleh, Raed 336 f.
Sasse, Martin 28
Sauter, Samuel Friedrich 373
Sautter, Hans 277, 279 f.
Schallück, Paul 101
Scheffer, Jürgen 232
Schiller, Friedrich 259, 281 f.
Schinkel, Karl Friedrich 94, 291
Schirach, Baldur von 281
Schlegel, Friedrich 191
Schlösinger, Rose 246
Schmid, Carlo 351

Schmid, Harald 67, 232
Schmidt, Monika 233, 235 f., 238 f.
Schoeps, Julius H. 222
Scholle, Alfons 305
Scholl (Geschwister) 291
Schönhagen, Benigna 71, 263, 296 f., 316
Schreiber, Emanuel 290
Schröder, Gerhard 225
Schulenburg, Werner von 9 f.
Schulz, Martin 150
Schuster, Josef 349
Schütz, Werner 99 f.
Seiters, Stephan (Richter) 241
Seligmann, Max 18
Simon, Gustav 141
Slutzky, Naum 163
Soennecken (Fabrik) 288
Sons, Walter 29
Sophokles 259
Speer, Albert 26, 202, 292
Stalin, Josef 168 f.
Stammler, Gottfried 40, 325 f., 345, 348
Stegemann, Wolf 230
Steinberger, Hildchen 224
Steinberger, William 224
Steiner, Rudolf 139
Steinmeier, Frank-Walter 337
Steinweis, Alan E. 31, 83
Stern, Robert 93
Stöckle, Thomas 71
Stöhr, Hermann 246
Storm, Theodor 374
Sträter, Artur 70
Streicher, Julius 26
Stricharz, Philipp 330, 332
Stücklen, Richard 292
Stützer, Christian 374 f.
Tenkehoff 107 f.
Thies, Harmen H. 92, 170
Timm, Uwe 105
Tokar, Igor 335

Uhland, Johann Ludwig 259
Ullmann (Familie) 18
Unger, Wilhelm 101
Urias, Siegfried 162

Veit, Dorothea 191
Vitzthum (Bürgermeister von Schnaittach) 40
Volavková, Hana 348
Völklein, Ulrich 269

Waschk-Balz, Doris 164
Weber, Otmar 79, 118
Wefers 75
Weidt, Otto 18
Weiss, Peter 100
Weizsäcker, Richard von 259, 295
Wessel, Horst 276
Westerhoff, Ingrid 14
Wiegand (Pfarrer) 284
Wilhelm I. 148, 333
Wilhelm II. 153 f.
Wilkin, Katharina 21
Wilmer, Christoph 156
Wirsching, Andreas 221, 225
Wolf, Christa 55
Wolfenstein, Moses 198 f.
Wolff, Adolf 117

Zieher, Jürgen 100
Zimmermann, Volker 67
Zschäpe, Beate 376
Zunz, Leopold 307

Ortsregister

Aach 32, 36
Aachen 51, 70 f., 92, 103, 149 f., 220, 223, 308
Abbach 142
Abterode 31, 143
Achim 152
Ahaus 228
Ahrweiler 37, 47–49, 57 f., 142, 269, 297–299, 309, 314
Aidhausen 248
Aldenhoven 104
Alheim-Baumbach 30
Allersheim 340, 364
Alpen 69
Alsbach 146 f.
Altenkirchen 140
Altenstadt 90
Altentreptow 236
Altertheim 251
Alt-Landsberg 236 f.
Alt-Strelitz 239
Alzenau 68, 249
Amsterdam 351
Andernach 298
Anhausen 87
Ansbach 25, 222
Arolsen 131
Aschenhausen 186
Assenbach 135
Aßlar-Werdorf 358
Aub 129
Auerberg 300
Augsburg 219, 224, 296, 317, 322, 329, 342 f., 350
Aurich 66
Auschwitz (KZ und Vernichtungslager) 96, 100, 105, 109, 154, 163, 266, 338, 353, 363

Babenhausen 250
Bad Bentheim 257
Bad Bocklet 256
Bad Brückenau 248
Bad Dürkheim 68, 128, 300
Bad Ems 88
Baden-Baden 33
Bad Heiligenstadt 177
Bad Hersfeld 30
Bad Homburg 69
Bad Kreuznach 36 f., 39, 60, 63, 87 f., 117, 128, 142
Bad Mergentheim 58, 113–116
Bad Münstereifel 74, 113 f., 116 f.
Bad Segeberg 255
Bad Sobernheim 300
Bad Soden 146 f., 253
Bad Windsheim 340
Baisingen 301, 321–323

Bamberg 65 f., 90, 349
Barmen 33
Bastheim 140, 262
Baumbach 31
Bausendorf (Mosel) 60 f., 63
Bebra 30 f., 83
Beckum 106–108, 110, 256
Bedburg 88
Beeskow 239
Beilstein (Mosel) 218
Bergen-Belsen (KZ) 154
Beiseförth 31, 33, 131
Bergheim 88
Berkach 179
Berlin 15, 18, 24, 26, 30, 59, 61, 160, 162 f., 167 f., 174–177, 179 f., 185–199, 233 f., 242–244, 261, 266, 274, 287, 291, 293, 296, 328 f., 333–337, 339, 341, 344, 357
Berlin-Charlottenburg 193, 196–198
Berlin-Friedrichshain 59
Berlin-Grunewald 190, 192, 194, 196
Berlin-Köpenick 235, 237
Berlin-Kreuzberg 196, 335, 337, 339
Berlin-Mitte 59, 174, 192, 244
Berlin-Moabit 190, 194
Berlin-Neukölln 339
Berlin-Pankow 167
Berlin-Plötzensee 246
Berlin-Prenzlauer Berg 59
Berlin-Schmargendorf 196, 255
Berlin-Schöneberg 195–197, 261, 266
Berlin-Steglitz 198
Berlin-Tiergarten 194 f., 197
Berlin-Wannsee 190
Berlin-Weißensee 185, 233, 235
Berlin-Wilmersdorf 192, 195–197, 335
Bernburg 235
Bernkastel-Kues 37, 124, 300, 309
Białystok 28
Biblis 108, 110
Bibra 177
Bielefeld 246, 276
Bingen 33, 36, 39, 108–110, 134, 148, 232
Binningen (Mosel) 129
Binswangen 300
Birkenfeld 60, 63
Bischofsheim 148, 251
Bischofswerda 275, 277
Bitburg 56, 87, 291
Bleibuir 228
Bleichenroda 176
Blomberg 301, 304
Bobenheim-Roxheim 370
Böchingen (Pfalz) 89
Bockenheim 128
Bodenfelde 313
Bollendorf 88
Bonn 15, 18, 42, 56, 67, 74, 76, 86, 119, 148, 220, 225, 231, 249 f., 269, 273, 286–293, 323, 343, 352, 362
Bonn-Beuel 249, 287 f.
Bonn-Endenich 220
Bonn-Bad Godesberg 287
Bonn-Graurheindorf 287
Bonn-Mehlem 287
Bonn-Mitte 287
Bonn-Poppelsdorf 220, 287 f.
Bopfingen-Oberdorf 137
Borgholz 362
Bork 147
Bornheim-Waldorf 270
Bouxwiller 269
Brauneberg 300
Braunsbach 149
Braunschweig 345 f., 348 f.
Breisach 258
Breitenbach am Herzberg 128, 130
Bremen 152, 247
Breslau 344
Breuna 32, 35
Brilon 255
Brotdorf (Saarland) 20

Brücken (Pfalz) 128
Bruttig 300
Buchau 245
Buchenwald (KZ) 56, 71, 96, 154, 171, 338, 374
Bückeburg 38
Bünde 263
Burg (Sachsen-Anhalt) 235
Burghaslach 38
Bütthard 129
Butzdorf 32
Bützow 177, 186
Butzweiler 32, 131

Calw 248
Celle 232
Cincinnati/Ohio 351
Cloppenburg 68, 356
Coesfeld 301
Colmar 269
Cottbus 235
Crailsheim 316
Creglingen 149, 247

Dachau (KZ) 292, 318
Dargun 178
Darmstadt 15, 49, 66, 123 f., 142, 201, 360
Dassel am Solling 246
Deidesheim 300
Demin 177
Dessau 163
Detmold 4, 18, 139, 229, 265 f., 304, 306, 362, 376
Dieburg 58, 91, 93, 200 f., 204 f., 207, 209 f., 267, 360
Diemerode 31, 135
Diepholz 67
Dierdorf 86, 93
Diez (Lahn) 88
Dillich 131
Dornum 300
Dorsten 343
Dortmund 15, 24, 26 f., 99 f.
Dransfeld 137
Drensteinfurt 315
Dresden 15, 219
Dühren 271, 303 f., 308
Duisburg 51
Düren 51
Düsseldorf 99 f., 113 f., 118, 158, 191, 305
Düsseldorf-Gerresheim 118

Eberswalde 235, 238
Echzell 98, 148
Edesheim 120, 148, 370
Ediger 300
Egeln 178
Eichstätt 19
Einhartshausen 107, 111, 148
Eisleben 172, 173 f., 178
Ellersheim 119
Elsdorf 88, 261
Emmendingen 265, 268
Enkirch 148
Epe 134, 304
Eppingen 255
Erftstadt 230
Erfurt 24, 175, 191, 219, 294, 302, 317, 375
Erlangen 231
Erle 230
Ermreuth 143, 315
Eschwege 137
Esingen 370
Essen 24, 49, 51 f., 153–156, 158–160, 247, 265, 342, 352
Esslingen 265
Euskirchen 122

Fellheim 301
Felsberg 148
Firmenich-Obergartzem 226, 228
Flamersheim 220
Flehingen 4, 18, 366, 371–374

Fliesteden 227
Forchheim 65 f., 70, 143, 249
Forst (Brandenburg) 176
Frankenberg 129
Frankental 270
Frankenthal 370
Frankfurt am Main 9, 15, 29, 85, 100, 109, 123, 150, 158, 190–192, 196, 253, 266 f., 289, 296, 300, 338, 341, 344, 350, 353 f., 362
Frankfurt (Oder) 176
Fränkisch-Crumbach 149
Frechen 226, 247
Freiburg 14, 27, 68, 77, 86
Freinsheim 119, 370
Freudenberg (Baden) 131
Freudenburg 32, 87
Freudental 315
Friedelsheim 128
Friedendorf 147
Friesack 176
Fritzlar 270
Fulda 31, 133, 136, 270
Fürfeld 39, 88
Fürth 342
Fußgönheim 267, 300, 370

Gangelt 53, 308
Gaukönigshofen 270, 300, 315
Gedern 148
Geinsheim 36, 68, 112
Geldern 86
Gelnhausen 300, 311
Germersheim 128
Geroldshausen 129, 271
Gerresheim 114
Gersheim(Saarland) 128
Gießen 107, 112, 123 f., 127, 251, 312 f., 339
Glauberg 112 f.
Glesch 226
Glessen 216, 227
Göllheim 119
Gommersheim 119
Görlitz 302
Goslar 74, 89
Goßmannsdorf 129
Göttingen 313
Grebenau 224
Grebenstein 32
Greimerath 22, 65
Greußenheim 142
Gröbzig 170, 180–184, 302, 345
Großlangheim 135
Groß-Linden 112
Groß-Umstadt 358, 360 f., 364
Grünstadt 37
Gudensberg 35, 300, 309, 313 f., 342
Günzburg 318
Gunzenhausen 36, 111, 147, 223, 231, 266 f.
Gurs (Lager, Frankreich) 148
Gütersloh 268

Habitzheim 107, 112
Hachenburg 147
Hadamar 300
Hagenbach 112
Hagenbach (Rheinland-Pfalz) 119
Hagenow 179, 185, 342
Haigerloch 149
Hainsfarth 300
Halberstadt 235
Haldensleben 178, 302, 342
Halle 170
Hamburg 24–26, 29, 91, 96, 159–164, 190, 193, 247, 255, 314, 329–337, 339
Hamminkeln-Dingden 18
Hanau 67, 269
Hannover 15, 49, 160
Harzheim 228
Hasselbecke 230
Haßfurt 147
Haßloch 119
Hebenshausen 146

Hechingen 281, 301, 315, 320
Heidelberg 255, 258
Heidenheim 370
Heidingsfeld 258
Heilbronn 149, 258
Heiligenstadt 373–375
Heinsberg 308
Helmershausen 32
Hennweiler 88
Herford 266
Hermeskeil 22
Herschberg 370
Hersel 89
Hersfeld 38, 359
Hessloch 370
Heubach 39, 103, 133
Hildburghausen 26
Höchberg 136
Hochneukirch 74, 76
Hochspeyer 119
Hofgeismar 32, 81
Hofheim 148, 265
Hohenems/Österreich 270
Hohenroda-Mansbach 271
Hohensolms 112
Holzheim 107, 112, 247, 251
Homburg 32, 78
Homburg (Efze) 131
Hoof 31, 83 f.
Horb am Main 349
Höringhausen 132, 141, 257
Hornburg 345, 349
Hottenbach (Hunsrück) 131
Höxter 362
Hülchrath 52, 147, 220, 301
Hundsbach 142
Hürth 56, 220
Hüttenheim 133, 142, 146
Huttrop 51

Ichenhausen 135, 300, 317 f., 329
Idar-Oberstein 69, 231
Illingen 40, 86
Ilmenau 176
Immenrath 103
Ingelheim 76
Issum 52, 301

Jerusalem 16, 23, 100, 246, 349
Jesberg 130
Jugenheim 76, 223, 227, 252
Jülich 86 f., 104

Kaiserslautern 15, 26 f., 33, 89
Kall 87
Kamen 112, 255
Kamp 69
Karlshafen 32, 35
Karlsruhe 25, 255 f.
Karlstadt 256
Kassel 13, 29–32, 35, 38, 81, 83, 107, 111, 123 f., 127, 129 f., 160, 247, 250, 262, 272 f., 276–285, 290, 292, 309, 313 f., 332, 374
Kaster 226
Kerpen 129, 220, 247
Kippenheim 142, 144
Kirchheim an der Weinstraße 128 f., 220, 370
Kirchheimbolanden 119
Kirf 32, 37, 131
Kirn 60, 87
Kirrweiler 127, 319, 370
Kitzingen 132, 135, 261, 300
Kleinheubach 262, 270
Klein-Krotzenburg 300
Kleinlangheim 248
Koblenz 39, 56, 60, 69, 94 f., 269
Köln 7, 11, 14 f., 24, 50, 52, 55, 85, 88, 93, 95–97, 99, 101, 103, 117, 191, 219 f., 226, 230, 269, 287, 338, 341, 349 f., 352–355
Köln-Bocklemünd 220, 226
Köln-Ehrenfeld 226, 255
Könen 32, 146
Konstanz 256, 267

Konz 32, 146
Kördorf 112
Köthen 235
Krakow am See 302
Krefeld-Fischeln 129
Kreuznach 304
Kriegshaber 296
Kronach 268
Kröv 112
Külsheim 251

La Chaux-de-Fonds (Schweiz) 33
Lamsheim 267
Landau 319
Langen 259
Langenlonsheim 37, 60, 87
Langerwehe 56
Langstadt 112
Langweiler 104 f., 113
Laufersheim 342
Laufersweiler 125, 300, 308
Laupheim 68, 255
Lechenich 227, 230
Leipzig 15
Leiwen 36, 87, 146 f.
Lemförde 67
Lemgo 232, 267
Lengefeld 147
Lengfeld 250
Lessenich 219
Leutershausen an der Bergstraße 131, 301
Leutesdorf 231
Lichtenroth 148
Limburg an der Lahn 66, 139
Lingen (Ems) 248
Linnich 92
Linz am Rhein 131, 146 f.
Lippe 79, 123, 301, 306, 362, 376
Lohrhaupten 107, 112
Lommersum 301
London 65, 73, 75, 93, 162 f.
Lörrach 77
Losheim 22, 65
Lösnich 87
Lübben 269 f.
Lüdinghausen 75, 112
Lülsdorf 370
Lustadt 119
Luxemburg 33

Magdeburg 334 f., 341
Mainstockheim 137
Mainz 7, 13, 46, 109, 125, 191, 219, 287, 300, 370
Mainz-Weisenau 125, 300
Mandel 87
Mannheim 29, 38, 85 f., 370
Mansbach 111, 113, 270
Mansfeld 172
Markt Uehlfeld 142
Marsberg 304 f.
Mayen 39, 60
Mechernich 228, 253
Mehren 140
Mehring 32, 39, 125
Mehringen 139
Meimbressen 81 f., 131 f., 262
Meiningen 67
Meisenheim am Glan 39, 47, 146, 300
Meißner 103, 143
Melsungen 31, 40
Membressen 32
Memmelsdorf 300, 323 f.
Mertloch 229, 298
Meschede 56, 301
Messel 112
Meudt 258
Michelbach an der Lücke 301, 316, 321, 329
Michelstadt 146, 300, 342
Mittelsinn 249, 260
Moers 112, 268
Mogendorf 137
Mönchengladbach 74, 76, 256

Mondorf 52, 56, 148, 249
Morsbach 223
Mosbach 268
Mühlhausen 146, 186
Mülheim 88, 95, 112
München 15, 26, 30, 91, 287, 291, 341, 349 f., 365, 376
Münchweiler an der Alsenz 134
Münster 75, 108, 306
Münstermaifeld 18, 229, 297–299, 314
Münzenberg 135, 300

Nastätten 69 f.
Naumburg 32
Neheim 146 f., 301, 316
Neidenstein 146
Nentershausen 358 f., 361, 364
Nesselröden 131
Netra 107
Nettersheim 129
Nettesheim 146
Neu-Anspach 357, 360 f.
Neudorf 147
Neuhof 136
Neukirchen 130
Neumagen 39, 87
Neuruppin 166, 176
Neustadt 24, 68, 95
Neustrelitz 237
Neuwied 18, 87, 93, 141, 232, 263
New York 61 f., 93, 202, 267, 316
Nickenich 112, 298
Nidda 253–255, 300, 342
Niedenstein 131
Niederaula 115
Niederaußem 226
Niederbieber 69
Niederhofheim 112
Niedermendig 298
Nieder-Mockstadt 135
Niederwern 256
Nieder-Wiesen 249
Niederzerf 33, 35 f., 56
Niederzissen 37, 298 f., 309, 314
Norderney 148
Nördlingen 90
Nordshausen 30
Northeim 313
Nürnberg 15, 26, 30, 59, 65, 73, 231, 287, 351, 357

Oberbieber 69
Oberderdingen 18, 371–373
Oberdorf 342
Oberelsbach 148
Oberemmel 32
Ober-Klingen 112 f.
Obermoschel 128
Ober-Seemen 150, 152
Oberstein 60 f., 63, 112
Oberthulba 256
Oberwesel 104, 125, 266
Oberzenn 231
Oberzerf 21
Obrigheim 119
Ochtendung 88
Odenbach 300
Oerlinghausen 315
Offenbach 58, 89, 112, 124
Offenbach-Hundheim 89
Öhningen 258
Oldenburg 66 f.
Oppenheim 46
Ortenberg 146
Osann 37, 146
Osnabrück 66
Osterholz-Scharmbeck 376
Otterlo 351
Ovenhausen 362

Padberg 301, 304 f., 310, 359
Paderborn 66, 363
Pappenheim 135, 263
Paris 75, 202, 351
Pellingen 22

Petershagen 71, 301, 315
Pfaffen-Beerfurth 147
Pforzheim 33, 249, 258
Plau am See 178
Plauen 15, 91, 161
Pohl 146
Polch 146, 298 f., 314
Potsdam 138, 176, 270, 330, 333, 337
Prag 23 f., 346, 348
Pulheim 226

Rachtig 37, 87
Rahden 256
Rastatt 33
Rathenow 177, 185
Ratingen 256
Ravensburg 68, 270
Ravenstein (Baden-Württemberg) 137
Recklinghausen 343, 350, 352 f.
Regensburg 246
Rehling 48
Reichenberg 136, 260
Reinheim 147
Remagen 86, 240, 256
Rendsburg 342
Rexingen 137
Rheine 66
Rheingönheim 267
Rheydt 255
Richelsdorf 111
Riedbach 258
Riede 35
Riga 363
Röbel (Müritz) 179
Rockenhausen 118, 267
Rödingen 52
Rohrbach 147, 258
Rom 23
Romrod 146, 310
Rosbach 73
Rösberg 231
Rostock 180, 185 f.
Rotenburg an der Fulda 31, 38, 342
Roth 300
Rothenburg ob der Tauber 219, 231
Rottenburg 114
Rottweil 261, 322
Rust 144, 263

Saarbrücken 103
Saarburg 13, 32, 107
Sachsenhausen (Gedenkstätte) 184
Sachsenhausen (Waldeck) 115
Saffig 39, 60, 146, 298 f., 314
Salzkotten 66
Santiago de Chile 162
Schifferstadt 89
Schillingen 22
Schlangen 90, 111
Schleiden 255, 259
Schlüchtern 57, 132
Schmallenberg 246
Schmalnau 135
Schmitten 112
Schnaittach 40, 103, 271, 325–327, 342, 345, 348
Schönebeck 178
Schötmar 129
Schupbach 103, 323
Schwaan 179
Schwabach 342
Schwäbisch Gmünd 145
Schwäbisch Hall 268, 348 f.
Schwarza 176
Schwarzheide 275
Schweich 32, 142, 300, 316
Schweinfurt 232, 370
Schweppenhausen 37
Schweppenheim 129
Schwerin 236
Seelow 236
Seibersbach 37, 60, 148
Selm 301
Senbach 129
Siegen 258

Sielen 32
Sien 129
Sießen 114
Simmern 87
Sinnersdorf 226
Sinsheim 301, 303
Sinzenich 121 f.
Sobernheim 35, 39, 125, 262
Sobibor (Vernichtungslager) 174
Sohren 88
Sommerhausen 137
Sondershausen 176
Sontra 31, 35, 130
Sötern 125, 145, 377
Spangenberg 31, 129
Speyer 7, 46, 191, 219
Staden 146
Stadthagen 300
Stadtlengsfeld 177
Staudernheim 35, 60, 300
Stavenhagen 179, 186
Steinach 256
Steinbach am Donnersberg 89
Steinbach am Glan 147
Steinfeld 228
Steinfurt 66
Stendal 177
St. Ingbert 47 f., 139, 271
Stommeln 52, 301, 315
Stork 132
St. Pölten 80, 296
Straßburg 33, 269
Straubing 300
Strausberg 235 f.
Stuttgart 259 f., 264
Süchteln 74 f., 111
Suhl-Heinrichs 176
Sulzburg 301
Sundern 247
Syke 67

Tannenberg 274, 280
Tauberrettersheim 129
Tel Aviv 351
Telgte 103
Thalfang 87, 266, 271
Thalmässing 231
Themar 177
Theresienstadt (Ghetto) 33, 58, 76, 171, 174, 190, 202, 245, 275, 346 f.
Thionville 33
Thür 298
Titz-Rödingen 18, 87
Treuchtlingen 231
Trier 13, 21 f., 32, 36 f., 60 f., 63, 87, 131, 191, 269
Trittenheim 148
Twistringen 67, 71

Unkel 223
Unsleben 257
Unterleinach 370
Urspringen 300, 325
Usingen 69, 129

Vacha 175
Veitshöchheim 300, 315, 342
Verdun 274
Viersen 74
Vöhl 103, 131, 146, 270, 300, 311
Volkmarsen 130
Vollmerz 132

Wachenbuchen 250
Wächtersbach 144, 257
Waldhilbersheim 304
Waldlaubersheim 128
Wallau 107
Walldorf an der Werra (Thüringen) 171, 175, 185
Walldorf (Baden-Württemberg) 139
Wallerfangen 138
Wanne-Eickel 249
Warburg 125, 129
Wawern 35 f., 300, 316

Weilerswist 256
Weimar 9, 56, 91, 93, 158, 163, 201, 274, 277, 291, 343
Weinheim an der Bergstraße 248
Weinsheim 89
Weisenheim am Berg 300
Weitersroda 235
Wenings 136
Wenkheim 147
Werdorf 112
Wessendorf 228
Westerburg 251 f.
Wetzlar 6, 57, 84
Weyer 38
Weyerbusch 140
Weyhers 231
Wien 80, 160, 192, 324 f.
Wieseck 251
Wildeshausen 66
Windeck 18
Windesheim 114, 117
Winnweiler 342
Wittenberg 241 f., 259
Wittlich 36, 47, 49, 293
Wohra 312, 339
Wolfenbüttel 162
Wolfhagen 32
Wörlitz 170, 180, 186, 302
Worms 7, 24, 46 f., 191, 303, 344, 348, 367–370
Wülfershausen an der Saale 252
Würselen 149 f.
Würzburg 129, 136, 258, 270, 301, 349, 370
Wusterhausen/Dosse 236

Zagreb 339
Zell (Mosel) 300
Zeltingen 60, 87
Zerbst 235
Zerf 21–23, 65, 227
Zierenberg 30, 32, 84
Zirndorf 370
Zülpich 122, 226
Zweibrücken 268
Zwesten 112